Transmettre les monuments historiques

Droit du patrimoine culturel et naturel

Collection dirigée par Marie Cornu et Jérôme Fromageau

Cette collection initiée par le groupe de recherches « Droit du patrimoine culturel et naturel » a pour but de développer et enrichir la réflexion sur les objets et modes de protection dans le domaine du patrimoine culturel et naturel. Les questions que soulèvent la conservation, la circulation, la valorisation du patrimoine sollicitent, en effet, ces deux disciplines. Le contexte d'un monument historique, son environnement, le paysage dans lequel il s'inscrit sont souvent essentiels à sa mise en valeur. Le droit de la culture et le droit de l'environnement développent cependant des concepts propres. Ils ne sont pas toujours en accord sur les méthodes et les moyens de protection, d'où l'intérêt de la confrontation et de la comparaison des ressources tirées de ces deux dispositifs.

C'est pourquoi la réflexion doit se renouveler sur les concepts fondamentaux du patrimoine sur la délimitation des éléments qui méritent protection, des outils qu'il faut nécessairement adapter. Dans la compréhension des différents mécanismes et l'ouverture vers de nouveaux modèles, le droit comparé est essentiel, ainsi que le droit international.

Dernières parutions

Emma TRAN VAN NHIEU, *L'appropriation culturelle et le droit. Sauvegarder le patrimoine culturel immatériel des communautés*, 2024.

Géraldine GOFFAUX CALLEBAUT et Armelle VERJAT (dir.), *Bail emphytéotique & monuments historiques*, 2024

Raphaël BRETT et Jérôme FROMAGEAU (dir.), *La protection juridique des forêts. Perspectives nationales et internationales*, 2024.

Jean-Raphaël PELLAS, *Fiscalité du patrimoine culturel mobilier. Contribution à une étude de la doctrine fiscale relative aux biens culturels*, 2024.

Christophe DOUBOVETZKY, *L'action culturelle territoriale en droit public français*, 2023.

Valentine MOLINEAU, *Le rôle du musée dans la lutte contre le trafic illicite de biens culturels*, 2023.

Marie CORNU et Jérôme FROMAGEAU (dir.), *Les collections privées, Approches historiques et juridiques*, 2022.

Perrine MARX, *La place de la création contemporaine dans la fabrique urbaine. Etat des lieux juridique de l'initiative artistique dans la ville*, 2021.

Mylène LE ROUX (dir.), *La reconversion du patrimoine public monumental. L'exemple du Grand Hôtel Dieu de Lyon*, 2020.

Sous la direction de
Géraldine Goffaux Callebaut et Armelle Verjat

Transmettre les monuments historiques

Enjeux, outils et perspectives

L'Harmattan

Des mêmes auteurs

Bail emphytéotique & monuments historiques, L'Harmattan, coll. « Droit du patrimoine culturel et naturel », 2024

Actes du colloque organisé par la Demeure Historique,
la Fondation Mérimée et les Universités de Paris-Saclay et d'Orléans
les 13 et 14 octobre 2022

5-7, rue de l'Ecole-Polytechnique, 75005 Paris

http://www.editions-harmattan.fr

ISBN : 978-2-336-49294-0
EAN : 9782336492940

Avant-propos

Les contributions réunies dans cet ouvrage ont été présentées lors du colloque *Transmettre les monuments historiques – Enjeux, outils et perspectives*, organisé les 13 et 14 octobre 2022 par l'Institut Droit Éthique Patrimoine et l'Institut d'Études en Droit Public (Université Paris-Saclay), le Centre de Recherche juridique Pothier (Université d'Orléans), la Demeure Historique et la Fondation Mérimée, en collaboration avec l'Institut national des formations notariales qui a accueilli le colloque. Cet événement a obtenu le parrainage du ministère de la Culture.

Comité scientifique du colloque

Géraldine Goffaux Callebaut, Professeur de Droit privé et Sciences criminelles, Membre du CRJ Pothier (Université d'Orléans), Chercheur associé à l'Institut Droit Éthique Patrimoine (Université Paris-Saclay), coordonnatrice du projet
Armelle Verjat, Chercheur associé à l'Institut Droit Éthique Patrimoine (Université Paris-Saclay), Déléguée générale de la Demeure Historique, coordonnatrice du projet

Marie Cornu, Directrice de recherches, Institut des Sciences politiques (CNRS)
Stéphane Duroy, Professeur de Droit public, Directeur de l'Institut d'Études de Droit Public (IEDP), Université Paris-Saclay
Jérôme Fromageau, Consultant pour la Commission nationale française pour l'UNESCO, Président de l'Association internationale pour la recherche en droit du patrimoine culturel et en droit de l'art (ISCHAL)
Xavier Greffe, Professeur émérite d'Économie, Université Paris 1 Panthéon-Sorbonne
Didier Guével, Professeur émérite de Droit privé et Sciences criminelles, Membre de l'Institut de Recherche pour un Droit Attractif (IRDA), Université Sorbonne Paris Nord
Jean de Lambertye, Président d'honneur de la Demeure Historique, Vice-Président de la Fondation Mérimée
Olivier de Lorgeril, Président de la Demeure Historique
Renaud des Portes de la Fosse, Rapporteur national *Transmission-Acquisition* de la Demeure Historique

Géraldine Goffaux Callebaut et Armelle Verjat tiennent à remercier ceux qui ont soutenu cette manifestation, laboratoires de recherche, institutions, partenaires ou mécènes (Signature Assurances, Cabinet Le Nail et Aguttes), ainsi que les membres du comité scientifique et ceux de la Demeure Historique. Tous ont contribué, par le partage de leurs expériences et leurs échanges fructueux, à la construction d'un programme de colloque en lien avec les problématiques de terrain. Que soient également remerciés chaleureusement tous ceux qui, par leur aide précieuse, ont permis la tenue du colloque et la publication de ces actes, et notamment :

- À la Demeure Historique : Marie-Antoinette Guérard, Juriste fiscaliste, ainsi qu'Ophélie Sordet, Emma Farash Tasoghi, Énola Albert et Sophie Raffara ;
- À Paris-Saclay : Christine Rey et Caroline Schnettler, Service de la recherche, Faculté Jean Monnet, et les étudiants du Master 2 Droit du patrimoine culturel (promotion 2022-2023) ;
- À Orléans : Laurence Sallé et Chantal Bey, Secrétariat du CRJ Pothier ;
- Chez LexisNexis : Catherine Larée, Rédactrice en chef de *La Semaine juridique éd. Notariale et immobilière*, et son équipe ;
- À l'Institut national des Formations notariales : Mustapha Mekki, Professeur et Directeur général, et Vincent Perruchot-Triboulet, Professeur et Directeur pédagogique, ainsi que Patricia Perrin et Paule Equilbey ;
- À Sorbonne Paris Nord : Didier Guével, Professeur émérite, membre de l'IRDA.

SOMMAIRE

III/ Les enjeux de valorisation

Seconde partie
À la recherche de solutions juridiques

I/ Les outils à améliorer

A/ Les outils spécifiques aux monuments historiques

B/ Les outils généraux appliqués aux monuments historiques

II/Les outils à inventer

A/ Les outils à réformer

B/ Les outils à transposer

Préface

Géraldine Goffaux Callebaut
Professeur de Droit privé et Sciences criminelles
Membre du CRJ Pothier
Université d'Orléans
Chercheur associé à l'Institut Droit Éthique Patrimoine
Université Paris-Saclay

Armelle Verjat
Chercheur associé à l'Institut Droit Éthique Patrimoine
Université Paris-Saclay
Déléguée générale de la Demeure Historique

Pour garantir la pérennité d'un monument historique, objectif même de sa protection, la transmission est une question-clé, en particulier en cas de détention privée. D'abord parce que ce type de bien est généralement porteur d'une force symbolique importante. S'il est un lieu de vie, une « maison de famille », il peut également incarner l'histoire de plusieurs générations, et représente une part de l'histoire de France. Ensuite parce que le monument historique est un élément, parfois unique, du patrimoine de son propriétaire. Les règles françaises de droit des successions et des libéralités s'imposent, notamment celles liées à la réserve héréditaire : attribuer ce type de bien à un seul des enfants complique l'allotissement des autres, et peut entraîner le morcellement des sites patrimoniaux ou la dispersion du mobilier, au détriment de l'intérêt historique ou artistique de ces ensembles. Enfin, d'un point de vue pratique, la valorisation de ce patrimoine est délicate au regard des charges résultant de sa restauration, de son entretien et de sa gestion.

La réponse du droit aux enjeux de la transmission des monuments historiques n'est pas totalement satisfaisante. Les dispositions juridiques et fiscales existantes n'ont généralement pas été pensées pour ces biens spécifiques. Certes, le législateur a créé deux outils dédiés pour accompagner la transmission des monuments historiques, mais ils ne sont pas la panacée. Au-delà, il apparaît que cette question de la transmission dépasse les aspects juridiques du fait des enjeux humains, affectifs et économiques qui y sont attachés.

C'est pourquoi la Demeure Historique, la Fondation Mérimée et les Universités de Paris-Saclay et d'Orléans ont souhaité entamer un dialogue entre acteurs, institutions, praticiens et universitaires sur le thème *Transmettre les monuments historiques – Enjeux, outils, perspectives.* Plus précisément, la question était de savoir comment transmettre un monument historique dans toutes ses composantes, afin d'en garantir sa pérennité tout en respectant les contraintes légales, humaines et économiques. Durant trois années, plusieurs ateliers ont été organisés afin de mieux cerner les enjeux, de recenser les solutions existantes et de proposer des pistes de réflexion nouvelles. Afin de présenter le fruit de ces trois années de recherches, un colloque réunissant acteurs, praticiens et universitaires intéressés par ces questions a été organisé les 13 et 14 octobre 2022 à Paris, à l'Institut national des formations notariales (INFN). Ce sont les contributions présentées lors de ce colloque qui sont ici réunies, ainsi que d'autres textes proposés à l'issue de ce dernier.

Ouverture[1]

Olivier de Lorgeril
Président de la Demeure Historique

Bonjour Mesdames et Messieurs,
En premier lieu, je tiens à remercier l'Institut national des formations notariales de nous accueillir pour ces deux jours de colloque qui s'annoncent tout à fait passionnants.
Je vous remercie d'être si nombreux à y participer car nous sommes un peu plus d'une centaine en présentiel, et pratiquement autant en visioconférence puisque ces deux jours seront accessibles, à ceux qui se sont inscrits, de façon numérique.

Ce colloque a été initié par la Demeure Historique en partenariat avec la Fondation Mérimée, l'Université Paris-Saclay et l'Université d'Orléans. Je tiens à remercier tout particulièrement deux personnes qui ont été les chevilles ouvrières et les coordonnatrices de ce projet, qui l'ont initié et porté pendant près de trois ans : Géraldine Goffaux Callebaut, qui est Professeur de Droit privé et Sciences criminelles, directrice adjointe du centre de recherche juridique Pothier et Chercheur associé à l'Institut Droit Éthique Patrimoine (IDEP), accompagnée d'Armelle Verjat qui est la déléguée générale de la Demeure Historique, bien connue de certains d'entre vous, Chercheur associé à l'Institut Droit Éthique Patrimoine (IDEP) à l'université Paris-Saclay, Docteur en droit, et qui a également écrit avec Line Touzeau-Mouflard, une *bible* que je vous recommande : *La protection des monuments historiques*, réédité aux éditions Dalloz en 2018.

Armelle et Géraldine ont réuni à plusieurs reprises pendant ces trois dernières années un comité scientifique avec des personnalités de divers horizons que je souhaite également remercier chaleureusement pour leur implication et leur participation : Marie Cornu, Directrice de recherche au CNRS, Stéphane Duroy, Professeur de droit public, membre de l'Institut de Droit public à l'Université Paris-Saclay, Jérôme Fromageau, consultant pour la commission nationale française pour l'UNESCO, Président de l'association internationale pour la recherche en droit du patrimoine culturel et en droit de l'art, Xavier Greffe, Professeur émérite en économie

[1] La forme orale a été conservée.

à l'Université de Paris I Panthéon-Sorbonne, Didier Guével, Professeur émérite de droit privé et de sciences criminelles, membre de l'institut de recherche pour un Droit attractif, Jean de Lambertye, Président d'honneur de la Demeure Historique et Vice-président de la Fondation Mérimée, Renaud des Portes de la Fosse, Rapporteur national *Transmission-acquisition* de la Demeure Historique, qui est une thématique très importante au sein de notre association touchant sans distinction tous nos adhérents.
Je remercie enfin le ministère de la Culture qui apporte son patronage à ce colloque et qui est aujourd'hui représenté par Jean-François Hébert, Directeur général du patrimoine et de l'architecture.

Un petit mot si vous voulez bien maintenant sur la Demeure Historique. La Demeure Historique est une association nationale créée en 1924 et reconnue d'utilité publique en 1965. Cette association représente sur l'ensemble du territoire national 3 000 monuments et jardins historiques privés. 3 000 monuments de toutes natures : des monuments historiques bien sûr, mais également remarquables, en milieu urbain parfois, mais essentiellement en milieu rural. Ce sont des manoirs, des châteaux, des abbayes, des prieurés, des éléments du patrimoine industriel, également des hôtels particuliers, mais aussi des jardins ; car, vous le savez, un monument historique peut être bâti ou non bâti.

Ainsi, la Demeure Historique représente une grande diversité d'adhérents, ce qui en fait sa force et sa représentativité à l'égard, notamment, des pouvoirs publics. Nos missions principales sont d'accompagner et de conseiller les acteurs du patrimoine que sont les propriétaires-gestionnaires de ces monuments et jardins historiques privés, de tous types, grands ou petits, ouverts au public ou non, là n'est pas le sujet. Les accompagner dans leur mission d'intérêt général, de préservation et de transmission. Nous y voilà ! La transmission : une mission d'intérêt général certes, mais également une véritable obnubilation pour nos adhérents. Je ne connais pas un de nos adhérents, pas un propriétaire qui ne se préoccupe pas, à plus ou moins longue échéance, de la transmission de son monument. Notre volonté commune et première à tous est d'abord de transmettre, de cette volonté suprême, de ce devoir quasiment, de cette responsabilité découle ensuite toutes nos actions.
Notre but est de transmettre, tout le reste n'est que moyens, et je dois vous l'avouer, un petit peu d'énergie… Le Comte de Chambord disait « ma personne n'est rien, mon principe est tout ». C'est une phrase que j'aime bien, nous pourrions dire « mon monument est important, sa transmission est tout ». C'est pour cela que la Demeure Historique

s'intéresse, depuis 1924, à la transmission de ce patrimoine. On le sait le sujet est vaste, le sujet est complexe, le sujet est délicat et le sujet est excessivement anxiogène. Aucun monument ne résiste à l'abandon et sa transmission, en vue d'assurer sa pérennité, est un devoir tant particulier que général, tant individuel que collectif. Nos monuments historiques privés ne sont pas des maisons anodines, ce ne sont pas des biens anodins. L'État, qui les a protégés, les reconnaît comme remarquables et la nécessité de les protéger concrètement et juridiquement s'impose au regard de l'intérêt général qu'ils incarnent. L'exigence de cet accompagnement est renforcée par la complexité de la société actuelle, par la disparition progressive des modèles économiques traditionnels qui visent à assurer l'équilibre financier de ces monuments, et par la nécessité pour chacun d'innover, pour construire son projet personnel en lien avec l'esprit des lieux, ce qui est un point fondamental. Pour éviter de voir trop de monuments historiques délaissés ou abandonnés faute d'une transmission bien préparée, la Demeure Historique veut accompagner efficacement et de façon coopérationnelle tous ces dépositaires bien précaires que nous sommes. Pour ces raisons, la Demeure Historique a souhaité mener un travail de réflexion sur le sujet de la transmission en collaboration avec ce comité scientifique et tenter de répondre à deux questions : que veut dire transmettre ? Et quels sont les enjeux et les problématiques de la transmission ?

Pour commencer à travailler sur le sujet et nous éclairer, nous avons édité avec notre dernière revue trimestrielle de septembre un numéro spécial « Transmission, les clés de la pérennité » qui compile et actualise près de 20 ans de retour d'expérience de nos adhérents. Pour ceux qui ne l'ont pas encore, ou qui veulent peut-être l'offrir (cela pourrait peut-être donner des idées à certains, pour commencer à transmettre !), il est encore disponible.

Pour conclure ce propos liminaire, je vous souhaite pendant ces deux jours de très bons échanges et je cède avec plaisir la parole à nos coordonnatrices. Je vous remercie.

Mot d'ouverture

Stéphane Jouannet
Directrice générale de la Fondation Mérimée

La Fondation Mérimée a été créée en 2008 à l'initiative de la Demeure Historique. À l'époque, il s'agissait d'une fondation abritée par la Fondation de France. Puis, en 2018, la Fondation Mérimée passe une étape déterminante puisqu'elle obtient le double statut de fondation reconnue d'utilité publique et de fondation abritante.

L'objet de la Fondation Mérimée est la pérennité des monuments historiques, publics et privés, en France, à travers trois axes :
1° La sauvegarde des monuments, avec la participation au financement de travaux de restauration au sein de monuments et jardins historiques ;
2° La transmission des savoir-faire, avec notamment l'attribution de bourses d'études afin d'aider de jeunes restaurateurs à se lancer dans la vie professionnelle ;
3° La gestion de fondations abritées, avec la possibilité de donner la propriété du monument à la Fondation Mérimée.

La pérennité des monuments historiques, de leurs contenus et de leurs abords est donc la raison d'être de la Fondation Mérimée.
Bien gérer sa transmission est évidemment un facteur-clé de pérennité. La nature intrinsèque du monument implique d'avoir une vision à long terme, au-delà de sa propre existence ; une vision à long terme qui prend en compte à la fois le volet économique mais également le volet humain de celui qui va reprendre, piloter et gérer le monument par la suite.
Bien gérer la transmission, c'est savoir l'anticiper. La transmission doit faire partie intégrante de la vision de celui qui restaure, ce qui n'est pas toujours quelque chose d'évident. Nous le voyons régulièrement à travers les projets de création de fondation abritée que nous recevons. On constate que ce sujet transversal, parce qu'il touche également à l'humain, à l'intime, est généralement sensible, ce qui complexifie la réflexion.
C'est donc tout naturellement que la Fondation Mérimée a souhaité contribuer au financement de ce colloque qui permet, non seulement de sensibiliser sur le sujet, mais aussi d'impulser une réflexion pluridisciplinaire essentielle à une telle problématique.

Discours introductif[1]
Le rôle de l'État dans la transmission des monuments historiques

Jean-François Hébert
Directeur général des patrimoines et de l'architecture
Ministère de la Culture

Monsieur le Président, cher Olivier de Lorgeril,
Mesdames, Messieurs,
Chers amis,

Je suis très heureux d'intervenir devant vous ce matin, au nom du ministère de la Culture et je vous remercie pour cette invitation.
Nous nous étions retrouvés il y a un peu moins d'un an, lors du dernier congrès de la Demeure Historique, pour échanger sur la relance et le soutien aux monuments historiques et jardins privés. C'est une tout autre question que nous allons évoquer aujourd'hui puisque vous m'avez confié le soin d'explorer un sujet ô combien important pour vos adhérents : « Le rôle de l'État dans la transmission des monuments historiques ». Vaste question à laquelle je vais tenter de répondre en en esquissant les principaux enjeux.

*

Avant tout, je rappellerai qu'avant de *transmettre*, il faut d'abord *maintenir*, en d'autres termes : protéger et restaurer les quelque 19 000 monuments historiques (MH) en mains privées (environ 43 % du total des MH en France). Dans cette tâche, l'État prend toute sa part à vos côtés, comme vous le savez.

D'une part, les propriétaires de MH peuvent bénéficier de subventions des DRAC pour leurs travaux d'entretien et de restauration. En 2021, 53 millions d'euros ont ainsi été versés à des propriétaires privés (contre 170 millions d'euros pour les monuments historiques publics n'appartenant pas à l'État). L'État encourage par ailleurs les collectivités locales à

---

[1] La forme orale a été conservée. Discours prononcé le 13 oct. 2022.

participer aux schémas de financement : c'est toute la philosophie du FIP, le fonds incitatif pour le patrimoine, pensé pour les petites communes mais qui peut tout à fait bénéficier à des monuments historiques privés. Nous avons réussi à le doter de deux millions d'euros supplémentaires en 2023 pour le porter à 18 millions d'euros.
D'autre part, et surtout, les propriétaires privés bénéficient de déductions de leurs revenus imposables de 50 % à 100 % selon que le monument est ouvert à la visite ou non. C'est une dépense, ou plutôt un manque à gagner, estimé à 102 millions d'euros pour l'État en 2020.

*

Mais je reviens au sujet du jour : la transmission du patrimoine. Je rappellerai en premier lieu que le rôle de l'État, c'est avant tout de garantir l'égalité et l'équité entre les citoyens. L'idée que l'on puisse transmettre son patrimoine à ses enfants sans frais, alors que les droits de succession sont la règle, peut dès lors paraître contre-intuitive.

Dans le cas où la transmission s'opère entre deux personnes privées, par exemple entre parents et enfants, des exonérations ne peuvent être envisagées que si l'intérêt général y trouve son compte. En règle générale, et c'est notamment le cas du système de l'exonération des droits de mutation à titre gratuit, sur lequel je vais revenir, on considère que l'intérêt général est « servi » lorsque deux critères sont réunis : l'engagement du nouveau propriétaire à assurer la conservation du monument historique – le plus souvent avec l'aide financière de l'État – et la garantie d'accès du public quelques jours dans l'année, pendant certaines périodes.
Ce système, qui a ses qualités, a pu sembler insuffisant à certains, ou au contraire, trop généreux à d'autres. Vous le savez, nombre de ses détracteurs dénoncent une aide accordée par l'État aux « châtelains », dans une période où les aides qu'il attribue, notamment au secteur social, s'amenuisent.

Je ne me risquerai pas à trancher une question aussi épineuse. Ce que je peux affirmer en revanche, c'est que les aides à la transmission sont un moyen de contenir le risque, que l'on voit se concrétiser tous les jours, de la dispersion et du démembrement des collections. Qui n'a en tête la dispersion des collections du Château de La Roche-Guyon, en 1987, de la bibliothèque du Château de Dampierre en 2013, ou du mobilier du Château de La Rochepot en 2021 ?

Ces démembrements douloureux, nous tentons d'en tempérer les effets en travaillant, main dans la main avec nos partenaires, pour reconstituer une partie de ces ensembles mobiliers. Je pense au Château de La Roche-Guyon, qui retrouve petit à petit et par différents biais (préemptions, dations, donations) certains éléments de son mobilier : les tentures d'Esther, qui ont réintégré le Grand Salon, des chenets, et plus récemment, à l'occasion de la vente Givenchy, un nécessaire à feu et un fauteuil du début du XVIIIe.

Une nouvelle étape a été franchie en 2016, avec la loi relative à la liberté de création, à l'architecture et au patrimoine (dite LCAP), qui a créé, dans le champ des dispositifs de protection des monuments historiques, les « ensembles historiques mobiliers » et la « servitude de maintien dans les lieux ». Le sujet est certes complexe, mais l'enjeu justifie largement les trésors d'imagination déployés par toutes les parties pour surmonter cette complexité.

Même si ce sont des exemples encore trop rares, il me semble que ce qui a été fait pour maintenir la cohérence des ensembles historiques mobiliers des Châteaux de Valençay (Indre), de Gizeux (Indre-et-Loire), et de Merville (Haute-Garonne), pour n'en citer que quelques-uns, est, à cet égard, très encourageant.

Un mot, enfin, sur le dispositif d'exonération des droits de mutation à titre gratuit (DMTG) que j'évoquais tout à l'heure. Il a pour objet de faciliter la transmission des monuments historiques entre générations et de limiter les phénomènes de morcellement, néfastes à leur conservation.

Comme vous le savez, l'article 795 A du code général des impôts exonère des droits de mutation à titre gratuit les immeubles classés ou inscrits au titre des monuments historiques. Il en exonère aussi les meubles qui en constituent le complément historique ou artistique, que ces meubles soient ou non protégés au titre des monuments historiques. Cette exonération est néanmoins subordonnée à la souscription, par les héritiers, donataires ou légataires du monument historique, d'une convention à durée indéterminée conclue avec le ministère de la Culture, après avis conforme du Directeur régional ou départemental des Finances publiques. Cette convention liste l'immeuble et les éventuels meubles qui font l'objet de l'exonération des DMTG. Le ou les bénéficiaires de cette exonération sont tenus d'ouvrir leur maison à la visite du public 60 ou 80 jours par an selon

la période choisie pour cette ouverture[2]. Ce dispositif a été conçu en 1988 comme un outil pour faciliter la transmission du patrimoine historique entre générations et pour limiter les effets du morcellement, des démembrements et des reventes.
Comme l'a identifié la mission IGF-IGAC[3] de février 2020 consacrée à la « modernisation de la notion fiscale d'ouverture au public pour les propriétaires privés de monuments », la durée indéterminée de la convention paraît cependant comme un frein. Et, de fait, seulement 110 conventions d'exonération sont en vigueur à ce jour. Ce même rapport IGF-IGAC préconisait de fixer à 15 ans la durée de la convention en l'homogénéisant avec la durée de détention des monuments historiques imposée pour bénéficier de la déduction des charges foncières (article 156 du CGI). La Cour des comptes, dans son rapport sur « la politique de l'État en faveur du patrimoine monumental » rendu public le 22 juin 2022 est également favorable à un assouplissement du régime actuel, mais considère qu'une durée de 15 ans serait insuffisante au regard de l'avantage fiscal consenti.

Comme certains d'entre vous le savent sans doute, un amendement parlementaire a été déposé à l'Assemblée nationale (par le député Daniel Labaronne), à l'occasion de la loi de finances pour 2023. Cet amendement limite à 22 ans la durée des conventions d'exonération des DTMG, par analogie avec le traitement en vigueur pour les plus-values. Depuis le 1er février 2012, l'exonération totale des plus-values immobilières au titre de l'impôt sur le revenu est en effet acquise à l'issue d'un délai de détention de 22 ans, au lieu de 30 auparavant. Une telle durée, incluant en outre un abattement progressif à compter de la 15e année, pourrait ainsi permettre de corriger l'écart entre la contrepartie demandée et l'avantage fiscal consenti. Examiné en première lecture par la commission des finances, cet amendement a été adopté le 5 octobre.
Cette mesure votée par les parlementaires a le soutien du ministère de la Culture. Si elle n'était pas adoptée dans le cadre de ce budget-ci, nous prendrions appui sur ce vote pour en discuter au début de l'année prochaine avec nos collègues de Bercy[4].

---

[2] Note de l'éditeur : depuis la tenue du colloque, cette durée a été réduite à 40 jours par an.
[3] Note de l'éditeur : Inspection générale des finances / Inspection générale des affaires culturelles.
[4] Note de l'éditeur : à la date d'impression de cet ouvrage, cette proposition n'a pas abouti.

Pour conclure ce propos par nature un peu technique, je tiens à remercier très chaleureusement la Demeure Historique et son président Olivier de Lorgeril, mais aussi la Fondation Mérimée et les Universités de Paris-Saclay et d'Orléans pour l'organisation de ces journées.
Je veux vous dire que le ministère sera très attentif aux conclusions de ce colloque qui n'est pas un colloque comme un autre mais le fruit, comme cela a été dit, de trois années de travaux mobilisant propriétaires, acteurs institutionnels, praticiens et universitaires.

Je veux vous dire également que nous sommes et serons à vos côtés pour porter et défendre des mesures, fiscales mais pas seulement, qui permettront de trouver un meilleur équilibre entre les avantages et les contraintes d'être propriétaire d'un monument historique.

Je vous remercie de votre attention.

Introduction générale

Géraldine Goffaux Callebaut
Professeur de Droit privé et Sciences criminelles
Membre du CRJ Pothier
Université d'Orléans
Chercheur associé à l'Institut Droit Éthique Patrimoine
Université Paris-Saclay

Armelle Verjat
Chercheur associé à l'Institut Droit Éthique Patrimoine
Université Paris-Saclay
Déléguée générale de la Demeure Historique

Ce colloque sur la transmission des monuments historiques, enjeu majeur du patrimoine, est le fruit de trois années de travail, notamment dans le cadre de différents ateliers. Ces ateliers ont permis la rencontre de plusieurs univers : essentiellement des propriétaires-gestionnaires de monuments et jardins historiques adhérents de la Demeure Historique (et plus particulièrement les Jeunes et nouveaux repreneurs et le réseau Audacieux du patrimoine) et des universitaires, spécialistes du droit des monuments historiques ou du droit patrimonial, ainsi que des professionnels. Parmi ces réunions, celles du comité scientifique de ce colloque ont permis de réfléchir sur les questions essentielles que soulève la transmission des monuments historiques. La structuration de ces journées doit beaucoup à toutes ces personnes, qu'elles en soient remerciées.
Pour introduire ces deux journées de travail sans déflorer le contenu des différentes contributions, il est proposé de préciser les termes retenus pour l'intitulé de ce colloque et leurs interactions (**I**) puis de concentrer les propos sur ce que signifie « transmettre » (**II**). Quoiqu'un peu classique, cette approche paraît nécessaire. Elle sera succincte afin de laisser la place aux nombreuses contributions des intervenants.

I. Monuments historiques, patrimoine et transmission

La notion de monuments historiques résulte de l'article L. 621-1 du code du patrimoine, selon lequel sont classés au titre des monuments historiques « les immeubles dont la conservation présente, au point de vue de l'histoire ou de l'art, un intérêt public ». Si l'inscription est justifiée par « un intérêt d'histoire ou d'art suffisant pour en rendre désirable la préservation »[1], l'on sait – et l'ordonnance de 2017[2], quoique non ratifiée, l'a clairement confirmé – que c'est ce même intérêt public qui justifie l'inscription au titre des monuments historiques. Les monuments historiques inscrits ou classés peuvent être des meubles, mais ce sont essentiellement les immeubles qui nous intéressent ici, au regard de leurs spécificités, à savoir leur valeur et leur caractère indivisible. Ils sont en tant que tels des éléments d'un patrimoine à protéger (**A**) et à transmettre (**B**).

A. Les monuments historiques, éléments d'un patrimoine à protéger

En tant qu'immeubles, les monuments historiques – en particulier ceux en mains privés qui sont au centre de notre réflexion – font doublement partie du patrimoine. D'un point de vue du droit civil, la notion juridique générale de patrimoine est prise comme l'ensemble des biens d'une personne, envisagé comme formant une universalité de droit, ou comme un ensemble constitué d'un actif et d'un passif. Même si ces notions constituent le fondement premier, il s'agit ici de dépasser cette approche générale et le droit des biens *stricto sensu.* En effet, les monuments historiques sont une composante du patrimoine dit culturel. L'article 1er du code du patrimoine définit le patrimoine au regard de l'intérêt qu'il présente (intérêt historique, artistique, archéologique, esthétique, scientifique ou technique). Même si, du fait de l'objectif de conservation et de préservation qui y est attaché, la notion de transmission semble indissociable de celle de patrimoine, cet article 1er ne fait pas expressément référence à un objectif de transmission. L'on peut en revanche trouver le terme de transmission dans les missions de la Fondation du patrimoine[3] qui a notamment vocation à concourir à « la transmission des savoir-faire dans les secteurs de la restauration et de la valorisation du patrimoine et des sites ». Toutefois, il s'agit ici de la transmission de connaissances caractérisées par leur immatérialité, ce qui est certes nécessaire à la préservation du patrimoine dans sa matérialité mais dont les modalités et les enjeux divergent.

Initialement, le patrimoine au sens large renvoie à cette notion de transmission, dans une approche essentiellement matérielle. Au sens

---

[1] Art. L. 621-5 C. patr.

[2] Ord. n° 2017-651 du 27 avr. 2017 relative aux immeubles et objets mobiliers classés ou inscrits au titre des monuments historiques, *JO* du 28, NOR : MCCB1704153R.

[3] Art. L. 143-2 C. patr.

premier, le patrimoine est en effet « l'ensemble des biens hérités des ascendants ou réunis et conservés pour être transmis aux descendants »[4]. Par analogie, il est également défini comme « ce qui est transmis à une personne, une collectivité, par les ancêtres, les générations précédentes, et qui est considéré comme un héritage commun »[5]. C'est bien autour de cet « héritage commun »[6] que notre réflexion s'articule ici.

Si du point de vue culturel ou naturel, le patrimoine s'entend largement, incluant des éléments matériels comme immatériels, l'approche retenue repose sur le patrimoine monumental en général, et les monuments historiques en particulier. La notion de patrimoine monumental ne doit pas conduire à se couper entièrement de ce qui fait sa richesse tant intérieure qu'extérieure. Aussi, si l'immeuble bâti ou l'édifice sera au cœur de nos échanges, il pourra également être question de son environnement, du fameux écrin mettant en valeur le joyau – et donc de forêts, parcs ou jardins attenants – ou encore du mobilier, susceptible de constituer un complément nécessaire à sa bonne compréhension[7]. C'est pourquoi, si les meubles (et les immeubles par destination qui suivent le même régime juridique que les meubles selon le code du patrimoine) peuvent également être protégés au titre des monuments historiques et entrent indéniablement dans les enjeux de transmission, ils ne seront, dans le cadre de nos travaux, traités que comme l'accessoire du principal, qui restera l'immeuble.

B. Les monuments historiques, éléments d'un patrimoine à transmettre

Au regard de la spécificité du patrimoine envisagé, la question se pose alors de sa transmission. Protéger, conserver ou préserver n'ont de sens que s'il s'agit de transmettre aux générations futures, qui peuvent, selon les approches, viser les membres d'une famille ou la communauté au sens large.

---

4 Trésor de la langue française, en ligne.

5 Trésor de la langue française, en ligne.

6 Pour une réflexion analogue au sujet des œuvres d'art, v. l'article de M. Cornu, « L'espérance d'intangibilité dans la vie des œuvres », *RTDciv.* 2000, p. 697.

7 CE, 13 mars 1935, *Époux Moranville*, *Lebon* p. 325, et, notamment, CE, 13 mars 1970, *Dame Benoist d'Anthenay*, *Lebon* p. 67, CE, 10 oct. 1973, *SCI l'Ajaccienne et SCI du 27-28 rue Molitor*, *Dr. adm.* 1973, n° 324, CE, 29. sept. 2003, *M. Jacques B. et autres*, *RDI* 2004, p. 84.

Dans son ouvrage sur *Les grandes notions du droit privé*[8], Judith Rochfeld fait la distinction entre le patrimoine-personne, le patrimoine-affectation et le patrimoine-communauté. Ce dernier comprend des ensembles de ressources d'intérêt commun. L'auteur y intègre notamment les biens culturels (architecture, monuments…) et les rapproche des biens communs. Sans aller sur ce second terrain pour une éventuelle qualification, ce parallèle peut inspirer des réflexions sur ce que les monuments historiques ont de plus par rapport à de simples immeubles. L'intérêt du patrimoine-communauté, c'est que la notion permet d'attacher à ce patrimoine les fonctions de transmission et de préservation de l'usage (ou du moins de l'intérêt) collectif. S'agissant de la fonction de transmission, l'auteure insiste sur la transmission aux générations futures et rappelle que : « l'étymologie du terme "patrimoine" ("ce qui vient des pères") renvoie à l'idée de transmission (qui se manifestait déjà dans celle de patrimoine successoral »)[9]. Elle ajoute que « cette fonction de transmission en appelle une autre : celle de conservation »[10]. Ce serait l'un des chemins qui amènent à lier patrimoine et transmission.

Si l'on se concentre sur les monuments historiques, on note que le *Dictionnaire comparé du droit du patrimoine culturel*[11] ne comprend pas d'entrée Transmission, vocable auquel il n'est pas fait référence dans les développements sur les monuments historiques. De la même manière, dans les deux tomes sur la loi fondatrice du régime des monuments historiques de 1913[12], on ne trouve pas d'article sur la transmission. Toutefois, l'essentiel des contributions tourne autour de la conservation, de l'héritage et de la protection. La transmission en tant que telle semble donc être un angle mort de la recherche sur les monuments historiques.

Pourtant, les enjeux de conservation et de préservation motivent la mesure prise par l'État et la mise en place d'un régime juridique spécifique. Selon le code du patrimoine, « le propriétaire ou l'affectataire domanial a la *responsabilité* de la conservation du monument historique classé ou inscrit

---

[8] J. Rochfeld, *Les grandes notions de droit privé*, PUF, coll. Thémis Droit, 2011, spéc. pp. 389 et s.

[9] J. Rochfeld, *op. cit.*, p. 395.

[10] *Ibidem.*

[11] M. Cornu, C. Wallaert et J. Fromageau (dir.), *Dictionnaire comparé du droit du patrimoine culturel*, CNRS éd., 2012.

[12] *1913 Genèse d'une loi sur les monuments historiques*, et *De 1913 au Code du Patrimoine, Une loi en évolution sur les monuments historiques*, coordonnés par J.-P. Bady, M. Cornu, J. Fromageau, J.-M. Leniaud, V. Négri, La Documentation française, 2013 et 2018.

qui lui appartient ou lui est affecté »[13]. Il n'est pas juridiquement tenu de « transmettre » le monument. Toutefois, la mesure de protection est à durée indéterminée puisque « les effets du classement ou de l'inscription au titre des monuments historiques suivent l'immeuble ou la partie d'immeuble en quelques mains qu'il passe »[14], le futur acquéreur devant être informé d'ailleurs de l'existence de cette protection[15].

Le rôle de l'État à travers son contrôle scientifique et technique est, d'une part, de vérifier périodiquement l'état des monuments historiques classés ou inscrits et les conditions de leur conservation de façon que leur pérennité soit assurée et, d'autre part, de vérifier et garantir que les interventions sur les immeubles classés ou inscrits sont compatibles avec le statut de monument historique reconnu à ces immeubles, ne portent pas atteinte à l'intérêt d'art ou d'histoire ayant justifié leur classement ou leur inscription au titre des monuments historiques et ne compromettent pas leur bonne conservation en vue de leur transmission aux générations futures[16].

Si dans le cas de monuments publics (voire des monuments recueillis par des organismes à but non lucratif), c'est bien la nécessité de conservation qui prime et qui garantit la pérennité du bien et ainsi sa transmission aux générations futures, dans le cas de monuments en mains privées, se pose la question de la « reprise » de cette « responsabilité de la conservation » imposée par le code du patrimoine. Du fait de son état de mortel, le propriétaire ne peut se proclamer détenteur du monument *ad vitam æternam*, et encore moins garantir la pérennité du monument pour une durée infinie. Il est « condamné » à transmettre, qu'il le veuille ou non, qu'il s'y soit préparé ou non.

Ainsi, dans le cadre des monuments historiques, le lien entre transmission et protection est manifeste. Le fait que l'immeuble transmis soit protégé au titre des monuments historiques entraîne-t-il des conséquences ? Ou autrement dit, la protection facilite-t-elle ou, au contraire, entrave-t-elle la transmission ?

Si le droit propose des mesures spécifiques pour accompagner la transmission des monuments historiques, c'est bien parce qu'il a paru nécessaire au législateur de tenir compte des particularités de ces

---

13 Art. L. 621-29-1 C. patr.

14 Art. L. 621-29-5 C. patr.

15 Art. L. 621-29-6 C. patr.

16 Art. R. 621-18 et R. 621-63 C. patr. Si l'objectif de « transmission aux générations futures » n'est pas inscrit dans la loi, l'État est donc, par voie réglementaire, garant de cette transmission lors de l'exercice de son contrôle scientifique et technique.

immeubles. La motivation de ces mesures peut être double : d'une part, compenser les astreintes pesant sur les propriétaires du fait de la protection (motivation généralement évoquée notamment pour justifier les dispositifs fiscaux) ; d'autre part, tenir compte du caractère souvent hors norme de ces immeubles. Dans ce dernier cas, la protection n'est plus déterminante. Ce qui compte est, par exemple, la part des surfaces utiles du monument, le fait qu'il soit entouré de terrains non bâtis, le fait qu'il présente un intérêt historique ou artistique identifié, mais qui n'a pas nécessairement justifié une mesure de protection[17]. Un autre élément de patrimoine – situé dans un site patrimonial remarquable, dans un périmètre délimité des abords, dans un site naturel ou bénéficiant d'un label – pourrait dès lors être confronté en matière de transmission à des enjeux proches voire identiques à ceux afférents aux monuments historiques. Tel est le cas notamment des enjeux affectifs, familiaux ou encore économiques qui seront évoqués aujourd'hui et pour lesquels le « monument historique » sera certainement entendu en dehors même de tout statut juridique, celui-ci n'étant pas déterminant.

Dans cette hypothèse, la protection au titre des monuments historiques est bel et bien un atout, car elle ouvre le champ des possibles en offrant un panel de mesures et outils spécifiques aux côtés de mesures et outils de droit commun. Dans d'autres cas, elle est une contrainte, un frein, car elle empêche des transformations substantielles qui pourraient permettre de modifier l'affectation du bien et ainsi de faciliter sa pérennité. Pourtant, sans croire à la perpétuité[18], la pérennité est bien l'objectif essentiel des mécanismes. Dès lors, elle amène à la question de la transmission.

---

[17] V. en ce sens la notion de locaux d'habitation présentant un caractère exceptionnel en fiscalité locale (article 1497 du code général des impôts). Selon l'administration fiscale, la protection au titre des monuments historiques n'est ni nécessaire ni suffisante à la qualification du caractère exceptionnel de ces locaux. Celle-ci est accordée aux immeubles « que leur caractère architectural, leurs dimensions, leur mode de construction placent hors de la classification générale prévue pour les locaux d'habitation. Tel est le cas de certains châteaux, abbayes, monastères, etc. ». L'administration ajoute pour les châteaux que « le caractère exceptionnel est reconnu lorsque la construction principale mesure au moins 800 m² de superficie développée. Toutefois, certains châteaux dont la superficie développée est inférieure à 800 m² doivent néanmoins être considérés comme ayant un caractère exceptionnel, en raison de la recherche de prestige ou d'apparat voulue par le maître d'œuvre. Ce critère se retrouve dans l'architecture, mais aussi dans les surfaces affectées, très généralement au rez-de-chaussée, aux pièces réservées en entier à l'accueil (importants dégagements dès l'entrée) et aux réceptions (très vastes salons, ouvertures généreuses, cheminées et plafonds ouvragés) », BOI-IF-TFB-20-10-40, 10 déc. 2012, § 1 et 2.

[18] Dans *Flexible Droit*, publié chez LGDJ en 1976, le Doyen Carbonnier consacre un chapitre aux « Dimensions personnelles et familiales de la propriété », mais il s'attache

II. Que signifie « transmettre » ?

Dès le début de nos travaux, nous nous sommes posé la question du sens à donner au terme *transmettre*. Les dictionnaires de langue française donnent des définitions rapides et insuffisamment précises pour le juriste. Ainsi, selon le *Littré*, on trouve trois sens : 1/ Faire passer. 2/ Faire passer ce qu'on possède en la possession d'un autre. 3/ *Fig.* Faire parvenir comme par une transmission. Selon le *Petit Robert*, il s'agit de « faire passer d'une personne à une autre, d'un lieu à un autre » ; ce dictionnaire précise « en droit : faire passer d'une personne à une autre par une voie légale (transmettre un héritage) ». Le Trésor de la langue française confirme que d'un point de vue juridique, *transmettre* c'est « faire passer d'une personne à une autre, par mutation, la possession ou la jouissance de quelque chose », et, au-delà de la matérialité, on peut évoquer la transmission de « connaissances ».
Au-delà des définitions, le *Dictionnaire Larousse des synonymes* évoque les verbes *léguer* et *céder*. Et le *Dictionnaire analogique Larousse* renvoie aux termes donner, engendrer, perpétuer, léguer, céder, donner. Par ailleurs, l'étymologie aide peu : transmettre vient du latin *transmissio*, de *transmittere*, c'est-à-dire envoyer au-delà, transmettre. Dès lors, une définition plus précise doit être cherchée du côté du droit (**A**), sans ignorer les acceptions d'autres sciences humaines et sociales (**B**), les ateliers ayant montré l'importance du cadre familial et social.

A. En droit

Le Vocabulaire juridique Capitant[19], à l'entrée *Transmission*, affirme qu'il s'agit d'un « terme générique désignant toute opération par laquelle les droits ou les obligations d'une personne sont transférés à une autre (qui devient à sa place propriétaire, créancier, débiteur, etc.) soit par la volonté de l'homme (transmission conventionnelle ou testamentaire), soit en vertu de la loi (transmission successorale *ab intestat*) ; soit entre vifs, soit à cause de mort ; soit à titre onéreux, soit à titre gratuit ; soit à titre particulier, soit à titre universel (transmission héréditaire de tout le patrimoine). » Il précise qu'« à la différence de l'aliénation (transmission volontaire. V. aussi

---

uniquement à la taille de la propriété rurale. En revanche, dans le chapitre sur « Le droit de propriété depuis 1804, 63 Caractères généraux de la propriété » (pp. 244 et 245), on trouve ceci : « il y a tant d'instabilité autour de nous qu'une promesse de perpétuité nous fait sourire. Mais si les juristes n'osent plus croire que la propriété soit perpétuelle, ils la conçoivent de plus en plus comme familiale. » (p. 245).

[19] Publié aux PUF, coll. Quadrige.

cession, disposition), la transmission peut résulter de la loi et porter non seulement sur des biens ou des droits (transmission active, spéc. d'une créance), mais sur des obligations (transmission passive d'une dette). Voisin, le terme transfert est surtout consacré à des emplois plus limités (transfert de propriété, de valeurs). »
Cette définition rejoint celle sous-tendue par l'article 711 du code civil qui introduit le livre III consacré aux « différentes manières dont on acquiert la propriété ». Cet article dispose que « la propriété des biens s'acquiert et se transmet par succession, par donation entre vifs ou testamentaire, et par l'effet des obligations. » Ce texte est intéressant, notamment parce qu'il souligne la dualité de points de vue : l'un acquiert, l'autre transmet.
L'analyse de nombreux ouvrages de droit des successions, de droit des libéralités, de droit des biens ou de droit des contrats laisse le lecteur sur sa faim. Si le terme est souvent utilisé dans le corps des développements[20], on ne trouve aucune entrée *transmission* dans les index, ni de définition. On y trouve toutefois des éléments sur la fonction de la transmission. Ainsi, on peut lire que « le terme "succession" désigne la transmission des biens d'une personne du fait de sa mort »[21]. On ajoute que, dans le prolongement de la propriété privée, « la transmission assure la continuité de la vie économique »[22]. On peut lire ailleurs que « la négation de toute transmission successorale serait nier la propriété »[23].

Une exception cependant : le Professeur Didier Guével, dans son *Droit des successions et des libéralités*[24], prend le temps de définir le terme, de la manière suivante : « Transmission : l'expression est très large et comprend à la fois l'idée de cession à titre particulier et celle de dévolution à cause de mort (*transmittere* : envoyer au-delà) ; il est sans doute préférable, pour éviter toute confusion, de ne l'appliquer qu'à la succession successorale légale et aux legs universels ou à titre universel et de ne pas l'utiliser pour évoquer une cession. »
Ces deux définitions peuvent sembler contradictoires de prime abord. Mais en réalité, on retrouve là deux acceptions communément acquises :

---

20 Et parfois même quand le terme de transmission est dans le titre : dans l'ouvrage d'*H. Le Nabasque, F. Boussier et F. Richen, La transmission de l'entreprise familiale* (Dalloz, coll. Réussir en affaires, 1992), il n'y a pas de définition de la transmission, mais l'ouvrage fait apparaître que la transmission peut être à titre onéreux ou à titre gratuit.
21 V. notamment J. Four et H. Souleau, *Les successions*, Armand Colin, coll. U, 1991, p. 3.
22 *Ibidem.*
23 Ph. Malaurie, *Les successions, les libéralités*, Defrénois, coll. Droit civil, 5e éd., 2012, n° 25, p. 24, I/ Transmission.
24 LGDJ, coll. Systèmes Droit, 2e éd., 2010, pp. 32 et 33.

l'une étroite, l'autre plus large. Il reste que la définition juridique paraît un peu sèche au regard des enjeux de notre sujet. Dès lors, la question s'est posée de la définition de ce terme dans les autres sciences humaines et sociales, puisque les enjeux humains et sociétaux sont apparus essentiels dès le premier atelier préparatoire.

B. Dans les autres Sciences humaines et sociales[25]

Dans son ouvrage *Qu'est-ce que transmettre ? Sociologie d'une pratique*, le sociologue Claude Giraud affirme dans son introduction que la transmission est « une pratique qui prend appui sur le passé, quel qu'il soit, pour engager le présent dans un futur, alors même que nos sociétés semblent à la fois ignorer le passé et renvoyer le futur à ce qui n'est pas advenu et n'adviendra peut-être pas »[26]. Il continue en précisant : « Pourtant la transmission ne cesse d'être considérée comme étant un enjeu majeur de nos sociétés, soit parce qu'elle est supposée permettre de transmettre des savoirs construits sur des expériences, soit parce qu'elle transfère des avoirs pouvant autoriser des investissements nouveaux, soit encore parce qu'elle est supposée conserver des cultures et des identités. »[27] Il note encore que « la transmission relève du paradigme de l'organisé », « la transmission s'inscrit parfaitement dans cet univers contraint »[28]. Cette idée d'organisation parle évidemment au juriste.

L'avantage de cette définition, *a priori* imprécise pour le juriste, permet de replacer la transmission dans un contexte plus large, replaçant l'acte dans un passé, un présent et un avenir. En outre, le sociologue fait également référence, au sujet de la transmission, à la stratégie, la pratique de continuité, ou la tradition. Un autre sociologue, François Dubet, fait lui référence aux idées de pérennité, d'immortalité ou d'immortalité symbolique dans un ouvrage collectif intitulé *Léguer, hériter*[29]. Cet auteur note également que « si la transmission participe de l'économie symbolique des relations sociales, des liens sociaux, des attachements et

---

[25] V. aussi la contribution de F. Abrioux dans cet ouvrage, p. 45.

[26] C. Giraud, *Qu'est-ce que transmettre ? Sociologie d'une pratique*, L'Harmattan, coll. Logiques sociales, 2015, p. 9.

[27] *Ibidem*, p. 9.

[28] *Ibidem*, p. 13.

[29] F. Dubet (dir.), *Léguer, hériter*, La Découverte/Fondation pour les sciences sociales, coll. Recherches, 2016, pp. 11 et 12.

des choix électifs, elle reste très fortement encadrée par le droit et les manières dont les acteurs le mobilisent pour défendre leurs intérêts. »[30]
Au regard de ces différentes propositions, nous avons finalement décidé de retenir une définition large de la transmission, en paraphrasant le Dictionnaire Capitant[31] : « terme générique désignant toute opération par laquelle les droits ou les obligations d'une personne sont transférés à une autre soit par la volonté de l'homme, soit en vertu de la loi ; soit entre vifs, soit à cause de mort ; soit à titre onéreux, soit à titre gratuit ».

Une dernière question se posait : fallait-il garder le terme transmission ou adopter le terme transmettre ? Sur ce point, nous avons finalement tranché pour le verbe afin de mettre l'accent d'une part sur l'action, un peu comme une injonction, afin d'inviter à anticiper cette transmission et d'autre part sur une forme de continuité de celle-ci, la transmission n'étant pas un acte ponctuel mais une démarche protéiforme qui s'inscrit – tout comme les monuments historiques – dans la durée.

Ces éléments de réflexion ont conduit à organiser ces journées autour de deux objectifs : d'abord, élaborer un état des lieux et définir les enjeux attachés à la transmission des monuments historiques pour en déduire les éventuels points de blocage ; puis, porter l'analyse sur les solutions juridiques possibles, soit par l'amélioration des outils existants soit par la prospective.

---

30 *Ibidem*, p. 10.
31 *Cf. supra.*

Témoignage général

Renaud des Portes de la Fosse
Rapporteur national Transmission-acquisition *de la Demeure Historique*

Au gré des échanges que j'ai pu avoir avec certains propriétaires-gestionnaires qui entamaient une réflexion sur la transmission de leur monument, j'ai pu progressivement forger ce témoignage construit sur le lien entre la notion de transmission et une société en constante évolution. On ne peut pas aborder aujourd'hui la question de la transmission des monuments historiques habités sans comprendre l'évolution de notre société qui va en s'accélérant à une vitesse souvent vertigineuse. Dans la décennie qui arrive, les évolutions seront probablement aussi rapides que celles du siècle écoulé et l'Homme, qui a progressé lentement pendant des millions d'années, se trouve confronté à cette exigence forte d'adaptation pour laquelle nous ne sommes pas nécessairement bien formatés. Lorsque mes enfants se moquent de moi, je leur précise que cela sera pire pour eux !
Nous sommes très inégaux face à ces bouleversements, et pas seulement pour des raisons générationnelles, mais aussi selon nos traits de caractère. Les histoires familiales parfois lourdes… Certains peuvent plus que d'autres se projeter dans l'avenir. Certains peuvent avoir une nature optimiste, d'autres pessimiste.

Avant de poursuivre, voici quelques chiffres qui résultent du questionnaire réalisé par la Demeure Historique auprès de ses adhérents :

- 59 % possèdent leur maison par donation ou succession, il en résulte que 41 % l'ont acquise par achat. L'importance de ce dernier chiffre peut surprendre, surtout lorsque l'on sait que la France est le pays d'Europe qui possède le plus de châteaux et manoirs. Nous pouvons en déduire qu'il y a un mouvement de ventes de propriétés qui va en s'accélérant, même si nous savons qu'un nombre significatif de propriétés achetées se revendent dans les dix ans ;
- 23 % des adhérents de la Demeure Historique ont déjà organisé leur succession et 24 % n'ont pas entamé la moindre réflexion. Ce dernier pourcentage est inquiétant compte tenu du défi important que représente la transmission ;

- 43 % des monuments sont détenus par une seule personne, 33 % par plusieurs, 14 % à travers une SCI. La possession en nom propre demeure dans un schéma très classique (même si la proportion de détentions à plusieurs s'accroît). La possession à travers une structure commerciale, même si elle progresse, reste marginale, comme la détention par des structures à but non lucratif ;
- 29,5 % des propriétés subissent un démembrement de propriété, ce qui paraît lié à l'allongement de la durée de la vie ;
- 62 % des adhérents associent à la stratégie et à la gestion du domaine au moins l'un des descendants. Ce chiffre est élevé, mais il faudrait comprendre ce que ce terme « associer » veut réellement dire. S'agit-il d'une simple transmission d'informations ou d'une véritable association à la réflexion sur la stratégie, la gestion ?
- 9,4 % des adhérents déclarent avoir signé une convention à durée indéterminée avec l'État pour bénéficier d'une exonération des droits de mutation à titre gratuit. Ils sont nombreux à poser des questions sur ce thème. Nous savons qu'au moins 150 conventions ont été signées, et d'autres sont en cours d'instruction. Ce pourcentage est issu du retour des adhérents qui, je pense, doivent être dans des situations permettant la prise de cet engagement lourd, ce qui expliquerait ce décalage entre le pourcentage et le nombre de conventions signées.

Après ces quelques chiffres, je vous propose d'aborder un certain nombre de constats liés à l'évolution de la société que je soulignais en introduction. Avant cela, je tiens à vous préciser que les propos qui suivent n'ont rien de pessimiste, ils soulignent l'importance d'une prise de conscience pour favoriser la transmission des monuments historiques.

I. Les constats

Le premier constat est qu'au fil des générations, les revenus de la majorité des propriétaires gestionnaires ont significativement baissé. Le temps où les terres et les forêts permettaient d'entretenir la propriété est, sauf exception, révolu. Les hypothèses d'autofinancement des maisons sont liées, en général, à une exploitation commerciale. Parallèlement à ce constat, les coûts de la main-d'œuvre, participant à l'entretien du bâti et du parc, ont explosé. Le coût des corps de métiers pour l'ensemble des travaux, tant d'entretien que lourds, s'est aussi considérablement accru (main-d'œuvre, matières premières, normes de sécurité).
En outre, les schémas familiaux et le rythme de vie ont également évolué : chacun a une vie professionnelle active avec de plus en plus de mutations

internationales. Les tendances accrues de la société à la consommation et au loisir peuvent sembler antinomiques avec l'acceptation du sacrifice de temps et d'argent pour entretenir et occuper une propriété. Notre responsabilité est de concilier la notion de mission et de plaisir à la sauvegarde de notre patrimoine. Également, les séparations plus nombreuses et les familles recomposées influent sur la notion de détention de la maison familiale et appellent nécessairement à repenser les équilibres. Enfin, la durée de vie s'allonge avec parfois quatre générations qui cohabitent, ce qui demandera probablement des évolutions, si ce n'est du droit, de l'appréhension du monument historique comme lieu de vie familiale.

Ainsi, on ne reprend plus par devoir un monument, il faut avoir une réelle motivation, du tempérament, une capacité d'émotion et d'innovation et chaque propriétaire-gestionnaire a une vraie responsabilité à créer cette envie. Ces caractéristiques sont communes à tous les propriétaires-gestionnaires, qu'ils aient hérité du monument ou qu'ils l'aient acheté. Ce qui peut éventuellement différencier les premiers des seconds est la volonté de se placer dans une lignée et la culture de la propriété : pour certains acheteurs c'est une découverte et pour tous une aventure.

Le temps de la transmission au fils aîné, quels que soient ses moyens et sa capacité, est révolu. Un repreneur doit cumuler plusieurs caractéristiques : avoir envie, avoir un certain esprit entrepreneur et/ou en avoir les moyens (moins il y a de moyens, plus il doit avoir un esprit entrepreneur) ; et si la reprise se fait en couple, partager avec son conjoint ce projet, c'est une aventure à deux.

Dès lors, une transmission ne doit pas être une démarche égoïste mais un dialogue permanent avec le repreneur dans une bonne compréhension de l'évolution de notre société. La responsabilité de chaque détenteur de monument est de savoir transmettre cette envie de reprendre, cette émotion et de contribuer à la créativité.

Sur ces points, un *vade-mecum* de reprise d'un monument ou d'un parc a été rédigé par la Demeure Historique à destination des propriétaires-gestionnaires. Il contribue notamment à faciliter de façon pédagogique le dialogue intergénérationnel.

II. Les questions

Après ces constats sur l'évolution de notre société – constat qu'il est indispensable de s'approprier car il est une aide à la décision pour choisir son mode de succession et son successeur –, le propriétaire-gestionnaire doit, pour mener sa réflexion, se poser deux questions.

Première question : qu'est-ce qui est le plus important pour le propriétaire : la pérennité du monument ou la famille associée à ce monument ? En effet, parfois, l'ADN familial passe par ce monument et la famille doit le garder à tout prix. Plus le monument a une dimension historique, plus cette question a du sens. Et plus le monument est lourd en termes d'entretien, plus cette question a du sens.

Si les adhérents de la Demeure Historique sont minoritaires à l'envisager, la transmission peut passer, en quelque sorte, par une dépossession partielle ou totale, en favorisant le monument par rapport à la famille, avec la mise en place d'une fondation, la transmission à une association, la constitution d'un fonds de dotation ou la signature d'un bail emphytéotique.

Force est de constater que les quelques cas identifiés portent, pour l'essentiel, sur des monuments extrêmement lourds en termes d'entretien annuel et de programmation de travaux, ou bien sur des monuments attachés à un passé historique (hommes ou événements) significatif, ou regroupant une collection d'exception. Il faut aussi souligner qu'une part significative de ce type de transmission concerne un célibataire ou un couple sans enfant.

Certains choisissent de vendre, considérant qu'il vaut mieux prendre cette décision de son vivant plutôt que de laisser une succession gérer la question. Cela a le double avantage, d'une part, de choisir son acquéreur (lorsque le prix obtenu n'est pas la première condition) en fonction de sa personnalité et de sa capacité à pérenniser le monument, et, d'autre part, d'éviter des risques de conflits lors de la succession. Ce choix de vendre est motivé soit parce qu'aucun des descendants ne souhaite reprendre, soit, et c'est alors une décision courageuse, parce que l'on considère qu'aucun des descendants ne le peut, même si certains émettent un intérêt.

Deuxième question : faut-il choisir un repreneur ou plusieurs repreneurs ? Cette question est d'actualité pour la majorité des propriétaires-gestionnaires. Si autrefois un seul repreneur était une évidence, force est de constater que, de plus en plus, les propriétés sont divisées. Plusieurs raisons expliquent cela. En général, le patrimoine détenu par le propriétaire est constitué majoritairement du monument, ce qui est problématique lorsqu'il y a plusieurs enfants : la quotité disponible ne suffit pas et un des enfants n'a pas nécessairement les moyens de dédommager ses frères et sœurs. En outre, le propriétaire ne veut pas prendre le risque de décevoir un ou plusieurs enfants et vivre une situation conflictuelle avec celui ou ceux qui n'ont pas été choisis pour reprendre le monument.

Les expériences rencontrées m'amènent à donner un conseil (facile à dire, il est vrai) aux propriétaires concernés : soyez courageux et lucides ! La politique de l'autruche ou « après moi le déluge » n'est pas la solution. Moins le monument est important, plus la solution d'un seul repreneur doit être favorisée. Mais lorsque le choix de plusieurs repreneurs est arrêté, il faut veiller, dans le cas de la mise en place d'une indivision, d'une copropriété, ou de lots juxtaposés de propriétés, à mettre en place un règlement de fonctionnement et d'usage très précis, avec une gouvernance exigeante et éventuellement, la définition de thèmes qu'un membre de l'indivision peut prendre en mains (la gestion du bâti, des jardins, la comptabilité, la communication, l'exploitation…). Il faut également penser, quand il y a lieu, aux accès et droits de passage individuels, aux toitures et fenêtres qui doivent garder leur homogénéité, ou la tenue du parc aussi. Il faut enfin prévoir une clause de préemption au profit de la famille en cas de vente.

Certaines transmissions sous cette forme – elles sont plus rares – ont eu lieu il y a déjà deux ou trois générations. Ce premier recul permet de constater que si certaines résistent au temps – le plus souvent lorsque le monument est devenu une entreprise commerciale –, la cohabitation de plusieurs foyers familiaux – dont le degré de parenté s'éloigne et dont les situations financières sont souvent très hétéroclites – est de plus en plus problématique et entraîne des conflits qui rendent plus difficile la pérennité du monument. Celui-ci finit par en subir les conséquences. Il me semble à cet égard que le recours au médiateur peut mettre du liant et, en ayant l'écoute et la confiance de chacun, favoriser des solutions.

Attention à l'image d'Épinal du *pater familias* ou de la *mater familias* qui souhaite réunir toute sa famille avec la constitution de nombreux lots sur la propriété. L'entente parfaite se fragilise souvent lors de leur disparition, chaque ménage vieillissant aspire à son indépendance pour lui et sa descendance et les degrés de parenté s'éloignent.

Pour conclure, il est essentiel de préparer la transmission de son monument, sans tabou et avec lucidité et courage, en se nourrissant de la compréhension de l'évolution du monde qui nous entoure et dans un dialogue permanent avec le ou les repreneurs. Notre chance est que la nouvelle génération bénéficie d'un esprit entrepreneurial plus développé que les générations précédentes et d'une capacité à surmonter plus facilement certains tabous. Elle peut transférer ses réflexes et expériences professionnels acquis au profit de leur monument.

Si le propriétaire a su créer l'envie, la nouvelle génération est mieux armée que ses aînés pour conduire des projets de développement et assurer l'avenir des monuments.

Première partie

État des lieux et enjeux

I

Les enjeux humains

La transmission du patrimoine : de la perpétuation de la lignée à la démarche passionnée, des modèles et des attachements différenciés

Florence Abrioux
Maître de conférences en Sociologie
Université d'Orléans
Membre du Centre de recherche juridique Pothier (UR 1212)

Que peut apporter la sociologie à la question de la transmission des monuments historiques ? Il y a bien des manières de répondre à cette question ! La voie empruntée est progressive, elle part de considérations très générales afin d'identifier le sens et la portée de la transmission du patrimoine à l'échelle humaine, pour aller vers une approche sociologique plus classique, revisitée à l'aune des changements sociaux. L'objectif de cette communication *in fine* est de proposer une approche contemporaine, incluant notamment une réflexion sur l'acceptation ou le refus, sous-tendue par une vision passionnée et affective à une vision plus matérielle.
La première partie vise à saisir les principaux enjeux sociaux de la transmission à travers une approche anthropologique, en commençant par cerner la notion de transmission et les termes satellites, dans leur complexité et en soulignant les points de tension, avant de montrer, par la présentation de la diversité des configurations, que l'organisation sociale de la transmission peut prendre des formes très diversifiées en fonction des sociétés et des époques. Le système de parenté – transposé en « famille » par la sociologie – indique quelles sont les voies de la transmission. Un point commun ressort cependant de la diversité des systèmes de parenté : l'existence de nombreux « arrangements » par rapport aux conventions et règles sociales. Cette première approche permet de rappeler les caractéristiques de notre système et d'expliquer l'importance du bâti monumental dans le patrimoine.
Nous rappellerons dans une deuxième partie quelles sont les grilles de lecture propres à la sociologie, qui seront confrontées à quelques-uns des changements sociaux susceptibles d'influencer le rapport à la transmission. L'individualisation a un impact fort sur la cellule familiale, de même que le nouveau « régime temps » placé sous le signe de l'urgence et du présentéisme ne favorise pas la projection de la famille dans une lignée, alors que dans le même temps la « passion-patrimoine » peut façonner un

nouveau type de « transmetteur ». Nous terminerons ainsi par un essai de typologie des profils de transmission intégrant ces changements sociaux. La principale caractéristique étant que l'héritier, dans une société des individus, n'accepte plus obligatoirement l'héritage alors que, d'un autre côté, un nouveau groupe émerge, les passionnés de patrimoine, qui se portent acquéreurs dans le but de le préserver, de le transmettre collectivement ainsi que l'histoire dont il est l'emblème. Ces passionnés constituent une nouvelle « lignée » non familiale mais historique. Des acteurs privés valorisent l'histoire, la mémoire locale ou nationale parallèlement au travail de l'État en faisant se rencontrer les deux pôles du patrimoine : privé et collectif. Mais cela n'exclut pas le fait que l'héritier puisse avoir des mobiles comparables à ceux du passionné, par sa volonté de transmission élargie, de même que le passionné peut souhaiter créer une lignée pour transmettre sa passion et lui assurer la pérennité. Les lignes de clivages ne sont jamais tranchées. Le modèle a pour objectif de situer des axes forts pour ensuite positionner le curseur entre attachement et vision économique du monument. En effet, la transmission est à mi-chemin entre l'économique et l'affectif, entre le matériel et la passion. Le degré d'attachement au monument historique est un élément à prendre en compte dans l'organisation de la transmission, au même titre que la dimension matérielle.

I. Portée anthropologique de la transmission du patrimoine

A. Comprendre la notion de transmission : périmètre et enjeux

La question de la transmission du patrimoine est complexe, elle revêt des enjeux et des sens variés qu'il convient de répertorier à travers une clarification terminologique incluant les notions voisines telles que « héritage » ou « succession »[1]. Cette première approche permet de faire ressortir des points de tension, que l'on peut considérer comme des clés de compréhension des enjeux, des pratiques sociales et ce faisant d'éventuels points d'ancrage pour des changements de perspective dans le temps.

La définition commune de **la transmission** renvoie au simple fait de transmettre. La diversité des objets transmissibles en affecte le sens. Par exemple, transmettre des documents est une démarche organisée, consciente et volontaire. Mais transmettre un virus ou une maladie ne

[1] Note de l'éditeur : les définitions (succession, héritage, patrimoine, etc.) ne sont pas ici juridiques, mais bien sociologiques.

relève pas d'une démarche consciente et volontaire. Dans ce cas de transmission, l'hypothèse du refus n'est pas envisagée, la transmission est un fait. Il en va de même pour le « patrimoine génétique » dont nous héritons. La transmission des monuments historiques relève quant à elle d'éléments externes (non organiques) et matériels qui permettent aussi d'identifier l'individu par rapport au groupe, de lui conférer une position ou un statut, mais également un rôle. Dans son ouvrage générique, Anne Gotman (2006) rappelle que la transmission correspond simplement au transfert de quelque chose d'un point vers un autre.

Le patrimoine est l'objet matériel (mobilier ou immobilier) ou immatériel (dispositions, savoir, patronyme, etc.), voire culturel (rites, pratiques collectives, etc.), de ce transfert. Pour ces deux dernières catégories, l'on peut d'ailleurs privilégier le terme de transmissions « extrapatrimoniales » pour souligner la dimension non matérielle de certains patrimoines. Dans son sens anthropologique, le patrimoine peut être défini comme un « corpus d'objets, d'espaces d'édifices sélectionnés afin d'incarner les symboles d'une appartenance collective (…) » (Isnart, 2016). L'ensemble qu'il recouvre est extrêmement vaste, au point de se rapprocher de la définition extensive de **la culture** au sens anthropologique, caractérisant une organisation de la vie sociale.

La succession est l'ordre dans lequel s'effectue la transmission, assurant ainsi la continuité (Gotman, 2006).

L'héritage est le rapport social organisateur de la transmission d'un objet par voie de succession. Ce dernier terme est plus ambigu puisqu'il peut désigner à la fois l'objet et la propriété, ce qui peut être source de confusion si ce n'est de conflit dans le rapport au partage, selon que l'on insiste sur l'une ou l'autre de ces deux valeurs.
Lorsque la notion d'héritage fait irruption, cela suppose donc son acceptation de la part de l'héritier (Babelon et Chastel, 2008) qui s'inscrit dans un processus de continuité, de perpétuation, de reproduction. L'héritage nous situe du côté de la réception, de l'héritier, à la différence de la transmission qui est du côté du transmetteur. La transmission part donc du postulat que l'héritier l'accepte.
Celui qui transmet est supposé organiser cette transmission de son vivant, à travers une stratégie. L'héritier peut d'ailleurs anticiper les transmissions à venir et en tenir compte dans ses modes d'action. La stratégie se retrouve aux deux niveaux, privé et collectif. Au niveau privé en choisissant des modes de transmission anticipés et des héritiers privilégiés en jouant avec

les limites et la diversité des lois encadrant le don et la succession. Au niveau collectif en désignant ce qui doit être préservé, qui peut en décider, comment le sauvegarder et assurer une transmission pérenne. C'est précisément une dimension étudiée par l'anthropologie (Bondaz, Isnart, Leblon, 2012 ; Tornatore, 2010 ; Heinich, 2009).
Lorsqu'il s'agit de la transmission d'éléments matériels dans un cadre familial, cela peut correspondre à un accès à la propriété, plus ou moins encadré par la loi et plus ou moins taxé. Ainsi l'héritage est un droit attaché à la naissance qui vient contredire les valeurs égalitaires omniprésentes dans nos sociétés. La transmission et l'héritage peuvent se concevoir au niveau d'une lignée clanique ou familiale mais aussi à un niveau supérieur : certains éléments hérités sont considérés comme des biens communs. Ce qui place la transmission, préalable à l'héritage, entre une affaire privée encadrée par des dispositions législatives, pouvant entraîner des conflits de famille et une affaire publique à travers la politique de préservation du patrimoine au sens d'héritage commun, qui doit être accessible au plus grand nombre.

Le point suivant (approche ethnologique) rappellera que **la parenté**, au sens de « système social de représentation de sentiments et de pratiques, fortement normatifs, propre à chaque culture et susceptible de transformation » (Weber, 2013) est le cadre de cette transmission. Selon Florence Weber (2005) il convient de distinguer trois dimensions :

- **le sang, le patronyme et le quotidien**, qui renvoient à la lignée, à la propriété collective. Stable, elle est un trait d'union entre les vivants et les morts ;
- **la maisonnée**, qui est l'usage collectif des biens matériels, instable dans le temps ;
- **la parentèle** qui correspond aux relations électives et implique une forme de réciprocité.

Transmission et héritage assurent la continuité, ils engagent le rapport aux prédécesseurs. Ils procurent une généalogie sur le plan familial, une histoire sur le plan collectif, donc une identité et une appartenance ; ils renvoient à la verticalité des origines, fournissent une explication et une continuité entre passé et présent. L'enjeu majeur de la transmission consiste à savoir ce que l'on transmet pour assurer cette continuité et comment elle va être reçue et appropriée pour assurer la pérennité par-delà les générations.
De même, l'héritage oppose la valeur marchande à la valeur affective : il engage une part matérielle (améliorer sa condition) et aussi une dimension

affective (souvenir, mémoire, lien). Ces valeurs ont une incidence sur la stratégie des ascendants. Nous pouvons avoir le sentiment intuitif que ces deux valeurs s'opposent fondamentalement. Les recherches montrent une réalité beaucoup plus complexe. Par exemple, Emilia Schijman (2017) étudie comment, dans les milieux paupérisés de Buenos Aires, ceux qui n'ont pas grand-chose à transmettre développent néanmoins des stratégies spécifiques, assimilées à des « formes invisibles de transmission » (Schijman, 2017, p. 141). Une sorte de pacte tacite s'instaure entre des personnes âgées ne possédant pas grand-chose en dehors de l'occupation d'un logement social et des aidants. Les personnes âgées transmettent le droit d'usage de leur logement social contre une aide au quotidien : « Ainsi, dans l'immense parc social à Buenos Aires (…), la possession d'un titre d'occupation entraîne l'élaboration de « pactes sur succession future » à l'intérieur desquels la retransmission du droit d'usage sur le logement soldera à terme une dette du titulaire envers des proches aidants. Ces pactes tiennent ensemble deux figures interdépendantes : le titulaire affaibli en raison de l'âge et de la maladie, et un jeune adulte sans ressources, apparenté ou non, qui propose son aide. Le premier cherche une prise en charge pour ses repas, ses soins, une protection physique et offre en retour au jeune adulte un hébergement qui pourra, un jour, se transformer en occupation pleine et légitime. Il s'agit d'un échange : une prise en charge contre un héritage. » (Schijman, 2017, pp. 141-142)
Ce logement pas vraiment à eux devient néanmoins une monnaie d'échange contre des services et un accompagnement. Mais il n'empêche pas la création de véritables liens affectifs fondés sur la proximité. Cet exemple de transmission organisée contre service dans une économie de la pauvreté montre bien, d'abord que la transmission s'organise y compris lorsqu'il y a peu à transmettre, ensuite qu'elle joue avec les limites du système, enfin que l'opposition valeur affective et marchande ne tient pas. De même, les « héritiers » peuvent anticiper et développer leur stratégie : prévoir l'acquisition avec l'argent hérité, se former pour reprendre l'entreprise familiale et assurer sa prospérité, développer une activité commerciale autour du monument, etc.

Ces premiers éléments de cadrage et de définition rappellent l'importance des approches anthropologiques et ethnologiques, qui étudient comment les sociétés organisent cette transmission, inscrite au cœur des rapports entre les vivants et les morts par la fabrication « d'un corps qui ne meurt jamais », entre le droit naturel et les conventions sociales (Gotman, 2006). L'ethnologie rappelle comment ces transmissions s'organisent au sein du groupe.

B. Les spécificités de nos modes de transmission au miroir d'autres sociétés

Le détour par l'ethnologie apporte la prise de champ nécessaire pour percevoir la diversité des configurations, des régulations à travers l'espace et le temps. Ce panorama ne vise ni à l'exhaustivité de la présentation des formes, ni au rappel des évolutions dans le temps, d'autres communications se chargeront de développer des approches historiques ciblées. Il vise notamment à souligner leur diversité, à identifier les articulations et les éléments systémiques et, en miroir de ces modèles, à situer les caractéristiques de la transmission du patrimoine dans notre formation sociale.

L'ethnologie, pour comprendre les groupes sociaux, s'intéresse à six principales dimensions de leur organisation : l'économie, les techniques, le langage, l'écologie, le pouvoir politique et la parenté. Cette dernière est donnée comme prépondérante pour comprendre les fondements des institutions sociales d'un groupe. Elle structure la transmission. Les différentes dimensions sont néanmoins reliées : l'écologie peut expliquer les différences de précision du vocabulaire d'un langage ; le langage est une des entrées pour comprendre la parenté ; le pouvoir se transmet souvent par la parenté ; les techniques sont développées dans un contexte écologique et économique, etc. Ces dimensions expliquent aussi la nature des biens à transmettre et leur valeur matérielle ou symbolique. Par exemple, l'environnement en France fournit le tuffeau, le granit, le marbre, etc., autant de matériaux favorisant le bâti durable et transmissible. Les monuments historiques sont un élément important à la différence des sociétés nomades ou des sociétés où les matériaux immédiatement disponibles sont plus éphémères. La transmission des demeures est déjà un objet de transmission spécifique, celles-ci pouvant être plus ou moins vastes, prestigieuses et durables.

L'ethnologie de la parenté rappelle l'importance de la parenté pour comprendre les organisations sociales, mais aussi la diversité des configurations de la transmission. Les travaux des précurseurs de l'ethnologie de la parenté, emprunts d'évolutionnisme, ne distinguaient pas les différents éléments constitutifs de l'analyse de la parenté que sont : la terminologie, le mariage, la descendance (ou filiation), la résidence, l'héritage et la succession.

Or, les quatre derniers termes sont à la base de la compréhension de la logique de « perpétuation des groupes ».

Le mariage occupe une place de choix dans les stratégies d'alliance de clans ou de lignées et de fructification du patrimoine. Deux types de règles encadrent le mariage dans la diversité des groupes : les règles dites négatives, qui désignent les interdits (la prohibition de certaines catégories d'époux, le plus souvent de parents ou de clans), à l'inverse des règles positives, qui énoncent les choix possibles. En fonction des organisations, les règles peuvent être prescriptives (structures élémentaires) ou préférentielles (structures complexes) ; elles peuvent donc désigner ce qui est de l'ordre de l'obligation ou au contraire du désirable. Mais ces prescriptions ou préférences ne sont pas toujours appliquées à la lettre. L'écart à la norme, y compris dans les structures élémentaires, est important. Le mariage est souvent relié à la **règle de résidence** : dans quel « clan » ou dans quelle « maison » vont loger les mariés ?

La descendance (ou filiation) détermine à qui ira l'héritage. Elle peut être **unilinéaire**. Cette appellation se décompose en deux formes : **patrilinéaire** lorsque l'individu appartient au lignage de son père ou **matrilinéaire** lorsqu'il appartient au lignage de sa mère. Dans ce dernier cas, les enfants héritent du frère défunt de leur mère. La filiation unilinéaire se fonde donc sur un critère de sexe : transmission du côté de l'homme ou de la femme. La filiation peut également être **bilinéaire**, c'est-à-dire que l'individu appartient aussi bien au groupe patrilinéaire que matrilinéaire. Il hérite donc de certains traits ou de certains biens du lignage maternel, d'autres du lignage paternel. Par exemple, chez les Ashanti d'Afrique occidentale, on hérite de l'âme du père, mais le statut comme les biens matériels viennent du côté de la mère. Autre cas, les Chamba du centre ouest du Cameroun : du côté du clan maternel sont les liens du sang et tout ce qui est lié à la vie ; les neveux héritent à la mort de leur oncle des biens de subsistance. Du côté du père, ils héritent du nom, de la résidence et des biens matériels. Enfin, la filiation **bilatérale**, encore appelée **indifférenciée** ou **cognatique**, correspond à une forme où l'individu appartient à plusieurs groupes de parenté, souvent aux groupes de ses quatre grands-parents. Dans ce cas, le sexe n'est pas la variable déterminant la filiation et la lignée généalogique n'est pas tracée. C'est la forme de notre société aujourd'hui.

L'étude des différents groupes à travers l'espace et le temps montre que les modes de filiation sont le plus souvent assez complexes. Par exemple, dans des modèles unilinéaires, l'autre branche ou clan peut néanmoins être reconnu, ce qui est mentionné sous le terme de **filiation complémentaire**. Les classifications sont nécessaires pour aider à s'orienter et se doter de clés de lecture, mais elles sont inaptes à restituer la finesse des systèmes.

L'héritage va généralement vers ceux qui sont considérés comme les proches parents de la personne décédée, en suivant les règles de la descendance que nous venons de rappeler (forme patrilinéaire, matrilinéaire, bilinéaire ou bilatérale). L'héritage peut être distinct selon les ensembles (patrimoine matériel ou qualités intangibles comme l'âme, le statut social, etc.). Il peut créer des obligations : parfois ce sont des personnes qui font partie de l'héritage. Par exemple, dans une société polygame, le fils peut prendre pour épouse la femme de son père défunt, l'objectif étant que la lignée de la femme soit assurée pour que celle-ci puisse continuer à trouver subsistance et rester auprès de son enfant. De manière plus connue, le lévirat consiste à épouser de manière préférentielle la femme d'un frère décédé ou le sororat incite à épouser la sœur de sa femme si celle-ci est décédée. Autrement dit, lorsque cette pratique est prescriptive, il s'agit d'un devoir collectif et non d'un acte individuel, ou égoïste, ou encore économique. C'est un devoir envers l'autre clan avec lequel on est allié par le mariage. L'héritage est à la fois un avantage et une pression : l'héritier a le devoir d'assurer la continuité de la lignée.
D'ailleurs, héritiers et successeurs peuvent être distincts. Le choix du successeur est plus du côté de la pratique alors que l'héritage relève de la règle. Par exemple, lorsque l'héritage est inégalitaire, héritier et successeur se confondent. Le droit d'aînesse est dans ce cas de figure. Alors que dans un système égalitaire, l'ensemble de la fratrie se partage l'héritage et parfois ils sont tous successeurs, dans d'autres cas un seul le sera.
Souvent, le mode de filiation, la succession et même l'héritage s'accommodent d'arrangements.

Mais que deviennent ces systèmes dans les sociétés devenues plus complexes, urbaines et industrialisées ? La famille se segmente pour se resserrer autour du couple, librement formé, et de ses enfants. Cette famille nucléaire, analysée à partir d'une approche fonctionnaliste par Parsons dans les années 1945, constitue une unité de résidence, de consommation, une instance d'éducation des enfants. Ce modèle est donc bilatéral et égalitaire. Il ne doit pas occulter d'autres organisations familiales, dès lors qu'un patrimoine important est en jeu. Les structures familiales des dynasties (transmission de l'entreprise) ou des lignées (capital symbolique) peuvent se rapprocher des formes traditionnelles, afin de préserver le patrimoine. L'endogamie de classe par exemple est une stratégie de maintien du patrimoine (Pinçon et Pinçon-Charlot, 2016).
Une fois ces considérations générales posées, il convient de revenir à une approche sociologique pour situer différents niveaux de changement dans les perceptions et les pratiques.

II. Une approche sociologique renouvelée de la transmission des monuments historiques

A. L'approche sociologique classique : centrée sur le capital immatériel et la reproduction sociale des inégalités

La sociologie, lorsqu'elle s'intéresse à la transmission, la replace dans le champ de ses préoccupations fondamentales : celui de la reproduction des hiérarchies sociales. La famille est conçue comme un lieu d'accumulation du capital dont l'héritage assure la pérennité, à travers le maintien d'une position sociale. Plus le patrimoine est important, plus les stratégies pour en assurer la préservation devront être cumulées et/ou inscrites dans la durée.

Pour Pierre Bourdieu, l'héritage ne se limite pas aux éléments matériels ou immatériels décrits par l'ethnologie (Bourdieu, 1980 ; Jourdain et Naulin, 2011). S'il a bien souligné l'importance des stratégies matrimoniales comme clé de voûte du maintien de la position sociale et de la capacité à conserver voire augmenter le patrimoine, par le jeu des alliances avec des familles dont la position est au moins équivalente, dans la société qu'il nomme « précapitaliste », il a aussi montré que le choix du conjoint a progressivement perdu de sa force. La charnière se situe avec l'avènement de l'État et d'une société bureaucratique, qui propulse la stratégie scolaire en stratégie principale. Le diplôme devient le nouvel ordre de la légitimation de la position dans la structure sociale. Sa conceptualisation bien connue utilise le registre du « capital » dont il distingue quatre types (Bourdieu, 1970 ; 1979). Ces capitaux sont pour partie transmissibles par héritage, pour partie par socialisation / éducation / immersion / incorporation :

- **le capital social**, qui est la taille et surtout la qualité du réseau des connaissances sur lesquelles l'on peut le cas échéant s'appuyer ; il s'agit en d'autres termes de la valeur du carnet d'adresses ;
- **le capital culturel**, qui est l'ensemble des savoirs, savoir-vivre, savoir-être, mais aussi le niveau de diplôme, les goûts et pratiques culturelles, le niveau de langage, la culture générale, etc. ;
- **le capital économique**, qui regroupe les biens matériels, les moyens de production et toute ressource financière ;
- **le capital symbolique**, qui est la reconnaissance sociale d'une forme de prestige ou de notoriété ; il peut désigner l'aura, des personnalités publiques, ou le fait de posséder des titres honorifiques.

Sa conceptualisation est beaucoup plus nuancée que ce à quoi on la réduit trop souvent, à l'état d'un pur déterminisme, qui d'ailleurs ne permettrait pas d'expliquer la différence entre les histoires familiales à succès et celles à échec, dès lors que les conditions sont comparables structurellement. D'abord, il emploie la notion de stratégie dans un sens ouvert puisque l'agent social n'a pas forcément conscience des objectifs ou de la finalité ; la stratégie s'impose, elle fait partie de ce qui est incorporé dans le processus de transmission familiale. S'il y a bien un objectif poursuivi, il n'a pas besoin d'être clairement posé. Ensuite, les stratégies se cumulent plus qu'elles ne s'opposent et les stratégies matrimoniales se combinent aux stratégies scolaires, ce qui permet d'échapper à la vision binaire stratégie familiale contre stratégie scolaire. Par ailleurs, les stratégies scolaires (capacité à mieux connaître et mieux s'orienter dans un système de plus en plus complexe) sont redoublées par l'homologie structurale entre les attentes scolaires et la socialisation des enfants des milieux aisés. La sociologie de l'école et de l'éducation l'a établi depuis les années 70 (Christian Baudelot et Roger Establet,1972, 1975 ; Pierre Bourdieu, 1966, 1970). Pierre Bourdieu a beaucoup travaillé sur l'école comme facteur de reproduction des positions sociales, ce qui peut créer un prisme. Mais il est évident que cette conception souffre de limites, que d'autres travaux en sociologie de l'éducation peuvent corriger.

L'importance du capital économique au sens de Bourdieu n'est pas nouvelle : l'histoire des relations « d'affaires » entre l'aristocratie et la grande bourgeoisie commerçante et financière dressée par Norbert Elias dans *La dynamique de l'Occident* le montre bien. Le déclin d'une partie de l'aristocratie s'est amorcé à travers l'échec du maintien d'un niveau financier. Son impact a par la suite diminué pour retrouver, selon les économistes, un poids important, notamment dans la construction des inégalités (Frémeaux, 2018).

Par ailleurs, ce qui semble bien plus caractériser la transmission est la *cumulativité* des capitaux et des stratégies, qui pour certaines sont incorporées (elles semblent naturelles, elles ne se pensent pas vraiment comme des stratégies parce qu'elles apparaissent comme des évidences). Michel Pinçon et Monique Pinçon Charlot, spécialistes de la « grande bourgeoisie », ont mené leurs enquêtes dans ces milieux. Ils confirment l'importance du volume de ces différents capitaux, qu'ils ressentent pleinement comme une « domination de classe », par inversion de la relation sociale asymétrique classique du sociologue aux personnes interrogées : le sociologue est habituellement en position de domination symbolique (diplôme, culture). *Voyage en grande bourgeoisie* relate très bien la manifestation et les implications pour les chercheurs de cette relation de

domination inversée. Au-delà, la description montre bien la domination sur l'ensemble des capitaux, ce qui ne manque pas de créer le sentiment de distance sociale, de l'existence de deux mondes. Ils montrent par ailleurs dans *Grandes fortunes : dynasties familiales et formes de richesses en France* que les stratégies contemporaines reposent principalement sur la maîtrise de cinq stratégies : financière, matrimoniale, reproductive, éducative, mondaine.
Ces recherches confirment l'importance du mariage et donc des stratégies afférentes, comme pierre angulaire du maintien ou de l'augmentation d'un niveau de richesses dans le temps au sein d'une lignée.
Les approches sociologiques classiques priorisent l'angle des inégalités et de leur reproduction. Elles abordent peu la question de l'héritage (Gotman, 2006) si ce n'est sous l'angle des rapports entre générations et de la pauvreté. Elle est préemptée par la dimension culturelle et immatérielle et vise à illustrer la construction des inégalités.

B. Les changements de perspective : analyse et typologie

En s'écartant du sujet direct de la transmission, la sociologie peut aussi offrir des clés de compréhension sur les changements du rapport contemporain à la transmission des monuments historiques. Quatre aspects étroitement imbriqués les uns aux autres semblent particulièrement importants : le rapport à la famille, la place de l'individu, le temps et les passions.

La famille dans une société valorisant les individus

Le modèle de la famille contemporaine, appelée « nucléaire » dans un premier temps pour signifier qu'elle est regroupée autour du noyau formé par les deux parents et leurs enfants, est déjà dépassé par la visibilité croissante des configurations plus réduites (monoparentalité) ou élargies (recomposition familiale). Depuis le milieu des années 1990, le pluriel (les familles) est d'ailleurs préféré. La constitution de la sociologie en champ de recherche structuré marque aussi une progressive mise à l'écart de la notion anthropologique de « parenté » (Déchaux et Le Pape, 2023). Mais la démonstration majeure des années 2010 est l'émergence d'une famille affective et relationnelle (de Singly, 1993 ; 1996). L'amorce de cette famille relationnelle, perçue par Durkheim, se trouve dans la famille conjugale où les liens entre personnes priment sur le statut et les biens. Elle est ensuite exacerbée par l'individualisme qui renforce la voix de l'individu, le « JE » au détriment du « NOUS » familial.

Dans le même temps, les modèles éducatifs se sont « civilisés » (Prost, 1968 ; Albertin, 1992). L'enfant n'est plus conçu comme un animal ou un sauvageon à dresser, mais comme un être sensible et doué de compréhension, avec lequel il faut discuter pour que les apprentissages se fassent sans recourir aux formes violentes. La proximité parent / enfant s'est également accentuée avec l'allongement des études et de la cohabitation, prolongeant la période de proximité (Galland, 2001). L'émancipation de l'individu érigée en valeur va de pair avec une vision plus court-termiste de la vie centrée sur soi, le couple souffrant lui-même de cette suprématie de l'épanouissement de l'individu (Kaufmann, 1999, 2010). La notion de transmission comme la projection sur plusieurs générations peuvent s'en trouver affectées : l'héritage peut aussi être vu comme un poids, un fardeau que l'on peut rejeter pour construire sa vie autour d'un autre modèle. L'alternative se situe ici dans ce choix désormais possible : accepter l'héritage familial, ou au contraire s'en affranchir pour vivre une vie à soi. L'individu moderne, libre, peut s'affranchir de la lignée. Cependant, certaines recherches contemporaines renouent avec la tradition de l'étude de la reproduction des inégalités, réaffirmant le rôle de l'économie dans les familles et l'importance des possessions matérielles trop laissées de côté dans la sociologie de Pierre Bourdieu. L'héritage, comme les séparations de couple, révèle souvent l'appropriation masculine du patrimoine, les « arrangements » se faisant le plus souvent au détriment des femmes, malgré un droit égalitaire (Bessière et Gollac, 2020). Ces deux lectures, la famille relationnelle et les inégalités de sexe au sein des familles ne sont pas incompatibles, elles partent d'approches différentes.

Ces évolutions globales ont contribué à un recul des stratégies familiales. Mais pas partout. Elles concernent moins les familles le plus fortunées, celles apparentées aux « dynasties » étudiées par Michel Pinçon et Monique Pinçon-Charlot (1999).

Un nouveau rapport au temps favorisant présentéisme et accumulation de traces

L'enracinement dans une lignée familiale s'érode au profit d'un individu libre qui choisit la manière de conduire sa vie, même si cela reste tendanciellement moins vrai dans les familles davantage dotées en patrimoine. Cette réalité favorisée par l'émergence de l'individu est renforcée par un nouveau rapport au temps qui se rétracte et rend la projection sur plusieurs générations plus complexe.

La société liquide décrite par Zygmut Bauman (2005) se caractérise par une forte incertitude : les changements rapides et incessants empêchent la routinisation, rendent difficiles les prévisions (les avantages d'un jour pouvant se transformer en handicap) et font que les stratégies elles-mêmes sont vite dépassées et inopérantes. L'expérience ne suffit plus pour s'orienter convenablement. En conséquence, la « vie moderne liquide »[2] est composée d'une série de remplacements et de recommencements, de changements de cap. Elle est aussi tétanisée par l'angoisse de ne pas tenir le rythme et d'être expulsée du système ; les consommations deviennent le nouvel exutoire pour compenser ces incertitudes et la perte de sens. Savoir oublier, jeter, regarder à court terme, imposent leur diktat. La conservation du patrimoine familial entre dans cette modernité : les stratégies acquises de longue date ne tiennent plus forcément et il convient de réinventer en permanence les moyens de sa conservation dans des cadres extrêmement volatiles, ce qui peut dissuader d'accepter le bien transmis, perçu pour certains comme une mission impossible.

Hartmut Rosa va même jusqu'à conceptualiser le rapport au temps qu'il assimile à une aliénation contemporaine (2005, 2010). L'accélération sociale du temps plonge l'individu contemporain dans l'urgence et la vitesse au détriment de la projection (Rosa, 2010). La « vie moderne liquide » se construit dans et pour le présent. Elle est davantage fondée sur la vitesse que sur la durée.

Les passions extraordinaires

Dans cette vie moderne, la quête du sens peut passer par les « passions ». À l'orée des années 2000, Christian Bromberger s'intéressait aux *Passions ordinaires*, celles du quotidien (une collection, la pratique d'un sport ou le fait d'être fanatique d'une équipe, d'un chanteur, etc.). Il partait du constat de l'engouement pour la réalisation de ces activités très disparates, dont le point commun est qu'elles occupent largement le temps de loisir (sorte d'échappatoire aux contraintes du travail) et qu'elles sont considérées comme du temps pour soi permettant la réalisation personnelle, valorisant l'autonomie et l'authenticité. Ces activités volontaires, non subies, procurent un sentiment de liberté et d'épanouissement. Le terme de « passion » est celui utilisé par les passionnés eux-mêmes, que Bromberger caractérise ainsi : « À la loupe ethnographique, le passionné se repère d'abord à quelques *signes extérieurs*. C'est un individu qui paye de sa personne et ne lésine pas sur les investissements – en argent, en temps, en équipements divers – nécessaires à la réalisation du projet qui le taraude. Ces engouements sont plus ou moins coûteux (…), mais ces

[2] Note de l'éditeur : référence au concept qui a donné le nom à l'un des ouvrages de Z. Bauman, *La vie liquide*, cité en bibliographie, *infra*.

investissements sont toujours perçus et conçus comme des "sacrifices", excédant, peu ou prou, ce que la seule raison pratique imposerait. (...) Ces "sacrifices agréables" (...) ne se comptent pas seulement en argent, mais aussi – et surtout – en temps : la passion s'éprouve, et consomme de longues heures, avant, pendant et après le temps de son exercice. » (p. 27). Christian Bromberger énumère des passions extrêmement variées tels les animaux de compagnie, le jardinage, les concours d'orthographe, le jeu, le football, les raids et courses, l'informatique, les vins, la généalogie, mais aussi le patrimoine (chapitre 5, pp. 139-162).

La passion est le fait de vivre intensément une activité choisie qui devient structurante de la vie qui tourne autour de cette passion.

Les analyses plus récentes pointent une évolution : la coexistence entre passion et métier. La passion sort du champ du hors travail pour se transformer en métier (Flichy, 2017). Les histoires de ruptures de trajectoire professionnelle afin de vivre de sa passion ne sont pas rares. Elles peuvent se faire au détriment du confort matériel ou du train de vie. Auparavant, Patrice Flichy (2010) avait montré le choc entre les pratiques professionnelles et les activités pratiquées par des amateurs passionnés, ces dernières étant facilitées par la baisse du coût du matériel informatique, l'augmentation des tutoriels, qui permettent aux amateurs de se spécialiser sur le temps long de la pratique et dans des domaines très divers allant de la photographie au journalisme en passant par la cuisine, la chanson ou l'artisanat d'art. Certains amateurs autodidactes pouvant ensuite être reconnus et se professionnaliser.

Cette progressive valorisation des passions concerne aussi le domaine des monuments historiques rachetés dans le but d'être rénovés, dans l'optique d'une jouissance individuelle du bien doté de cette valeur symbolique ou bien de la partager en le rendant accessible, ce qui en fait aussi une activité à part entière, unique ou complémentaire d'un autre emploi.

Le monument comme une passion à transmettre est une forme contemporaine de transmission, fondée non plus sur la lignée mais sur l'acquisition, qui valorise le caractère symbolique et collectif du monument public.

Vers une typologie de l'attachement

L'appareillage conceptuel classique confronté aux principales lignes de changement permet de proposer une typologie renouvelée dont le point central est l'acceptation ou non de la transmission. Le modèle intègre au cercle des transmetteurs contemporains les amateurs éclairés, passionnés. Ainsi, il convient de distinguer deux types de transmission, l'une verticale, fondée sur la descendance et la lignée, l'autre horizontale, qui vise à partager une « passion-patrimoine » tout en recréant si possible une « dynastie ». Cependant, les lignes de partage ne sont pas nettes. Ces deux modalités de la transmission ne s'opposent pas terme à terme, il faut plutôt les considérer comme un *continuum* sur un axe tridimensionnel, faisant ressortir des profils-types, du moins des configurations possibles. La typologie doit poser le curseur sur chacune de ses polarités :

- **la position** (volume des différents capitaux) et **les stratégies** (au sens du couple Pinçon). Elle repose sur le critère classique des capitaux. Il s'agit d'identifier le volume des différents capitaux. Posséder un bien immobilier prestigieux sans avoir suffisamment de capital économique ou social, peut conduire à l'échec de la transmission. La position du destinataire, notamment sur le critère économique, tend ou détend la pression pour maintenir l'état du bien. De même que le bien transmis sera plus ou moins en bon état, ce qui engage un avenir différent : simple maintien de l'état – ce qui est déjà lourd – ou rénovations importantes à conduire. Les stratégies sont celles déclinées par Monique Pinçon-Charlot et Michel Pinçon. Elles mettent en relation le « travail » du transmetteur avec le projet de l'héritier.
- **L'ancienneté** de l'héritage ou de l'acquisition pose la question du moment auquel la famille devient possédante. S'il s'agit d'une transmission familiale pour maintenir le patrimoine de la lignée, la pression pèse sur l'héritier qui devra maintenir le monument en état pour le transmettre à son tour. Il peut refuser. Si le monument est entré dans la famille plus récemment, pour sa valeur économique, voire comme investissement, la question de l'appropriation de la valeur symbolique se pose. Pinçon-Charlot et Pinçon (1999, 2016) ont montré que le caractère prestigieux du monument est souvent présent et au cœur de la stratégie d'achat. Mais le sera-t-il au point de construire une stratégie de transmission familiale spécifique ? Ou est-ce un bien comme un autre, interchangeable ? De même, concernant les acquéreurs récents à des fins de partage et de valorisation de l'histoire du lieu (passionnés), quelle sera la stratégie de transmission ? Privilégiera-t-elle la famille ou la recherche d'un « successeur externe » partageant un projet et des motivations comparables ?
- **Les motivations** permettent en particulier de distinguer la jouissance pour soi ou pour autrui d'une part, la valorisation de la conception matérielle ou de la conception culturelle et affective d'autre part. Les héritiers des lignées peuvent tout aussi bien être passionnés par cette histoire familiale et désirer la partager. Elle déplace le curseur de l'engagement avec ce mobile proche de celui du passionné, à la différence

qu'il se superpose à la verticalité de la transmission (continuité familiale à assurer). Les acquéreurs de sites qui le font par passion pour son histoire, son esthétique, etc., ont également un mobile collectif qui porte sur la préservation du bien pour le transmettre. Ces passions « extra-ordinaires » – par comparaison avec les passions ordinaires étudiées par Dominique Bromberger – sont débordantes, dévorantes, elles exigent un surinvestissement qui pèse aussi sur l'entourage qui doit être complice pour résister à cet engagement total. La pression variera selon la position dans l'espace social (volume des différents capitaux). Il s'agit de l'auto-investissement d'une mission de préservation dont le prix à payer est souvent énorme, car il peut y avoir superposition de handicaps : l'absence de l'ancienneté et de l'immédiateté des stratégies, des niveaux de capitaux disponibles moins élevés. Ce sacerdoce fait peser une pression sur l'ensemble familial qui pourrait être comparable à celui des lignées ou des dynasties en déclin financier.

Cette grille de lecture crée des profils types qui n'existent pas à l'état pur, car le mobile collectif par exemple, n'exclut pas la jouissance individuelle, mais permet de classer les situations et d'envisager l'impact sur la transmission. Les objectifs du transmetteur sont-ils partagés avec l'héritier ?
La variable économique est capitale dans la capacité à assurer la continuité. Les dimensions affectives et économiques coexistent le plus souvent. Il en résulte que l'ouverture au public est souvent contrainte (nécessaire à la subsistance au sein de la famille), que le monument ait été hérité ou acquis, ce qui n'exclut pas la fierté de ce partage. Le monument peut aussi se transformer en entreprise patrimoniale, que la transmission ait été verticale ou par acquisition. Cette passion extraordinaire requiert une bonne gestion comme une bonne vision et la maîtrise des informations.
Aujourd'hui, les stratégies portent sur plusieurs dimensions et elles s'imbriquent avec les règles de droit, ce qui procure un avantage comparatif aux familles plus anciennes. Ce qui ne déroge pas au constat ethnologique de la souplesse de bien des systèmes. Dans nos sociétés, les stratégies, même incorporées, se combinent à la règle mais se heurtent aux objectifs des héritiers ou acquéreurs.

Enfin, le désir de transmission horizontale crée une pression sur la famille comparable à la transmission verticale des familles qui ont perdu du terrain, essentiellement au niveau économique.

Bibliographie

Albertin P. (1992), *L'école en France XIXe-XXe siècle : de la maternelle à l'université*, Paris, Hachette.
Babelon J.-P., Chastel A. (2008,1^{re} édition 1994), *La Notion de patrimoine*, Paris, L. Levi.
Carbonnier J. (2008), « Décadence de la famille ou transformation ? », *Écrits* (textes rassemblés par R. Verdier), Paris, Presses Universitaires de FranceBarthelemy T. (1988), « Les modes de transmission du patrimoine. Synthèse des travaux effectués depuis quinze ans par les ethnologues », *Études rurales*, n° 110-112, pp. 195-212.
Baudelot Ch., Establet R. (1972), *L'école capitaliste en France*, Paris, Maspero.
Baudelot Ch., Establet R. (1975), *L'école primaire divise*, Paris, Maspero.
Bauman Z. (2005), *La vie liquide*, Paris, Fayard.
Bessiere C., Gollac S. (2014), « Le fils préféré ? Le repreneur et ses frères et sœurs dans les familles indépendantes contemporaines », *in* F. Boudjaaba (dir.), *Le Travail et la famille en milieu rural. XVIe et XXIe siècles*, Rennes, Presses Universitaires de Rennes, pp. 255-274.
Bessiere C., Gollac S. (2020), *Le genre du capital : comment la famille reproduit les inégalités*, Paris, La Découverte.
Bondaz J., Isnart C., Leblon A. (2012), « Au-delà du consensus patrimonial. Résistances et usages contestataires du patrimoine », *Civilisations,* 61-1, pp. 9-21.
Bourdieu P. (1966), « L'école conservatrice. Les inégalités devant l'école et devant la culture », *Revue française de sociologie*, 7-3, pp. 325-347.
Bourdieu P. (1970), *La reproduction. Éléments d'une théorie du système d'enseignement*, Paris, Minuit.
Bourdieu P. (1979), *La distinction. Critique sociale du jugement*, Paris, Minuit.
Bourdieu P. (1980), *Le sens pratique*, Paris, Minuit.
Bourdieu P. (1989), *La noblesse d'État. Grandes écoles et esprit de corps*, Paris, Minuit.
Bromberger Ch. (1998), *Passions ordinaires. Du match de football au concours de dictée,* Paris, Bayard.
Creswell R. (1975), *Éléments d'ethnologie*, Paris, Armand Colin.
Crubellier M. (1979), *L'enfance et la jeunesse dans la société française, 1800-1950*, Paris, Armand Colin.
Dechaux J.-H., Le Pape M.-C. (2023), « Trente ans de sociologie de la famille en France : évolutions et inflexions (1990-2020) », *Recherches familiales*, 1-20, pp. 189-201.
De Singly F. (1992), *La famille, l'état des savoirs*, Paris, La Découverte.

De Singly F. (1993), *Sociologie de la famille contemporaine*, Paris, Nathan.
De Singly F. (1996), *Le soi, le couple et la famille*, Paris, Nathan.
Dubet F. (2016), *Léguer, hériter*, Paris, La Découverte.
Elias N. (1994), *La dynamique de l'Occident*, Paris, Calmann-Lévy.
Flichy P. (2010), *Le sacre de l'amateur*, Paris, Seuil.
Flichy P. (2017), *Les Nouvelles Frontières du travail à l'ère numérique*, Paris, Seuil.
Frémeaux N. (2018), *Les Nouveaux Héritiers*, Paris, Seuil.
Frémeaux N. (2020), « Mariage et patrimoine, Quelles évolutions récentes et quelles conséquences ? », Les mutations contemporaines du droit de la famille, Grenoble, Presses Universitaires de Grenoble.
Frémeaux N., Leturcq M. (2023), « Les formes légales de vie en couple et leurs conséquences sur le partage du patrimoine et des ressources entre conjoints en France », *Recherches familiales*, 1-20, pp. 115-133.
Galland O. (2001), « Adolescence, post-adolescence, jeunesse : retour sur quelques interprétations », *Revue française de sociologie*, 42-4. pp. 611-640.
Gotman A. (2006), *L'Héritage*, Paris, Presses Universitaires de France.
Gramain A., Weber F. (2003), « Introduction. Modéliser l'économie domestique », *in* S. Gojard, A. Gramain et F. Weber, *Charges de famille. Dépendance et parenté dans la France contemporaine*, Paris, La Découverte, pp. 9-42.
Heinich N. (2009), *La fabrique du patrimoine : de la cathédrale à la petite cuillère*, Paris, édition de la MSH.
Isnart C. (2016), « Anthropologie du patrimoine », *Encyclopædia Universalis*, http://www.universalis.fr/encyclopedie/anthropologie-du-patrimoine, 2016. ffhalshs-01425173.
Jourdain A., Naulin S. (2011), « Héritage et transmission dans la sociologie de Pierre Bourdieu », *Réseau Canopé | « Idées économiques et sociales »* 4 -166, pp. 6-14.
Journet N. (2005), « L'argent en famille », *Terrain*, 45, pp. 5-13.
Kaufmann J.-Cl. (1999), *La Femme seule et le Prince charmant*, Paris, Nathan.
Kaufmann J.-Cl. (2010), *Sex@mour*, Paris, Armand Colin.
Parsons T. (1943), « The Kinship System in the Contemporary United States », *American Anthropologist*, n° 209, janv. - mars, pp. 22-38.
Pinçon M., Pinçon-Charlot M. (1998), *Grandes fortunes : dynasties familiales et formes de richesses en France*, Paris, Payot.
Pinçon M., Pinçon-Charlot M. (1999), *Nouveaux patrons, nouvelles dynasties*, Paris, Calmann-Lévy.
Pinçon M., Pinçon-Charlot M. (2005), *Voyage en grande bourgeoisie*, Paris, PUF.

Pinçon M., Pinçon-Charlot M. (2016), *Sociologie de la bourgeoisie*, Paris, La Découverte.
Prost A., *L'enseignement en France, 1800-1967*, Paris, Armand Colin, 1968.
Rosa H. (2005), *Accélération, une critique sociale du temps*, Paris, La Découverte.
Rosa H. (2010), *Aliénation et accélération, vers une théorie critique de la modernité tardive*, Paris, La Découverte.
Segalen M. (1978), « Cycle de la vie familiale et transmission du patrimoine en Bretagne. Analyse d'un cas », *Ethnologie française*, vol. 8, pp. 271-278.
Segalen M. (1981), *Sociologie de la famille*, Paris, Armand Colin.
Segalen M. (1995), « Continuités et discontinuités familiales : approche socio-historique du lien intergénérationnel », *in* Cl. Attias-Donfut (dir), *Les Solidarités entre générations. Vieillesse, familles, État*, Paris, Nathan, pp. 27-40.
Schijman E. (2017), « L'héritage des pauvres. Économie et relations affectives en Argentine », *Ethnologie française*, 1-47, pp. 141-150.
Tornatore J.-L. (2010), « L'esprit de patrimoine », *Terrain*, 55, pp. 106-127.
Weber F. (2005), *Le Sang, le nom, le quotidien : une sociologie de la parenté pratique*, Paris, Aux lieux d'être.
Weber F. (2013), *Penser la parenté aujourd'hui. La force du quotidien*, Paris, Éditions Rue d'Ulm.

Guerre & paix dans les familles
De la médiation patrimoniale[1]

Pascal Denormandie
Médiateur et Président d'honneur de l'Association Nationale des Médiateurs

Pourquoi cette appellation « médiation patrimoniale » ? Simplement pour la distinguer de tous les autres champs d'application de la médiation. Partout où se constitue un groupe d'individus, il y aurait toujours bien besoin d'un médiateur. « Patrimonial » signifie « successions, indivisions, partages », nous n'irons pas au-delà, c'est déjà assez vaste, me semble-t-il. Une petite histoire personnelle pour commencer en copiant ainsi les Américains qui, au début de leurs exposés ou conférences, tentent de raconter une petite histoire drôle pour amadouer leur auditoire ; celle qui suit ne sera pas nécessairement drôle mais cocasse et révélatrice par rapport à notre sujet. Il y a une vingtaine d'années, j'étais consultant dans un cabinet de conseils en communication et ressources humaines. Parmi nos activités, de temps en temps, nous accompagnions des entreprises au moment des fusions/absorptions. Nous nous retrouvions alors, service par service, entre deux équipes, précédemment concurrentes qui allaient devoir collaborer. Chacune « roulait des mécaniques » en prétendant disposer des meilleures techniques ou méthodes. En conséquence tout notre travail en réunion ou laboratoires d'idées consistait à leur dire, non pas « vous êtes les meilleurs » à droite ou à gauche mais « essayons ensemble de prendre le meilleur de chacun de vos savoir-faire pour en faire un troisième qui sera celui du futur groupe. Vous êtes désormais destinés à œuvrer ensemble, qui plus est en entrant en même temps dans un club d'entreprises d'une dimension supérieure, et donc encore plus concurrentielle ». Dans le cadre de cette activité, la même année, très curieusement, et cela trois fois à distance de trois ou six mois, le président, le directeur général ou le responsable de la mission sont venus me voir le dernier jour, celui où l'on remettait le rapport final, à l'insu de leurs collaborateurs, en me disant chacun à sa manière : « vous devriez aller voir ma belle-mère, un autre ma grand-mère et le dernier ma tante Gertrude ». Tous les trois, sans s'être concertés, m'ont déclaré « nous avons un problème de succession dans notre famille et avec votre "méthode d'animation", vous devriez pouvoir nous aider ».

---

[1] La forme orale a été conservée.

Ma réaction à la troisième requête fut une interrogation : « que se passe-t-il dans les familles françaises pour que l'on ait autant besoin de quelqu'un aussi peu qualifié que moi ? », pensais-je, car à cette époque je ne savais encore rien de la médiation, je connaissais à peine la fonction du Médiateur de la République qui est devenu depuis « Défenseur des droits ». En conséquence, je me suis rapproché de la Chambre de Commerce de Paris, de son Centre de Médiation et d'Arbitrage (le C.M.A.P) pour me former à cette discipline en constatant qu'en appliquant notre méthode « maison » d'animation des réunions nous faisions à quelques variantes près de la « médiation » comme on fait de la prose. Ayant parallèlement dans ce cabinet une activité de réinsertion professionnelle de cadres, il m'a paru intéressant, eu égard au marché qui semblait se profiler, d'ajouter une nouvelle fonction à ma panoplie d'alors.
Ensuite et très vite, avec plusieurs autres médiateurs de l'Association Nationale des Médiateurs (A.N.M.), nous avons réalisé une enquête sur 200 familles et constaté ce qui suit. Rapportons à cinq groupes pour simplifier l'analyse. Dans une famille sur cinq, tout se passe bien. Dans deux autres la situation est compliquée, cela va prendre du temps mais, bon an mal an, on va trouver une solution qui ne contentera pas tout le monde mais au moins une majorité suffisante pour emporter une décision commune, ce qui présente un premier avantage car la famille ne va pas durablement rester fâchée. Quant aux deux dernières, cela se terminera devant les tribunaux et souvent pour l'insatisfaction de tous les membres. Après cet état des lieux, voyons l'intérêt de notre discipline pour essayer de passer de la médiation « curative », encore malheureusement la plus fréquente, à la médiation « préventive ». L'introduction d'un médiateur a en effet plusieurs incidences positives.

a) La reprise d'échanges approfondis entre les héritiers : la maladie chronique des familles est les « non-dits », surtout à propos des tensions inévitables dans toute fratrie. On pense s'être expliqué mais c'est rarement le cas, et l'on se retrouve entre héritiers à un moment particulièrement critique dans la vie des familles avec la résurgence simultanée de plusieurs tabous, celui de la mort (le patriarche vient de disparaître), celui du vieillissement (la deuxième génération découvre qu'elle passe en première ligne), celui de l'argent (en raison des rivalités naturelles entre frères et sœurs), et celui des « pièces rapportées » que j'ai entendu qualifiées dans certaines familles de « morceaux choisis ». Il est si vrai que tout conjoint en dehors de l'héritier, élu de son cœur, n'a pas nécessairement été adopté par tous les autres membres de la famille. La situation est aggravée si il ou elle entend se mêler aux discussions de la succession.

b) Neutraliser ou minimiser les causes du conflit qui est souvent latent. Si le conflit est caractérisé, la médiation va permettre de le résoudre autrement que par la justice. La médiation est désormais un mode alternatif de résolution reconnu, y compris par le monde judiciaire. Les médiateurs sont intégrés dans le système, ils prêtent serment devant les cours d'appel et sont tenus, comme les avocats, de se former au moins vingt heures par an. En restaurant les relations au sein de la famille, en pacifiant l'ambiance générale, la famille ne va pas repartir en « vendetta » pour plusieurs générations. Elle aura apaisé les querelles, le plus souvent sans gravité, et les relations pourront raisonnablement reprendre, chaque branche ne considérant plus les autres comme les « méchants » et réciproquement.

c) Accélérer le processus de résolution afin de mieux préserver le patrimoine, réparer le cas échéant les toits qui fuient, placer les capitaux disponibles dans des délais raisonnables et surtout pouvoir prendre toute décision rapidement.
Avec le recul d'environ une trentaine d'années, nous avons désormais des statistiques fiables, notamment celles, d'une part, du C.M.A.P pour les médiations réalisées dans le monde professionnel, c'est-à-dire clients/fournisseurs, conflits d'associés et du travail, environ 52 % d'accords amiables et, celles, d'autre part, des services sociaux qui financent des centres de médiation familiale, attentifs à la manière dont leurs fonds sont utilisés. Dans ce domaine, on annonce 60 % d'accords amiables. On peut dire, à l'énoncé de ces statistiques, que l'on a presque toujours intérêt à tenter le passage en médiation et, à terme, la justice serait allégée de plus de 50 % de ses dossiers. On mesure alors la puissance de cet outil. Cependant, la difficulté majeure est celle de la communication pour faire connaître au plus grand nombre de nos compatriotes cette discipline, même si nous constatons chaque année une progression encourageante. Cette réflexion porte sur l'ensemble des conflits, quel que soit le champ d'application de la médiation.

Pourquoi et comment ça marche ?

Analysons le concept.
Au départ, nous constatons une situation conflictuelle ou pour le moins un risque de conflit. Il y a donc du désordre dans la famille, avec parfois des blocages. À l'arrivée, grâce à la médiation, on retrouve un minimum de communication, avec renaissance des relations entre certains membres de la fratrie qui ne se parlaient plus. Puis on constate un déblocage avec

l'apparition d'une solution qui va être finalement acceptée par tous. Comment en sommes-nous arrivés là ? Pour plusieurs raisons que vous avez vécues peu ou prou :

- La présence d'une tierce personne : il n'y a aucun mérite à cela, notre seul mérite, c'est d'être là et c'est déjà 50 % du travail, tant mieux pour nous !
- Autres avantages en faveur de ce médiateur, son indépendance car inconnu des parties jusqu'à ce jour, il n'est aucunement impliqué dans les enjeux. Ensuite, il se doit d'être impartial et de respecter la confidentialité des échanges, cette fois par engagement déontologique et le huis clos des débats. Au regard de cette indépendance, constatons l'interdépendance des parties : il s'agit de leur conflit, de leur responsabilité et ce sera leur solution que le médiateur va seulement contribuer à leur faire trouver en faisant en sorte qu'elles se reparlent et qu'elles parviennent à trouver une solution réaliste. Dans un premier temps, il conviendra d'appliquer la technique des laboratoires d'idées, qui sera suivie par une sélection ultérieure. Plus nous aurons de solutions sur la table, plus grande sera notre chance de trouver « la » solution admise par tous. D'un côté, il y a du formel : le processus, la méthode et l'éthique du médiateur qui s'est engagé à la respecter. Quant au côté informel, ce sera : le libre choix du médiateur, le libre engagement des parties, l'absence de décision exécutoire, l'absence de juge et l'absence de pouvoir du praticien. La seule exigence de ce dernier : être l'animateur pendant toute la durée du processus.

- Enfin, le médiateur est un homme d'action :

a. en facilitant les rapprochements, en étant un « écoutant », un orfèvre de l'écoute, car il n'invente rien (*cf.* la caricature des consultants qui demandent à leur client sa montre pour lui donner l'heure !) ;
b. en appliquant une technique de base de la communication interpersonnelle, la reformulation. Grâce à celle-ci, les parties vont enfin devoir écouter la position adverse grâce à ce passage par la voix et la façon de s'exprimer du médiateur. Ce petit jeu en début de médiation sera déterminant car, enfin, chacun va entendre la position de l'autre, pourquoi il est mal à l'aise, pourquoi il est agressif, pourquoi il conteste… ;
c. Tout ce que le médiateur fait va encourager et susciter la réflexion de toutes les personnes impliquées.

Voilà pour le principal de nos techniques qui produit les résultats annoncés.

Au-delà de ce qui précède, il faut ajouter la compétence du médiateur qui a été formé et entraîné pour cela (jeux de rôles, analyses de pratiques régulières, formation continue, etc.). On incite également les médiateurs à apprendre, ou à réviser, le b.a.-ba de la communication interpersonnelle. Tout se joue là : non seulement le praticien doit parfaitement communiquer avec chacune des parties, mais en plus, il va devoir leur apprendre à communiquer entre elles en leur redonnant ce b.a.-ba nécessaire ; il doit aussi connaître les règles de la créativité, avoir la pratique de l'animation des laboratoires d'idées qui seront nécessaires pour faciliter la recherche de solutions. Au moment idoine, lorsque le climat sera apaisé, on fera travailler le groupe autour de la même table, avec les techniques appropriées, afin de leur faire produire toutes les idées possibles, y compris les plus farfelues. L'une des règles à suggérer, « faisons cela dans la détente, nous ne sommes pas là pour prendre une décision mais pour imaginer un maximum de solutions. Seule contrainte : ne jamais critiquer ce qui se dit ». Ainsi, on va regrouper un plus grand nombre de propositions qui seront ensuite étudiées en groupe ou en sous-groupes.

Pour conclure, partons de l'adage suivant que vous avez certainement déjà entendu : « un mauvais accord est toujours préférable à un bon procès ». Nous médiateurs, affirmons obtenir de bons accords car, une fois qu'ils ont été signés par tous les protagonistes, leur remise en cause est infinitésimale. Il est en effet très rare qu'un héritier revienne pour dire qu'il a été lésé et ce, en raison du travail qui dure, dans le domaine des successions, jamais moins de neuf mois. Cela ne veut pas dire qu'il y aura beaucoup d'heures en séances plénières. Il faut des temps de respiration entre chaque réunion afin que chacun puisse consulter conjoints, experts et avocats le cas échéant. Sur une durée de neuf mois, on se verra peut-être quatre ou cinq fois. Mais cela peut durer plus longtemps, parfois deux ans, comme dans ce dossier dans lequel la famille avait épuisé deux notaires avant de revenir vers moi avec le protocole élaboré à l'issue de la première séquence. Cela paraît incroyable et pourtant il faut parfois que les esprits mûrissent !

En réponse à une question de la salle, pour mieux comprendre ces temps de maturation qui peuvent paraître excessifs, citons quelques exemples de blocages :

- L'attitude souvent rencontrée : « après moi, le déluge ».
- Les engagements verbaux pris par les parents tout au long de leur vie quant aux attributions en faveur de tel ou tel de leurs enfants, engagements que l'on ne retrouve pas nécessairement dans le testament !
- La place dans la fratrie. Cas d'une famille de sept enfants dans laquelle le numéro quatre dans sa jeunesse était trop jeune pour être admis par les trois grands et trop vieux pour faire partie du clan des petits avec pour conséquence de ne jamais avoir été associé aux décisions prises par parents et enfants pour les vacances, loisirs, sports et autres… À 60 ans, au moment de la succession, il se met à marchander sa signature devenue indispensable, perturbant ainsi le déroulement de l'opération.
- La crainte d'ouvrir la boîte de Pandore : pour les parents qui souhaiteraient préparer leur succession de leur vivant avec la crainte de susciter des réactions violentes et de constater les désaccords entre leurs enfants. Les médiateurs avec leur expérience de ce type de situations peuvent faciliter et adoucir cette épreuve.

Annexe 1[1]

Médiation : concept et définition (autour d'un circept[2])

au départ :

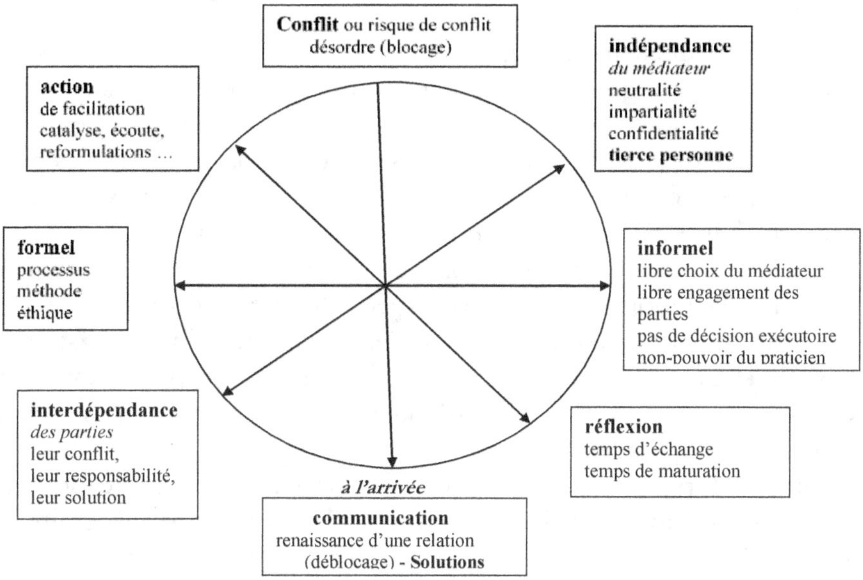

Analyse du circept[2] ...

Où l'on constate que le médiateur, ce **« troisième » homme** doit maîtriser
un jeu subtil entre **« actions »** concrètes et temps de **« réflexion »** et de maturation
entre conventions très **« formelles »** et conditionnements **« informels »,** quoique officiels
entre respect rigoureux de **valeurs** de base et un **« laisser faire, laisser aller » ...** contrôlé !
sans autre **pouvoir** que celui qui lui a été reconnu par les parties le temps de déroulement du processus.

Structures fondamentales (originales) de la médiation :
Tierce personne – non-pouvoir, mais garante d'un processus – catalyse
communication (écoute, temps, conclusion) - créativité

Autre remarque : *une donnée importante figurant dans cette présentation et portant sur « le libre choix du médiateur » est propre aux médiations conventionnelles. Dans le cas des médiations judiciaires, le magistrat désigne le médiateur.*

Définition au préambule du "Code national de déontologie du médiateur"
« La médiation, qu'elle soit judiciaire ou conventionnelle, est un processus structuré reposant sur la responsabilité et l'autonomie des participants qui, volontairement, avec l'aide d'un tiers neutre, impartial, indépendant et sans pouvoir décisionnel ou consultatif, favorise par des entretiens confidentiels, l'établissement et/ou le rétablissement des liens, la prévention, le règlement des conflits. »

---

[1] Circept – Formation. Source : Pascal Denormandie

[2] Le *circept* est un mode d'organisation de l'ensemble des données d'un concept autour d'un cercle faisant apparaître les proximités et les oppositions. Cet outil met en évidence les contraintes et détruit les équivoques soulevées par le groupe permettant ainsi un accord sur une définition unanime du problème posé.

Annexe 2
Le « syndrome » de la petite cuillère (à propos de médiation « patrimoniale »)[2]

Avant d'être médiateur « familial » dans le cadre de successions, indivisions ou partages, je me demandais pourquoi les héritiers qui étaient enfin parvenus à un consensus sur la répartition de leur patrimoine dans ses grandes masses, s'étripaient de nouveau à propos des dernières petites cuillères elles-mêmes orphelines ou des objets poussiéreux, sans aucune valeur, retrouvés *in fine* dans les placards de leurs grand-mères.
Après avoir mené plusieurs missions dans ce domaine, je pense connaître maintenant la réponse. C'est, croient-ils, leur dernière chance de régler leurs comptes, car quand tout sera soldé, ils n'auront plus l'occasion d'en découdre entre eux pour purger les vieilles querelles le plus souvent sans réelle gravité mais toujours mal digérées et dont certaines peuvent remonter à leur plus tendre enfance.
On a alors l'impression d'un combat d'arrière-garde dommageable autant pour celui ou ceux qui refusent de donner leur signature au notaire, que pour l'ensemble de leurs proches. Sans doute est-ce une manifestation du syndrome dit « de la petite cuillère » décrit ci-dessus, les vraies raisons de leurs difficultés à terminer un combat totalement irrationnel se trouvant ailleurs. Mais il est vrai que dans la plupart de ces cas, la "guerre" officiellement déclarée à l'ouverture de la succession par le notaire couvait déjà depuis de nombreuses années.
Le refus de donner sa griffe[3] sur un document destiné à sceller définitivement le partage apparaît comme un ultime chantage destiné à punir « le ou les méchants » (toujours « l'autre », pense-t-on, parmi frères, sœurs, parent rescapé, cousins…) ou à faire reconnaître sa colère, ses déceptions, voire les trahisons dont on a été ou dont on croit avoir fait l'objet.
Mais l'héritier ne réalise pas « qu'il se tire alors une balle dans le pied » et se pénalise de la même façon préférant, dans ce cas, ne pas savoir ce que cela va lui coûter : « en amour comme en haine », on ne compte pas !

---

2 Source : P. Denormandie, juin 2003.

3 Si j'ose dire, certains des héritiers ayant, dans ces moments-là, « toutes leurs griffes dehors ».

Les enjeux transgénérationnels de la transmission[1]

Nicole Prieur
Philosophe, psychologue et psychanalyste

Je suis ravie de participer à cette journée et je vous prie de m'excuser, je n'ai pas pu me rendre à Paris, j'en suis désolée. Mais, heureusement, l'habitude que nous avons prise de fonctionner avec Zoom ou autre moyen vidéo, me permet de partager avec vous quelques réflexions issues de mon travail de thérapeute familial, et de psychanalyste, éclairées par mon regard de philosophe.
Les héritages et les processus de transmission sont un véritable carrefour, ils mettent en jeu tout à la fois les dimensions culturelles, politiques, économiques, juridiques et, bien entendu, familiales et psychiques. J'apprécie vraiment que ce colloque donne à entendre cette complexité. Car, inévitablement, cette complexité place *chaque sujet en tension entre ces différentes dimensions, dimensions* dans lesquelles il est impliqué, et nous allons le voir, quelquefois à son insu, et qui *en même temps le constituent.* Plus on clarifiera ce qui peut faire tension, plus on se donnera les moyens de les atténuer, et surtout cela permet à chacun – aussi bien celui qui transmet que celui qui reçoit ou hérite – de mieux comprendre les enjeux implicites, sous-jacents, et d'agir de manière plus cohérente avec ce qui fait sens pour lui.
En ce qui me concerne, je vous propose de mettre en évidence quelques-uns des enjeux transgénérationnels des transmissions. Dans un premier temps, regardons de plus près dans quel contexte elles se déroulent.

I. L'inconscient, cet autre monument, ou l'arrière-scène sur laquelle se déroulent les transmissions

Que ce soit la transmission des biens matériels ou celle des biens immatériels, valeurs, coutumes, représentations du monde, tout transite par cet autre monument qu'est l'inconscient, aussi bien individuel que familial et même sociétal. Que l'on hérite d'une petite cuillère en argent ou d'une demeure historique, on n'hérite pas seulement de cet objet, aussi sublime soit-il, mais on reçoit aussi toute une part d'implicite, d'inconscient et de symbolique.

[1] La forme orale a été conservée.

Les transmissions, un contenu qui nous échappe. Par rapport aux monuments dont il est question aujourd'hui, l'inconscient est une demeure unique en son genre, d'une construction complexe pour ne pas dire compliquée qui sans doute constitue aussi une des richesses de notre humanité et une part de son patrimoine. On pourrait dire que ce monument particulier nous habite plutôt que nous ne l'habitons ; il peut nous hanter jour et nuit, on n'en ferme jamais la porte ; il suinte toujours à travers nos paroles, nos actes, nos rêves, nos émotions. Cet inconscient, nous pouvons essayer de le visiter mais toujours il nous échappera, et restera insituable. Nous ne pouvons en dresser une carte, un plan, toujours en ébullition, en tension, mais aussi riche de créativité, de projets, et bien sûr de désirs.

En réalité, ce que j'ai appris en essayant de me familiariser avec ce monument, c'est que nous ne pouvons pas maîtriser nos transmissions, autant que nous le voudrions. Il fonde notre énigme, qui scelle la singularité de chacun, et est sans doute le lieu le plus intime et profond de notre liberté.

Dire que les transmissions transitent en partie par l'inconscient, c'est prendre en compte le fait que bien des choses nous échappent dans ce processus. Sont léguées en même temps qu'une demeure, un château ou bien seulement une petite cuillère en argent, *des attentes, des assignations, des fonctions, des missions, qui peuvent renforcer des identités ou les fragiliser, qui ordonnent des places, favorisent, excluent, marginalisent certains membres de la famille ou de la fratrie.* Mais, quel parent ou grand-parent sait vraiment ce qu'il transmet ? Quel enfant perçoit clairement toute l'épaisseur de ce qui lui est transmis ? Bien au-delà de la valeur économique et objective d'un bien, ce qui est transmis est de l'ordre de l'incalculable, cela échappe à l'objectivité, à la rationalité, laissant une place énorme à la subjectivité, à l'interprétation, à l'irrationnel et au passionnel.

Parmi ces dimensions extra-économiques, j'aimerais m'arrêter plus particulièrement sur ce que j'ai appelé *le lien éthique transgénérationnel.* Il se structure et s'organise autour de la vaste et infinie circulation des dons, dettes et loyautés dans une famille.

II. Dons, dettes et loyautés, échanges et interactions dans une famille

Je reprends ici l'analyse de l'anthropologue Marcel Mauss. En observant des peuplades, il a mis en évidence que le don est au service du lien selon trois séquences : *donner-recevoir-rendre.* Les relations sociales se tissent au rythme de ces trois moments : quelqu'un *donne* à une autre personne qui *reçoit*, et qui, dans le but de poursuivre le lien, *rend*, en donnant à son tour. Chaque étape est essentielle pour maintenir la relation et la préserver dans la durée. Dons et contre-dons ont comme fonction d'entretenir et soutenir la relation, en instituant une réciprocité. Je me suis permise de transposer cette analyse dans le champ familial.

Dans une famille, tout commence par un don, et pas n'importe lequel. Le bébé reçoit la vie. Avant même de naître, il est déjà héritier. Il hérite d'une histoire, tissée de souvenirs, de mythes, mais aussi de traumatismes, de non-dits, de secrets, de rituels de fête et de deuils plus ou moins bien faits. En clair, *il est d'emblée le noble héritier de la névrose familiale*. Nulle famille n'y échappe. Cette névrose peut être, selon les situations, plus ou moins sclérosante, toxique, mais en naissant, l'enfant est d'emblée plongé dans les comptes, contentieux ou conflits portés par la mémoire familiale et son inconscient. Avant qu'il ait poussé son premier cri, une place au moins symbolique lui est assignée. Il n'a pas encore montré sa jolie frimousse qu'on a imaginé son visage, projeté sur lui des traits de caractère qui détermineront peut-être pour longtemps son profil. Tout au long de son enfance lui sont transmis un corpus de savoirs, de savoir-faire, des grilles de lecture du monde, des croyances, des valeurs, des règles… Et tant d'autres choses, du pire comme du meilleur.
Toutes ces transmissions sont fondatrices, elles structurent son identité, scellent son appartenance, l'inscrivent dans une filiation et définissent les frontières du « chez nous » et « chez les autres ». Elles sont indispensables. Mais *en même temps* se glissent de nombreuses injonctions qui conditionnent fortement son comportement, son développement voire son identité.
Comment cela fonctionne-t-il ? Les dons créent des dettes qui, à leur tour, engendrent des loyautés. La position de donataire de l'enfant le rend donc immédiatement redevable. Ainsi, dès qu'il respire, il croule instantanément sous les dettes. Sur ses frêles épaules s'accumulent d'importantes attentes. Dans le lien familial, *rendre* prend un sens particulier, *rendre,* ici, c'est répondre aux attentes, c'est-à-dire être loyal.
Dans le contexte intrafamilial, les trois séquences définies par Marcel Mauss prennent la forme suivante : « dons, dettes et loyautés ». Les parents donnent, l'enfant reçoit et devient immédiatement redevable, sans avoir rien demandé et le contre-don serait sa loyauté, notamment en répondant aux attentes portées sur lui. Ce cycle structure le niveau éthique du lien familial. En tant que tel, il en constitue l'architecture. Quasiment invisible, il fait, cependant, tenir ensemble les différents membres d'une famille, et ce sur plusieurs générations. Il peut relier, par exemple, un enfant à des aïeux qu'il n'a jamais connus. Il

maintient attaché malgré le fait que l'on soit fâché ou en rupture. Ce lien éthique perdure même lorsque l'on n'est plus en relation.
Pour moi, la question c'est de savoir jusqu'où être loyal ou, plus précisément, jusqu'où peut-on l'être ? Faut-il avoir peur d'être déloyal ? D'ailleurs, où et quand commence la déloyauté ? C'est tout l'objet de mon dernier livre[2]. Cela renvoie à une question à laquelle nous sommes tous confrontés et nous interroge dans notre capacité de grandir.

III. Grandir, c'est interroger la place que j'ai dans mon histoire familiale

Comment passer de l'histoire familiale à mon parcours personnel, de mon héritage à ce que je suis, de la place que l'on m'a assignée à la place à laquelle j'aspire, du *nous* familial qui m'a construit mais m'a aussi éloigné quelquefois de moi-même à un *je* qui saura dire *tu* dans une relation d'altérité fondatrice ?

1er élément : *Accepter d'être redevable*
Une des premières étapes, consiste à accepter que l'on soit et que l'on restera toujours redevable, car nul ne pourra jamais véritablement s'acquitter de notre dette. *Grandir, c'est accepter une inexorable déloyauté.* Je m'explique. Les échanges intergénérationnels ont une *spécificité unique*. Entre parents et enfants, il y a en réalité une véritable disproportion de moyens. Ce que reçoit un enfant est tellement incommensurable qu'il ne pourra jamais – quoiqu'il fasse – rendre à la hauteur de ce qu'il a reçu, ni donc s'acquitter de sa dette. Les dons descendants vers les jeunes générations sont tellement profusion qu'ils sont sans commune mesure avec ce qui pourrait être « rendu ».
Nous touchons ici à une des dimensions spécifiques des relations intergénérationnelles et intrafamiliales : son *asymétrie irréductible.* Car les parents ne cessent de donner à leur enfant de leur vivant, mais aussi au-delà de leur mort. *En famille, les parents donnent sans compter à des enfants qui ne cessent de compter ce qu'ils n'ont pas reçu !* Cette asymétrie place chacun face à un défi impossible à tenir. *Comment répondre à cet amoncellement d'attentes, à tant d'obligations ? Elles sont démesurées, contradictoires.* Comment être l'enfant idéal de maman, papa, grand-mère, grand-père, etc., ou le beau-fils/la belle-fille parfait(e) des nouveaux partenaires de ses parents séparés ? La

---

[2] Note de l'éditeur : N. Prieur, *Les trahisons nécessaires – S'autoriser à être soi*, Robert Laffont, 2021.

super sœur, le super frère du reste de la fratrie ? C'est strictement illusoire ! *Nul ne pourra être, quoi qu'il fasse, l'enfant idéal de ses parents.*
Entre le don et la dette, le reçu et le rendu, existe un hiatus, une béance, véritable espace des loyautés inaccomplies, inaccomplissables. Cela se traduit par un vécu d'ingratitude chez les parents, mais aussi d'injustice chez les enfants qui estiment ne pas recevoir ce qu'ils aimeraient recevoir tout en regardant de travers ce qui est donné aux frères et sœurs.
Et il me semble que lorsque l'on hérite d'un bien de haute valeur à la fois économique et symbolique, comme une demeure historique, cette asymétrie est encore amplifiée, et peut alourdir davantage le sentiment de dettes. Comment, en tant qu'enfant, vivre avec cette dette si lourde ? Que faire de cette dette ?

2e élément : *En fait, en famille, nous ne serons jamais quittes,* autant l'accepter. Car se lancer dans une logique de liquidation de dette ou de donnant-donnant risque d'aboutir à des impasses. Il convient d'apporter une nuance essentielle. Reconnaître sa dette, ce n'est pas nécessairement en supporter le poids. Accepter l'idée que nous ne puissions jamais être quittes va, au contraire, nous faire entrer dans un questionnement éthique. Selon Emmanuel Levinas, « l'éthique serait cette dette que je n'ai jamais contractée ». Et cette dette, il faut oser l'interroger.
L'éthique consiste non pas à vouloir liquider ses dettes, ce qui est impossible, mais à les interroger sans cesse, savoir de quoi elles sont faites et à quoi je peux ou non répondre et comment.

3e élément : *S'interroger*
Selon moi, il y aurait, pour le moins, trois questions importantes à se poser, et qui vont permettre de construire ma conscience éthique tout en trouvant une juste place par rapport à mon histoire familiale. Qu'ai-je reçu ? Il s'agit de reconnaître ce qu'on a reçu même si ce n'était pas cela que l'on attendait. Envers qui dois-je être reconnaissant ? Et de quoi ? *Que transmettre* à mon tour ? Et comment le transmettre ?

4e élément : *L'importance de la transmission, comme mode de rééquilibrage*
Dans l'asymétrie spécifique des liens familiaux, on peut équilibrer les mouvements du donner et du recevoir, non pas en *rend*ant à celui qui nous a donné, mais en *transmettant* aux jeunes générations, en donnant à notre tour, à d'autres qu'à ceux qui nous avaient donné.
C'est pourquoi la transmission est une question fondamentale. Transmettre, s'avère être un geste qui ouvre, qui engendre du futur, un

temps à venir. C'est aussi un mouvement qui nous engage car il nous projette dans le temps du « après nous », envers lequel on est responsable. *Transmettre, c'est transmettre le flambeau de la vie, s'inscrire dans le vivant et dans son aventure. C'est se situer dans une transcendance du temps, et se sentir responsable du temps qui vient après nous.*

IV. Transmettre et hériter, les deux versants du don

Quand on parle de transmission, et grâce à l'analyse de Marcel Mauss, il est important de mesurer que le don implique deux versants, deux moments distincts : le « donner » et « le recevoir ». Chacun de ces gestes engage à des positions différentes, le donateur, d'une part, et le donataire, d'autre part, sont confrontés, à des interrogations différentes.

Du côté du donateur, une des questions qui se pose : faut-il donner de son vivant ou anticiper ? Nul doute qu'un bien « donné » sera mieux reçu qu'un bien « laissé ». Il s'agit de donner en se préoccupant de la manière dont le donataire va accueillir le don, de ses besoins, et de comment les autres héritiers vont considérer ce qui est donné à l'un et à l'autre.

Outre les conseils indispensables des notaires, banquiers, etc., le futur donateur a tout un *cheminement personnel, psychique* à faire s'il décide d'anticiper sa succession. Pour que la « chose donnée » le soit le mieux possible, elle doit avoir été pensée, cela demande du temps, des moments inévitables de doute, d'hésitation.

Plusieurs obstacles rendent difficile cette anticipation :

- *Penser sa succession* place la personne face à la perspective de sa propre mort, ce qui soulève inévitablement des *angoisses existentielles.* Et en même temps, une position philosophique peut aider, en considérant que *penser sa mort permet d'apprendre à mieux vivre.*
- Anticiper son héritage, cela confronte à une *expérience de dépossession et de démembrement.* La chose donnée ne nous appartient plus. Et ce qui peut aider, c'est de mesurer à quel point *donner* allège et libère.
- *Une autre difficulté, peut-être la plus délicate, c'est le fait que la donation confronte le donateur à une espèce de bilan de sa vie de famille, de sa vie de couple, de sa vie « tout court ».*

Anticiper suppose donc que l'on puisse élaborer ses liens familiaux. Mais cela a bien des chances d'éviter les conflits et règlements de comptes sanglants après notre mort.

Du côté de l'héritier, l'héritage ne laisse personne indifférent. *L'héritage, pour bienvenu qu'il puisse être, n'est pas un bien providentiel. Il y a pour chaque héritier des remaniements intérieurs très puissants. Nous avons constaté que le fait d'hériter du vivant de ses parents* est plus facile à intégrer psychiquement.

Pour la fratrie, c'est toujours une mise à l'épreuve, ou, pour le moins, une zone de turbulence. Aucun objet légué n'est neutre, ils portent tous l'empreinte du défunt.

Les enfants ressentent alors l'héritage comme un ultime message envoyé *post mortem* à chacun d'entre eux. Les héritiers ont tendance à attribuer une valeur symbolique à ce qui est reçu, parce que l'objet hérité représente le défunt, porte sa trace. L'héritage, aussi égalitaire soit-il, semble désigner à chaque enfant, au-delà de la mort des parents, la place qu'il a ou avait dans la famille. Il peut être ressenti par certains comme la confirmation explicite et définitive, radicale et insoutenable que « décidément les parents ne m'ont jamais compris, reconnu, aimé peut-être ». Selon l'interprétation qu'on en fait, il semble objectiver les préférences d'antan. *En effet, une des grandes difficultés de l'héritage, c'est que l'égalité des parts ne suffit pas à donner le sentiment d'équité.*

Apprendre à recevoir. La grande difficulté de l'héritier, c'est d'apprendre à recevoir. Ce n'est pas aussi simple qu'il y paraît. Cela peut être vécu comme un risque, c'est un geste finalement difficile, qui me rend redevable. Mais surtout, recevoir nous interroge sur nous-mêmes, sur la valeur que nous nous accordons à nous-mêmes : « Suis-je digne d'un tel don ? Est-ce que je mérite un tel cadeau ? » Recevoir suppose une bonne image de soi, une identité suffisamment solide. Recevoir peut être vécu comme une menace pour son intégrité. Car la chose donnée véhicule toujours avec elle une part du donateur. Que faire de cette part de l'autre ? Pour recevoir, il faut s'ouvrir. *Recevoir c'est accueillir l'autre en moi.* Comment ne pas me sentir envahi ? Cela peut être vécu comme une mise en péril de son individualité.

Et pourtant, plus on reconnaît ce que l'on a reçu, mieux on saura transmettre à son tour, et plus on s'autorisera à transformer ce que l'on a reçu. Car cette transformation permettra de laisser une place à l'empreinte de la vie plutôt qu'à l'empreinte de la mort, transformer ouvre sur l'émergence du vivant et ne nous fige pas à l'endroit du passé.

Oser transformer son héritage, c'est essentiel. Le transformer, ce n'est pas seulement s'engager dans des travaux de rénovation, c'est peut-être avant tout et surtout, *parvenir à transformer son vécu de l'histoire familiale,* se donner la possibilité de trouver une place plus légère au sein de la fratrie et de la famille. Transformer son héritage, c'est oser se libérer des choses inutilement encombrantes de son histoire familiale, qu'elles soient matérielles ou psychiques, et de certaines loyautés sclérosantes.

Peut-être faut-il apprendre à transmettre en autorisant la transformation de ce que je donne.

Par rapport à cette articulation du donner et recevoir, je laisserai au poète René Char, le mot de la fin : « pour qu'un héritage soit réellement grand, il faut que la main du défunt ne se voie pas. »[3]

[3] Dans les « Feuillets d'hypnos », dédicacés à Albert Camus, *in* R. Char, *Fureur et mystère*, Gallimard, 1948.

II

Les enjeux sociétaux

Du droit d'aînesse au partage. Stratégies familiales au gré du temps dans la transmission des immeubles de famille

Philippe Tanchoux
Professeur d'Histoire du Droit
Université d'Orléans
Membre du Centre de recherche juridique Pothier (UR 1212)

Si 45 % des monuments historiques (MH) sont reconnus en 2020 comme biens privés dans les chiffres du ministère de la Culture[1], la transmission à proprement parler de « MH privés » est une question contemporaine qui accompagne la protection croissante de biens privés au fil du XXe siècle. En effet, si le terme de « monument historique » est replacé couramment à l'époque d'Aubin Louis Millin à la Révolution, ce n'est véritablement que sous la Monarchie de Juillet que les premiers monuments historiques sont officiellement repérés avant même les dispositifs légaux de 1887 et 1913. Or, la première liste officielle de 1840 repère 1082 monuments historiques, dont 934 édifices appartenant aux collectivités publiques, ce qui concentre la question de la transmission des monuments historiques sous les enjeux de domanialité publique[2]. Si la fin du XIXe siècle ouvre la voie au classement de biens privés, c'est sous réserve de l'accord du propriétaire et cela reste une pratique modérée qui freine la politique de classement avant 1913 (avec des demandes de déclassement en 1887 de propriétaires privés) et ne s'accélère véritablement qu'après 1920.

Néanmoins, cette transmission de la propriété privée, qu'elle soit ou non reconnue MH, s'inscrit dans une dynamique plus ancienne d'évolution du droit des successions, marquée par une rupture de principe à la période révolutionnaire qui explique la plus grande difficulté de transmission des immeubles de valeur dans les familles au fil des générations (**I**).

Face à un principe de partage égalitaire des successions, à titre d'exemples particuliers plus que de règle générale, il est intéressant de repérer les comportements des classes aristocratiques ou bourgeoises pour jouer de ces règles juridiques, mais aussi pour maintenir à flot ou augmenter la

---

[1] https://www.culture.gouv.fr/Thematiques/monuments-sites/ressources/Les-bilans/la-protection-au-titre-des-monuments-historiques-bilan-2020-chiffres-clefs-au-1er-janvier-2021, consulté en 2023.

[2] La transmission des monuments historiques dans les collectivités publiques obéit à des règles spécifiques de la domanialité publique que nous laissons de côté au regard du programme du colloque.

fortune familiale et favoriser par là même la constitution de lots entre les héritiers qui facilite le respect du partage successoral tout en garantissant la transmission de l'immeuble familial à la génération suivante (**II**). Si le regard privilégie les immeubles familiaux, qui pour certains vont devenir MH entre 1887 et 1950, il faut souligner que ces comportements observés dans l'usage de ces règles successorales pour éviter les démembrements valent, pour les propriétés de châteaux comme pour les terres agricoles, en des termes variables selon les territoires. Des études spécifiques portant sur la transmission des biens fonciers sont susceptibles d'enrichir cette approche généraliste.

I. Du droit d'aînesse au partage « hacheur de terres » : la rupture révolutionnaire en matière de droit successoral

La transmission des immeubles s'inscrit dans l'évolution des règles successorales au tournant de la Révolution. À l'Ancien Droit de la fin du XVIIIe siècle qui facilitait selon les provinces, les familles, les biens dévolus, le fils aîné, et permettait une disproportion dans les lots successoraux (**A**), la Révolution puis le Code civil opposent une égalité de principe qui, bien que tempérée entre 1804 et 1850 par le majorat, demeure désormais le principe directeur imposé à la dévolution successorale (**B**).

A. Les facilités de transmission de l'immeuble familial dans l'Ancien Droit français

L'Ancien Droit de la France monarchique, très complexe et diversifié sur le territoire, n'établissait pas des règles successorales uniformes. Mais, au-delà des disparités entre pays de coutumes et pays de droit écrit[3], ou des différences maintenues entre membres de corps sociaux distincts, plusieurs dispositions permettaient d'avantager un héritier et de faciliter la transmission à son profit, voire au profit du lignage, d'un bien immeuble particulier. Seule limite à l'exhérédation complète d'un héritier (réduisant par là même les déséquilibres anormaux), la *réserve héréditaire* dans le Nord

[3] Au nord, la dévolution successorale coutumière *ab intestat* est marquée par une succession aux biens qui différencie la succession aux meubles et acquêts, aux propres et aux fiefs. Les personnes appelées à hériter varient selon la catégorie des biens en cause. Au sud, la dévolution *testamentaire* reprend les règles romaines et la succession *ab intestat* paraît comme une exception. Reflets de la conception de l'ordre familial, ces régimes successoraux se retrouvent pour exclure certaines personnes comme des bâtards nés en dehors du mariage. *Cf.* M.-H. Renaut, *Histoire du droit privé, personnes et biens*, Paris, Ellipses, 2008, pp. 88 et s.

ou la *légitime de droit* dans le Midi restreignaient la possibilité pour le défunt d'oublier un proche hors des cas romains d'ingratitude posés à l'époque de Justinien ou des mariages des enfants mineurs sans consentement de leurs parents.

D'abord de façon spécifique dans les familles nobles du nord de la France, titulaires de fiefs, le maintien de la « splendeur du lignage » imposait la primauté de l'aîné et du mâle sur les femmes. À ce titre, l'aîné disposait d'un droit à un préciput[4] (choisir un bien le premier et hors part, en général le chef manoir[5]) et d'un droit à la « part avantageuse » (tous les meubles et les 2/3 des immeubles). Qui plus est, malgré cette disproportion de l'actif reçu pour l'aîné, les dettes du défunt demeuraient divisées à égalité entre héritiers, ce qui bénéficiait encore à l'aîné. Ce sera l'un des rares éléments des règles successorales contesté au titre des abus de la féodalité (noble nanti face au noble dépouillé) dans les cahiers de doléances de 1789 alors que l'ensemble des règles successorales est globalement l'objet de peu de critiques et de doléances.

Ensuite, dans les deux modèles de succession testamentaire unifiés par l'ordonnance d'août 1735 du chancelier d'Aguesseau pour le Nord et le Sud de la France, des dispositifs favorisant un héritier sur les autres étaient envisageables. Du côté des coutumes, si la dévolution testamentaire privilégiait le principe d'égalité successorale, les préciputs permettaient de favoriser un héritier dans les territoires du Midi, de Lorraine, d'Auvergne et de Poitou. Dans les pays de droit écrit, l'institution d'héritier ou la définition de légataires[6] n'imposaient pas l'égalité comme principe successoral absolu, au bénéfice d'une disproportion des lots. La pratique seule est à même de nous renseigner sur la réalité de ces inégalités au gré des successions successives.

Enfin, sur l'ensemble du territoire, les *substitutions fidéicommissaires* constituaient un procédé qui permettait de transmettre sur un grand nombre de générations toute une série de biens en dehors des règles ordinaires de dévolution successorale. C'était un moyen commode notamment dans les familles aristocratiques et bourgeoises, pour organiser

---

[4] Le préciput est, en droit civil, un avantage accordé à un héritier. Depuis le Code civil, le préciput est un avantage consistant pour un héritier qui bénéficie d'un legs de retenir le bien légué en plus de sa part, sans qu'il soit réintégré dans l'assiette successorale lors du partage de la succession (art. 843).

[5] La résidence principale du lignage, notamment en cas de possession de plusieurs fiefs et châteaux.

[6] L'institution d'héritier a pour effet de désigner la ou les personnes (souvent les successibles) comme héritiers à titre universel (pour l'actif comme pour les dettes), mais, à la différence des légataires universels (situation proche), l'héritier institué n'a pas la saisine des biens pour entrer en possession de ceux-ci, *cf.* M.-H. Renaut, *op. cit.*, p. 97.

la transmission sur plusieurs générations d'un élément de patrimoine familial sans le diviser ni l'aliéner[7]. Les biens considérés échappaient à la libre disposition du père de famille, en étant insaisissables et inaliénables au regard des règles commerciales et fiscales. Là où le droit d'aînesse n'existait pas, c'était une alternative de remplacement.

B. Le principe du partage égalitaire à la Révolution et dans le Code civil

L'abolition de la société des trois ordres change le paradigme en 1789. Mais si la Révolution a défendu de façon arithmétique et impérative l'égalité des héritiers en matière de droit successoral, le Code civil, sans remettre en cause le principe d'égalité du partage, trouve un consensus plus pragmatique entre les règles romaines, l'Ancien Droit et les principes révolutionnaires. La fin du XIXe siècle et le XXe siècle contribuent encore à moderniser ces premiers principes sans réel revirement pour ce qui concerne ce principe d'égalité successorale.

1. L'égalité successorale de principe

Dès le décret du 15 mars 1790 supprimant la succession aux fiefs, le droit d'aînesse et le droit de masculinité disparaissent dans les règles de partage. Le décret du 8 avril 1791 supprime également l'inégalité entre héritiers de succession *ab intestat* en raison de la qualité d'aîné. Simplifiant les règles anciennes, le législateur révolutionnaire rassemble tous les biens dans une même dévolution successorale et traite les enfants naturels et légitimes dans les mêmes termes, en élargissant les successibles aux collatéraux et aux ascendants. Quant à la réserve héréditaire, étendue à tous les héritiers, elle atteint 90 % des biens en présence d'héritiers directs et empêche toute transmission disproportionnée. Les règles nouvelles obligent au partage.
Le Code civil en 1804 maintient le principe d'égalité entre les héritiers dans les successions *ab intestat* en maintenant une réserve héréditaire d'une quotité plus faible[8] au profit des ascendants et descendants, et en interdisant les pactes sur succession future et les substitutions

[7] Le testateur institue un héritier, dit le *grevé*, pour recueillir ses biens à sa mort. Il désigne également l'héritier de son héritier qui porte le nom de *substitué*. Le *grevé* reçoit les biens avec obligation de les transmettre au *substitué* qui, à son tour, à la disparition du *grevé*, prend sa place au profit d'un nouveau *substitué*. Ce scénario peut se prolonger sur plusieurs générations, *cf.* M.-H. Renaut, *op. cit.*, p. 98.

[8] La moitié s'il y a un héritier en ligne directe, un tiers pour deux héritiers, un quart pour trois et plus.

fidéicommissaires. Qui plus est, le partage peut toujours être provoqué par les héritiers qui ne sont pas contraints de rester dans l'indivision (art. 815), et les lots tirés au sort doivent comporter chacun dans la mesure du possible une égale quantité de meubles, d'immeubles et de droits de créance (art. 826 et 832). Cet objectif a pu paraître contradictoire avec l'ambition d'éviter le morcellement des héritages et des exploitations, prônée par le législateur. « La machine à hacher le sol » constituée par le Code civil suivant la métaphore prêtée à Balzac[9] conduit à l'émiettement inexorable des grands domaines comme des exploitations.

2. L'organisation juridique d'un partage moins égalitaire : préciput et *majorat*

Il existe toutefois des dispositions permettant de restreindre cette égalité de principe. Par exemple, les préciputs sous forme de legs ne sont pas rapportés à la succession et les testaments peuvent avantager délibérément un héritier sur les autres. D'autres pratiques juridiques furent imaginées pour contourner cet émiettement. Utiliser la quotité disponible par testament plus que par donation en la léguant à titre de préciputs et hors part à un des héritiers constituait un premier moyen pour transmettre le patrimoine foncier familial. Par là même, le bénéficiaire de ce préciput cumulait sa part héréditaire avec une part supplémentaire représentant 1/4 à 1/3 de la succession selon le nombre de ses frères et sœurs.
Ce procédé pour constituer *de facto* un droit d'aînesse a largement imprégné les familles aristocratiques et bourgeoises, mais aussi le milieu agricole d'un grand nombre de régions françaises. Même le négoce et le commerce rejoignirent la même pratique pour avantager le fils aîné ou celui des enfants qui paraissait le plus apte pour prolonger l'entreprise familiale[10].
Parallèlement, le partage d'ascendants distribuant tout ou partie des biens des parents à leurs enfants permettait de transférer l'essentiel du capital immobilier au profit de l'un et de compenser par des soultes en immeubles modestes et argent les lots attribués aux autres héritiers. Enfin, le testament-partage permettait également de favoriser un des héritiers dans le respect de la réserve successorale. Bref, une marge de manœuvre subsistait pour distribuer l'héritage avec des finalités lignagères.
Surtout, pour le cas particulier de biens lignagers dans une tradition nobiliaire, le décret du 1er mars 1808 introduisit comme exception au

---

9 Dans *Le curé de village*, publié en 1839, Balzac souligne « le pilon dont le jeu perpétuel émiette le territoire » qui risque de tuer la France, cité par J.-L. Halpérin, *Histoire du droit français depuis 1804*, Paris, PUF, 2012, p. 112.
10 *Cf.* J.-L. Halpérin, *ibidem*, p. 105.

principe d'égalité entre les héritiers le dispositif des *majorats,* constitués à l'initiative de l'Empereur ou du noble concerné. Rassemblant un ensemble de biens inaliénables, insaisissables et transmissibles d'un niveau de revenus suffisant dans la descendance masculine par primogéniture du constituant, le *majorat* sortait une masse de biens de la dévolution de droit commun pour constituer une substitution au profit de la ligne aînée afin de pérenniser l'hérédité de la nouvelle noblesse d'Empire établie par Napoléon[11]. Réduit sous la Monarchie de Juillet par la loi du 12 mai 1835 et légalement supprimé par la loi du 11 mars 1849 après l'abolition des titres de noblesse, ce dispositif protecteur du droit d'aînesse, qui avait approché les 800 cas sous l'Empire, n'a subsisté que pour les *majorats* déjà constitués sous l'Empire jusqu'à la fin du XIXe et le début du XXe siècle. En dehors de cette exception au principe du partage égalitaire, le droit successoral ne subit des modifications qu'au tournant du XXe siècle entre 1896 et 1972 au bénéfice du conjoint survivant et d'une égalité accrue entre enfants légitimes et naturels. Au-delà du débat entre la doctrine et la jurisprudence sur la réserve successorale pour savoir si le cumul de la réserve et de la quotité disponible était réalisable par l'héritier bénéficiaire d'une libéralité en avancement d'hoirie, ce sont les effets du partage qui furent l'objet de critiques au regard du morcellement des héritages et des exploitations qu'il provoquait mécaniquement au fil des générations successives[12].

II. Stratégies familiales et économiques favorisant la transmission

Face à cette dynamique de morcellement imparable, la solution pragmatique de plusieurs familles fortunées pour transmettre la demeure familiale dans une logique lignagère fut de jouer des dispositions du Code civil et surtout de maintenir la fortune à flot durablement pour faciliter la constitution des lots successoraux (**A**). C'est véritablement le début du XXe siècle qui constitue une rupture et oblige à « monnayer » l'héritage familial en valeur touristique au regard de l'art ou l'histoire du bâtiment, mais surtout à fédérer les propriétaires dans une défense conjointe de leurs intérêts communs (**B**).

---

[11] Le Comte Ferraud dans *Le colonel Chabert* de Balzac constitue un exemple romanesque de ces nobles cherchant à perpétuer leur noblesse pour atteindre la pairie sous la Restauration.

[12] *Cf.* « le pilon dont le jeu perpétuel émiette le territoire » dans *Le curé de village* de Balzac, 1839, cité par J.-L. Halpérin, *ibidem*, p. 105.

A. Maintenir la fortune pour transmettre la demeure familiale

1. De la stabilité relative des domaines au XIXe siècle à la crise successorale du début du XXe siècle

Qu'il s'agisse des terres agricoles ou des domaines aristocratiques et bourgeois, les partages depuis le XIXe siècle n'eurent de cesse de redistribuer des portions de biens familiaux aux héritiers au fil des successions. Mais les juristes n'ont pu ignorer le lien étroit entre le patrimoine et la famille, plus encore en milieu rural[13], et les stratégies développées pour maintenir des ensembles cohérents.

Le sort des terres cultivables au fil du XIXe siècle nous révèle que les situations sont variables sur le territoire national. Avant le XXe siècle, les terroirs ruraux les plus pauvres maintiennent des formes de vie communautaire au sein desquelles les associations familiales (plusieurs générations vivant ensemble) ne sont pas rares et ont pour effet de limiter les partages successoraux par des accords à l'amiable. Du Nivernais aux Pyrénées, des modalités particulières de gestion collective du patrimoine privilégient les successions inégalitaires au bénéfice d'un des enfants qui reçoit à titre de préciput la quotité disponible en plus de sa part d'héritage, à charge pour celui-ci d'abriter les cohéritiers moins bien servis[14]. Qui plus est, les stratégies ne sont pas les mêmes selon l'agriculture réalisée, certaines cultures sont plus facilement valorisées sur des petites exploitations (vigne, maraîchage) quand d'autres exigent prioritairement de grandes surfaces (céréales…).

Concernant les domaines à la campagne, aristocratiques ou bourgeois, si nous ne disposons pas d'étude synoptique résumant et quantifiant les ventes au gré des successions, ils prennent une place importante dans les familles dans le contexte du XIXe siècle marqué par la reconstitution d'un idéal de classe nobiliaire et grand bourgeois post-révolutionnaire. Si les familles nobles détiennent 20 % de la propriété foncière à la Révolution, elles reconstituent pour partie cette emprise territoriale au XIXe siècle et l'attachement à la terre ne faiblit pas[15]. Résider à la campagne la moitié de l'année redevient fondamental pour cette catégorie sociale et la construction châtelaine se poursuit même avec vigueur jusqu'en 1914 dans

---

13 *Ibidem*, p. 101.

14 *Cf.* J.-L. Halpérin, *ibidem*, p 102.

15 *Cf.* G. Richard, *Le monde des affaires en Europe de 1815 à 1917*, Paris, Armand Colin, 2000, cité par É. Mension-Rigau, *Singulière noblesse, l'héritage nobiliaire dans la France contemporaine*, Paris Fayard histoire, 2015, p. 73.

certaines régions (Perche, Sologne…), renouant avec les fondements d'origine de la noblesse seigneuriale[16]. Sosthène du Plessis-Vaudreuil, dans l'ouvrage de Jean d'Ormesson *Au plaisir de Dieu*[17], incarne de façon exemplaire cette haute noblesse vivant sur ses terres en notable incontesté marqué par une distinction sociale maintenue et une aisance financière qui se prolonge jusqu'à la Première Guerre mondiale.

La première moitié du XXe siècle inaugure une plus grande difficulté pour les héritiers des familles en cause à maintenir leurs ressources financières et, par là même, à maintenir la demeure familiale dans la suite des générations. L'affaiblissement de l'assise financière de ces propriétaires, les mutations du monde agricole, le risque de démantèlement accéléré des propriétés poussent plus d'un châtelain à ne conserver que le château et son parc immédiat, à se séparer de son bien ou à trouver des ressources alternatives.

2. Stratégies juridiques et économiques alternatives à la division ou à la vente

Si les préciputs et pratiques diverses du XIXe siècle ont pu infléchir le principe d'égalité successorale, les comportements ont largement évolué et le partage égalitaire apparaît comme la seule solution pour maintenir des rapports familiaux apaisés et éviter au fil des générations une vente irrémédiable et définitive de la propriété familiale. Dès lors, d'autres stratégies ont été choisies pour combiner partage successoral et maintien d'un bien dans la famille.

La limitation de la natalité n'a jamais été une solution choisie par les propriétaires nobles et bourgeois depuis la Révolution pour favoriser la transmission de leur héritage, et la durée des unions maritales et le taux de natalité sont globalement supérieurs à la moyenne des familles. De ce fait, le partage égalitaire, même anticipé, rend difficile la transmission intègre du château, résidence principale de la famille, à un seul des cohéritiers ou oblige à trouver des lots équivalents pour les autres. Dès lors, il faut maintenir un niveau de fortune suffisant (mariage aisé, situation professionnelle enrichissante…) pour constituer des lots équivalents pour

---

16 La prédilection pour le style néo-gothique, la surenchère d'armoiries… participent même à ancrer dans les fondations médiévales et rurales la mémoire de ces catégories sociales en plein renouvellement d'identité et la bourgeoisie enrichie investit lorsqu'elle le peut dans ces châteaux de campagne pour la singer et espérer s'y intégrer, sur tous ces développements, *cf.* É. Mension-Rigau, *ibidem*, pp. 74-77.

17 Paris, Gallimard, 1974.

les héritiers ou indemniser les cohéritiers, ou bien maintenir une indivision mais qui est d'une durabilité limitée au fil des générations.

Des alternatives économiques plus que juridiques ont pu résoudre la difficulté. Prolongeant une pratique déjà repérable sous l'Ancien Régime, la concentration des fortunes par la voie du mariage a pu constituer au sein des familles nobles et bourgeoises les plus élevées un atout appréciable pour maintenir des niveaux de fortune suffisants qui facilitaient les partages successoraux[18]. Mais si spectaculaire soit-elle, cette pratique n'est pas systématique à tous les échelons sociaux et tous les propriétaires n'en ont pas bénéficié.

Par ailleurs, l'investissement d'une partie de la fortune dans des placements sûrs de long terme (immobilier parisien...) et la gestion « en bon père de famille » (plutôt que la prodigalité légendaire à crédit[19]) ont pu également sécuriser les conditions de transmission de l'héritage en maintenant un niveau de fortune durable jusqu'au tournant du XXe siècle. L'engagement dans le capitalisme et les affaires depuis la Monarchie de Juillet a également permis à certaines familles de maintenir un niveau de fortune et de statut social facilitant les transmissions de l'héritage familial. Il se repère facilement dans les conseils d'administration des banques et assurances.

Enfin, les hypothèses d'absence d'héritier ou les intentions libérales de riches personnages ont suscité également plusieurs initiatives originales pour transférer, sans division et hors de la propriété privée, plusieurs patrimoines d'importance (dont des immeubles) au bénéfice de la collectivité. Évidemment, ce sont des choix originaux hors du commun qui passent par des legs ou des cessions au franc symbolique à des villes, à l'Institut de France... Mais ces transferts de patrimoines et ces transmissions mémorielles sur la base de l'art ou l'histoire qui ne sont plus intrafamiliaux trouvent un écho particulier depuis 1880 avant même l'institution élargie d'un modèle légal de fondations en France. Si le legs

---

18 Éric Mension-Rigau (*Singulière noblesse..., op. cit.*) souligne la singularité de la noblesse française qui se transmet par filiation par les mâles, et de ce fait facilite les mariages sans perte de noblesse avec de riches héritières bourgeoises (*ibidem*, p. 211). Rappelant l'ouvrage de Guy Chaussinand-Nogaret sur *La noblesse au XVIIIe siècle* (Paris, 1976), pour signaler cette tradition, il repère au XIXe siècle un « phénomène d'aimantation » entre l'or et le sens noble. Les veuves Clicquot Antoine Roy, Gabriel Julien Bouvard, les industriels du Creusot avec la famille Schneider, des industriels du sucre avec Marie Say ou les Sommier (à l'origine des Sucres Saint-Louis d'aujourd'hui), les familles juives enrichies (Achille Fould, la famille de Rothschild), les fortunes nord-américaines (Forbes, Singer, Ward), puis les milliardaires sud-américains à leur tour vont servir d'appui à des alliances maritales, pour la haute noblesse (Mortemart, Polignac, Broglie, Brissac, Choiseul-Praslin, Decases, Caraman Chimay...).

19 *Ibidem*, pp. 206-208.

du duc d'Aumale en 1886 inaugure une pratique originale, d'autres généreux donateurs se sont multipliés et ont cédé, pour en préserver l'unité, pour en conserver au regard de l'art ou l'histoire toute la valeur, des biens immobiliers notables au bénéfice d'organismes publics préfigurateurs des fondations, ou de villes[20].

B. Du « monument d'histoire familiale » au monument d'histoire et d'art : la défense de la singularité des demeures historiques et l'alternative de l'ouverture au public comme ressource

C'est dans ce contexte difficile que s'opère une mue dans le regard porté sur ces demeures historiques familiales et que les stratégies des propriétaires évoluent.

1. La transmission d'une demeure significative du lignage

Resserré aux demeures familiales plus qu'aux domaines agricoles, l'enjeu de la transmission est spécifique. Éric Mension-Rigau, mieux que quiconque[21], a caractérisé l'importance de cette transmission de biens immobiliers de valeur dans le patrimoine lignager, que les biens soient reconnus monuments historiques ou non. Elle est synonyme de préservation de la mémoire et de maintien de l'appartenance dans une communauté de destin qui relie les morts aux vivants et toutes les générations successives dans le présent vécu. Dès lors, l'intérêt familial et même la primauté du lignage prévalent sur tout comportement individualiste, en dépit des évolutions progressives de la société vers un individualisme renforcé et une recherche d'enrichissement personnel[22].

---

[20] Pour ce qui concerne l'Institut de France, Jacques Siegfried cède Langeais en 1904, Félicie Dosne l'Hôtel Thiers en 1905, Nelly Jacquemart l'Hôtel du même nom et l'abbaye de Chaalis en 1912, Joseph Astor le manoir de Kerazan en 1920, Théodore Reinach la villa Kérylos en 1928… et toute une série de demeures sont léguées aux académies (la maison de Monet à Giverny, la villa Ephrussi, la maison Louis Pasteur, le Château d'Abbadia…). Mais de telles hypothèses se multiplient également en faveur des villes, le Château d'Azay-le-Ferron à la Ville de Tours, le Château de Vabres à la Ville de Rodez, le parc de Richelieu à l'Université de Paris…

[21] *Cf. Singulière noblesse, op. cit.*, pp. 23-35.

[22] L'individu n'est véritablement que le maillon d'une chaîne de vie successive et solidaire et l'individualisation des comportements et l'internationalisation progressive des existences ne doivent pas perturber l'attachement affectif au patrimoine culturel intellectuel et immobilier de la famille, au regard de ses vertus structurantes pour l'intégration de l'individu dans le récit familial à chaque génération, *Singulière noblesse…*, *ibidem.*

Or, au-delà des tableaux, bibelots et souvenirs de famille, s'il est un objet qui conserve la mémoire du lignage, c'est l'habitation, matérialisée sous forme de château ou importante demeure, qui cristallise cette pérennité du lignage. La pierre qui impose la durabilité, le style architectural ancien qui inscrit l'origine du lignage à une période lointaine, le caractère immobilier qui inscrit le lignage dans un terroir, la transmission intergénérationnelle qui pétrit le lieu d'histoires personnelles des moments vécus… confèrent à l'habitat sa qualité d'écrin privilégié de la mémoire à même d'arrêter le temps et de fixer l'éternité. Pour les représentants aristocrates du XIXe siècle, parfois singés par la haute bourgeoisie, l'ancrage de la famille dans la terre depuis la période féodale fait de la *maison* et du *lignage* des synonymes courants.

2. La transmission lignagère d'un témoin d'histoires familiale et nationale mêlées

Cet ancrage familial a été exploité. Dans le contexte d'un resserrement des fortunes et du développement du tourisme, l'ouverture à la visite des premières propriétés privées à partir de 1920 (Villandry rejoint bientôt par Cheverny et d'autres en Val de Loire notamment[23]), avant l'accélération du phénomène passé 1950[24], apparaît comme une alternative pour constituer des ressources financières nouvelles (entrées, produits dérivés, société des amis, mécènes…) en élargissant la valorisation de la mémoire vivante du lieu sur la base d'une histoire partagée. L'association la Demeure Historique, créée par Joachim Carvallo en 1924, illustre ce changement d'attitude d'une partie croissante des propriétaires de châteaux encore largement détenus par la noblesse jusqu'à la fin du XXe siècle.

Si la manne touristique ne constitue qu'une amorce financière nouvelle, la naissance de l'association marque désormais la constitution d'un réseau de propriétaires aux intérêts partagés qui entendent défendre la singularité des demeures, véritables monuments d'histoire familiale dotés d'un supplément d'âme, pour échapper au droit commun et faciliter la transmission intergénérationnelle du bien familial. Son rôle est déterminant à moyen terme pour constituer un interlocuteur national de référence à même de faire reconnaître au législateur que « l'indivisibilité de

---

[23] Montgeoffroy, Brissac, Serrant, Ussé, Amboise…

[24] Et le prolongement en maison d'hôtes ou hôtels de charme dans le dernier quart du XXe siècle. *Cf.* É. Mension- Rigau, *ibidem*, pp. 87-110 et 146-147 ; *cf.* A. de Guitaut-Vienne, *Joachim Carvallo et l'œuvre de la Demeure Historique*, Le Cercle du patrimoine, 2004, pp. 68 et 73 et s.

la propriété historique doit être inscrite dans nos lois et dans nos cœurs comme un principe intangible » et qu'« un chef-d'œuvre ne peut être divisé sans périr »[25]. Sans dénoncer le préjudice subi par la collectivité nationale par les dispersions des biens ou le dépeçage de monument qui affectent la France dans les mêmes années, l'initiative souligne l'élargissement du sens attaché à la demeure : monument vivant lorsqu'une famille y réside encore, témoignage de bon goût en termes de décoration et d'ameublement, le château cristallise dès lors une stabilité du roman national français au travers de l'histoire de ces familles particulières, de l'image enviée du luxe et d'un art de vie à la française[26]. La protection au titre des monuments historiques est dès lors moins observée comme une servitude que comme une garantie d'aide publique pour la conservation de celui-ci, et l'ouverture permet au public d'accéder à une tradition vivante et incarnée, intimiste et sensible. Dépouillé de sa fonction officielle et politique originaire, gage d'authenticité et d'élégance, le château demeure un repère de la mémoire et des valeurs ancestrales marquant l'identité française pour les habitants, les visiteurs et touristes, plus encore dans un contexte qui devient de plus en plus multiculturel et diversifié.

En attendant que cette association ne soit reconnue d'utilité publique en 1965 et qu'elle obtienne l'allègement fiscal des propriétaires pour les travaux d'entretien ou les droits de succession[27], elle participe dès sa naissance au conseil des propriétaires sur le plan fiscal et successoral et obtient de l'administration dès 1925 et 1929 la prise en considération de la lourdeur des charges pesant sur les propriétaires des immeubles en cause[28].

---

[25] Joachim Carvallo soulignait que lorsque la valeur d'usage d'un palais (en l'occurrence national) a changé de destination, lui rendre vie était quasiment un but inaccessible, d'où la nécessité de tout mettre en œuvre pour que le propriétaire puisse garder sa maison, et maintenir ainsi vivantes les valeurs historique et d'usage. *Cf.* A. de Guitaut-Vienne, *op. cit.*, pp. 59 et 60-61.

[26] Sa dimension environnementale est aujourd'hui revalorisée par ses jardins ou ses dépendances dans un rapport à la nature et au terroir jugé plus protecteur de l'environnement et de la biodiversité. *Cf.* É. Mension- Rigau, *ibidem.*

[27] La déduction pour les travaux d'entretien de monuments historiques n'est légalisée qu'en 1964. L'exonération des droits de succession pour les mêmes demeures n'est acquise qu'en 1988 sous réserve d'une convention signée entre le propriétaire et l'État qui subordonne cette exonération à l'ouverture au public un certain nombre de jours (*ibidem*, p. 72). Aujourd'hui, l'anticipation de la succession par voie de donation-partage ou donation avec réserve d'usufruit a pour effet de plafonner les droits fiscaux associés alors que le mécénat mis en application depuis 2008 pour les monuments historiques privés constitue une ressource supplémentaire défiscalisée sous condition.

[28] Des consignes de modération dans l'évaluation des châteaux sont adressées aux agents du fisc en 1925 lors de la révision des évaluations des immeubles bâtis. Pareillement, en 1929, une circulaire adressée aux contrôleurs du fisc les invite à tenir compte des frais

En conclusion, sans changement majeur des règles successorales en dehors des régimes spécifiques d'exonération fiscale, et à l'exception des châteaux domaines viticoles devenus de vraies entreprises pour leur production, c'est à la confluence de ces deux significations d'histoire familiale et d'histoire collective que l'enjeu de la transmission des demeures historiques se déploie aujourd'hui. Si de nos jours dans les familles nobles la transmission d'un tel bien familial, monument historique, s'interrompt au profit d'une vente définitive, c'est que les temps ont changé. Le poids financier et humain de l'entretien du bien, l'internationalisation des carrières et l'aspiration à un mode de vie plus léger conduisent les nouvelles générations à moins s'attacher, dans les conditions antérieures au lignage, au terroir et à la mémoire constitutive de cette chaîne des générations. Ces choix valorisent la liberté individuelle de ces héritiers au risque d'un « lessivage de la mémoire »[29] et d'une évolution lignagère hors sol. Dès lors, si l'immeuble initial est significatif d'un passé familial et d'une histoire sociale à transmettre, il est compliqué pour le nouvel acquéreur de s'inscrire dans le prolongement. L'immeuble demeure, en tout état de cause, une source d'inspiration et de mémoire collective qui inspire les arts d'aujourd'hui (bande dessinée, cinéma, fêtes médiévales et reconstitutions…). D'une transmission lignagère familiale à une transmission publique plus culturelle et symbolique, il matérialise les valeurs identitaires traditionnelles, y compris sous forme de fantasmes exportables en Chine ou ailleurs, dans un collectif élargi, qui déborde au-delà de la famille au profit de la collectivité des habitants.

---

d'entretien des demeures historiques au regard du fait qu'ils sont sans commune mesure avec ceux de l'habitat ordinaire. La taxe frappant les droits d'entrée des visiteurs de ces demeures historiques sera également supprimée en 1933 (A. de Guitaut-Vienne, *op. cit.*, pp. 66 et 71).

[29] *Cf.* É. Mension-Rigau, *ibidem.*

L'influence de l'intérêt général sur la transmission

Line Touzeau-Mouflard
Maître de conférences en droit public
Université de Reims Champagne-Ardenne, CRDT

« La dimension propre du droit, c'est le temps. La propriété, comme toutes les autres institutions juridiques, n'a de sens que dans le temps. Plus que n'importe quelle autre institution juridique. Les biens survivent aux personnes. »[1] La formule du doyen Carbonnier prend une coloration singulière dès lors que les biens envisagés sont classés ou inscrits au titre des monuments historiques, c'est-à-dire dès lors que l'État décide, au nom de l'intérêt général, de les protéger. Certes, la loi emploie l'expression « intérêt public » pour les monuments, mais c'est bien l'intérêt général qui est mobilisé ici pour justifier la consécration de biens meubles et immeubles comme monuments historiques. Quelle influence l'intérêt général exerce-t-il sur la transmission de ces biens[2] ?

Il est délicat de manier cette notion d'intérêt général, que les juristes peinent à définir. Imprécise, floue, mais aussi souple, élastique, la notion est fonctionnelle, politique[3]. Comme outil, elle est brandie par le législateur pour manifester l'importance d'un objet, d'une activité. Elle permet la mise en œuvre d'une politique ou d'une réglementation grâce au « passage du fait au droit »[4], en motivant l'entrée dans une catégorie juridique de tel objet ou telle activité. Le juge l'utilise dans son contrôle, de façon plus ou

---

[1] J. Carbonnier, *Flexible Droit : pour une sociologie du droit sans rigueur*, LGDJ, 2001 (première éd. 1976), p. 383.

[2] L'étude est limitée aux biens en mains privées.

[3] Parmi les multiples références sur la notion : J. Chevallier, « L'intérêt général dans l'Administration française », *RISA*, 1975, vol. 41, n° 4, p. 325 ; D. Linotte, *Recherches sur la notion d'intérêt général en droit administratif français*, th. dactyl., Univ Bordeaux I, 1975 ; D. Truchet, *Les fonctions de la notion d'intérêt général dans la jurisprudence du Conseil d'État*, LGDJ, 1977 ; F. Rangeon, *L'idéologie de l'intérêt général*, Économica, 1986, p. 236 ; J.-M. Pontier, « L'intérêt général existe-t-il encore ? », *D.* 1998, p. 332 ; Conseil d'État, « Réflexions sur l'intérêt général », Rapport public, 1999 ; M. Deguergue, « Intérêt général et intérêt public : tentative de distinction », in *L'intérêt général, mélanges en l'honneur de Didier Truchet*, Dalloz, 2015, p. 134.

[4] D. Truchet, « La notion d'intérêt général : le point de vue d'un professeur de droit », *Légicom*, 2017, p. 5.

moins explicite[5], notamment pour arbitrer entre différents droits. Quant à son contenu, on peut considérer qu'elle « désigne toujours les besoins de la population, ou pour reprendre une expression de la Déclaration des droits de l'homme et du citoyen, "la nécessité publique" : est d'intérêt général ce que ces besoins ou cette nécessité commandent ou permettent en un lieu donné et à un moment donné. »[6] Autrement dit, alors que la notion peut être considérée comme « englobante » et inclure « l'ensemble des intérêts collectifs »[7], elle doit pour l'analyse être affinée selon le cadre normatif dans lequel elle est employée.

À cet égard, l'intérêt général pourrait être appréhendé ici sous au moins trois angles. L'intérêt général est ce qui justifie l'instauration de la législation relative aux transmissions, intérêt du corps social et spécifiquement de la famille d'une part, intérêt de l'économie d'autre part[8]. En droit fiscal, l'intérêt général sert à identifier des organismes menant une activité non lucrative, par une gestion désintéressée, pour un cercle non restreint de bénéficiaires, susceptibles de bénéficier d'avantages fiscaux. Enfin, l'intérêt général est celui qui préside à la qualification de monument historique et à la protection subséquente du bien. Dans le code du patrimoine, c'est donc l'expression « intérêt public » qui est préférée, parce qu'elle précise le sens et la valeur de cet intérêt. Quant au sens, il est historique ou artistique pour les immeubles[9], historique, artistique, scientifique ou technique pour les meubles[10]. Plus exactement, cet intérêt est expressément attaché à la conservation des immeubles ou meubles concernés, indispensable à la transmission de ces biens aux générations futures. Nous aurions presque pu achever là le propos, en considérant que l'intérêt général n'influence pas la transmission des monuments historiques, mais qu'il a pour pleine signification cette transmission. Quant

---

[5] Sur la distinction entre le juge constitutionnel et le juge administratif dans l'utilisation de la notion : J. de Gliniasty, « L'intérêt général en QPC : de la lettre à l'esprit », *La Revue des droits de l'homme*, n° 20, 2021.

[6] D. Truchet, « La notion d'intérêt général : le point de vue d'un professeur de droit », préc.

[7] J. de Gliniasty, préc.

[8] V. par ex. M. Grimaldi, *Droit des successions*, Lexisnexis, 2020. Le professeur Grimaldi cite notamment E. Vallier, *Le fondement du droit successoral en droit français*, thèse Paris, 1902, § 866 : « C'est sur l'intérêt social et non sur l'intérêt de l'héritier qu'est fondée l'hérédité. » A. Gotman, *L'héritage*, Que sais-je ?, 2006, p. 121 : « L'héritage, nous l'avons vu, n'est pas une institution naturelle, mais une fiction juridique indéfiniment reconduite et renouvelée dans l'intérêt public de la transmission (v. chap. II), y compris par la Révolution qui, pourtant, abolit non seulement les privilèges, mais également toutes les corporations intermédiaires entre l'État et l'individu. »

[9] Art. L. 621-1, al. 1er et L. 621-25 C. patr.

[10] Art. L. 622-1 et L. 622-20 C. patr.

à sa valeur, l'intérêt est « public » pour les monuments classés et « suffisant » pour les monuments inscrits. Cette distorsion aurait pu soulever des interrogations : l'intérêt simplement « suffisant » est-il encore une expression de l'intérêt général ? Il est acquis qu'il n'y a ici qu'une échelle de valeurs impliquant différents niveaux de protection. La législation témoigne d'ailleurs d'une acception large de cet intérêt général en considérant que sont également concernés des immeubles qui ne présentent pas, isolément, cet intérêt pour l'histoire ou l'art, mais dont la préservation s'impose pour « isoler, dégager, assainir ou mettre en valeur un immeuble classé »[11].

La transmission est entendue comme « toute opération par laquelle les droits ou les obligations d'une personne sont transférés à une autre (qui devient à sa place propriétaire, créancier, débiteur, etc.) soit par la volonté de l'homme (transmission conventionnelle ou testamentaire), soit en vertu de la loi (transmission successorale *ab intestat*) ; soit entre vifs, soit à cause de mort ; soit à titre onéreux, soit à titre gratuit, soit à titre particulier, soit à titre universel (transmission héréditaire de tout le patrimoine). »[12] Il convient aussi de s'intéresser à une autre dimension de la transmission, singulièrement en matière de monument historique. La transmission implique la construction d'un rapport entre le transmetteur et le récepteur, la construction dans le temps d'une identité, la construction d'une valeur commune[13]. Le patrimoine ne peut être transmis « sans expression d'une volonté, sans une mémoire, sans une parcelle d'identité »[14]. Il y a ici un rapprochement évident entre les notions d'héritage et de patrimoine culturel et les objectifs qu'elles portent. Le vocable « patrimoine » employé dans ce cadre est susceptible d'être interprété comme un élément de légitimation de l'action de l'État, du

---

11 Art. L. 621-1, al. 2 b) C. patr.

12 G. Cornu, *Vocabulaire juridique*, PUF, 2020. Il s'agit bien d'une opération définitive ; contrairement à ce qui était suggéré par le président de séance lors du colloque, nous restons attachée à ce caractère définitif de la transmission et écartons les cas qui pourraient être analysés comme des formes de transmissions temporaires, tels que le bail emphytéotique (qui est toutefois un outil intéressant de conservation du bien en vue de sa transmission).

13 J. Carbonnier évoque la construction de l'identité de la personne par la filiation et par la succession dans le texte qu'il consacre à la métaphysique des biens, « les choses inanimées ont-elles une âme ? », *in* J. Carbonnier, *Flexible Droit : pour une sociologie du droit sans rigueur*, *op. cit.*

14 B. Savouré, « Introduction », Congrès des notaires de France, *La transmission*, 2012, p. VII.

« père » de la Nation[15]. On relèvera toutefois que le patrimoine culturel se fonde davantage sur le « choix des fils »[16] que sur la seule volonté du transmetteur.

La transmission au sens du droit civil s'inscrit ainsi dans une logique commune à celle du droit du patrimoine culturel. Plus précisément, le monument historique se complexifie. Tout en restant approprié par une personne privée, il devient, par l'effet de la mise en œuvre de la législation relative aux monuments historiques, un bien collectif[17]. Or, cette mutation, assez peu perceptible lors du classement ou de l'inscription, est nettement plus flagrante lors de la transmission, alors que l'intérêt de la collectivité pour le bien protégé autorise le législateur à le rendre plus accessible à cette dernière. La transmission ne réaliserait-elle pas l'émancipation du bien ?

Dans cette étude des manifestations de l'intérêt général, qui nous disent quelque chose de la nature même du monument, deux moments doivent être distingués. Au moment de l'acte de classement ou d'inscription, qui précède et prépare la transmission, l'intérêt général se révèle au service de cette transmission (**I**). Au moment de la transmission proprement dite, l'intérêt général la remodèle pour favoriser l'émancipation du monument historique (**II**).

I. Les manifestions de l'intérêt général propres à l'acte de classement ou d'inscription : l'intérêt général au service de la transmission

C'est en vertu de l'intérêt général qu'un objet, meuble ou immeuble, acquiert le statut de monument historique. La reconnaissance de cet intérêt se matérialise dans l'acte juridique de classement ou d'inscription au titre des monuments historiques. Sa première et principale conséquence est la protection du bien, l'intérêt attaché au patrimoine étant avant tout un intérêt de conservation. La qualité de monument historique transforme le bien, qui devient obligatoirement transmissible ; elle transcende la propriété et l'héritage, en leur attachant une dimension collective, à laquelle le propriétaire n'a pas nécessairement consenti.

---

15 V. Labrot, « Réflexions sur la patrimonialisation. Ou quand la "fabrication des pères" peut éclairer le recours intensif à la notion de patrimoine en droit de l'environnement naturel et culturel », *in* M. Doat et M. Rebourg, *Regards croisés sur les droits de la famille et du patrimoine. Mélanges en l'honneur d'Alain le Bayon*, L'Harmattan, 2005, pp. 13-31.

16 *Ibidem.*

17 V. par ex. Ch. Kert, *Rapport sur la conservation et l'entretien du patrimoine monumental*, Rapport d'information à l'Assemblée nationale n° 3530, 19 déc. 2006, p. 24.

A. Le monument historique, conservé pour être transmis

Obligation de conservation. Cette étude porte sur l'influence de l'intérêt général sur la transmission du monument historique, mais le terme d'influence est, sur un point majeur, impropre : parce qu'il impose la conservation du bien, l'intérêt général en *impose* la transmission. Dans son acception la plus évidente, la conservation correspond à l'interdiction de destruction et de déplacement du bien[18] ; il est bien connu que la notion de patrimoine a été forgée en réaction à la destruction[19]. L'article 322-3-1 du code pénal punit de sept ans d'emprisonnement et 100 000 € d'amende la destruction, la dégradation ou la détérioration d'un immeuble ou meuble classé ou inscrit. Le code du patrimoine sanctionne le conservateur ou gardien défaillant qui, par suite de négligence grave ou manquement grave à une obligation professionnelle, laisse détruire, abattre, mutiler, dégrader ou soustraire un monument historique[20].

Pour les immeubles, le devoir de conservation est renforcé par plusieurs dispositions dont l'objet est de lutter contre leur démantèlement. L'interdiction de destruction et de déplacement s'applique aux effets mobiliers attachés à perpétuelle demeure à un immeuble classé ou une partie d'immeuble classé, ces effets ne pouvant en être détachés sans autorisation[21]. L'autorité administrative peut, en vertu de l'article L. 621-33 du code du patrimoine, « mettre en demeure l'auteur du morcellement ou du détachement illicite de procéder, dans un délai qu'elle détermine, à la remise en place, sous sa direction et sa surveillance, aux frais des auteurs des faits, vendeurs et acheteurs pris solidairement ». Elle a la faculté d'ordonner en urgence des mesures de prévention de toute détérioration, dégradation ou destruction. En outre, le législateur dispose que l'acquisition de fragments d'immeubles protégés est nulle, l'action en nullité ou revendication pouvant être exercée dans un délai de cinq ans à compter de la prise de connaissance de l'acquisition. Pour les meubles, la charge de conservation ne tient pas qu'à l'interdiction de destruction : elle

---

18 Art. L. 621-9, L. 621-27, L. 622-7, L. 622-22 C. patr.

19 A. Chastel, « La notion de patrimoine », *in* P. Nora (dir.), *Les lieux de mémoire*, vol. 1, Quarto Gallimard, 1997, pp. 1437 et s.

20 Art. L. 641-4 C. patr. : un emprisonnement de six mois et une amende de 7 500 €.

21 Art. L. 621-9 et L. 621-27, al. 3 C. patr. L'autorisation est délivrée par le préfet de région (art. R. 621-91-1 C. patr.). Le juge a une lecture de la notion d'immeuble très protectrice du monument historique : ainsi des éléments de décor spécialement incorporés à un édifice forment un tout avec lui et sont qualifiés d'immeubles par nature et non d'immeubles par destination : Cass. crim. 13 janv. 1938 et Cass. civ. 1re, 19 mars 1963, *de Bauffremont-Courtenay*, CE, 24 févr. 1999, n° 191317, *Société Transurba.*

se double d'une interdiction d'exportation définitive du bien[22]. La conservation doit être ainsi comprise comme la conservation sur le territoire national. Pour garantir le respect de ces dispositions, le code instaure un récolement au moins tous les cinq ans et la possibilité pour des agents accrédités de se faire présenter les objets à tout moment[23]. L'administration est systématiquement informée de tout déplacement sur le territoire[24].

Ajoutons que cette protection du bien immeuble ou meuble trouve à s'appliquer y compris avant que le bien ne soit classé, dans le cadre de l'instance de classement, pendant une durée maximale d'un an[25]. L'intérêt général a des conséquences sérieuses sur le droit de propriété – certes de façon temporaire – alors même qu'il n'a fait l'objet d'aucune consécration juridique. Cette possible expression de l'intérêt général par anticipation témoigne de la vigueur de l'objectif de conservation des monuments historiques.

Obligation de conservation en l'état. Le propriétaire ne doit pas seulement conserver le bien pour qu'il puisse être transmis ; il doit le conserver de telle sorte que l'intérêt qui a présidé à son classement ou son inscription ne puisse être remis en cause. La première signification de cette obligation est que le propriétaire est contraint de maintenir le bien en bon état, en réalisant les travaux d'entretien et de réparation ordinaires. L'autorité administrative dispose de moyens de contrôle, peut accompagner le propriétaire dans ces travaux, voire se substituer à lui en cas de défaillance. Le code prévoit de surcroît la réalisation de travaux d'office, aux frais ou en partie aux frais du propriétaire, pour les immeubles classés[26].

La deuxième signification de la conservation en l'état réside dans l'instauration d'un système de contrôle, par l'administration en charge des monuments historiques, de toutes les altérations possibles du monument, y compris à des fins de restauration. En soumettant à autorisation les travaux sur les immeubles ou meubles classés, mais aussi en soumettant à déclaration préalable les travaux sur les immeubles ou meubles inscrits[27], le législateur s'assure que les modifications du bien respectent l'intérêt d'histoire ou d'art, l'intérêt scientifique ou technique qui a motivé le

[22] Art. L. 622-18 C. patr.
[23] Art. L. 622-8 C. patr.
[24] Art. L. 622-28 C. patr.
[25] Art. L. 622-5 C. patr.
[26] Art. L. 621-12 et s. C. patr.
[27] Art. L. 621-9, L. 621-27, L. 622-7, L. 622-22 C. patr.

classement ou l'inscription[28]. Pour les immeubles inscrits, l'exigence quasi systématique de solliciter une autorisation d'urbanisme durcit le système. S'ajoute à ce contrôle juridique en amont le contrôle scientifique et technique des travaux, de la phase de projet à leur réception.

Obligation de conservation définitive. L'intérêt général conforte la transmission du bien en rendant définitive l'obligation de conservation. La qualité de monument historique est acquise dès le classement ou l'inscription, sans condition de durée. L'institution du patrimoine au sens du code civil et l'instauration de la législation sur les successions partagent bien sûr cette vocation de transmission. « L'héritage sert […] à fabriquer un corps qui ne meurt jamais »[29] ; l'existence de l'héritage, la possibilité même de transmettre, conduit le propriétaire à « accompli[r] des efforts plus intenses et plus soutenus »[30]. Mais à la différence de la législation sur les monuments historiques, ces législations n'interdisent ni la modification du bien – avec une diminution possible de sa valeur – ni surtout sa destruction, car le patrimoine civil est constitué par la volonté de son titulaire. Le droit du patrimoine culturel empêche ces atteintes au bien et lui confère un caractère pérenne. Il y a une forme d'irrévocabilité de la protection des monuments historiques, car si le déclassement[31] ou la radiation[32] sont possibles, ils sont envisagés en cas de disparition de l'intérêt public, par exemple si le bien est détruit[33].
Le code du patrimoine dispose que le bien conserve sa qualification de monument historique en quelques mains qu'il passe[34] : les effets du classement et de l'inscription suivent l'objet quel que soit son propriétaire.

---

28 Des sanctions sont prévues en cas de non-respect de ces obligations. L'article L. 641-1 C. patr. renvoie à l'article L. 480-4 C. urb. : « amende comprise entre 1 200 euros et un montant qui ne peut excéder, soit, dans le cas de construction d'une surface de plancher, une somme égale à 6 000 euros par mètre carré de surface construite, démolie ou rendue inutilisable au sens de l'article L. 430-2, soit, dans les autres cas, un montant de 300 000 euros. En cas de récidive, outre la peine d'amende ainsi définie, un emprisonnement de six mois pourra être prononcé ». Pour les objets mobiliers, l'article L. 641-2 C. patr. prévoit six mois d'emprisonnement et 7 500 € d'amende pour le fait d'enfreindre ces dispositions.

29 A. Gotman, *op. cit.*, p. 31.

30 R. Cassin, *Cours radiodiffusé sur l'héritage*, 1938-1939, Académie des sciences morales et politiques, Palais de l'Institut de France, 2021, p. 125.

31 Art. L. 621-8 C. patr. (le déclassement est total ou partiel) pour l'immeuble, art. L. 622-6 pour le meuble.

32 Art. R. 621-59 C. patr.

33 Pour un exemple de réévaluation de l'intérêt justifiant le déclassement d'un monument historique (les manèges à Versailles) : CE, 17 févr. 1990, req. n 98225.

34 Art. L. 621-29-5, L. 622-15 et L. 622-29 C. patr.

Le propriétaire est tenu d'informer l'administration s'il aliène un bien afin que ce bien reste sous contrôle[35]. À défaut, le propriétaire est passible d'une amende administrative d'un montant maximum de 6 000 € pour les personnes physiques et de 30 000 € pour les personnes morales[36]. Le monument historique reste donc tel, que son mode de transmission soit intra ou extrafamilial. Relevons enfin, au soutien de la transmission familiale, que le code du patrimoine dispose que les objets mobiliers classés bénéficient de l'imprescriptibilité[37].

B. Une transmission imposée au propriétaire

Qualification de monument historique et consentement. L'intérêt général fonde des atteintes au droit de propriété : il n'y a là rien d'inédit. La Déclaration des droits de l'homme et du citoyen de 1789 autorise jusqu'à la privation de propriété ; le code civil et le code de l'urbanisme contiennent des dispositions diverses contraignant le droit du propriétaire ou lui soustrayant sa propriété. L'existence même du droit de l'urbanisme pourrait être envisagée comme une atteinte au droit de propriété justifiée par l'intérêt général. Il n'en demeure pas moins intéressant d'observer comment le consentement du propriétaire est pris en compte par la législation relative aux monuments historiques. Le code exige *a priori* le consentement du propriétaire pour le classement des immeubles et des meubles. Ce consentement doit être sans réserve[38] ; en cas d'indivision, tous les coindivisaires doivent le donner[39]. Mais l'État peut passer outre l'absence de consentement : la procédure administrative est simplement durcie, un décret en Conseil d'État étant exigé. La technique est identique pour le classement d'ensembles ou de collections d'objets mobiliers, introduit par la loi relative à la liberté de création, à l'architecture et au patrimoine (LCAP) en 2016[40]. Compte tenu de l'atteinte importante au droit de propriété, amputé de l'*abusus*, une indemnisation est possible.

L'inscription des immeubles ne requiert même pas l'accord du propriétaire, parce que le niveau de protection est théoriquement plus

---

35 Il doit aussi informer l'acquéreur de l'existence de la protection. Art. L. 621-29-6 et L. 622-16 C. patr. Pour un exemple de réalisation de cette obligation : Lyon, 4 avr. 2017, 1re ch. civ. B, RG n° 15/06039.

36 Art. L. 642-1 C. patr.

37 Art. L. 622-13 C. patr.

38 CE, 5 mai 1922, *Rec.* 1922, n° 402.

39 TGI Paris, 29 mai 1996, n° 1599.

40 Art. L. 622-4-1 C. patr. L. n° 2016-925 du 7 juill. 2016 relative à la liberté de la création, à l'architecture et au patrimoine, *JO* du 8.

faible et l'atteinte au droit de propriété minorée. L'on sait que le droit de l'urbanisme fausse cette analyse : l'immeuble inscrit est en pratique presqu'autant contraint que l'immeuble classé dès lors qu'il est soumis à une autorisation d'urbanisme. En revanche, les objets mobiliers ne peuvent être inscrits en cas de désaccord du propriétaire[41].

Conservation du monument historique et consentement. C'est encore au sujet de l'évolution du monument historique que les restrictions apportées à la volonté du propriétaire sont manifestes. Nous avons vu que l'intérêt public fait naître un système étatique de contrôle de l'état du bien, dont les éventuelles modifications par le propriétaire ne sont pas libres. Subtilement, le législateur ne condamne pas toute initiative du propriétaire – l'État aurait alors été le seul à pouvoir intervenir sur le bien, ce qui aurait été financièrement et matériellement irréalisable –, mais les procédures d'autorisation et de déclaration préalable soumettent la volonté du propriétaire à celle de l'administration en charge des monuments historiques. Cela est accentué par ce que l'administration impose pour la réalisation même des travaux sur les meubles ou les immeubles, quant au choix des intervenants (maîtres d'œuvre, entreprises), des matériaux, etc. avec des conséquences financières non négligeables pour le propriétaire[42]. En dépit de l'adoption de l'ordonnance du 8 septembre 2005[43] et de la responsabilisation du propriétaire, qui récupère la maîtrise d'ouvrage et bénéficie de davantage de liberté, ce dernier doit toujours s'inscrire dans le cadre rigide fixé par l'administration. Et ce, *a fortiori*, pour les travaux d'office.

L'État peut toutefois rechercher l'adhésion du propriétaire afin d'améliorer la préservation du monument historique. Il en est ainsi à travers les outils fiscaux imaginés pour aider les propriétaires dans la réalisation des travaux, qui peuvent être conditionnés, par exemple à l'ouverture au public, à un engagement de conservation pendant une certaine durée. La loi LCAP a également instauré une nouvelle mesure intéressante qui élargit la protection, une servitude de maintien *in situ* des objets mobiliers classés ou des ensembles mobiliers classés qui sont « attachés par des liens historiques ou artistiques remarquables, à un immeuble classé et forment avec lui un ensemble d'une qualité et d'une cohérence dont la conservation dans son intégrité présente un intérêt

---

[41] Art. L. 622-20 C. patr.

[42] S'y ajoutent des coûts importants en matière d'assurances.

43 Ord. n° 2005-1128 du 8 sept. 2005 relative aux monuments historiques et aux espaces protégés, *JO* du 9.

public »[44]. La servitude implique que tout déplacement d'un objet ou de tout ou partie de l'ensemble mobilier ait été autorisé par le préfet de région[45]. Édictée par le ministre chargé de la culture après avis de la Commission nationale du patrimoine et de l'architecture, elle requiert le consentement du propriétaire. Mais l'administration peut s'opposer à ce que cette servitude soit levée, sous réserve d'une indemnité : le procédé au départ fondé sur la seule volonté du propriétaire devient incidemment contraignant.

Superposition des patrimoines. L'intérêt général porté par le monument historique affecte ainsi la transmission en la rendant consubstantielle au bien. Quelle qu'en soit la modalité, le propriétaire du monument est contraint de le transmettre. La transmission est ainsi altérée en devenant obligatoire ; elle l'est encore en devenant collective. En effet, l'acte de classement ou d'inscription marque l'entrée du bien dans ce qu'il convient de considérer comme un patrimoine collectif, tel qu'il nous paraît défini par le législateur à l'article L. 1 du code du patrimoine. À la transmission d'individu à individu, de propriétaire à héritier, légataire, donataire ou acquéreur, se greffe une transmission collective vers les générations futures. Elle s'explique par ce que l'on peut considérer comme une superposition des patrimoines. Le monument historique reste juridiquement dans le patrimoine de son propriétaire ; il intègre aussi symboliquement le patrimoine culturel. Cela engendre des effets positifs et négatifs. Est induit en quelque sorte un phénomène de sacralisation de la transmission, intention commune aux détenteurs de ces deux patrimoines. Cependant, cela produit aussi une accumulation de valeurs distinctes, valeur familiale, valeur économique et valeur culturelle qui peuvent interférer et se contrarier. En observant les manifestations juridiques de l'intérêt général concomitantes à l'acte de transmission, on voit que ces effets s'amplifient. La superposition des patrimoines semble plus immédiate : le monument historique entre progressivement, juridiquement, dans le patrimoine du public.

[44] Art. L. 622-1-2 C. patr.
[45] Art. R. 622-1-2 C. patr.

II. Les manifestions de l'intérêt général à l'occasion de l'acte de transmission : la transmission remodelée par l'intérêt général

L'intérêt général trouve à nouveau à s'exprimer au moment de la transmission. L'acte de transmission, fondamentalement pour la succession, le legs et le don, est l'occasion pour l'État de s'assurer de la permanence de la protection du monument ; au-delà, c'est l'occasion d'intensifier le caractère patrimonial et public du bien, de développer sa dimension culturelle. Le législateur joue ici avec l'impôt. Si les instruments déployés impliquent l'immixtion du public dans la sphère privée et nourrissent des conflits entre des intérêts distincts, ils peuvent se révéler intéressants dans les stratégies familiales de préservation du patrimoine et comme solution aux problèmes posés par le poids de l'héritage.

A. Les dispositifs de contrôle de la transmission du monument historique fondés sur l'intérêt général

Sécuriser la conservation du bien. Lorsque la transmission se réalise, plusieurs mécanismes ont été prévus par le législateur, qui sont autant de possibilités de marquer davantage le caractère patrimonial et culturel du monument. Ils sont étroitement liés à l'impôt et donc au coût de la transmission comme à la charge financière que constitue un monument historique ; les hausses actuelles de l'imposition des transmissions pourraient entraîner leur développement. Un premier mécanisme est destiné à garantir l'unicité du bien et la transmission intrafamiliale : sont ainsi servis l'intérêt général comme l'intérêt privé de la famille. C'est la clause d'inaliénabilité, mesure introduite en 2006 dans le code du patrimoine[46]. L'article L. 621-29-7 du code du patrimoine permet de diminuer l'évaluation de l'immeuble classé ou inscrit transmis par donation ou succession du montant des charges nécessaires à sa préservation, y compris les charges d'entretien[47]. Cette disposition est subordonnée à l'adoption d'une clause d'inaliénabilité : le donataire, l'héritier ou le légataire se voit interdire l'aliénation du bien. Le législateur cherche ici à favoriser le choix d'un repreneur unique, pour éviter la division des immeubles et la dispersion des meubles. La clause est un moyen de préserver l'intégrité des ensembles.
Favoriser l'accessibilité du public. Allant au-delà de la conservation du bien, l'intérêt général fonde des mesures dont le but est de rendre le monument

[46] Loi n° 2006-728 du 23 juin 2006 portant réforme des successions et libéralités, *JO* du 24 ; modification concomitante de l'article 829 du code civil.
[47] V. la contribution de M.-O. Barbaud dans cet ouvrage, p. 181.

historique accessible au public. Dans un esprit similaire à celui qui anime les avantages fiscaux consentis lors de travaux sur les monuments, renforcés par leur ouverture au public, le législateur a mis en place un système d'exonération des droits de mutation à titre gratuit qui dépend d'un engagement à présenter le bien au public[48]. L'article 795 A du code général des impôts prévoit que pour bénéficier de l'exonération des droits pour les biens immeubles par nature ou par destination classés ou inscrits au titre des monuments historiques « pour l'essentiel », ainsi que les biens meubles qui en constituent le complément historique ou artistique, les héritiers, les donataires ou les légataires s'engagent à entretenir les biens, à les rendre accessibles au public, et à maintenir les meubles exonérés dans l'immeuble. Ils doivent souscrire en ce sens une convention avec l'État.

Le juge apprécie avec une certaine largesse la qualité de monument historique pour les immeubles : il a considéré que l'inscription des seules façades et toitures ne pouvait écarter l'application du régime d'exonération, parce que l'intention de l'administration en charge des monuments historiques peut être interprétée comme celle de l'ensemble de l'immeuble, dont les façades et toitures sont la manifestation externe de la structure[49]. Pour les meubles, ils sont concernés en tant que « complément historique ou artistique » de l'immeuble. Il peut s'agir des meubles ayant qualité de monuments historiques ou d'autres meubles dont la direction régionale des affaires culturelles reconnaît la qualité à l'occasion d'un inventaire préalable à la signature de la convention.

La procédure est lourde et dissuasive notamment dans la mesure où elle implique les services déconcentrés en charge du budget et de la culture. Elle a été partiellement simplifiée en 2018[50] : la convention est désormais signée avec le préfet de région après avis conforme des services en charge du budget. Elle n'en demeure pas moins une technique très intéressante pour donner plus de corps au caractère patrimonial du monument historique, qui, tout en restant bien privé, est partiellement partagé avec le public.

L'acquisition publique du bien. Franchissons une dernière étape : la transmission se fait au profit de l'État. L'influence de l'intérêt général sur la transmission est ici considérable puisque le bien va quitter le giron familial : le bien rejoint la propriété publique. Le législateur organise deux

---

48 Mesure introduite par la loi n° 88-12 du 5 janv. 1988 relative au patrimoine monumental, *JO* du 6. Pour une présentation détaillée, v. L. Touzeau-Mouflard et A. Verjat, *La protection des monuments historiques*, Dalloz, 2e éd., 2018, pp. 266 et s. V. également la contribution de J.-R. Pellas dans cet ouvrage, p. 165.

49 CE, 11 déc. 2009, n° 312515, *Min. du budget c/ Dor de Lastours et a.*

50 L. n° 2018-1317 du 28 déc. 2018, loi de finances pour 2019, *JO* du 30.

dispositifs originellement destinés à favoriser le maintien du patrimoine sur le territoire national et à enrichir les collections publiques, la donation avec exonération et la dation en paiement.

La donation avec exonération articule de manière intéressante patrimoine privé et patrimoine public en ménageant l'intérêt privé du donateur. L'article 1131 du code général des impôts exonère des droits de mutation et des taxes annexes afférents à la transmission l'acquéreur, le donataire, l'héritier ou le légataire d'une œuvre d'art, de livres, d'objets de collections ou de documents de haute valeur artistique ou historique, qui en fait don à l'État[51]. Le monument historique rejoint les rangs de la propriété publique, entre *de jure* dans le patrimoine national. Mais cette mutation de la propriété est adoucie par la possibilité pour le donateur de conserver la jouissance du bien, et ce de manière graduée. Cette conservation vaut jusqu'à sa mort ou éventuellement celle de son conjoint, ou si une personne morale est donatrice, jusqu'à sa dissolution et dans la limite de vingt-cinq ans. L'acquisition publique est en quelque sorte partiellement différée. La conservation de jouissance se prolonge éventuellement, en bénéficiant aux receveurs successifs du bien, ou pour une personne morale au-delà des vingt-cinq ans, à condition que le bien soit rendu accessible au public. Pour une personne physique, le bien doit être dans ce cas attaché à un immeuble en raison de motifs historiques ou artistiques. Ainsi l'intérêt public de conservation évolue vers un intérêt public d'accessibilité tout en maintenant un lien entre l'ancien propriétaire privé et son bien, régime séduisant s'agissant de biens familiaux. La donation suppose l'agrément de l'administration fiscale[52].

La dation en paiement constitue le mécanisme le plus abouti : l'intérêt général fonde la transmission du bien, en pleine propriété, à l'État. La dation est issue de la loi Malraux[53] et est régie par l'article 1716 bis du code général des impôts. L'idée est simple : régler une dette fiscale non pas en numéraire, mais en remettant un bien à l'État. Plusieurs types de dettes sont envisagés – par exemple pour s'acquitter de l'impôt sur la fortune immobilière – et plusieurs types de biens sont concernés – par exemple des immeubles destinés au Conservatoire du littoral ; mais ce règlement reste une procédure exceptionnelle, réservée notamment aux biens de haute valeur artistique ou historique. Pour ce qui nous concerne, les droits de mutation à titre gratuit peuvent être acquittés par la remise d'un meuble protégé au titre des monuments historiques. Le bien entrera dans une

---

[51] V. not. BOI-SJ-AGR-50-10, 12 sept. 2012.

[52] Il est possible d'y renoncer à tout moment et de remettre le bien à l'État.

[53] L. n° 68-1251 du 31 déc. 1968 tendant à favoriser la conservation du patrimoine artistique national, *JO* du 3 janv. 1969, art. 2.

collection publique. Les conditions sont strictes et l'administration fiscale reste maîtresse de la décision d'accepter ou de refuser la dation. Dans son rapport sur le patrimoine monumental, Christian Kert a suggéré d'autoriser la dation de monuments immeubles, au profit de la Fondation du patrimoine ou de collectivités locales[54].

Dans une perspective similaire, qui tend à privilégier la propriété publique, *a priori* meilleure garante de la protection du patrimoine, l'article 795 du code général des impôts exonère des droits de mutation à titre gratuit les dons et legs d'œuvres d'art, de monuments, d'objets ayant un caractère historique, de livres, d'imprimés ou de manuscrits, s'ils rejoignent une collection publique.

B. L'intérêt général moteur de l'évolution du statut du monument historique

Le monument historique, bien public ? Les dispositifs cités témoignent de l'évolution de la nature du monument historique que l'intérêt général implique. L'appartenance simultanée du bien à plusieurs patrimoines, en raison du classement ou de l'inscription, s'exprime davantage au moment de la transmission. Certes, l'acquisition pleine et immédiate du bien par l'État va plus loin en réalisant le glissement du patrimoine privé au patrimoine public. L'intérêt général métamorphose ici la transmission : sauf exception (déclassement, radiation, sortie de la domanialité publique), le bien ne fera plus l'objet d'un acte de transmission en entrant définitivement dans la propriété publique ; sa transmission se fera automatiquement et symboliquement au profit des générations futures. Mais ces acquisitions sont en réalité plutôt rares et l'intérêt général lui-même incite, paradoxalement peut-être, à les limiter : l'intérêt public financier commande de conserver la propriété privée, tant du point de vue de l'administration fiscale que de l'administration en charge des monuments historiques. Cela a d'ailleurs été clairement exprimé dans le rapport de Jacques Pelletier relatif au projet de loi sur le patrimoine monumental en 1987 : « il faut bien réaliser que l'intérêt commun de l'État, des collectivités décentralisées et de la Nation tout entière lors de la transmission est que l'édifice concerné reste propriété privée. »[55]

Les incidences de la superposition des patrimoines. Dans les autres cas présentés, bien privé contraint à une présentation ou ouverture au public, bien public

---

[54] Ch. Kert, Rapport préc., proposition n° 18.

[55] J. Pelletier, Rapport n° 79 au Sénat sur le projet de loi relatif au patrimoine monumental, 1987, p. 59.

dont l'ancien propriétaire privé conserve la jouissance exclusive, bien public dont l'ancien propriétaire privé partage la jouissance avec le public : l'intérêt général manifesté à l'occasion de la transmission brouille le statut du bien. La superposition des patrimoines, pour ainsi dire leur chevauchement, n'a plus pour seule répercussion la conservation du bien. Le bien s'échappe progressivement mais pas totalement de la sphère privée, avec des conséquences certes positives en termes de conservation du monument, mais aussi négatives pour les titulaires des différents patrimoines. Tantôt, le public se voit tenu à l'écart du monument historique pourtant propriété publique, concession faite dans l'intérêt des générations futures. Tantôt c'est le propriétaire privé qui supporte les effets de cette ambiguïté. Il s'agit d'abord de la valeur économique du bien, la transmission pouvant être altérée au vu des charges qui pèsent sur le monument historique. Il s'agit ensuite des contraintes matérielles pesant sur les propriétaires, dont on attend des actions, des compétences, des investissements spécifiques pour protéger et présenter le monument. Il s'agit enfin des incidences sur la vie privée, l'intime : l'immeuble familial, l'objet familial, est exposé.

Le contenu de la convention nécessaire à la mise en œuvre de l'exonération des droits de mutation à titre gratuit prévue par l'article 795 A du code général des impôts est significatif à cet égard. Les attentes vis-à-vis du propriétaire du monument historique sont de trois ordres[56].

En premier lieu, l'obligation de conservation du bien est accentuée. Le propriétaire doit maintenir sur place des éléments de décor ; il s'engage à entretenir les meubles et immeubles dans des conditions plus précises et plus strictes que ce qui vaut normalement pour les monuments historiques, en particulier à protéger le bien contre le vol et l'incendie, à veiller à l'hygrométrie, à souscrire les assurances nécessaires.

En deuxième lieu, le propriétaire est sujet à des contrôles renforcés, opérés à tout moment par l'administration en charge des monuments historiques et l'administration en charge du budget. Il doit communiquer annuellement auprès de la direction régionale des affaires culturelles et à la direction départementale des finances publiques un rapport détaillant notamment les conditions de visite.

---

[56] D. n° 88-389 du 21 avr. 1988 modifié pris pour l'application de l'article 5 de la loi de programme n° 88-12 du 5 janv. 1988 relative au patrimoine monumental, codifié à l'article 281 *bis* de l'annexe III au CGI. Rédaction issue du décret n° 2023-103 du 16 févr. 2023 pris pour l'application du 1° *ter* du II de l'article 156 du code général des impôts et de l'article L. 143-2 du code du patrimoine et portant remplacement de la convention type prévue à l'article 795 A du code général des impôts. BOI-SJ-AGR-50-40, 25 juill. 2023.

En troisième lieu, la convention comporte des engagements portant sur la présentation physique et intellectuelle du monument historique. Car le glissement du bien vers le patrimoine public ne tient pas qu'à la simple accessibilité du bien au public. La contrepartie essentielle de l'exonération des droits de mutation réside dans l'ouverture de l'immeuble monument historique ou la possibilité de découvrir le meuble complément de celui-ci. Ce qui expliquerait qu'en principe l'exonération ne puisse être accordée si les éléments protégés sont accessibles depuis la voie publique[57]. Le propriétaire doit organiser « l'ouverture au public », soit cinquante jours par an (dont vingt-cinq jours non ouvrables, au cours des mois d'avril à septembre inclus), soit quarante jours pendant les mois de juillet, août et septembre[58]. Cette durée peut être réduite du fait des mises à disposition gratuite des biens au profit de collectivités publiques ou d'associations sans but lucratif pour des manifestations ouvertes au public, à caractère culturel et éducatif (par exemple l'organisation de visites par des groupes d'élèves), ce qui consacre un peu plus la patrimonialité du bien[59]. Et l'accessibilité ne se résume pas à cette ouverture. Le propriétaire doit aménager l'accès au monument historique, apposer une plaque visible de la voie publique signalant la protection au titre des monuments historiques et précisant les jours et heures d'ouverture, prévoir un circuit de visite ou encore installer des panonceaux explicatifs. Néanmoins, dans l'arrêt *Dor de Lastours* précité, le Conseil d'État a interprété avec souplesse la condition d'accessibilité pour les immeubles, en jugeant que l'exonération fonctionne si les parties protégées sont extérieures (façades et toitures) et sont intégralement visibles depuis un espace librement accessible au public comme un parc[60]. L'administration semble même ne pas écarter la possibilité d'une convention (et donc de l'exonération) lorsque les parties protégées sont visibles depuis la voie publique[61]. Les exigences restent cependant trop fortes telles que l'impossibilité de revendre le bien du vivant des repreneurs, résultant de la durée indéterminée de la convention. L'outil ne connaît donc pas le succès.

---

57 CE, 19 mars 2003, n° 233359, *Seegmüller* : l'argument, retenu par les juges du fond, n'a toutefois pas été examiné par le Conseil d'État car le motif était surabondant.

58 Article 17 *ter* annexe IV au CGI.

59 Un aménagement est aussi permis si l'héritier, le donataire ou le légataire perd son emploi ou est atteint d'une maladie grave ou d'une infirmité.

60 *Cf. supra* : CE, 11 déc. 2009, n° 312515, *Min. du budget c/ Dor de Lastours et a.*

61 Rép. min. n° 4532, *JOAN*, 13 nov. 2018, p. 10183, *Hetzel.* ; BOI-ENR-DMTG-10-20-30-60, 25 juill. 2023, § 47.

L'incertitude quant au statut du monument historique. La protection au titre des monuments historiques modifie la nature du bien. Au moment de l'acte de transmission, les marques de l'intérêt général viennent selon nous rendre incertain le statut du bien, autour de considérations liées à la jouissance du monument. La confusion entre l'intérêt public et les intérêts privés interroge. Concernant le monument public dont la jouissance reste réservée à son ancien propriétaire ou à l'hériter, légataire ou donataire, il est remarquable qu'un bien appartenant à une personne publique se voie grevé d'une sorte de servitude privée, l'accessibilité partielle au public n'étant qu'un aménagement à la jouissance exclusive, pour une durée qui peut être indéterminée[62]. C'est très original pour des meubles qui, dès lors qu'ils sont monuments historiques et propriété de l'État, appartiennent au domaine public[63].

Concernant le monument privé contraint à l'accessibilité au public, c'est l'altération de la jouissance du bien par son propriétaire qui soulève des questions. L'intérêt public exige du propriétaire privé l'exercice de plusieurs missions qui ont conduit à réfléchir à la qualification de service public. Cette qualification avait été retenue par Jacques Pelletier dans son rapport sur le projet de loi relative au patrimoine monumental[64], l'association La Demeure Historique a proposé de reconnaître l'existence d'une mission d'intérêt général et de conférer au propriétaire un statut de conservateur bénévole, voire de collaborateur du service public[65]. Il ne paraît pas illogique de considérer le monument historique comme l'objet d'un service public au vu notamment des impératifs de présentation élaborée du monument au public, mais la Cour des comptes paraît rejeter cette qualification en considérant notamment qu'un tel statut pour le propriétaire serait « dérogatoire par rapport à d'autres activités touristiques saisonnières qui subissent des contraintes similaires »[66].

Enfin, la convention liée à l'exonération des droits de mutation à titre gratuit est à durée indéterminée, prenant fin par le non-respect de l'un des engagements pris, le transfert à titre onéreux de tout ou partie de la propriété des biens ou lorsque, à l'occasion de l'une des mutations à titre gratuit de ces biens, un des héritiers, donataires ou légataires n'adhère pas à la convention[67]. Le caractère indéterminé est analysé comme un frein

[62] Cas de la donation de l'article 1131 CGI.

[63] Art. L. 2112-1 CGPPP.

[64] Rapport préc. p. 55.

[65] A. de Montgolfier, *Rapport sur la valorisation du patrimoine culturel*, 8 oct. 2010 ; cité par Cour des comptes, *La politique de l'État en faveur du patrimoine monumental*, juin 2022, p. 80.

[66] Rapport préc. p. 80.

[67] Art. 795 A, al. 1er CGI et art. 11 de la convention-type.

majeur[68] : les contraintes pesant sur le propriétaire sont jugées trop lourdes à assumer et seraient considérées comme plus acceptables si elles n'étaient que temporaires ; le ministère en charge de la culture a pu envisager de la réduire à quinze ans[69] mais le régime n'a pas été modifié sur ce point.

L'intérêt général perturbe la transmission du bien. Le monument historique devient moins familial et plus patrimonial, moins privé et plus public. Le patrimoine culturel prend progressivement l'avantage sur le patrimoine privé. Les dispositifs juridiques à l'œuvre induisent une autre définition de l'héritage, une autre définition du partage : il n'est plus question de partager *entre*, mais de partager *avec*. Si la fréquentation limitée des monuments historiques privés invite à relativiser le propos[70], l'examen du droit du patrimoine culturel montre malgré tout que le monument historique, à l'occasion de la transmission, s'émancipe petit à petit du patrimoine de son propriétaire.

---

[68] P.-Y. Di Malta, comm. sous CE, 11 févr. 2022, n° 458465, *Droit fiscal* n° 26, 2022, comm. 266.

[69] Cour des comptes, rapport préc. p. 30.

[70] *Ibidem*, p. 79.

L'émergence de trois modèles économiques de sauvegarde

Francesca Cominelli
Maître de conférences en Économie
Université Paris 1 Panthéon-Sorbonne

La France compte 45 648 monuments historiques, dont 46 % appartiennent à des propriétaires privés, 41 % à des communes ou communautés de communes et 4 % à l'État (DEPS 2024). Ces monuments peuvent également bénéficient de divers niveaux de protections juridiques, labels et appellations, tels que « Monument historique », « Patrimoine européen », « Jardin remarquable », « Maisons des Illustres », pour n'en citer que quelques-uns. L'objectif commun de ces dispositifs est la conservation et la mise en valeur du patrimoine culturel dans toute sa diversité et sur l'ensemble du territoire. L'association la Demeure Historique (DH) regroupe plus de 3 000 propriétaires de ces monuments et jardins historiques privés. La préservation de ce patrimoine, qui inclut des biens très divers tels que des manoirs, châteaux, abbayes, ateliers ou encore des hôtels particuliers, relève d'un double enjeu.

D'une part, il y a la question de la transmission. Ces biens se transmettent au sein d'une même famille ou à de nouveaux propriétaires, et ainsi aux générations futures. Cette transmission concerne non seulement le plan matériel, représenté par les bâtiments et les œuvres d'art qu'ils abritent, mais aussi le plan immatériel, celui des usages et des traditions menés par leurs habitants. C'est grâce à cette transmission, qui dépend à la fois des propriétaires et des réglementations, que la valeur d'existence de ces biens patrimoniaux se maintient au fil des siècles.

D'autre part, le défi auquel sont confrontés les propriétaires de ces demeures historiques est de faire vivre leur patrimoine, de leur donner du sens, de les inscrire dans le présent, dans la société actuelle. Il s'agit de les habiter, d'y organiser des rencontres et des événements ou de les ouvrir aux visiteurs. Plus généralement, il s'agit de les utiliser et de leur donner des fonctions qui respectent à la fois le monument et les besoins actuels. Comme le dit Maria Gravari-Barbas (2005) : « [...] la survie du patrimoine, sa perpétuation, sa transmission aux générations futures dépendent en grande partie de son intégration dans la société d'aujourd'hui. La meilleure façon de protéger le patrimoine est de l'occuper, de lui donner une fonction, de lui donner un rôle dans la société d'aujourd'hui, bref, de vivre avec lui ».

L'habitation et l'animation des monuments et des sites contribuent à les conserver, tout en leur offrant une meilleure visibilité et en permettant à des publics divers de les découvrir, de s'en inspirer et d'apprendre. Le patrimoine se retrouve ainsi intégré dans un écosystème économique et social plus complexe, qui dépasse le bâti, le jardin ou le domaine. « Avec le concept d'écosystème, la conservation prend un autre sens puisqu'elle porte désormais sur un système vivant mettant à jour une multitude d'acteurs sociaux, les uns formels, telles les organisations, entreprises ou associations, et les autres informels, telles les communautés. [...] L'enjeu de conservation se déplace de considération des seuls éléments matériels sur le système qui fait vivre ce patrimoine culturel, s'élargissant à la prise en considération de la dialectique des valeurs, de l'enrichissement de la culture matérielle, de la formation des identités et des communautés » (Greffe 2014, p. 180).

Dans cette communication, nous nous penchons ainsi sur les enjeux de la transmission des demeures historiques, et plus particulièrement sur les modèles de sauvegarde qui sont mis en œuvre par leurs propriétaires et qui vont, de plus en plus, vers des écosystèmes patrimoniaux.

Méthodologie

Pour répondre à cette question à l'échelle française, nous nous sommes appuyée sur une recherche documentaire ayant pour source principale les articles de la revue *Demeure Historique*. Nous avons consulté les 44 numéros publiés entre 2013 et 2022, soit une période de dix ans. Dans ces numéros, 122 profils de propriétaires ont été analysés, reflétant différents types de demeures, histoires familiales et modes d'exploitation.

Pour chaque profil, nous avons d'abord identifié la localisation du bien, l'année de transmission (si l'information était disponible), et les activités exercées au sein du domaine. Il est évident que les données recueillies pour chaque propriété ne peuvent être considérées comme exhaustives, car parfois l'article se concentre sur une question ou une activité particulière, alors que le fonctionnement réel du monument historique est beaucoup plus complexe. Malgré cela, cette méthode nous a permis de mettre en évidence les principaux types d'activités menées dans les demeures historiques depuis 2013.

Nous nous sommes également intéressée aux acteurs impliqués et aux ressources mobilisées, en distinguant les ressources générées par les activités elles-mêmes, les ressources privées et les financements publics.

Les coûts des activités proposées ont par ailleurs été enregistrés dans la base de données. Cependant, ces informations étant très incomplètes et non fournies pour chaque monument historique, elles n'ont pas pu être utilisées dans la version finale de cette communication. À partir de la base de données constituée et des informations recueillies, nous avons tenté de développer des modèles économiques permettant de conserver et de transmettre ces demeures. Ces deux aspects sont évidemment liés, car la viabilité économique d'un monument est fondamentale pour assurer sa transmission.

Les demeures historiques analysées

Comme le montre la carte ci-dessous (*Figure 1*), les 122 monuments identifiés couvrent l'ensemble du territoire national métropolitain. Une densité plus importante apparaît autour du Val de Loire.

Figure 1 – Les demeures historiques analysées

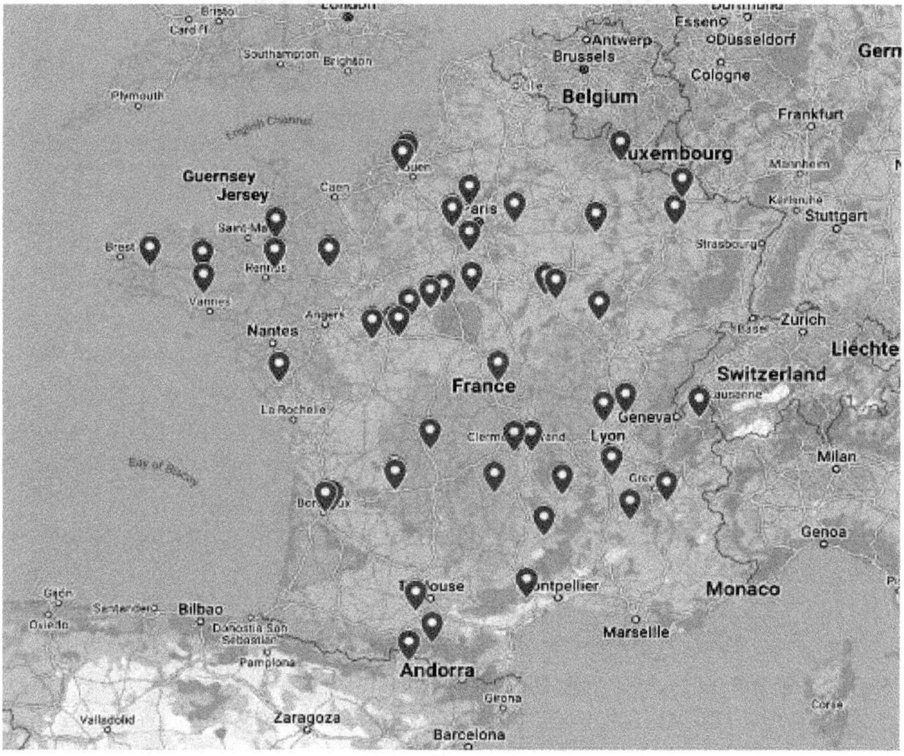

Source : création de l'auteur

Outre la localisation, nous avons pris en compte l'année de transmission de ces monuments et nous avons comparé les données collectées avec celles de l'enquête menée en 2021 par l'association la Demeure Historique. Nous observons ainsi (*Figure 2*) que 42 % des biens étudiés ont été transmis il y a plus de 20 ans, tandis que dans l'enquête de la Demeure Historique, ce chiffre est de 58 %. Les chiffres obtenus pour les biens transmis entre 10 et 20 ans sont très proches : 20 % dans notre analyse et 18 % dans l'enquête de 2021. Les biens transmis depuis moins de 5 ans restent minoritaires, avec 5 % dans notre analyse et 12 % dans l'enquête de la Demeure Historique.

Figure 2 – Périodes de transmission des demeures historiques

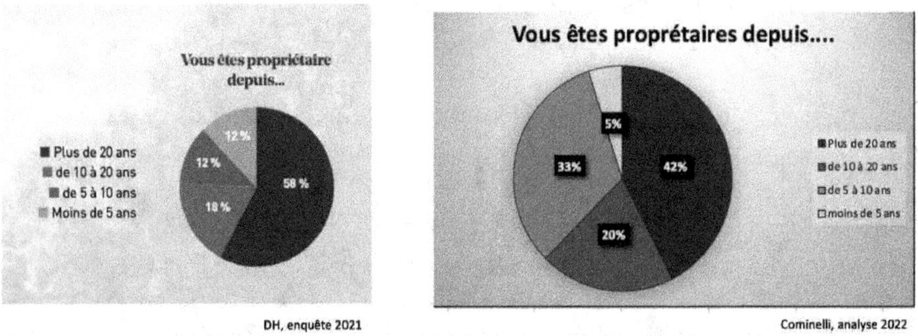

Source : création de l'auteur et enquête de l'association la Demeure Historique

Des modèles économiques émergents

Les données recueillies sur les activités organisées par les propriétaires et les gestionnaires de ces monuments et jardins historiques ont ensuite été étudiées et comparées, afin de mettre en évidence trois principaux modèles de fonctionnement. Ces modèles assurent à la fois la conservation et la transformation de ces biens, dans le but de les adapter aux besoins contemporains des propriétaires, mais aussi des communautés locales et des visiteurs.

Les monuments historiques comme « lieux d'accueil » d'activités

Le premier modèle identifié est celui où les monuments historiques sont considérés comme des lieux d'accueil pour des activités diverses. Ces dernières incluent la visite des demeures et des espaces extérieurs, l'hébergement, la restauration, la location pour des événements, l'organisation de concerts et de spectacles ouverts au public, ainsi que la vente de produits dérivés et locaux dans des boutiques aménagées. Dans quelques propriétés, se trouvent également des bibliothèques contenant des collections exceptionnelles qui sont ouvertes au public sous certaines conditions. Les activités ci-dessus mentionnées vont du simple accueil des visiteurs pour une visite, à des actions visant à prolonger leur séjour et à rendre l'expérience unique en l'associant à des offres d'hébergement, de loisir et culturelles.

Parmi les 122 profils analysés, 51 % mentionnent la visite comme une activité couramment réalisée au sein des demeures historiques. Ce que nous avons observé dans les descriptions de ces visites, qui sont un sujet très présent dans les articles de la revue, c'est qu'il peut s'agir de visites traditionnelles, avec ou sans guide, mais aussi de visites utilisant de nouvelles technologies telles que la réalité augmentée ou des maquettes *3D*. Un débat important concerne l'organisation de visites qui cherchent à impliquer davantage les visiteurs grâce à des *escape games* ou des *murder parties* organisés dans certaines demeures. Nous avons aussi recensé des activités qui dépassent le monument historique, utilisant les environs des châteaux, des manoirs et des demeures pour proposer des balades à vélo ou par d'autres moyens de transport. Une tendance émergente concernant l'ouverture des demeures privées aux visiteurs est celle des visites de chantiers. Ces visites permettent non seulement de maintenir l'accès pendant les travaux, en assurant une continuité du service au public et des revenus pour les propriétaires, mais aussi de rapprocher les visiteurs des impératifs de la conservation et des aspects immatériels du monument. En particulier, elles mettent en lumière le travail, les métiers et les savoir-faire nécessaires au maintien et à la conservation de ces bâtiments. Dans plusieurs articles, il est traité des enjeux pour les propriétaires de s'engager à rendre le bâtiment accessible pendant les travaux et de montrer le travail des artisans, qui sont essentiels à sa pérennisation. De plus en plus, les activités et expériences proposées cherchent à impliquer les visiteurs, à offrir des sujets de visite alternatifs, mais aussi à transmettre de nouvelles connaissances sur le monument et le travail qu'un bien de ce type exige de la part de ses propriétaires.

Quant aux activités d'hébergement, elles semblent connaître un niveau de sophistication croissant. L'accueil des hôtes par les châteaux privés, en dehors de l'hôtellerie traditionnelle, est une pratique désormais consolidée en France, en particulier depuis la création dans les années 1980 de l'association « Château d'accueil » (Morice 2005). Depuis, l'offre s'est développée et enrichie, en répondant à des segments de niche, notamment à partir de régions touristiques comme le Val de Loire. Aujourd'hui, les offres d'hébergement vont des chambres de type gîte à des expériences de

luxe. L'accueil fait partie des activités les plus répandues pour assurer la viabilité, y compris économique, de ces monuments.
Les monuments historiques comme lieux d'accueil d'activités impliquent ainsi une spécialisation de l'offre. Cette dynamique est souvent inspirée par les propriétaires qui sont à l'origine de nouvelles activités et qui en expérimentent plusieurs modes pour faire vivre leurs demeures. Toutefois, ceci nécessite aussi des compétences pointues qui imposent le recrutement de gestionnaires, managers, guides, responsables de la communication, pédagogues, chercheurs, ainsi que la collaboration avec des entreprises spécialisées du secteur des visites des monuments historiques. Par exemple, l'entreprise « Escape Yourself », mentionnée dans la revue, est née en 2015 à Tours. Elle offre des scénarios de jeux à réaliser dans les espaces des propriétés historiques. Les contrats de franchise proposés aux propriétaires sont de six ans minimum avec un droit d'entrée de 20 000 € HT pour la durée du contrat et un investissement initial pour la préparation de l'activité estimé entre 120 000 et 180 000 € HT pour créer 3 salles de jeu, un espace d'accueil et un espace pour les *Game Master.* Aujourd'hui, « Escape Yourself » gère en France 27 sites et 114 salles, dont certaines sont hébergées dans des monuments historiques.
Dans ce premier modèle, les demeures historiques sont des lieux d'accueil où sont organisées et proposées des activités variées, destinées à des publics de plus en plus diversifiés et impliquant des pratiques de plus en plus expérientielles. On retrouve ici la dynamique qui conduit le tourisme culturel vers le tourisme créatif, tel que défini par Richards et Raymond (2000) : « un tourisme qui offre aux visiteurs la possibilité de développer leur potentiel créatif par une participation active à des cours et à des expériences d'apprentissage qui sont caractéristiques de la destination de vacances où ils se déroulent ». Cette dimension créative des activités accueillies dans les demeures historiques permet ainsi d'innover et de diversifier l'offre, en se démarquant des autres propriétés et en attirant de nouveaux publics.

Les monuments historiques comme épicentre du dynamisme territorial

Ce second modèle se distingue par le fait que les demeures historiques ne sont pas de simples lieux d'accueil isolés de leur contexte, mais au contraire des lieux pivots capables de créer des liens avec le territoire dans lequel ils se trouvent, les paysages, les habitants et les visiteurs. Ces lieux peuvent être à l'origine de nouvelles dynamiques de développement qui lient le passé au présent.
Nombre de ces monuments sont reconnus à l'échelle locale, départementale ou régionale, et bénéficient parfois de labels. À titre

d'exemple, le label « Maisons des Illustres », créé en 2011, pour signaler des lieux dont la vocation est de conserver et transmettre la mémoire de femmes et d'hommes ayant marqué l'histoire politique, sociale et culturelle de la France, ou le label « Jardin remarquable », mis en place en 2004. Ces deux labels sont attribués par le ministère de la Culture pour une durée de 5 ans. Des distinctions de ce type confèrent aux biens labellisés une visibilité accrue localement et au niveau national.

Cette tentative de dépasser le périmètre des propriétés et leur ancrage local afin de créer des relations avec d'autres institutions et communautés est également au cœur de certains projets identifiés dans les articles de la revue. Des interventions de restauration, par exemple, peuvent être réalisées via des chantiers-écoles impliquant des écoles d'art, des écoles de restauration ou l'Institut national du patrimoine. Ces chantiers, outre leur rôle dans l'entretien des biens, créent des communautés de praticiens autour du bien, qui contribuent à la pérennité des bâtiments. Dans cette même logique, les foires et festivals organisés par de nombreuses propriétés attirent des visiteurs et participants, renforçant les liens sociaux et économiques avec le territoire. Ce modèle s'approche encore une fois de la définition du tourisme créatif citée plus haut, mais en particulier de l'analyse de Richards and Wilson (2006) qui soulignent comment, dans le développement du tourisme créatif, il est important que les activités proposées gardent un ancrage, une source d'inspiration et de compréhension, dans le lieu où elles sont organisées, dans leur paysage culturel. Ce qui est important dans cette démarche est que le tourisme créatif ne se limite pas à la création de richesses économiques, mais puisse aussi favoriser la création de valeurs partagées au sein des communautés locales. C'est de ces liens sociaux que dépend ainsi la transmission de ces demeures au sein, non seulement d'une famille, mais d'un tissu territorial plus complexe.

Les monuments historiques comme écosystème d'activités qui vont au-delà du patrimoine et qui contribuent à son entretien et à sa sauvegarde

Le troisième modèle consiste à considérer les monuments historiques comme des écosystèmes d'activités qui vont au-delà de la simple préservation du patrimoine. Ce modèle inclut des activités qui ne se déroulent pas nécessairement à l'intérieur du château, du manoir ou de la demeure historique. Elles peuvent se dérouler dans le domaine environnant et acquérir de la valeur grâce à leur association avec le monument historique. De plus, certaines de ces activités peuvent être totalement déconnectées du patrimoine culturel lui-même et du domaine, mais générer des ressources qui contribuent à leur entretien.

L'analyse des profils dans la revue *Demeure Historique* révèle des écosystèmes qui dépendent principalement des caractéristiques du monument et du domaine environnant. La plupart des demeures étudiées sont aujourd'hui des châteaux, des manoirs et d'autres bâtiments historiques avec des terrains de taille limitée. Par le passé, les domaines entourant ces monuments étaient souvent très vastes, et c'étaient les activités agricoles, forestières et d'élevage, ainsi que l'exploitation des ressources naturelles, qui permettaient l'entretien des bâtiments. Aujourd'hui, cette situation est rare, et l'isolement progressif des châteaux par rapport aux terres environnantes a contribué à fragiliser leur viabilité. Cependant, certaines activités agricoles, comme la viticulture, peuvent encore être associées au patrimoine bâti. D'autres activités identifiées comprennent la permaculture, dans une logique de développement durable, ainsi que la culture de plantes médicinales et l'élevage. De plus, certaines demeures organisent des activités pédagogiques associées à l'agriculture et à l'élevage.

Une autre typologie d'activités qui se développe concerne la production d'énergie. Un exemple identifié dans notre base de données est celui du manoir d'Heudreville, où une microcentrale hydraulique a été installée. Cette installation permet de produire de l'énergie pour 400 foyers en plus de couvrir les besoins du manoir lui-même. Les deux employés de la microcentrale s'occupent en outre de l'entretien des berges du fleuve. Un autre exemple est celui du Château du Blanc Buisson, où un méthaniseur a été mis en place grâce à la proximité d'une ferme intégrée au projet. Le méthaniseur génère des revenus, tout en recyclant les déchets organiques, et assure le chauffage du château, ainsi que la vente de l'énergie excédentaire à EDF. Le projet a également bénéficié d'une subvention, couvrant environ 30 % de son coût, et prévoit une rentabilité de l'investissement sur 10 ans. Ces exemples démontrent comment il est possible d'intégrer de nouvelles activités dans l'enceinte de ces demeures ou aux alentours, en créant des synergies et des flux de ressources qui profitent aux propriétés et contribuent à leur entretien.

Toutefois, les activités qui peuvent être associées aux demeures ne se limitent pas à l'agriculture, à l'élevage ou à la production d'énergie en utilisant les ressources du territoire. Certaines demeures accueillent des espaces de *coworking* ou des sièges d'entreprise, ce qui est intéressant car cela démontre comment ces demeures peuvent aujourd'hui jouer un rôle actif dans notre société, en s'adaptant aux changements économiques et aux nouvelles exigences du monde du travail. Par exemple, le Château de Tournin abrite depuis 2017 l'entreprise ATS Luxe, atelier de packaging de luxe. Il s'agit de 1 000 m² d'espace de travail installés au sein de l'ancien corps de ferme familial. L'espace du château devient ainsi un lieu liant patrimoine et innovation, où la dimension patrimoniale est aussi mise au service de l'économie du luxe. Dans la logique d'une économie de l'enrichissement, telle qu'analysée par Luc Boltanski et Arnaud Esquerre (2017), ces processus de mise en valeur du patrimoine bâti répondent à une démarche de transformation du patrimoine en capital et des demeures historiques en entreprises patrimoniales. Plus largement, ces dynamiques témoignent également d'une alliance du contemporain et de la tradition, par un récit qui ancre le présent dans le passé.

Ce troisième modèle nous invite à appréhender les monuments historiques comme des écosystèmes qui sont ancrés dans le patrimoine et qui créent de la valeur à partir de ce patrimoine, mais qui s'inscrivent également dans un territoire et dans des relations économiques et sociales. « Cette prise en compte des valeurs du patrimoine, de ses détenteurs et de son écosystème questionne les modèles de sauvegarde ou de "créativité". Ces derniers semblent être de moins en moins centrés sur l'objet et ses traces, tant matérielles qu'immatérielles, et de plus en plus focalisés sur le maintien des conditions de production et de reproduction du patrimoine, qui se dévoile dans les sphères les plus variées de nos sociétés » (Cominelli et Greffe 2019).

La question des ressources

Pour financer ces écosystèmes patrimoniaux, diverses ressources peuvent être mobilisées. Tout d'abord, les activités de visite et d'hébergement, que nous avons mentionnées, génèrent des flux de revenus significatifs. Ces revenus peuvent ensuite être réinvestis dans l'entretien des biens. Dans le modèle du château, du manoir ou de la demeure en tant qu'élément-clé du rayonnement territorial, il est essentiel de noter que ces entités touchent à des intérêts territoriaux plus larges. Cela peut faciliter l'obtention de subventions publiques pour organiser des activités et pour le fonctionnement des propriétés. Les financements publics sont généralement plus accessibles lorsque les projets poursuivent des intérêts collectifs, tels que rendre la demeure accessible aux personnes à mobilité réduite, animer le territoire, renforcer les liens sociaux ou encore soutenir des projets écologiques. Enfin, dans le troisième modèle, d'autres activités économiques bénéficient de la dimension naturelle et historique du bien et peuvent en même temps générer des ressources pour son entretien et sa viabilité. Cela inclut des initiatives comme l'installation de systèmes de production d'énergie renouvelable ou d'autres projets générateurs de revenus qui contribuent au financement des activités de préservation et de valorisation.

Pour conclure, résumons les tendances observables aujourd'hui et susceptibles d'être portées par les nouveaux repreneurs des demeures historiques.
Tout d'abord, comme nous l'avons souligné en début de présentation, on assiste à un passage de la simple visite à l'expérience immersive. Les propriétaires de monuments historiques sont désormais poussés à proposer aux visiteurs des offres variées, composites, immersives. En outre, étant donné que ces demeures ont souvent une capacité d'accueil limitée, il peut être crucial pour les propriétaires de diversifier les activités proposées pour augmenter les revenus avec un nombre limité de visiteurs. Les visiteurs recherchent, de leur côté, des expériences uniques.
Ensuite, il est important de créer des liens entre les nouveaux modes de travail et les demeures historiques. Ces lieux peuvent accueillir des activités telles que le *coworking*, des séminaires créatifs, des expériences de groupe intensives dans des lieux historiques. Ce qui permet de redécouvrir ces espaces sous un nouvel angle et d'en faire des lieux de rencontres et d'innovation.
Enfin, les enjeux du développement durable guident également la transformation de ces demeures qui peuvent devenir des centres créant des liens avec le territoire, les habitants ou les visiteurs. Ces lieux deviennent ainsi pivots dans la création d'écosystèmes patrimoniaux qui intègrent pleinement les préoccupations économiques, écologiques et sociales.
Ces considérations sont inspirées de l'analyse des 122 profils issus de la revue *Demeure Historique*. Il est crucial de comprendre que ces modèles ne sont pas reproductibles à l'identique. La spécificité des lieux patrimoniaux demeure leur unicité et ainsi chaque cas étudié reste unique et doit être envisagé comme un prototype. Les propriétaires sont appelés à inventer leurs propres modèles, adaptés à la singularité de leur monument et de leur territoire. C'est en partant de l'unicité de chaque lieu et de son contexte territorial que des modèles viables peuvent être construits.

Bibliographie

Boltanski L., Esquerre A. (2017), *Enrichissement. Une critique de la marchandise*, Gallimard.
Cominelli F., Greffe X. (2019), « L'économie politique du patrimoine culturel », *In Situ. Au regard des sciences sociales*, n° 1.
DEPS (2024), *Chiffres Clés 2023 de la culture et de la communication*, Ministère de la Culture.
Gravari-Barbas M. (éd., 2005), *Habiter le patrimoine. Enjeux, approches, vécu*, Presses Universitaires de Rennes.
Greffe X. (2014), *Les mises en scènes du patrimoine culturel. La trace et le rhizome*, Presses de l'Université du Québec.
Morice J.-R. (2005), « Le phénomène en France des châteaux privés recevant des hôtes : une innovation issue du Val de Loire », dans Gravari-Barbas M. (éd.), *Habiter le patrimoine. Enjeux, approches, vécu*, Presses Universitaires de Rennes.
Richards G., Raymond C. (2000), "Creative tourism", *ATLAS News*, n° 23, pp. 16-20.
Richards G., Wilson J. (2006), "Developing creativity in tourist experiences: a solution to the serial reproduction of culture?", *Tourism Management*, vol. 27, n° 6.

Sitographie

Escape Yourself : https://www.escapeyourself.fr/ [consulté le 8 juin 2024].
La Demeure Historique : https://www.demeure-historique.org [consulté le 8 juin 2024].

Les enjeux entrepreneuriaux de la transmission

Caroline Mathieu
Déléguée Générale du Family Business Network (FBN) France

De quelle manière le Family Business Network accompagne-t-il ses membres ?

Le Family Business Network (FBN) est le réseau des entreprises familiales, il regroupe 2 300 membres en France, actionnaires et dirigeants d'entreprises familiales de toutes tailles – petites et moyennes entreprises (PME), entreprises de taille intermédiaires (ETI) ou grandes entreprises, à qui nous proposons chaque année une centaine d'événements (formations courtes, intra ou interentreprises, séminaires et conférences, visites d'entreprises, etc.), régionaux, nationaux et également internationaux car le FBN existe dans le monde entier : il est présent dans 65 pays et réunit plus de 20 000 membres.

Le FBN est avant tout un réseau à vocation éducative et pédagogique. Il est fondé sur le partage d'expériences et les échanges de bonnes pratiques entre pairs. Il réunit de manière inclusive tous les associés familiaux d'entreprises familiales et de familles entrepreneuriales : conjoints, membres familiaux, actionnaires, opérationnels ou non dans l'entreprise, à qui nous proposons tout au long de l'année des rendez-vous sur-mesure, animés par des experts spécialisés sur des thèmes-clés pour leurs entreprises familiales et leur pérennité : gouvernance, transmission, impact, intégration des nouvelles générations, dialogue intergénérationnel… Nous leur offrons un espace préservé, privilégié, et confidentiel dans lequel il n'y a aucune forme de sollicitation et qui leur permet de trouver l'expertise, les connaissances nécessaires et toutes les bonnes pratiques pour que leur entreprise puisse grandir et durer.

Notre réseau a également une mission d'intérêt général : en France, 83 % des entreprises sont des entreprises à capital familial et représentent 50 % des emplois ; la pyramide des âges fait que dans les dix prochaines années, la moitié d'entre elles devra changer de dirigeant. La préparation de la transmission est donc un enjeu économique majeur. Accompagner ces entreprises, leur permettre de construire un plan de pérennité afin de pouvoir sereinement passer le cap des générations est absolument essentiel à la vitalité économique de notre pays. Or, une transmission réussie prend de cinq à dix ans entre le moment où le dirigeant songe pour la première fois à transmettre et le moment où la démarche aboutit. « Il n'est jamais trop tôt pour transmettre », telle est la devise du FBN !

Quelles sont les situations auxquelles le FBN est le plus souvent confronté ?

Nos membres rejoignent notre réseau pour apporter, trouver et construire ensemble des solutions adaptées à chaque famille et à chaque histoire. Leur objectif principal est de pouvoir motiver leurs actionnaires, entretenir un *affectio*, renforcer la cohésion familiale et assurer la pérennité de leur entreprise.
Ils nous rejoignent également pour permettre aux nouvelles générations d'être formées et sensibilisées à l'entreprise familiale et informées de tout ce qu'il faut mettre en œuvre pour apprendre à être un actionnaire responsable, jouer un rôle opérationnel au sein de l'entreprise ou être en mesure de reprendre un jour le flambeau. Ainsi, au sein du FBN, nous allons mettre à leur disposition un ensemble de solutions, à travers des éclairages d'experts, de témoignages de pairs pour qu'ils puissent eux-mêmes élaborer leur démarche de transmission, d'une manière inclusive, en y associant tous les profils familiaux de l'entreprise. Chaque regard est important pour contribuer à la cohésion et au processus de transmission d'une entreprise familiale. Le projet doit être un projet commun et rassembler toutes les parties prenantes.

Quels sont les facteurs déterminants pour une bonne gouvernance ?

La gouvernance est un enjeu majeur pour la pérennité de l'entreprise familiale : construire une bonne gouvernance, au sein de la famille, du cercle des actionnaires et dans l'entreprise, c'est s'assurer que l'on dispose d'un socle solide sur lequel l'entreprise familiale va pouvoir grandir et durer.
La gouvernance permet de déterminer le rôle et la place que chacun va jouer par rapport à l'entreprise familiale aussi bien au sein de la famille qu'au sein des instances de l'entreprise et d'instaurer une articulation entre ce qui relève du cercle de la famille, du cercle des actionnaires et du cercle de l'entreprise. Il s'agira ensuite de faire vivre cette gouvernance et de l'adapter à chacun des cycles de vie de l'entreprise, de veiller à ce qu'elle puisse s'ouvrir et ne pas se concentrer uniquement sur les membres de la famille. Il s'agira, par exemple, de faire entrer des administrateurs

indépendants au sein des conseils qui pourront porter un regard objectif et plus neutre. Pour résumer, une bonne gouvernance se doit d'être inclusive, collaborative, ouverte et surtout évolutive parce qu'elle doit s'adapter aux nouveaux enjeux de l'entreprise familiale.

Quels outils recommander ?

Nous recommandons fortement la mise en place d'une charte familiale au sein de la famille, on parle aussi de constitution familiale ou de pacte familial. La charte familiale n'a pas de valeur juridique mais elle propose un engagement moral très fort de tous les membres de la famille qui s'en préoccupent et qui souhaitent l'élaborer tous ensemble. Elle pose les règles du jeu et les grands principes qui vont permettre de gérer les interactions entre les membres de la famille, l'actionnariat et l'entreprise.
Les membres familiaux s'interrogeront ainsi sur les valeurs de l'entreprise, sur ce qu'ils ont envie de porter tous ensemble, au fil des générations. La charte peut répondre à de nombreuses questions : comment entre-t-on dans l'entreprise ? Avec quel diplôme ? Avec quelle formation ? À partir de quel âge ? À partir de quand et avec quel statut est-on un actionnaire ? Quelle place pour les conjoints ?
Cet outil de gouvernance doit être élaboré avec une méthodologie particulière, bien souvent nous conseillons au sein du FBN de faire intervenir un tiers pour le mettre en place. Il faudra ensuite le faire vivre, car c'est un matériau vivant et il faut qu'il vive au rythme de l'entreprise familiale et de ses grands cycles de vie.

Quels sont les freins qui empêchent les jeunes de reprendre l'entreprise familiale ?

S'il n'y a pas, du côté de la nouvelle génération, l'envie, les compétences et la légitimité, il est très difficile de transmettre au sein de la famille.
Les nouvelles générations sont plus engagées que les précédentes et veulent mettre du sens dans leurs actions. Elles attendent donc que leur entreprise familiale s'engage, de façon concrète, dans des initiatives sociétales et environnementales et leur fasse confiance pour conduire ce changement. Depuis 2014, le FBN est extrêmement impliqué dans ces démarches d'impact, à travers un partenariat avec l'Organisation des Nations unies et, en France, un partenariat avec la Convention des Entreprises pour le Climat.
L'entreprise familiale se situe aujourd'hui au cœur de toutes les transitions – générationnelle, digitale et environnementale – et les nouvelles

générations de ces entreprises sont celles qui devront conduire ces changements ; il est donc essentiel qu'elles soient le plus en amont possible informées des différents rôles qu'elles peuvent jouer au sein de l'entreprise afin de choisir celui qui leur conviendra le mieux.

Certaines entreprises sont-elles parfois obligées d'avoir recours à une gestion déléguée temporaire ?

Un actionnariat 100 % familial ne signifie pas nécessairement qu'il est aux commandes de l'entreprise. La propriété et le management peuvent être assurés par la famille elle-même ou dissociés de celle-ci. En effet, il se peut que l'intégration de dirigeants non familiaux dans l'entreprise et ses instances opérationnelles devienne un choix, voire une nécessité. Il conviendra alors de mettre en place une gouvernance structurée, destinée à régir les interfaces entre la famille actionnaire et le management.

Quels sont les éléments d'une transmission réussie ?

Si je devais n'en citer que deux, ce serait « anticipation et communication ». Une transmission familiale s'inscrit dans un temps long. Le plus en amont possible, il convient d'instaurer un dialogue constructif, qui amène les membres de la famille à réfléchir à leur positionnement par rapport à l'entreprise : pourquoi souhaitent-ils rester ensemble ? Pour quel projet commun ? S'interroger sur les valeurs qui les réunissent et la vision qu'ils partagent nécessite de communiquer de manière concertée et transparente, avec des règles du jeu claires pour tous. Anticiper la transmission d'une entreprise est un projet collectif et une question de responsabilité : à chaque génération de préparer la suivante, de dialoguer avec elle, de structurer une gouvernance choisie et adaptée aux enjeux de demain.

Est-il possible de transposer aux monuments historiques des stratégies appliquées dans les entreprises familiales ?

Il existe de nombreuses correspondances entre les entreprises familiales et les demeures historiques : respectueuses de l'histoire, de l'identité des lieux et de l'environnement, toutes deux partagent une même vision à long terme et transgénérationnelle. Elles sont également animées du même souci de révéler et de valoriser un ancrage territorial, et toutes deux possèdent une dynamique entrepreneuriale à laquelle contribuent les jeunes générations. Leur volonté de réintégrer le patrimoine au cœur d'enjeux tout à la fois économiques, sociaux et environnementaux procède d'une raison d'être commune. Quelle que soit la démarche, y associer le plus en amont possible la nouvelle génération ne peut qu'être porteur de sens et contribuer à la cohésion familiale ainsi qu'à la réussite du projet commun. Au sein du FBN, où un membre sur deux appartient à la nouvelle génération, nous en mesurons chaque jour les bienfaits.

III

Les enjeux de valorisation

Le monument historique, un immeuble hors du commun[1]

Marie-Antoinette Guérard
Juriste-fiscaliste à la Demeure Historique

« La valeur d'une demeure historique est inversement proportionnelle à sa surface de toiture »[2]. Si cette réalité n'est pas récente, elle reste néanmoins une préoccupation majeure des propriétaires de monuments historiques. L'évaluation de tels immeubles inclut d'autres facteurs que ceux d'une approche immobilière au sens commun du terme[3]. Elle est en effet influencée par les nombreuses charges pesant sur ces propriétaires – charges qui sont décuplées par leur obligation de respecter les procédures de travaux sur monuments historiques[4] ou par les contraintes quotidiennes, notamment en cas d'ouverture au public – ainsi que par l'absence de biens comparables sur le marché immobilier.
Le monument historique, qui est un meuble ou immeuble dont la conservation présente un intérêt public du point de vue de l'art ou de l'histoire pour l'immeuble classé, et dont l'intérêt rend désirable sa préservation pour l'immeuble inscrit, court aujourd'hui des risques importants, notamment au vu de réformes en cours[5] susceptibles de fragiliser le maintien de son équilibre financier.
Évaluer, du latin *valere* (valoir), consiste à estimer une valeur. Deux sens du terme valeur sont à lier. En premier lieu, selon l'approche économique, la valeur est « le prix selon lequel un objet peut être échangé, vendu »[6] : elle est déterminée en liant ses fonctions et son coût. Mais la valeur intègre également l'importance attachée à la chose. Tout le propos, pour ce qui concerne l'évaluation d'un monument historique, est donc de parvenir à

---

[1] Sur la base du mémoire « L'évaluation des monuments historiques Transmissions à titre gratuit : entre évaluation civile et fiscale », M.-A. Guérard, M2 Droit du patrimoine culturel (Paris-Saclay), 2018-2019.

[2] J.-C. Nénert, « La gestion dynamique d'un monument historique », table ronde Salon international du patrimoine, Paris, 25 sept. 1997.

[3] De nombreux ouvrages permettent d'étoffer les techniques d'expertise immobilière « classique ». Pour n'en citer qu'un : *Évaluation*, Éditions Francis Lefebvre, 8e éd., Levallois Perret, 2015.

[4] En ce sens, v. les articles L. 621-9 et s. du code du patrimoine, et L. 621-27 et s. du même code.

[5] Notamment la future révision des valeurs locatives des maisons à usage d'habitation.

[6] *Le Grand Larousse Illustré*, Larousse, Paris, 2005, t. 3, p. 2568.

lier sa valeur « économique », autrement dit alignée sur sa valeur vénale, à sa valeur « immatérielle », incluant les intérêts multiples que peut présenter un monument par rapport à un immeuble ordinaire.

Or les difficultés encourues aujourd'hui par les monuments historiques sont intrinsèquement liées à leur évaluation, en tant que cause et conséquence. L'évaluation détermine en effet notamment les calculs de répartition du patrimoine entre héritiers potentiels, le montant des droits de mutation à verser en cas de transmission à titre gratuit, permet de définir l'assiette de l'impôt sur la fortune immobilière, et servira – pour les maisons dites exceptionnelles – de base de calcul des taxes foncière et d'habitation[7]. Si certains dispositifs, abordés en détail lors du colloque *Transmettre les monuments historiques*, permettent d'accompagner les propriétaires-gestionnaires et de réduire l'impact financier de cette évaluation[8], ils restent peu utilisés et ne sont pas toujours adaptés. Il est donc important de tenir compte des spécificités de ces monuments historiques lors de leur évaluation, afin que l'application des règles de droit commun reste pertinente pour ce type de bien. Dès lors, tout l'enjeu de l'évaluation d'un monument historique repose sur la conciliation entre le caractère exceptionnel de cet immeuble (**I**) et la valeur vénale déterminée par les lois du marché (**II**).

I. Les spécificités du monument historique

Du fait de sa valeur patrimoniale, historique et artistique – qui a d'ailleurs justifié sa protection – tant pour le particulier que pour le public, le monument historique voit sa valeur de marché affectée, l'on pourrait supposer « à la hausse », en raison de sa rareté et de son caractère exceptionnel. L'évolution sociétale, la réduction de la taille des domaines, les difficultés rencontrées par le monde agricole et artisanal, la désertion des campagnes et le délicat sujet de la transmission des savoir-faire sont autant de facteurs qui tempèrent très largement cette première affirmation.

---

[7] Article 146 II C de la loi n° 2019-1479 du 28 décembre 2019 de finances pour 2020.

[8] Sont ici visés les dispositifs de l'article L. 621-29-7 du code du patrimoine (clause d'inaliénabilité) et de l'article 795 A du code général des impôts (convention d'exonération des droits de mutation à titre gratuit). V. aussi les contributions de M.-O. Barbaud (p. 181) et J.-R. Pellas (p. 165) dans cet ouvrage.

A. Le « marché » des monuments historiques, un mythe ?

« Un marché *haut de charme* plus qu'un marché *haut de gamme* »[9] pourrait décrire en partie le marché des monuments historiques. Sur plusieurs aspects, celui-ci répond à certaines règles du marché immobilier classique, comme par exemple le jeu de l'offre et de la demande. Les monuments historiques situés en zone urbaine sont plus faciles à évaluer, du fait des possibilités de comparaison avec des immeubles localisés dans une même zone géographique. Pour les monuments en zone rurale, le marché présente des caractéristiques qui lui sont propres.

Ce marché peut être de luxe, il est incontestable que certaines ventes se concluent à des prix au mètre carré plus de huit fois supérieurs à la moyenne des prix de la zone géographique visée. Une telle envolée atteste souvent d'un achat « coup de cœur », rendant très difficile la généralisation de tendances pour l'évaluation d'un monument historique, la subjectivité dans l'évaluation étant alors reine. Ceci étant, la notion de marché « de luxe » reste marginale et ne permet pas d'appréhender le marché des monuments. En effet, une demeure évaluée à très bas prix – en raison par exemple de son état – ne répondra pas aux critères du marché « haut de gamme », et pour autant restera bien dans le champ du marché immobilier des monuments historiques.

Le prix de vente n'est donc pas un des critères de ce marché. S'il ne fallait citer qu'un exemple, l'ancien Hôtel des Princes d'Eaux-Bonnes, inscrit au titre des monuments historiques, fut vendu pour 19 000 euros en 2017. Et de nombreux achats « coup de cœur » concernent des ruines ou des monuments dans un état tel que le prix d'achat pourrait être qualifié de « raisonnable ». La fourchette des prix n'est donc pas un critère pour définir le marché des monuments historiques, ceux-ci pouvant varier du tout au tout entre deux monuments ayant pourtant la même surface habitable, le même état de conservation et la même localisation géographique. Cette diversité peut s'expliquer par l'aspect sentimental de l'achat, le poids important que joue l'histoire du domaine et parfois des familles : c'est un thème récurrent qui rend difficile la théorisation de l'évaluation d'un monument historique. La doctrine administrative fiscale précise en ce sens que la valeur vénale est « [...] le prix normal qu'eût accepté de payer un acquéreur quelconque n'ayant pas une raison exceptionnelle de convenance de préférer plus particulièrement le bien concerné à d'autres similaires »[10]. Cette définition semble presque

---

[9] J.-P. Fougeirol, « Propriétés de France », *Le Figaro* n° 40, mai-juin 1996, p. 16.
[10] BOI-PAT-IFI-20-30-10, 8 juin 2018, § 30.

incompatible avec les monuments et les raisons exceptionnelles qui motivent généralement leurs repreneurs – et même leurs vendeurs, puisque l'absence de "coup de cœur" d'un futur acquéreur potentiel peut les freiner ou leur faire préférer un autre candidat plus attaché aux lieux.

D'autres critères sont donc nécessaires pour cerner le marché des monuments historiques. Deux axes majeurs se dessinent : d'une part, les caractéristiques du bien en lui-même (à savoir principalement la taille, l'état et la superficie du monument, éventuellement inscrit dans un domaine, même si l'évaluation des forêts et terres agricoles est un sujet à part entière), et, d'autre part, les spécificités liées à la protection juridique au titre des monuments historiques. Il résulte de ces caractéristiques que le marché immobilier du monument historique est une sphère très restreinte. Outre ces éléments, qui influent sur l'évaluation de l'immeuble, la reprise d'une demeure historique tient pour beaucoup au profil de son nouveau propriétaire. Quel qu'il soit, des traits communs peuvent toutefois être dégagés. En effet, le nombre d'acquéreurs est très réduit, la reprise d'un monument nécessitant généralement du repreneur un projet, des ressources financières, la capacité à mener des travaux, à gérer un site patrimonial, et un esprit créatif et persévérant. La valeur d'un immeuble ne tient pas directement compte des situations personnelles de ces propriétaires. Pour autant, les différents profils de ces propriétaires sont une réalité socio-économique qui permet de les inclure dans les critères de l'évaluation, en tant qu'« éléments réels d'appréciation »[11]. Selon les profils, et en particulier celui du connaisseur, la valeur du monument peut augmenter, mais ce critère reste très aléatoire.

Noël Mouré distingue trois grands types de propriétaires : le propriétaire-héritier, le propriétaire-amateur et le propriétaire-investisseur[12]. Ces trois profils appellent une approche différente de l'évaluation du monument. Le premier, *héritier*, a la plupart du temps pour majeure préoccupation la conservation du bien, afin de pouvoir le transmettre à son tour. Les charges de restauration, la préservation de l'environnement de son bien, et le maintien financier sont ses axes de réflexions majeurs. Ce profil peut être associé aux deux suivants, il ne les exclut pas, mais ajoute une dimension générationnelle importante dans la valeur affective que le propriétaire attache au bien. Ensuite, l'*amateur* est un profil souvent

[11] Cass. civ. 1re, 16 nov. 1959, n° 57-11615.

[12] N. Mouré, *Gestion dynamique d'une demeure historique. Le guide pour acquérir, valoriser, et transmettre un monument protégé*, Éditions Verneuil, 1999, pp. 54-58.

combiné aux autres (bien qu'un investisseur pur et simple puisse se retrouver sur le marché des monuments historiques, il reste cependant une figure rare). Il attache une importance particulière au charme de la propriété, ainsi qu'à son histoire. Il en résulte également une hausse de valeur d'attachement dans le cas d'un "coup de cœur". Enfin, le *propriétaire-investisseur* est un profil qui se développe de plus en plus ces dernières années : son objectif est de développer des activités économiques au sein du monument, pour le rendre rentable. Si la recherche exclusive de rentabilité est souvent décriée, il n'est plus aujourd'hui tabou de chercher, en sus de la préservation d'un patrimoine habité et vivant, à rendre économiquement viables ces domaines, en évitant l'écueil d'investisseurs revendant trop rapidement, ou réduisant le monument au simple statut de produit d'investissement. Le critère économique sera ici le facteur principal pour déterminer la valeur du monument concerné.
Ces développements, dont les propriétaires sont les maîtres, influent ensuite sur l'évaluation de l'immeuble, qui peut, sans automatisme, prendre de la valeur si des restaurations remarquables ont été réalisées par exemple, ou encore dans le cas où une exploitation pérenne a été mise en place. L'envers de la médaille est que l'immeuble peut aussi perdre de la valeur si, sous l'impulsion d'un propriétaire mal conseillé, mal renseigné ou malchanceux, un projet a échoué, ou des travaux n'ont pas été effectués dans les temps.

B. Les charges des monuments historiques, une réalité

Dans un objectif de préservation du patrimoine, la réglementation encadre les modifications apportées aux monuments historiques. Jusqu'à une modification de 2006[13], qui reste relativement récente et très peu commentée, rien dans le code du patrimoine ne permettait de prendre en compte les charges résultant de cette réglementation pour l'évaluation du monument historique. Ces charges sont très diverses et peuvent s'y ajouter les contraintes liées à l'ouverture au public de la propriété. Sans évoquer la lourdeur administrative attachée aux interventions sur le monument (autorisation préalable par l'autorité administrative pour les monuments classés faisant l'objet de travaux de restauration et de réparation ; contrôle scientifique et technique ; fouilles archéologiques éventuelles), les coûts liés aux matériaux anciens, ceux résultant d'une main-d'œuvre très qualifiée, l'échelle souvent démultipliée des travaux à mener, voire les

[13] Codifié à l'article L. 621-29-7 du code du patrimoine. V. aussi les contributions de M.-O. Barbaud (p. 181) et J.-R. Pellas (p. 165) dans cet ouvrage.

injonctions de l'administration à réaliser des travaux[14], sont autant d'éléments à prendre en compte pour tenter d'approcher le coût réel de la détention d'un monument.

Il ne s'agit bien sûr pas de remettre en cause l'atteinte au droit de propriété, justifiée par l'intérêt public à la préservation des monuments, mais de considérer ces obligations comme des charges. Les contraintes sont à ce stade moindres pour les monuments inscrits, mais le contrôle scientifique et technique de l'État demeure. Une différence entre l'inscription et le classement se trouve dans l'évaluation des travaux à entreprendre, résultant notamment de l'obligation de recourir à une maîtrise d'œuvre spécialisée : pour une même besogne, il apparaît qu'il peut y avoir un « surcoût esthétique » pour les monuments classés[15]. Or les contraintes résultant de la protection au titre des monuments historiques devraient pouvoir jouer sur l'évaluation du bien. Selon Planiol et Ripert, les servitudes négatives consistent « à empêcher un propriétaire de faire un acte qu'il aurait le droit d'accomplir sur sa propriété si la loi ne le lui interdisait pas »[16]. Toutes les mesures de protection énoncées, attachées à l'immeuble protégé, sont bien des servitudes qui grèvent le bien, comme le confirme la jurisprudence en la matière. Ainsi le Conseil d'État affirme que le classement est « une mesure qui a seulement pour effet de le grever de certaines servitudes et d'imposer à son propriétaire certaines obligations »[17]. Or, en droit commun, les servitudes (comme par exemple une servitude de passage) influent sur la valeur immobilière du bien grevé. L'expertise tient alors essentiellement compte de la valeur de la « perte de jouissance » ou de « l'indemnité de dépossession »[18].
Cette règle ne pourrait-elle être appliquée à l'évaluation immobilière des monuments historiques, en considérant que par l'atteinte au droit de propriété que constitue la réglementation monument historique, l'évaluation devrait se trouver réduite ? Cette prise en compte de la dépossession n'est nulle part expressément visée. Pourrait être imaginé un abattement variable (tel qu'il existe en matière d'impôt sur la fortune immobilière pour tenir compte du statut des indivisions, avec une large variation possible selon que l'indivision entrave ou non la bonne gestion

---

[14] Art. L. 621-15 à L. 621-18 C. patr.

[15] E. Lelogeais, « Guide d'achat, s'offrir une vie de châteaux », *Que choisir*, hors-série Argent n° 74, avr. 1999, pp. 53-54.

[16] M. Planiol, G. Ripert, *Traité de droit civil*, L.G.D.J., 1957, p. 1074.

[17] CE, 13 févr. 1942, *Commune de Sarlat et société mutuelle générale française.*

[18] Ph. Favre-Reguillon, V. Morati, « De la juste valorisation d'une servitude de passage », *Actualités juridiques droit immobilier*, mars 2018, pp. 191-192.

de l'immeuble). Ces charges et coûts sont inhérents au monument historique, et en font un immeuble particulier quelle que soit la volonté du propriétaire. Une autre charge, dépendant exclusivement du choix du propriétaire, mérite également d'être étudiée : l'ouverture du monument au public. Celle-ci pourrait-elle être prise en compte dans l'évaluation du bâtiment, du fait des charges et contraintes qu'elle engendre ? Dans l'intérêt du public et pour assurer un meilleur rayonnement patrimonial, l'ouverture au public des monuments historiques est encouragée, notamment par le biais d'incitations financières et fiscales (octroi de certaines subventions conditionné par une ouverture de l'immeuble, régime fiscal de déduction des travaux plus favorable, exonération de TVA pour l'activité de visite de monument, exonération éventuelle de droits de mutation…).

Bien que la visite dépende du libre choix du propriétaire, le fait qu'elle soit encouragée prouve qu'elle sert une plus noble cause que la pure optimisation patrimoniale du propriétaire. Robert Carvallo, précédent propriétaire du Château de Villandry, écrivait ainsi que « la propriété historique est une entité sociale... Ceux qui ont l'honneur de la posséder doivent comprendre la nécessité de la mettre à la portée de tous »[19]. Aujourd'hui, en droit, une seule disposition traite de la question de l'ouverture au public en tant que facteur de détermination de l'évaluation d'un monument historique. L'administration fiscale invite à en tenir compte, mais reste floue dans cette recommandation : « Il convient, en particulier, de tenir compte des contraintes qui résultent, pour les propriétaires de tels biens, de leur ouverture plus ou moins fréquente au public et de leur utilisation à des fins d'animation collective dans un but essentiellement culturel »[20].

Tenir compte de l'ouverture pour déterminer la valeur du monument permettrait, dans les deux sens, de réévaluer le monument : intégrer les recettes futures si l'ouverture est maintenue, mais également des risques et coûts supplémentaires générés par une telle ouverture (induisant alors une réduction de la valeur). L'assurance est un premier coût, avec un risque plus élevé de cambriolages en cas d'ouverture au grand public. Peuvent également être évoqués les risques de dégradation du bâtiment, tant par le passage de nombreux visiteurs que des dégradations imprévisibles. Afin de garantir que le monument n'est pas ouvert au public dans le seul but d'influencer sur sa valeur, en vue de la revente par exemple, et éviter ainsi

---

[19] R. Carvallo, « En mémoire d'un fondateur », *Demeure Historique* n° 1991-1, 1991, p. 7.

[20] BOI-ENR-DMTG-10-40-10-10, 29 déc. 2017, § 50.

les contournements des règles classiques d'évaluation dans un but d'optimisation, un système d'engagement à l'ouverture sur un certain nombre d'années pourrait être mis en place.

II. L'évaluation immobilière ordinaire : un cadre insuffisant au monument historique

Face à l'ensemble de ces particularités, les méthodes actuelles ne permettent pas d'intégrer de manière systémique l'ensemble des facettes d'un monument historique (**A**). S'il semble compliqué d'imaginer une matrice automatique permettant de retenir une telle valeur, certaines adaptations pourraient permettre, tout en gardant une souplesse nécessaire pour tenir compte de la valeur immatérielle de ces lieux, d'approcher des valorisations plus justes (**B**).

A. Des techniques classiques d'évaluation inadaptées

Les propriétaires sont en charge de l'évaluation de leur immeuble, mais l'administration conserve la possibilité de la rectifier, conformément à l'article L. 57 du livre des procédures fiscales. Pour éviter une réévaluation par les services fiscaux, et ainsi garantir une certaine stabilité, il est donc conseillé au propriétaire de suivre les méthodes d'évaluation définies par la doctrine fiscale, afin d'estimer au mieux la valeur de son monument. Cependant, les grandes techniques d'évaluation immobilière, qu'il s'agisse de celle par comparaison, ou, à défaut, d'actualisation ou encore par capitalisation, ne permettent pas de fixer une méthode adaptée à l'évaluation d'un monument historique.
Préalablement à l'étude de ces méthodes « classiques », des caractéristiques communes sont à noter. Toutes se basent sur les conditions du marché, sur l'état du bien au jour de la donation et sur les caractéristiques de la propriété cédée. La méthode qui est le plus souvent retenue est celle par comparaison, en se référant aux prix constatés dans des transactions portant sur des biens similaires. Elle est pourtant, prise seule, très souvent inadaptée à l'évaluation des monuments historiques. Elle consiste à « chiffrer la valeur des immeubles en tenant compte du prix moyen des biens en bon état vendus dans le même quartier que le bien à expertiser, ou dans l'environnement le plus proche géographiquement »[21]. La comparaison s'appuie sur les bases de données notariales, ainsi que sur

[21] CA Pau, 12 mai 2015, n° 12-03.715.

des simulateurs et bases d'évaluation en ligne[22]. L'efficacité de ces outils peut être discutée, d'autant plus pour les monuments historiques. En effet, l'exceptionnalité du bien en fait un élément difficilement comparable, qui nécessiterait de croiser un grand nombre de caractéristiques (foncières, architecturales, historiques, sanitaires, sécuritaires, économiques, et sociales entre autres). Comme évoqué, des décotes sont admises pour en tenir compte, mais elles sont difficiles à quantifier.

D'autres méthodes d'évaluation existent, notamment celle par capitalisation ou « valeur d'utilité »[23]. Elle permet de « trouver la valeur d'un bien par rapport au revenu qu'il peut procurer (par la location par exemple), compte tenu de son emplacement dans la ville et de son état d'entretien »[24]. Cette méthode présente un intérêt particulier pour les propriétaires qui se retrouvent à la tête de monuments dont la surface utilisable n'est qu'infime par rapport à l'ensemble de la propriété. La valeur d'utilité leur permet en effet d'atteindre une valeur plus juste de leur bâtiment. Cependant le recours à une telle méthode ne doit pas conduire à une sous-évaluation importante de l'immeuble : le caractère même du monument historique fait qu'il dépasse les questions purement économiques, et ses caractéristiques rentrent nécessairement dans son évaluation. Or des parties « non-utiles » au propriétaire peuvent néanmoins présenter un intérêt historique ou artistique important, et d'intérêt général. Dès lors que cette importance concerne tant le propriétaire que la collectivité, la valeur d'utilité devrait intégrer cette conception plus large, venant tempérer le fait que seuls certains espaces sont utiles au quotidien au propriétaire du monument.

D'autres techniques parfois employées en immobilier ne peuvent trouver à s'appliquer ici. Par exemple, une valeur de remplacement ne saurait être pertinente, le monument étant plus que l'assemblage de pierres et de restaurations successives. Les méthodes de construction ayant évolué, les savoir-faire et leur valorisation aussi, il est difficilement envisageable de parvenir à évaluer le coût de remplacement d'un monument historique. Si la méthode par comparaison, ainsi que les quelques alternatives en droit commun, doivent être écartée en cas d'absence de « bien intrinsèquement similaire récent »[25], quelle autre méthode appliquer alors ?

---

22 Telle que la base gouvernementale Etalab.

23 J. Bohl, « Bases et méthodes d'évaluation immobilière », *Actualité juridique Droit immobilier* n° 11, Paris, 2009, p. 777.

24 CA Pau, 12 mai 2015, n° 12-03.715

25 J.-J. Martel, « L'intérêt de l'expertise de partie et l'évolution de la méthode par comparaison en évaluation immobilière », *Actualité juridique Droit immobilier*, 2009, p. 885.

En pratique, une combinaison des différentes méthodes pourrait être retenue, puisque la comparaison n'est pas adaptée, à elle seule, pour évaluer de façon ajustée un monument historique.

B. Une technique d'évaluation à repenser ?

La jurisprudence relative à l'évaluation des monuments historiques est très pauvre, ce qui pourrait expliquer la tolérance de l'administration face à la difficulté pratique d'évaluer de tels immeubles.

Une piste éventuelle serait de combiner la méthode par comparaison (qui permettrait par exemple d'évaluer des travaux par rapport à des travaux similaires effectués dans la région, et ainsi d'estimer au plus près les charges à venir), celle par capitalisation (si par exemple une activité est développée dans le monument, en se basant sur les revenus ou déficits des années précédentes), et en instaurant une nouvelle dimension, prenant en compte la « valeur historique immatérielle ». Celle-ci est déjà implicitement prise en compte par les experts, mais en fixer des lignes directrices permettrait de se rapprocher d'une estimation objective de la valeur du monument.

Au résultat obtenu, pourrait être déduit un prorata des charges liées à la conservation du bien, voire de le restaurer, qui permettrait de garantir la continuité dans le temps de la valeur historique du monument. Serait alors obtenue une « valeur de conservation », notion chère à la Demeure Historique, qui permettrait de se rapprocher au mieux de la valeur du bâtiment. Le dispositif de 2006 intègre cette conception, puisqu'il « vise à mieux prendre en compte au moment du partage la réalité des charges nécessaires à la conservation d'un monument historique »[26], tout en intégrant une obligation de garder le monument dans son patrimoine pour une certaine durée. Les obligations d'entretien sont bien le corollaire de la bonne préservation du monument. Cette idée que les travaux de réparation et d'entretien sont cruciaux et essentiels à la sauvegarde du domaine se retrouve dans d'autres règles applicables aux monuments historiques, notamment dans l'exécution d'office de ces travaux par l'État lorsque la conservation du monument est compromise[27]. Est présent dans l'esprit de la loi le principe que la préservation a un intérêt tel qu'elle peut justifier une des plus fortes atteintes à la propriété privée. La prise en compte des charges pour diminuer l'évaluation rappelle la volonté du législateur

[26] Rapport d'information n° 343 d'H. de Richemont sur le projet de loi portant réforme des successions et des libéralités, Sénat, 2006.

[27] Art. L. 621-13 C. patr.

d'encourager la protection du bien. La combinaison entre conservation dans le patrimoine du repreneur et conservation matérielle du bien tend à définir la « valeur de conservation ». Elle permet d'approcher au plus juste la valeur réelle de l'immeuble exceptionnel qu'est le monument. Pour refléter au mieux la situation des propriétaires de monuments historiques, devraient également être pris en compte dans l'évaluation les dispositifs (dont ceux financiers et fiscaux spécifiques) dont bénéficient les propriétaires.

En somme, le monument historique en tant que bien immobilier est un immeuble hors du commun : il évolue sur un marché extrêmement restreint, fait intervenir des acteurs aux profils particuliers, implique de nombreuses charges (certaines lui étant spécifiques, comme l'ouverture au public, d'autres étant dans des proportions décuplées par rapport aux immeubles ordinaires), et pour lequel les méthodes classiques d'évaluation doivent être aménagées.

L'évaluation du monument historique
Compte-rendu de la table ronde

Marc Estrangin
Délégué Rhône-Alpes et Rapporteur national Fiscalité locale
de la Demeure Historique

Lors de la première journée du colloque s'est tenue une table ronde animée par Marc Estrangin sur le sujet spécifique de l'évaluation, paramètre important de la transmission. Les intervenants étaient les suivants :

- Hugues de La Celle, Président de la Fédération Nationale de la Propriété Privée Rurale ;
- Xavier Greffe, Professeur émérite en Économie de la culture et du patrimoine, Université Paris 1 Panthéon-Sorbonne ;
- Antoine d'Amécourt, Président du Centre National de la Propriété Forestière ;
- Patrice Besse, Directeur de l'agence immobilière éponyme et expert ;
- Fabian Merucci, Notaire à Paris.

Dès l'introduction, l'évaluation a été située dans le cadre de la transmission. Tout de suite est apparue la question des différentes situations de ces transmissions ou des différents acteurs : la vente (du point de vue de l'acheteur ou du vendeur), la succession (du point de vue du repreneur, avec notamment la question de la soulte), le contribuable (qu'il s'agisse de l'impôt sur la fortune immobilière (IFI), de la taxe foncière…). Les préoccupations sont divergentes soit au même moment entre les parties, soit au fil du temps pour un détenteur (recherche d'un IFI faible dans un premier temps, puis d'une vente à un prix élevé dans un second temps, etc.), sans oublier les éventuelles conséquences d'une génération à l'autre.

On pourrait rêver d'une valeur unique, incontestable et opposable à l'Administration, laquelle utilise parfois des comparaisons hasardeuses entre monuments. En outre, les évaluations du cadastre sont un panachage de subjectif et d'objectif, par exemple entre les mètres carrés calculés d'une part et l'estimation de l'état des locaux d'autre part. En tout état de cause, tous, y compris les experts, arrivent à une fourchette qu'il faudrait dans l'idéal resserrer le plus possible. L'objectif d'une action commune entre la

Demeure Historique et les experts serait d'obtenir une méthode d'évaluation stable applicable aux différents cas de figure, cette démarche devant être acceptée par les propriétaires qui devront renoncer à faire fluctuer cette valeur selon les circonstances. Une vente pure et simple peut constituer un « juge de paix », mais elle manque lors d'une transmission ou d'une déclaration fiscale et reste soumise au risque du « coup de cœur » non représentatif du marché.

Les spécificités de la valeur en matière agricole

En matière agricole, les problèmes et risques sont aggravés : d'une part, les prix des terrains sont extrêmement divers selon les lieux ; d'autre part, le droit rural peut, par négligence, mener jusqu'à une forme de dépossession liée au statut du fermage, ce qui impacte l'évaluation. Il faut donc prêter attention autant au monument qu'à ses terrains.
En outre, il faut tenir compte de l'éventuelle intervention de la SAFER, qui peut porter sur les composantes du bien (terres et bâtiments) en préemptant, et ce même avec révision de prix. En matière de bail rural, elle peut imposer le choix d'un exploitant. Le problème est comparable avec les droits de préemption des communes, qui, en principe, doivent motiver leur action par un projet. De plus, le ZAN (zéro artificialisation nette) a une influence sur la valeur des terrains. Au-delà, l'objectif légal de couvrir 30 % en aires protégées[1] (dont 10 % en protection forte), au demeurant mal défini, peut influer lourdement sur la valorisation, d'où l'importance de se tenir informé, quitte à s'impliquer.
Il existe des barèmes de prix des terres agricoles, très variables selon le type d'exploitation. À cet égard, on note que la France est pratiquement le pays le moins cher en Europe, où la fourchette est de un à dix.
Ainsi, il est important de conserver, autant que faire se peut, l'environnement foncier du château, même si la tentation de le vendre peut s'avérer forte du fait des contraintes multiples. Cela reste un paramètre important de l'appréciation favorable d'un monument.
Plus généralement, il est recommandé de participer à des actions groupées d'exploitants et propriétaires. Cela permet de répartir les contraintes et renforce le potentiel de valorisation des biens (coopératives, matériel, groupement foncier agricole…).

---

[1] Article L 110-4 du code de l'environnement.

Les spécificités de la valeur en matière forestière

En matière forestière, la difficulté est de prendre en compte les durées d'exploitation et les aléas de toute nature. Cela se traduit d'ailleurs dans la fiscalité, qui compte le sol pour 25 % et la production pour 75 % (base d'exonération fiscale successorale[2]) ; en outre, le revenu des ventes de bois est exonéré d'impôt. Pour autant, la forêt rapporte assez peu, c'est une affaire de long terme. Le marché des forêts a une composante financière parce que des investisseurs misent sur une hausse du foncier.
La fréquente division de la forêt à l'occasion des successions n'en favorise pas la gestion. Il existe des structures, comme le groupement forestier, divisé en parts éventuellement transférables, mais potentiellement lourd à gérer ; l'important est que les bois bénéficient au minimum d'un plan simple de gestion associé à une expertise (celle du propriétaire parfois) afin d'en préserver l'existence sur le long terme, et d'en maintenir la valeur.
En outre, la forêt devient de plus en plus difficilement assurable, ou alors les primes demandées par les assureurs équivalent à peu près à la rentabilité de cette forêt, même s'il existe des programmes groupés d'assurance. Pourtant, la forêt est d'intérêt général et procure de nombreuses aménités (fixation du carbone, purification de l'eau, paysages, pratique de la chasse, etc.) qui pourraient en améliorer la rentabilité.

Les spécificités pratiques de l'évaluation du bâti

Au-delà des terres et des bois, potentiellement générateurs de revenu, l'évaluation d'un monument reste particulièrement compliquée, les paramètres étant très nombreux. Très peu d'experts sont capables de fixer une valeur à quelques pourcentages près et ce d'autant plus que le contexte peut évoluer. France Domaines peut intervenir s'il y a une contrepartie publique, mais, s'agissant de monuments n'ayant que peu de références, les membres de cet organisme en arrivent à se tromper ou discrètement demandent l'avis d'un expert immobilier spécialisé.
Sur un plan économique, les paramètres qui permettent de fixer le prix peuvent différer. Lors d'une acquisition, la perspective du prix de revente ultérieure, donc la marge espérée, conditionne le prix d'achat. Par exemple, des tableaux de maître sont conservés en stock, non visibles, en vue d'une plus-value. Le bien n'a pas en soi de valeur d'usage, il est conservé comme support d'une revente profitable à venir. Ce n'est en principe pas le cas des acquéreurs de monuments, pour qui on parle parfois de coup de cœur.

[2] Art. 793 CGI ; BOI-ENR-DMTG-10-20-30-10, 21 sept. 2023.

Le spectre des monuments est très large, de celui resté dans la même famille depuis très longtemps jusqu'à celui qui va de vente en revente. Sur le terrain, on constate, dans ce dernier cas, que la fréquence de transfert peut descendre à sept ans. La plupart du temps, le prix de revente – souvent à la baisse – est loin de couvrir les coûts d'acquisition, d'entretien, de restauration (comparables à ceux des voitures de collection restaurées) et l'opération se transforme en perte. La DRAC constate cette situation qui s'accompagne souvent d'une profonde démotivation du propriétaire concerné. Le fait qu'il y ait des avantages fiscaux ne compense pas ces pertes, même si certaines personnes fortunées acquièrent des monuments (historiques ou non) à titre de placement, d'autant que certains considèrent que c'est le mètre carré le moins cher de France parmi toutes les acquisitions possibles. Néanmoins, il ne faut pas oublier qu'un monument historique est pratiquement indivisible (sauf malencontreuse et rare vente à la découpe), et qu'il comporte beaucoup de mètres carrés inutilisés. On ne peut pas l'évaluer comme un grand appartement.

Lors de la vente, on retrouve l'acheteur et le vendeur, mais le fisc constitue aussi un acteur important. Il est doté de pouvoirs éventuellement contraignants, soutenus par des applications de type informatique capables de rapprocher et croiser des valorisations. Même si ce n'est pas systématique, il est recommandé de rester cohérent entre les différents actes successifs concernant un bien au fil du temps, sans omettre l'éventuelle déclaration IFI annuelle. Cela étant, l'évaluation effectuée par le fisc, en comparant un monument historique avec d'autres, est très rarement acceptable, puisqu'un monument historique est par définition incomparable. Seule la vente peut être considérée comme une bonne indication, mais encore faut-il connaître le contexte de la transaction. Parfois il peut arriver qu'en dehors d'une cession – dans le cadre d'une succession par exemple –, les intérêts soient suffisamment différents entre les parties pour conduire à un montant d'équilibre. Depuis quelque temps, le fisc met à disposition sur Internet un recensement des transactions immobilières récentes. C'est un outil intéressant, qui renseigne de façon sèche ; l'ensemble des paramètres de la vente considérée ne sont pas disponibles alors qu'ils peuvent pourtant influer fortement sur le niveau de prix. À l'avenir, on peut s'attendre à un renforcement des outils de contrôle du fisc, et probablement à une simplification des procédures par regroupement des filières juridiques (administratives et fiscales).

Plus particulièrement en matière de transmission, il faut réfléchir non seulement à la valorisation et aux montages de toute nature, mais aussi impliquer en amont toutes les personnes concernées, par exemple aborder avec ses enfants les dispositions successorales envisagées. Cela peut d'ailleurs commencer tôt en associant les jeunes : l'anticipation de l'attachement reste une clef du succès de la transmission.

La fiscalité locale constitue aussi un facteur de l'évaluation, il faut donc être clair à ce sujet. Une réforme est annoncée, elle touchera tous les propriétaires qui doivent s'y préparer. La notion fondamentale, au sens du cadastre, est celle de « maison exceptionnelle » (à ne pas confondre avec « monument historique »). Cette catégorie est attribuée par le service concerné, elle n'est pas déclarative. Il s'agira de déterminer une valeur locative qui sert de base à l'établissement de la taxe foncière. Pour autant, la détermination de la valeur locative (location nue à l'année) paraît pratiquement impossible pour un monument historique, puisqu'il n'y a pas de cas. Ce serait plutôt une valeur de rendement sur le fondement de la valeur vénale qui pourrait être tentée mais cela reste à valider. En quelque sorte, cela déplace le débat, le propriétaire passant d'occupant à bailleur. La situation est donc différente selon que le monument est seulement dédié à l'habitation, ce qui pourrait être favorable, alors que les monuments comportant une importante activité économique pourraient se trouver pénalisés. Il importe donc d'être prudent en matière de tentative de création d'activité. En cas de lancement d'activité dont la pérennité est incertaine, il est préférable d'attendre pour demander un rattachement à la catégorie des locaux professionnels. Parallèlement, il faut éviter de demander un changement de qualification de maison ordinaire à maison exceptionnelle ou vice-versa tant que les choses ne sont pas stabilisées.

Quelques questions posées par la salle

- Les coûts d'entretien du monument peuvent-ils être pris en compte dans la valorisation ? La réponse est positive, dans une mesure raisonnable ; cela diminue la valeur, sans pour autant évidemment passer en négatif.
- Comment déterminer la valeur de rendement ? Pour l'instant, un seul dossier a été présenté par un expert immobilier, avec un taux de 3 %. À ce jour, la réponse du fisc n'est pas connue. La valeur actualisée de ce rendement peut donner une estimation, selon une durée à fixer (de 8 à 25 ans). À cet égard, il faut préciser que le calcul est dépendant des taux d'intérêt en vigueur au moment du calcul. Les valeurs de rendement varieraient en conséquence.
- Que faire lors d'une transmission, si les attentes des cohéritiers s'avèrent divergentes, notamment s'agissant des soultes ? La notion de valeur conservatoire peut s'avérer utile, sur une base raisonnable établie objectivement par un professionnel, acceptable

par les parties et par le fisc. D'une certaine manière, on est à la frange du marché de l'art plutôt que dans le marché immobilier. Il est à noter que l'interdiction d'aliéner peut aussi tempérer le débat[3]. En fin de compte, la notion de valeur de conservation offre une piste intéressante, au demeurant déjà étudiée[4].

- Que fait ou peut faire la SAFER ? En principe, la préemption de la SAFER doit porter sur le tout, d'où l'intérêt de garder le château avec les terres. Une telle préemption globale peut parfois se produire ; elle est très difficile à combattre surtout lorsque la SAFER est d'accord sur le prix figurant dans la déclaration d'intention d'aliéner, se transformant en marchand de biens. En matière de location, il est également préférable de ne pas multiplier les locataires pour protéger l'indivisibilité. Il faut noter aussi que la location à une société peut s'avérer irréversible.
- Existe-t-il une certaine mansuétude de la part de l'administration ? Cela se produit, ce n'est pas systématique. Il est certain qu'il existe dans les documents officiels (notamment le *Bulletin officiel des finances publiques*) des indications et recommandations, parfois contradictoires. La notion d'approche raisonnable existe, mais cela dépend de la personnalité du contrôleur. En tout cas, mieux vaut traiter ce dernier correctement, et rien n'empêche évidemment d'être accompagné d'un expert. Il est à noter également que l'ouverture à la visite constitue un paramètre à prendre en considération. Quoi qu'il en soit, une évaluation basse à un moment donné constitue un risque de plus-value importante imposable en cas de revente dans le délai d'imposition. Bien entendu, pour une propriété depuis longtemps dans une famille qui entend la conserver, la question se pose différemment.
- Peut-on tenir compte de la localisation ? Naturellement, il existe des cas évidents, comme celui d'une propriété à 1 200 mètres d'altitude.
- Est-ce que la protection est un frein à la transmission ? Cela peut l'être, et dépend effectivement de l'implication des repreneurs, qui ne sont pas certains d'avoir la détermination de leurs parents et qui pourraient songer à vendre. De façon générale, il ne faut pas oublier que c'est le monument qui est protégé, pas le propriétaire.
- Bien sûr, il existe des possibilités de subvention et d'imputation fiscale, mais elles sont attachées au fait que le propriétaire est le

[3] V. la contribution de M.-O. Barbaud dans cet ouvrage, p. 181.
[4] V. la contribution de M.-A. Guérard dans cet ouvrage, p. 135.

conservateur du monument[5]. Ainsi, un propriétaire a demandé à sa DRAC de « le classer pour avoir plus de subventions » : sans commentaire. Il y a aussi des cas de dégradations, par ignorance ou mauvaise foi, qui peuvent conduire à une mise en cause pénale. On ne peut pas avoir une chose et son contraire ; il faut un respect du monument, le seul raisonnement fiscalo-économique ne suffit pas.

Certes, un monument peut se comparer en quelque sorte à une petite entreprise, avec des contraintes notamment administratives et techniques, mais globalement la fiscalité liée à un monument historique peut être abordée positivement.

Au terme de cette table ronde, dont tous les participants ont été remerciés chaleureusement, il apparaît clairement que l'évaluation des monuments, composante essentielle de toute transmission, est un art difficile pour lequel l'appui d'un expert peut s'avérer précieux, sans omettre le rôle de la Demeure Historique. La composante affective est souvent plus présente, mais ne doit pas occulter l'importance d'une approche rigoureuse et équilibrée, sans vouloir une chose et son contraire. L'anticipation, chaque fois que possible, permet une approche construite et pondérée. Ainsi, le souci financier au sens large devra polluer le moins possible son attachement au monument et à sa pérennité.

[5] Il a la « responsabilité de la conservation du monument historique classé ou inscrit », art. L. 621-29-1 C. patr.

Seconde partie

À la recherche de solutions juridiques

I

Les outils à améliorer

A

Les outils spécifiques aux monuments historiques

Témoignage sur les conventions d'exonération des droits de mutation à titre gratuit[1]

Patrice Cahart
Vice-président de la Demeure Historique

Je vais d'abord vous parler brièvement de mon expérience personnelle[2], et je me permettrai ensuite de vous donner quelques conseils.

Je suis propriétaire d'un manoir principalement médiéval situé dans le Perche, à environ deux heures de Paris par la route (quand il n'y a pas d'embouteillages). Ce manoir n'est pas très grand, mais il a quand même des communs habitables assez développés. Il se trouve que j'ai plusieurs neveux qui sont de bonne qualité, qui gagnent plutôt bien leur vie, mais qui ne sont pas des mordus de patrimoine. J'ai étudié avec l'un d'eux l'éventualité d'une transmission à son profit. Je l'ai invité, avec sa femme et ses enfants, à passer quelques fins de semaine sur place. La réaction fut : « Ah, c'est beau chez toi, tu es vraiment gentil d'avoir pensé à nous. » Puis, la deuxième ou la troisième fois : « Nos enfants sont scolarisés à Paris. Ils ont cours tous les samedis matin. Donc si on veut venir chez toi, il faut qu'on parte le samedi à midi ou à 14h, et puis il faut qu'on rentre le dimanche avant 16h parce qu'après c'est la cohue sur la route, donc ça laisse vraiment très peu de temps. Si tu veux bien, nous viendrons uniquement aux vacances scolaires ». J'ai expliqué qu'un manoir ouvert à la visite et nécessitant des travaux exige une présence, sinon constante, du moins fréquente du propriétaire. Le neveu s'est désisté. Même chose avec un deuxième neveu. Ces expériences montrent bien les difficultés concrètes de la transmission, qui ne sont pas forcément celles qu'on attendait.

J'ai décidé de changer mon fusil d'épaule. On m'a signalé un couple de candidats possibles, âgés d'une cinquantaine d'années, qui avaient le grand avantage d'habiter déjà dans le secteur, et donc ne connaissaient pas ce problème des navettes entre Paris, ou une autre ville, et le monument. J'ai eu beaucoup de chance. Le mari est historien de formation et directeur du parc naturel régional du Perche. Son épouse est sculpteur, elle répare des statues d'églises et des retables. Que demander de mieux ? Bien qu'ils ne

[1] La forme orale a été conservée.

[2] Note de l'éditeur : le maniement des conventions d'exonération est délicat ; l'expérience n'est pas transposable à toutes les situations.

soient pas mes parents, je leur ai proposé de leur donner le monument. Ils en ont été très heureux et ont accepté tout de suite. Nous avons donc passé avec l'État une convention de l'article 795 A du code général des impôts. La procédure a demandé quand même deux ans, avec quelques rappels de ma part, parce qu'on se trouvait à la charnière entre un ancien régime où tout était décidé au niveau des ministères (au nombre de deux, Culture et Finances), et un nouveau régime, déconcentré. À présent, la décision est prise par la DRAC sur un avis conforme du directeur départemental des finances publiques. Je crois savoir que cela fonctionne bien et que les délais sont beaucoup plus courts qu'avant.
Voilà donc une expérience un peu atypique, mais satisfaisante et qui montre qu'il ne faut pas à tout prix chercher un repreneur dans le cadre de la famille. J'ai donné la nue-propriété et conservé l'usufruit. Mais j'ai mis sans plus attendre une partie des locaux à la disposition des repreneurs, lesquels ont déménagé pour s'y installer, et m'aident à gérer ce monument.

Maintenant, je voudrais vous donner quelques conseils. Jean-Raphaël Pellas va vous livrer des précisions d'ordre juridique. Je résume très simplement : l'article 795 A du code général des impôts permet au repreneur d'être exonéré de droits de mutation à titre gratuit. En contrepartie, il faut qu'il conserve le monument sa vie durant, et qu'il ouvre à la visite 60 jours par an, y compris les dimanches et fêtes[3].

Mes conseils sont les suivants : dans deux cas, il faut recourir à cet article 795 A sans hésiter. Premier cas : la transmission concerne un monument qui est important, bien placé, et attire tout naturellement un flux élevé de touristes. Quoi qu'il arrive, ce monument sera ouvert à la visite. Donc l'engagement d'ouvrir au moins 60 jours dimanches compris n'est pas très difficile à tenir. Deuxième cas : celui de la transmission à un collatéral ou à une personne non parente. Pour eux, les droits de succession ou de donation sont très élevés, de 45 % (neveu) ou même 60 % (personne non parente). Il faut passer une convention de l'article 795 A car c'est le seul moyen d'être délivré de ce fardeau fiscal énorme. La France est l'un des pays du monde où les droits de succession sont les plus élevés, ce qui explique qu'on soit obligé de recourir à des solutions dérogatoires plus ou moins hétéroclites, dont la nôtre, celle de l'article 795 A. Sans lui, je n'aurais pu réaliser ma transmission, qui aurait été taxable à 60 % pour les repreneurs.

---

[3] NB : depuis la tenue du colloque, cette durée a été réduite à 40 jours par an, sur intervention de la Demeure Historique.

Mis à part ces deux cas, on peut hésiter, notamment pour les transmissions en ligne directe. Mais même pour celles-ci, les droits sont élevés. L'article 777 du code général des impôts prévoit : en ligne directe, à partir de 902 000 €, 40 % d'impôt. Cela peut valoir la peine de passer une convention 795 A pour éviter ce taux.

Depuis vingt-huit ans que je me trouve à la Demeure Historique et que je suis ce genre d'affaires, j'ai vu en tout et pour tout un seul cas de rupture de la convention, causé par la vente du monument. Le propriétaire, âgé, avait acquis son monument sans droits de succession, sous le régime de l'article 795 A. Quelques années plus tard, il a craint de ne pouvoir faire face à des travaux, et a accepté l'offre d'achat d'un hôtelier. Il a donc dû acquitter les 45 % de droits dont il avait été initialement exempté. De plus, ces 45 % ont été calculés, non pas sur la valeur initiale du château, mais sur sa valeur lors de la vente (c'est la règle). Or, en l'occurrence, les travaux à faire pouvaient être différés. Le propriétaire aurait donc mieux fait de les ajourner jusqu'à sa mort, laquelle aurait rendu définitive l'exonération de droits dont il avait bénéficié.
Du fait qu'il est isolé, cet exemple montre qu'il ne faut pas se faire une montagne du risque que l'on court en passant une convention de l'article 795 A. La plupart des propriétaires concernés parviennent à conserver le monument jusqu'à leur mort, ou jusqu'à sa reprise par leurs propres héritiers.

Lecture juridique et fiscale de l'article 795 A du code général des impôts

Jean-Raphaël Pellas
Docteur en droit
Professeur honoraire ISC Paris

Issu de l'article 5-I de la loi de programme n° 88-12 du 5 janvier 1988 relative au patrimoine monumental[1], l'article 795 A du CGI exonère de droits de mutation à titre gratuit les immeubles qui sont pour l'essentiel classés ou inscrits au titre des monuments historiques lorsque les héritiers, les donataires ou les légataires ont souscrit, avec les ministres chargés de la culture et des finances, une convention à durée indéterminée prévoyant notamment les modalités d'accès du public à ces immeubles. L'exonération porte non seulement sur les monuments, « pour l'essentiel », classés et inscrits au titre des monuments historiques, mais également sur les biens meubles qui en constituent le complément historique ou artistique. Maintenus dans leur contexte, les meubles valorisent le monument historique.

Saisissant l'urgence de la question, la loi relative au patrimoine monumental de 1988 mit en place cette exonération conditionnelle afin d'endiguer le démantèlement des propriétés. Les sénateurs avaient mis l'accent sur ce constat d'une difficile conciliation entre la conservation et la transmission du patrimoine. « Lors de la transmission du patrimoine, les droits de succession viennent se greffer sur les charges déjà bien lourdes résultant pour le propriétaire de l'entretien et de la restauration du bâtiment et des frais engagés pour l'accueil du public »[2]. Un amendement a été adopté en 1995 afin de parer à l'impossibilité d'appliquer ce dispositif aux parts de sociétés civiles[3] alors que l'usage des SCI est devenu familier

---

[1] *JO* 6 janv. 1988 ; *JCP N* 1988, III, 61050 ; *Dr. fisc.* 1988, n° 4, comm. 122 ; *JCP N* 1988, prat. 462.

[2] J. Pelletier, *Rapport sur le projet de loi de programme relatif au patrimoine monumental*, n° 79, présenté au Sénat le 3 nov. 1987, p. 58.

[3] L'exonération, prévue à l'article 5-I de la loi n° 88-12 du 5 janv. 1988, ne pouvait bénéficier aux biens détenus sous la forme sociale (parts ou actions de sociétés civiles immobilières, sociétés anonymes...). Cette solution, qui figurait dans l'instruction administrative du 10 mai 1988 (BOI 7 G-1-88), avait été réaffirmée dans une réponse ministérielle (Rép. min. n° 53035 : *JOAN* Q 9 mars 1992, p. 1120, E. Alphandéry), aux

à l'occasion d'une transmission des monuments historiques[4]. Ainsi, l'article 72 de la loi n° 94-679 du 8 août 1994 a étendu pour les donations et successions ouvertes à compter du 1er janvier 1995, le champ d'application de l'exonération des droits de mutation à titre gratuit applicable aux monuments historiques, aux parts de sociétés civiles représentatives des mêmes biens[5]. Dans son rapport sur la politique de l'État en faveur du patrimoine monumental, la Cour des comptes avait souligné la lourdeur de cette procédure de conventionnement et partant le faible nombre de conventions signées alors que la France compte près de 20 000 monuments historiques privés, dont 1 500 sont ouverts à la visite[6]. La haute juridiction financière l'exprimait en ces termes : « Ce dispositif est à ce jour d'utilisation réduite : la Direction de la législation fiscale (DLF) estimait à 90 le nombre de cas au moment de l'enquête. La lourdeur de la procédure et sa centralisation ont sans doute constitué un frein au déploiement du dispositif »[7].

L'article 120 de la loi de finances pour 2019[8] a simplifié la procédure de conventionnement avec l'État, en prévoyant désormais que la convention ne doive plus être signée par les ministres de la Culture et des Finances, mais seulement par le ministre de la Culture, toutefois sur avis conforme

---

termes de laquelle une extension du dispositif aux monuments historiques détenus sous la forme sociale ne pouvait être envisagée dès lors que le patrimoine d'une société civile comprend généralement d'autres biens que les immeubles classés ou inscrits et qu'elle favoriserait la création d'un marché des parts de ces sociétés civiles qui permettrait de transmettre des patrimoines en franchise de droits de mutation à titre gratuit.

4 Remettant partiellement en cause cette exclusion, l'article 72 de la loi n° 94-679 du 8 août 1994 (*JO* 10 août 1994 ; *Dr. fisc.* 1994, n° 30-31, comm. 1439) a complété l'article 795 A du CGI par six nouveaux alinéas qui étendent le champ d'application de l'exonération de droits de mutation à titre gratuit applicable aux monuments historiques aux parts de sociétés civiles représentatives des mêmes biens. Cette exonération s'applique aux donations consenties et aux successions ouvertes à compter du 1er janv. 1995. *Cf. infra.*

5 *JO* 10 août 1994 ; *Dr. fisc.* 1994, n° 30-31, comm. 1439.

6 Rapport IGF et IGAC, *Modernisation de la notion fiscale d'ouverture au public pour les propriétaires privés de monuments*, févr. 2020, p. 17.

7 Cour des comptes, *Rapport thématique sur la politique de l'État en faveur du patrimoine monumental,* juin 2022, p. 29. Selon le rapport précité de l'IGF et IGAC : « De 2009 à 2019, 103 demandes ont été déposées. 82 demandes, parfois anciennes, sont actuellement en attente, qu'elles aient été déposées au titre de la procédure centralisée à laquelle il a été mis fin le 31 mai 2019, ou de la nouvelle procédure », *op. cit.*, p. 23.

8 L. n° 2018-1317 du 28 déc. 2018, art. 120 : *JO* 30 déc. 2018. Selon les travaux préparatoires, cette simplification permet d'accélérer l'instruction des demandes de convention qui durent parfois plusieurs années en raison de l'intervention de multiples services de l'État.

du ministre du Budget[9]. Cela étant, l'article 170 ter de l'annexe IV au CGI, résultant d'un arrêté du 24 avril 2019 précise que cet avis conforme est délivré par le directeur départemental ou, le cas échéant, régional des finances publiques du département de situation du bien[10]. Aux termes de l'article 2 du décret n° 2021-979 du 23 février 2021 relatif à la procédure de déconcentration des décisions individuelles dans le domaine de la culture, l'autorité compétente pour signer la convention avec les héritiers ou donataires est le préfet de région du lieu de situation du bien[11].

L'examen de cette procédure d'exonération des droits de mutation à titre gratuit nécessite au préalable de déterminer la valeur vénale du bien immobilier alors qu'il n'existe que rarement des biens comparables pour en fixer une valeur estimative[12]. Il est précisé que, pour l'évaluation des demeures et bâtiments classés ou inscrits au titre des monuments historiques, il est tenu compte de la nature spécifique de ces biens, des charges souvent importantes qui les grèvent, du nombre limité d'acquéreurs potentiels et des difficultés qui, dans certains cas, en découlent pour les vendre. Il en va de même des contraintes qui pourraient résulter, pour les propriétaires de tels biens, de leur ouverture plus ou moins fréquente au public et de leur utilisation à des fins d'animation collective dans un but essentiellement culturel[13]. Sur un plan civil, l'article L. 621-29-7 du code du patrimoine prévoit que « pour l'application des articles 829, 860 et 922 du code civil, lorsqu'un immeuble classé ou inscrit au titre des monuments historiques, transmis par donation ou succession, est affecté d'une clause d'inaliénabilité, l'évaluation de l'immeuble est diminuée des charges, y compris d'entretien, nécessaires à sa préservation durant toute la durée de la clause »[14]. Cela étant, sur un plan fiscal, cette valorisation n'est pas admise. Il n'en demeure pas moins que la Cour de cassation prend en compte un faisceau d'indices pour valoriser le monument historique. Ainsi, pour rectifier l'évaluation retenue dans une déclaration de succession d'un château, l'administration peut utiliser la méthode de comparaison du prix unitaire au mètre carré de la superficie développée pondérée hors œuvre de cinq châteaux de la région vendus sur

---

[9] Cet article a par ailleurs pris acte de l'article L. 621-1 du code du patrimoine qui traite « des immeubles classés ou inscrits au titre des monuments historiques » et non plus inscrits à l'inventaire supplémentaire.

[10] *JO* du 3 mai 2019.

[11] D. n° 2021-979 du 23 juillet 2021, *JO* 25 févr. 2021.

[12] V. la contribution de M.-A. Guérard dans cet ouvrage, p. 135.

[13] En ce sens, Rép. min. N. Dupont-Aignan, *JO AN* du 29 juin 1998, n° 13-318, p. 3614.

[14] L. n° 2006-728 du 23 juin 2006 portant réforme des successions et des libéralités, art. 37, *JO* 24 juin.

une période de quatre ans précédant le décès et d'un château d'une région proche, en retenant les valeurs les plus basses et en tenant compte des facteurs d'isolement, de l'état d'entretien, des sujétions et des avantages résultant du statut de monument historique, et enfin du caractère indivis du château, puis en décidant un abattement de 30 % de la valeur vénale[15]. Ce préalable étant posé, il nous faut aborder l'analyse exégétique de l'article 795 A du CGI. Deux figures de la propriété sont ici convoquées : celle d'un propriétaire-conservateur chargé d'entretenir de manière continue dans le temps un bien d'exception (**I**) et celle d'un propriétaire-fiduciaire chargé non seulement de transmettre aux générations futures un tel bien, mais également de permettre à la collectivité publique une jouissance paisible de ce patrimoine culturel (**II**).

I. Le propriétaire-conservateur en charge de l'intégrité physique du monument

Le champ d'application matérielle semble analogue au titre de la détention du bien par une personne physique et par l'intermédiaire d'une société civile familiale. Ce sont les conditions d'exonération qui divergent. Lorsque le monument historique est détenu par des personnes physiques, il convient de déterminer le périmètre des biens concernés (**A**) et l'étendue des obligations « conventionnelles » (**B**).

A. Le champ d'application matérielle de l'exonération

Les biens susceptibles de bénéficier de l'exonération prévue à l'article 795 A du CGI sont les immeubles par nature ou par destination qui sont, « pour l'essentiel », classés ou inscrits au titre des monuments historiques, ainsi que les biens meubles, protégés ou non au titre des monuments historiques, qui en constituent le complément historique ou artistique. Au sens de l'article L. 621-1 du code du patrimoine, constituent des monuments historiques, les immeubles ou parties d'immeubles publics ou privés classés, c'est-à-dire ceux dont la conservation présente, au point de vue de l'histoire ou de l'art, un intérêt public et au sens de l'article L. 621-25 dudit code, les immeubles ou parties d'immeubles publics ou privés inscrits, c'est-à-dire ceux qui, sans justifier une demande de classement immédiat au titre des monuments historiques, présentent un intérêt d'histoire ou d'art suffisant pour en rendre désirable la préservation. Peut être également inscrit ou classé dans les mêmes conditions tout immeuble

[15] Cass. com. 12 février 2008, n° 07-10.242 (n° 223 F-PB), *d'Oultremont*, *RJF* 5/08 n° 613.

nu ou bâti situé dans le champ de visibilité d'un immeuble déjà classé ou inscrit au titre des monuments historiques. Enfin, les objets mobiliers (meubles par nature et immeubles par destination) peuvent être classés ou inscrits lorsque leur conservation présente au point de vue de l'histoire, de l'art, de la science ou de la technique, un intérêt public.
Selon l'administration des finances publiques « sont considérés comme classés ou inscrits au titre des monuments historiques "pour l'essentiel" au sens de l'article 795 A du CGI :

- les immeubles bâtis ou non bâtis totalement classés ou inscrits ;
- les édifices dont les façades et couvertures sont protégées en totalité ;
- ceux dont les principaux volumes intérieurs et leurs décors sont protégés ;
- les parcs et jardins qui constituent les dépendances immédiates et nécessaires des édifices protégés, en totalité ou partiellement, au titre des monuments historiques même lorsqu'ils ne sont pas eux-mêmes protégés au titre des monuments historiques, à condition qu'ils soient organisés pour la visite. »[16] Elle ajoute, sous forme de remarque, que « dans le cas où la protection ne s'étend pas à la totalité des biens en cause, il appartient aux services du ministre chargé de la culture et du ministre chargé du budget d'apprécier, lors de l'examen de la demande de convention (ou demande d'adhésion à une convention existante), si le monument est protégé "pour l'essentiel" au sens de ces dispositions. Dans l'hypothèse où il n'en est pas ainsi, la mutation ne bénéficie d'aucune exonération. »[17]

Le Conseil d'État a donné une interprétation conforme à celle de la doctrine administrative de la notion de protection « pour l'essentiel ». Ainsi, la circonstance que seules les façades et les toitures d'un château sont inscrites au titre des monuments historiques ne fait pas obstacle à l'agrément de la convention prévue à l'article 795 A du CGI, laquelle, dans cette hypothèse, peut limiter la visite au parc, dès lors que le public peut accéder aux parties inscrites ou classées. Le bénéfice de l'exonération ne peut donc pas être refusé au propriétaire d'un tel château au motif que l'intérieur n'est pas ouvert au public et que le libre accès au parc en l'espèce

---

16 BOI-ENR-DMTG-10-20-30-60, 25 juill. 2023, § 40.
17 *Ibidem.*

n'est pas équivalent à l'ouverture au public du château lui-même[18]. L'administration considère que la condition d'accès au public peut être remplie lorsque les parties protégées extérieures (façades, toitures) sont intégralement visibles depuis une voie publique ou un autre espace librement accessible au public, tel qu'un parc[19]. En d'autres termes, le fait que la convention ne prévoie pas les modalités d'accès du public à l'intérieur de l'immeuble ne fait pas obstacle à l'exonération[20].

Les biens meubles ou immeubles par destination reconnus comme complément historique ou artistique font l'objet d'un inventaire dressé contradictoirement par les héritiers, donataires ou légataires et les représentants de la direction régionale des affaires culturelles (DRAC) et approuvé par la direction régionale ou départementale des finances publiques du lieu de situation de l'immeuble lors de son avis conforme. Selon l'administration, « la sélection des meubles constituant le complément historique ou artistique du monument s'opère non seulement selon le critère de la valeur historique ou artistique de chaque objet, mais aussi selon l'origine respective de chaque élément et sa signification au sein de l'immeuble protégé au titre des monuments historiques »[21]. Dans cette situation, l'exonération est totale. De même, en ce qui concerne les terres, jardins, parcs, bois et forêts qui entourent fréquemment les bâtiments classés monuments historiques, seuls les parcs et jardins ordonnancés visés dans la convention peuvent bénéficier de l'exonération.

In fine, détenir la libre disposition du bien est essentiel pour permettre la visite du public. Telle n'est pas la situation d'un copropriétaire. Lorsque la partie classée de l'immeuble susceptible d'être ouverte à la visite est limitée aux parties communes dont le demandeur copropriétaire n'a pas la pleine disposition, la demande de convention et, par suite, l'exonération, ne peuvent être admises[22]. En effet, le copropriétaire ne peut décider à lui seul que les parties communes d'un immeuble seraient accessibles au public. Il ne peut donc signer une convention à laquelle les autres membres de la copropriété ne sont pas parties.

---

18 CE 8e et 3e s., 11 déc. 2009 n° 12515, *Dor de Lastours*, *RJF* 3/2010 n° 279, concl. L. Olléon ; *BDCF* 3/10 n° 37.

19 BOI-ENR-DMTG-10-20-30-60, 25 juill. 2023, § 47.

20 Rép. min. P. Hetzel, *JO AN* 13 nov. 2018 n° 4532, p. 10183.

21 BOI-ENR-DMTG-10-20-30-60, 25 juill. 2023, § 65.

22 CE, 19 mars 2003, n° 233359, *Mme Seegmuller* : *JurisData* n° 2003-080329 ; *Dr. fisc.* 2003, n° 47, comm. 832, concl. G. Bachelier, *RJF* 6/2003 n° 750.

B. Les conditions de l'exonération

Il convient d'aborder la nature juridique de la convention et l'étendue des obligations conventionnelles.

L'article 795 A du CGI subordonne le bénéfice de l'exonération à la conclusion d'une convention à durée indéterminée avec l'État, et prévoyant le maintien dans l'immeuble des meubles et immeubles par destination exonérés et leurs conditions de présentation, les modalités d'accès du public ainsi que les conditions d'entretien des biens exonérés conformément aux dispositions de la convention type. L'Administration a publié une nouvelle convention-type annexée au décret n° 2023-103 du 16 février 2023[23]. Lorsque l'autorité administrative accepte la convention, elle reconnaît à l'autre partie le droit de bénéficier d'un régime fiscal privilégié dans la mesure où celle-ci respecte les engagements qu'elle a pris. L'accord de l'Administration a la nature d'un acte conditionnel puisqu'il est subordonné à l'acceptation de ces engagements et à leur respect. Nous ne sommes donc pas en présence d'un contrat fiscal, mais d'un acte administratif unilatéral prenant la forme, selon l'Administration, d'un agrément fiscal[24]. Le juge administratif considère que l'acte par lequel l'Administration accepte ou refuse de valider un projet de convention est un acte administratif unilatéral assimilable à un agrément, écartant ainsi toute notion de contrat fiscal[25].

Cette qualification d'agrément était encore retenue dans un contentieux en date du 11 décembre 2009[26] et a été précisée à l'occasion d'un contentieux relatif au délai de dépôt d'une demande de convention prévue à l'article 795 A du CGI. Par un arrêt du 11 février 2022[27], le Conseil d'État précise la mise en œuvre de ces dispositions. Les faits étaient les suivants. Au décès de leur tante, le 18 décembre 2010, deux frères héritèrent d'un couvent. Cette propriété comportait un château inscrit au titre des monuments historiques. Afin de bénéficier de l'exonération, leur notaire adressa à la direction régionale des affaires culturelles un projet de convention prévoyant l'ouverture au public de la propriété ainsi que les conditions

---

[23] *JO* 18 févr. 2023 et rectificatif au *JO* 25 févr. 2023.

[24] Selon l'Administration, la convention prévue à l'article 795 A du CGI est assimilée à un agrément fiscal dès lors qu'elle constitue une autorisation préalable donnée par l'Administration. BOI-ENR-DMTG-10-20-30-60, 25 juill. 2023, § 1.

[25] CE, 19 mars 2003, n° 233359, *Mme Seegmuller*, préc.

[26] CE, 11 déc. 2009 n° 312515, *Dor de Lastours*, *RJF* 3/2010 n° 279, conclusions L. Olléon, *BDCF* 3/2010 n° 37, *Dr. fisc.* 2010, n° 11, comm. 237, note P.-Y. Di Malta, préc.

[27] CE 8e-3e ch., 11 févr. 2022 n° 454999 et CE 8e-3e ch., 11 févr. 2022 n° 458465, *Min. c/ B*, RJF 5/2022 n° 502, concl. K. Ciavaldini.

d'entretien et de maintien sur place des éléments mobiliers. Par une décision du 26 septembre 2017, le ministre des Finances refusa aux héritiers le bénéfice de cette exonération. Par un jugement du 2 octobre 2019, les juges du fond lui ayant enjoint de délivrer l'agrément sollicité, il se pourvut en cassation. Les cours administratives d'appel étaient partagées sur cette question. Ainsi, la Cour administrative d'appel de Douai considérait que les dispositions de l'article 281 bis de l'annexe III au CGI n'imposaient pas la formalité considérée à peine de déchéance du droit au bénéfice du régime d'exonération et ne faisaient pas davantage obstacle à ce que, si les droits de mutation étaient mis en recouvrement, le contribuable puisse, dans le délai de réclamation qui lui était ouvert, se prévaloir d'un projet de convention certifié par le service du ministère de la Culture compétent[28]. Adoptant un raisonnement analogue, la haute juridiction donna tort au ministre : « il ne résulte pas des dispositions du CGI que le dépôt de la déclaration de succession, au-delà du délai fixé à l'article 641 du CGI ferait par lui-même obstacle au bénéfice de l'exonération des droits de mutation prévue à l'article 795 A de ce code ». Le Conseil d'État juge que ces dispositions ont pour objet de prévoir les modalités selon lesquelles le paiement des droits de mutation à titre gratuit peut être différé jusqu'à la signature de la convention. Elles n'ont en revanche pas pour objet et ne sauraient avoir pour effet de subordonner le bénéfice de l'exonération au dépôt, dans le délai qu'elles impartissent, d'une déclaration de succession accompagnée d'une copie de la convention adressée au service du département de la culture compétent et certifiée conforme par celui-ci. Il n'existe pas de lien entre le délai de déclaration de succession et la date du dépôt de la demande de convention. Le Conseil d'État applique donc la règle générale selon laquelle le bénéfice d'un avantage fiscal, sauf délai impératif fixé par le législateur à la demande, peut toujours être sollicité dans le délai de déclaration. Par ailleurs, l'administration invoquait au soutien de son argumentation les conditions de l'article 1649 *nonies* du CGI qui dispose que, sauf disposition expresse contraire, toute demande d'agrément auquel est subordonnée l'application d'un régime fiscal particulier doit être déposée préalablement à la réalisation de l'opération qui la motive. Pour autant, même si elle était prise à l'époque par le bureau des agréments, cette décision ne peut être qualifiée d'agrément au sens de l'article 1649 *nonies* du CGI, faute de pouvoir identifier l'opération à réaliser et sa date de réalisation. Dès lors, ces

---

[28] CAA Douai, 16 sept. 2021 n° 19DA02608, *RJF* 1/2022 n° 89. En effet, le bénéfice du droit au différé d'imposition, prévu à l'article 281 bis de l'annexe III au CGI, demeure conditionné au respect du dépôt de la demande de convention dans ce délai de 6 mois.

dispositions n'imposent pas au contribuable, à peine de perte du droit à exonération, de déposer un projet de convention préalablement à l'expiration du délai de déclaration de succession et ne permettent pas au ministre de fonder une décision de refus d'exonération[29].

La convention est articulée autour de l'entretien du bien et des conditions d'ouverture à sa visite[30]. À ce titre, le décret n° 2023-103 du 16 février 2023, pris sur le fondement de l'article 795 A du code général des impôts, aligne les conditions d'ouverture au public des monuments historiques sur celles posées en matière d'impôt sur le revenu par l'arrêté prévu par l'article 41 I de l'annexe III au Code général des impôts, soit 40 ou 50 jours par an, pendant la période estivale, ainsi que les modalités de déclaration des jours et heures d'ouverture au public auprès de la direction départementale des

---

[29] En pratique, dans le cadre d'un dépôt « retardé » d'une demande de convention, compris entre le délai de six mois à compter du décès et celui de l'expiration du délai de la réclamation contentieuse, le contribuable ne semble pas avoir la possibilité de bénéficier du différé de paiement de l'imposition, sauf à admettre que le fait de se prévaloir dans le délai de réclamation d'un projet de convention ou d'adhésion à une convention existante certifiée par le service du département de la culture compétent « réouvrirait » une possibilité de différé de paiement jusqu'à l'acceptation de la convention. Cette question n'est pas tranchée par les juges du Palais-Royal.

[30] Ainsi, ladite convention met à la charge du ou des héritiers signataires propriétaires du monument historique une pluralité d'obligations, dont le manquement sera facteur de déchéance de ladite convention et de sa contrepartie fiscale : - **une obligation de présentation**, à savoir maintenir sur place les éléments de décor (meubles et immeubles par destination) énumérés limitativement et les présenter en permanence dans le circuit de la visite ; - **une obligation d'accessibilité**, c'est-à-dire permettre l'accès du public aux biens meubles et immeubles faisant l'objet de la convention à l'occasion de visites, et à permettre cet accès en mettant ces biens à la disposition gratuite de collectivités publiques ou d'associations sans but lucratif pour des manifestations ouvertes au public ; - de multiples **obligations d'information** : faire connaître, avant le 1er février de chaque année, à la direction régionale des affaires culturelles et à la direction départementale des finances publiques du lieu de situation des biens, les dates et heures d'ouverture effective ainsi que les manifestations prévues. ; - **une obligation d'entretien**, à savoir prendre l'engagement d'assurer l'entretien des biens immeubles faisant l'objet de la convention dans les conditions, qui sont définies chaque année en accord avec la direction régionale des affaires culturelles ; assurer l'entretien et la présentation des biens meubles et immeubles par destination faisant l'objet de la convention dans les conditions détaillées ; - **une obligation de reddition de compte**, c'est-à-dire communiquer au début de chaque année à la direction régionale des affaires culturelles un rapport précisant notamment le nombre de visiteurs reçus l'année précédente et contenant un compte rendu des manifestations à caractère culturel et éducatif organisées durant la même période ainsi que toutes informations ou suggestions relatives à l'application de la convention ; - **une obligation de soumission à contrôle**, à savoir permettre à tout moment le contrôle des dispositions de la convention par les services du ministère de la Culture et du ministre chargé du budget.

finances publiques. Comme précédemment, l'article 4 de la nouvelle convention type prévoit la possibilité d'aménager l'ouverture au public pour l'héritier unique (donataire, légataire), victime d'un « accident de la vie ». Ces « accidents de la vie » s'entendent comme des événements graves qui sont de nature à empêcher la participation personnelle de l'héritier (donataire, légataire) à l'accueil des visiteurs et au déroulement des visites, ou de ceux qui ont une incidence sur sa capacité financière à les organiser. Il peut s'agir d'une maladie grave, d'une infirmité ou d'une perte d'emploi. Lorsque l'héritier (donataire, légataire) ou son conjoint se trouve confronté à l'une de ces situations, l'obligation d'ouverture au public du monument peut, durant les trois années suivant la constatation ou la survenue de l'événement considéré, se limiter à l'organisation de la réception des visiteurs, sur rendez-vous, durant les mois de juillet et d'août. Cela étant, l'objectif principal de cette convention est de faciliter l'ouverture au public du monument historique et partant son bon entretien pour maintenir l'intégrité physique dudit monument. Dans ces conditions, certains propriétaires envisagent de transférer la charge de la visite résultant de la convention. En effet, il semble possible, afin de faciliter le développement touristique, de louer le monument à une structure tierce (par un bail commercial le plus souvent) ou de le prêter dans le cadre d'un commodat (à une association par exemple). Rien n'interdit une telle prise en charge. La convention signée ne traite que des « engagements » avec les héritiers, donataires et légataires. L'article 11 de ladite convention[31] prévoit notamment que la convention prend fin par le non-respect de l'un des engagements pris. Il n'est pas indiqué dans cette convention, l'obligation d'une participation personnelle et directe dans la gestion du monument ouvert au public. Les engagements du ou des propriétaires étant respectés, il ne peut y avoir de déchéance du régime en raison d'une délégation de la visite.

Mais alors se pose du point de vue fiscal, la qualification d'une telle activité. S'agit-il d'une activité commerciale assujettie aux BIC ? Ou bien d'une location nue soumise aux revenus fonciers et accompagnée d'un commodat pour les meubles historiques ou artistiques ? L'article 35, I-5° *bis* du CGI énonce que les personnes qui donnent en location directe ou indirecte des locaux d'habitation meublés sont imposables dans la catégorie des bénéfices industriels et commerciaux. Toutefois, le fait de percevoir des loyers d'un montant inférieur à la valeur locative des biens loués constitue un acte anormal de gestion, à moins que l'opération ne soit justifiée par les relations commerciales entre le bailleur et le locataire. Le

[31] V. BOI-LETTRE-000117, 25 juill. 2023.

prêt à usage ne peut échapper à la sanction de l'acte anormal de gestion que dans la mesure où le propriétaire retire un avantage venant compenser l'absence de loyer (prise en compte des charges inhérentes à la visite par exemple, voire des travaux nécessaires au bon entretien du monument). Une contrepartie à la mise en œuvre du commodat[32] doit être analysée[33]. Il n'en demeure pas moins que cette qualification commerciale pose de sérieuses difficultés lorsque le bien est géré par une société civile.

II. Le propriétaire-fiduciaire en charge de la transmission du monument

Pour limiter les aléas liés à l'indivision, il est préférable d'envisager la constitution d'une société civile immobilière (SCI). L'exonération peut ainsi bénéficier aux monuments historiques détenus par une SCI (**A**). Nonobstant les conditions posées par l'article 795 A du CGI, est-il envisageable de démembrer les parts de cette SCI, tout en maintenant une structure familiale ? (**B**)

A. Le champ d'application personnel de l'exonération

Depuis 1988, les dispositions de l'article 795 A du code général des impôts s'appliquent en premier lieu aux personnes physiques, donataires, légataires ou héritiers. Sont ainsi concernées toutes les transmissions à titre gratuit, que ce soient les donations (entre vifs) ou les mutations (par décès), peu importe la qualité du bénéficiaire, ce qui signifie que le lien de parenté est indifférent. Les personnes physiques bénéficiaires peuvent également être regroupées, notamment dans une indivision. Une convention peut être signée avec l'accord de tous les indivisaires, ceux-ci doivent donc s'engager à ouvrir au public. La sortie éventuelle d'un indivisaire ne remet pas en cause le régime si les droits sur les biens sont cédés à un autre indivisaire ou si ces droits sont partagés entre ses membres[34]. En effet, une

---

32 Ou une emphytéose, *cf.* G. Goffaux Callebaut et A. Verjat (dir.), *Bail emphytéotique & monuments historiques*, L'Harmattan, coll. Droit du patrimoine culturel et naturel, oct. 2024.

33 V. en ce sens E. Cruvelier, *Incidences fiscales du commodat immobilier*, *Loyers et copropriété*, n° 7-8, juill.-août 2023, étude 7.

34 Les modalités d'application de l'exonération des droits de mutation afférente aux monuments historiques, en cas d'indivision, ont été précisées par rescrit (RES n° 2006/4 (ENR) du 7 févr. 2006). À cette occasion, l'administration fiscale a précisé que lorsque des héritiers, légataires ou donataires détiennent les biens ayant bénéficié de cette exonération en indivision le bénéfice du régime de faveur n'est pas remis en cause : « lorsqu'un membre de l'indivision cède ses droits sur les biens considérés à un autre membre de l'indivision ou en cas de partage de l'indivision entraînant la sortie d'un ou

tolérance administrative a été instituée : « lorsque les héritiers, légataires ou donataires sont en indivision sur les parts ayant bénéficié de l'exonération, les cessions de droits indivis et les partages qui interviennent entre les membres de l'indivision ne sont pas considérés comme translatifs de propriété quand bien même ils entraîneraient la sortie d'un ou plusieurs coindivisaires. Les coindivisaires, cessionnaires dans le cas de la cession de droits indivis, ou dont les droits se seront accrus dans le cas du partage entre membres de l'indivision, se trouvent subrogés aux engagements solidaires de respect de la convention signée par l'ensemble des ayants droit à titre gratuit ayant bénéficié du régime d'exonération. »[35]

Depuis 1995, le bénéfice de l'exonération de droits de mutation à titre gratuit prévue à l'article 795 A du CGI en faveur des monuments historiques ouverts au public est également applicable aux parts de sociétés civiles représentatives de ces biens. Bien plus, il est possible d'apporter le monument historique à une société civile sans rompre l'engagement conventionnel alors même que l'apport est une mutation à titre onéreux. L'administration précise que, « lorsque des héritiers, donataires ou légataires ont souscrit, lors d'une transmission à titre gratuit d'un monument historique, une convention avec le ministre chargé de la culture après avis conforme du directeur régional ou départemental des finances publiques compétent afin de bénéficier de l'exonération prévue au premier alinéa de l'article 795 A du CGI, il est admis que ce régime d'exonération ne sera pas remis en cause en cas d'apport ultérieur des biens exonérés à une société civile telle que définie au troisième alinéa de l'article 795 A du CGI, sous réserve que :

- l'opération soit effectuée par l'ensemble des signataires de la convention ou leurs ayants droit et à concurrence de l'ensemble des droits qu'ils détiennent sur le monument historique ;
- les apports soient effectués à titre pur et simple ;
- la société, par l'intermédiaire de son gérant, souscrive, dans un délai de six mois à compter de la réalisation des apports, un avenant à la convention dans lequel elle s'oblige aux engagements initialement pris par les signataires de cette convention »[36].

---

de plusieurs coindivisaires de cette dernière. En conséquence, l'acquéreur, dans la première situation, ou le coindivisaire dont les droits se seront accrus dans la seconde, se trouve subrogé aux engagements solidaires de respect de la convention signée par l'ensemble des ayants droit à titre gratuit ayant bénéficié du régime de faveur ».

[35] BOI-ENR-DMTG-10-20-30-70, 25 juill. 2023, § 80.

[36] BOI-ENR-DMTG-10-20-30-70, 25 juill. 2023, § 210.

Enfin, une circulaire du 21 juillet 2006 du ministère de la Culture reconnaît la possibilité pour les « personnes morales constituées sous forme associative » de bénéficier du régime de l'article 795 A du code général des impôts, ce qui est exclu pour les sociétés commerciales.

Les conditions d'exonération liées à un monument historique détenu par une société civile sont posées à l'article 795 A alinéa 3 du CGI :

- la société civile doit détenir en pleine propriété et gérer un monument historique tel que défini au premier alinéa de l'article 795 A du CGI ;
- elle doit présenter un caractère familial. L'exonération n'est applicable qu'aux parts de sociétés constituées uniquement entre des personnes parentes en ligne directe (grands-parents, parents, enfants, petits-enfants…) ou entre frères et sœurs, leurs conjoints et, le cas échéant, les enfants de ces différentes personnes. Le caractère familial de la société civile doit être permanent. La totalité des parts de la société doit donc rester la propriété des membres de la famille énumérés ci-dessus ou de leurs descendants ;
- les revenus de la société civile doivent être imposés dans la catégorie des revenus fonciers. Cette disposition limite la portée de l'exonération aux sociétés qui exercent des activités purement civiles non soumises à l'impôt sur les sociétés. Toutefois, la tolérance permettant de ne pas soumettre à l'impôt sur les sociétés les sociétés civiles dont le montant hors taxe des recettes de nature commerciale n'excède pas 10 % du montant total des recettes hors taxe s'applique aux sociétés gestionnaires de monuments historiques ;
- la société civile doit avoir conclu, avec l'autorité administrative compétente après avis conforme du directeur régional ou départemental des finances publiques compétent, la convention à durée indéterminée mentionnée au premier alinéa de l'article 795 A du CGI. L'engagement de la société civile résulte de la signature du ou des gérants de la société agissant en conformité avec leurs pouvoirs.

Des clauses anti-abus ont été adoptées et ont pour objectif d'éviter la constitution « d'un marché de valeurs mobilières » permettant de transmettre un patrimoine en franchise d'impôt : au jour de la transmission, le donateur ou défunt doit avoir détenu les parts pendant plus de deux ans si celui-ci les a souscrites ou acquises à titre onéreux. En outre, les parts doivent rester la propriété du donataire, héritier ou légataire pendant un délai de cinq ans à compter de la date de la transmission à titre gratuit. Cette condition impose au bénéficiaire de la mutation à titre gratuit un délai de détention de cinq années avant de pouvoir céder à titre onéreux ou donner les parts reçues à un membre du groupe familial. En outre, par exception, l'exonération n'est pas remise en cause en cas de transmission à titre gratuit résultant du décès du bénéficiaire héritier, donataire ou légataire intervenant dans les cinq ans de la mutation à titre gratuit initiale, même si ses ayants droit, renonçant à l'exonération dont ils pourraient eux-mêmes bénéficier, ne prennent pas l'engagement d'adhérer à la convention[37].

Le non-respect du délai de conservation des parts reçues pendant cinq ans à compter de la transmission à titre gratuit par le donataire, l'héritier ou le légataire entraîne l'exigibilité des droits de mutation à titre gratuit, dont la mutation initiale des parts a été exonérée, majorés de l'intérêt de retard prévu à l'article 1727 du CGI. Depuis 2003, l'article 1727, IV-8 du CGI prévoit que les intérêts de retard dus sont calculés à compter du premier jour du mois suivant celui au cours duquel la convention a pris fin et non plus depuis la date d'exonération initiale des droits de mutation à titre gratuit.

B. L'hypothèse d'un démembrement des parts de la société civile

Le code civil définit les droits et obligations des propriétaires en usufruit et en nue-propriété aux articles 578 et suivants. Le droit de propriété peut ainsi faire l'objet d'un démembrement par dissociation de l'usufruit et de la nue-propriété. L'usufruitier dispose du droit d'usage et des fruits. Le nu-propriétaire conserve le droit de disposer du bien, en respectant les droits de l'usufruitier : il ne détient donc plus qu'un droit de disposer de la nue-propriété du bien. L'usufruit est un droit par nature temporaire (à terme fixe ou viager), à l'échéance duquel le nu-propriétaire retrouve la propriété pleine et entière. La pratique du démembrement de propriété en vue d'anticiper la transmission de patrimoine est devenue usuelle y compris pour les monuments historiques. Cette pratique est d'ailleurs confortée par l'administration fiscale au titre de la déductibilité des travaux

---

[37] BOI-ENR-DMTG-10-20-30-70, 25 juill. 2023, § 190. En effet, il y a deux transmissions : l'initiale (dont a bénéficié le défunt en son temps) non remise en cause dans le cas présent, et celle du nouveau propriétaire qui, en l'occurrence, ne souhaite pas bénéficier de l'exonération et n'adhère donc pas à la convention (il n'est pas redevable des droits de mutation dont a été exonéré le défunt).

relatifs à un monument historique[38]. Il peut donc paraître paradoxal de l'exclure de la transmission à titre gratuit alors qu'un démembrement de propriété peut déjà avoir été opéré.

L'article 795 A du CGI ne dit mot sur la propriété des parts. Certes, s'agissant d'une exonération fiscale, le juge de l'impôt interprète strictement les dispositions fiscales concernées. Toutefois, cette interprétation est conduite dans le cadre des objectifs poursuivis par le législateur. Or, au cas particulier, l'objectif principal est double : préserver le monument y compris avec ses meubles pour en faciliter l'ouverture à la visite et partant la jouissance du public. En démembrant les parts de cette SCI, les propriétaires peuvent respecter ces objectifs et donc s'engager collectivement dans le cadre de la convention, nus-propriétaires et usufruitiers devant alors signer ladite convention. Aux termes de l'article 795 A alinéa 3, la seule exigence relative à la propriété des biens conduit la SCI à détenir les biens meubles et immeubles en pleine propriété. Le démembrement de propriété est suffisamment familier pour permettre une transmission anticipée et progressive de ce patrimoine. Il suffirait donc que les usufruitiers et nus-propriétaires soient signataires de la convention pour permettre une présentation au public des biens. On sait en vertu de la jurisprudence *Seegmuller* de 2003 que l'absence de pleine disposition des parties communes, seules protégées pour un immeuble classé relevant du régime de la copropriété, fait obstacle à la signature d'une convention avec un copropriétaire. Mais il ne s'agissait pas d'un démembrement de propriété. La règle de propriété semble ici respecter un principe de neutralité conduisant la SCI à être assujettie aux revenus fonciers. Il n'y a pas d'interférence entre ce régime et le démembrement de la propriété des parts.

Le démembrement de la propriété de l'immeuble détenu par la SCI ne devrait pas, non plus, être une cause d'exclusion du régime spécial, afin notamment de ne pas pénaliser les situations résultant d'un héritage, ni priver de toute souplesse la gestion de ces propriétés. Cela étant, l'engagement de conservation s'applique également aux propriétaires de droits démembrés d'immeubles historiques ou assimilés. Autrement dit, l'engagement de conservation s'applique tant à l'usufruitier qu'au nu-propriétaire.

Toutefois, cette exonération n'est applicable qu'à l'égard d'une mutation à titre gratuit, des parts d'une société civile en l'espèce. Or la gestion de ces

---

[38] Pour une étude d'ensemble, v. A. Verjat, *Préservation et mise en valeur des monuments historiques privés : la fiscalité de l'impôt sur le revenu*, L'Harmattan, coll. Droit du patrimoine culturel et naturel, 2011.

sociétés conduit fréquemment à la constitution d'apports en numéraire et partant à des comptes courants d'associés lorsqu'ils ne sont pas intégrés au capital social. Selon une jurisprudence constante de la Cour de cassation, la transmission des parts d'une société n'induit pas automatiquement une transmission des comptes courants d'associés. Par conséquent, ces créances ne sont pas soumises au bénéfice de l'exonération des droits de mutation à titre gratuit et devraient conduire à une imposition dans la mesure où ces créances sont des actifs successoraux.

En définitive, le succès ou non d'une convention de l'article 795 A du CGI tient aux contraintes dont la principale est relative à une durée indéterminée, jugée excessive. Selon la Cour des comptes dans son rapport précité sur le patrimoine monumental de 2022, « le ministère de la Culture considère comme trop contraignante l'obligation d'ouverture au public sans limitation dans le temps, et propose de la ramener à quinze ans »[39]. Dans le cadre du projet de loi de finances pour 2023, un amendement avait été déposé pour limiter cette durée. Selon l'exposé des motifs, « la mobilité de notre société et l'allongement de la vie humaine appellent une réduction de cette contrainte. Une mission commune à l'inspection générale des finances et à l'inspection générale des affaires culturelles avait, en 2020, souligné l'anomalie actuelle, et préconisé de réduire la durée à 15 ans. Par analogie avec le traitement des plus-values, il est proposé de la fixer à 22 ans »[40]. Bien qu'adopté en commission, cet amendement n'a pas été repris dans le cadre de la loi de finances.

---

[39] Cour des comptes, *Rapport thématique sur la politique de l'État en faveur du patrimoine monumental*, préc., p. 30.

[40] Projet de loi de finances pour 2023, amendement I-CF1089 de D. Labaronne (RE).

Lecture de l'article L. 621-29-7 du code du patrimoine

Marc-Olivier Barbaud
Maître de conférences
Université Paris-Saclay (IDEP, EA 409)
Avocat au barreau de Paris

1. Issu de la loi du 23 juin 2006 portant réforme des successions et des libéralités, l'article L. 621-29-7 du code du patrimoine continue, près de vingt ans après son adoption, de couler une vie confidentielle en marge de la scène judiciaire. Les raisons de cette quasi-invisibilité tiennent pour partie à la spécialité de son objet : relatif à la transmission par donation ou par succession des immeubles classés ou inscrits au titre des monuments historiques, il ne vise par hypothèse qu'un nombre limité de situations[1]. Mais les frontières de son champ d'application ne sauraient expliquer seules le phénomène. L'article L. 621-29-7, tout entier porté par la volonté de faciliter la transmission familiale du monument historique, a-t-il rencontré le succès qu'escomptaient ses promoteurs ? Constitue-t-il effectivement cet outil conçu pour faciliter la transmission du bien à l'héritier prêt à en reprendre la charge ? Ou bien se pourrait-il que, pour des raisons qui restent à découvrir, il n'ait pas encore réussi à convaincre de son utilité ?

2. Afin de mesurer cette réussite, il convient d'abord de revenir aux ambitions du texte, plus précisément aux difficultés qu'il se proposait de résoudre.
Lors de la transmission d'un immeuble inscrit ou classé au titre des monuments historiques, la préservation du bien est le plus souvent d'autant mieux assurée que celui-ci demeure dans la famille du disposant. Les raisons de cette meilleure chance de préservation dans le cadre d'une transmission familiale sont multiples : l'appartenance du monument historique à la famille renforce l'attachement que les héritiers du propriétaire lui portent, où s'entrelacent l'histoire familiale et leurs propres

---

[1] Selon le *Bilan 2022 de la protection des monuments historiques* diffusé par le ministère de la Culture, il existait 44 920 immeubles protégés au titre des monuments historiques au 1er janv. 2023, dont 46 % étaient détenus par des propriétaires privés. Seuls ces derniers sont concernés par l'article L. 621-29-7 du code du patrimoine, ce qui représente près de 20 700 monuments.

souvenirs ; la connaissance intime des bâtiments et l'apprentissage de leur gestion aux côtés du propriétaire garantissent souvent aussi la plus forte compétence d'un repreneur issu du cercle familial ; enfin, la transmission familiale assure fréquemment une détention durable qui favorise, ici encore, la conservation du bien. Toutes ces raisons militent donc pour faciliter la transmission du monument historique au sein de la famille.

Or, parce que le monument historique constitue bien souvent la part la plus importante du patrimoine de son propriétaire, le risque est réel qu'aucun des membres de la famille ne soit en mesure de le recueillir dans de bonnes conditions. Sauf dans l'hypothèse d'un héritier unique, la valeur du monument excède presque toujours la part de succession devant revenir à l'héritier repreneur, ce qui impose le versement à ses cohéritiers de compensations financières qui peuvent se révéler très dissuasives, sinon impossibles à payer. L'héritier candidat à la reprise peut alors être d'autant plus découragé de réaliser son projet qu'il sait que d'autres dépenses importantes devront être engagées rapidement pour assurer la conservation du bien. Dans ces conditions, le risque est fort que le monument ne trouve aucun repreneur parmi les héritiers du propriétaire et qu'il ne soit vendu ou partagé entre eux, au mépris de l'unité du monument historique[2].

3. Pour répondre à ces difficultés identifiées de longue date, certaines associations de propriétaires de monuments historiques ont œuvré en amont de l'adoption de la loi du 23 juin 2006 pour inciter le législateur à prévoir un mécanisme de décote sur la valeur du monument en cas de transmission par donation ou par succession, dès lors que le repreneur s'engagerait à le conserver et à l'entretenir pendant une certaine durée (système dit de la double clause d'inaliénabilité et d'entretien du bien)[3]. Ce travail d'influence a conduit la commission des lois de l'Assemblée nationale à retenir deux amendements prévoyant que pour les opérations de règlement civil d'une succession, l'estimation des biens transmis devrait prendre en compte « les éventuelles charges qui les grèvent, telles

---

[2] La dissociation, par exemple, du mobilier et de l'immobilier classés ou inscrits serait contraire à l'objectif de conservation de l'unité culturelle du bien. De même, la dissociation du monument historique des terres ou des bâtiments qui l'entourent pourrait contrarier sa gestion économique si les revenus tirés de ces terres et bâtiments permettaient de financer sa conservation. C'est alors l'unité économique que le monument historique formait avec ces autres biens qui serait rompue.

[3] Cet activisme s'évince de deux publications de la Demeure Historique : « La prise en compte des charges pour l'évaluation civile d'un monument », *La Demeure Historique*, Gestion – Transmission J/1, déc. 2006 ; A.-S. Bellamy-Biard, « Prendre en compte les charges lors de l'évaluation civile », *La Demeure Historique*, n° 198 (2015), p. 36.

l'obligation de l'entretien d'un bâtiment classé monument historique »[4]. Autrement dit, ces amendements prévoyaient qu'à l'occasion du règlement de la succession de l'auteur de la transmission, les charges qui grèvent le bien transmis devraient être « déduites de [sa] valeur »[5]. Leur adoption par le Parlement explique la rédaction actuelle des articles 829 alinéa 1 et 922 alinéa 2 du code civil, qui précisent désormais, chacun pour les opérations qu'il vise, que les biens transmis doivent être estimés « après qu'en ont été déduites les charges les grevant »[6]. Derrière cette formule générale, aujourd'hui comprise comme la consécration de la règle jurisprudentielle voulant qu'une donation avec charge soit toujours comptée pour son émolument net, c'étaient en réalité les charges d'entretien grevant les monuments historiques qui étaient d'abord visées.
La filiation de la nouvelle rédaction des articles 829 et 922 du code civil avec la préoccupation relative à la transmission des monuments historiques est par ailleurs attestée par le rapport présenté au nom de la commission des lois du Sénat. Celui-ci relevait en effet que si l'Assemblée nationale avait précisé que « l'estimation des biens devait prendre en compte les éventuelles charges qui les grèvent » lors des opérations de partage et de réunion fictive des libéralités, c'était surtout afin « de prendre en compte l'obligation d'entretien d'un bâtiment classé ou inscrit à l'inventaire des monuments historiques »[7]. C'est la raison pour laquelle, plutôt que s'en tenir aux formules générales que l'Assemblée nationale proposait d'insérer dans le code civil, la commission des lois du Sénat prit l'initiative de suggérer l'insertion d'un article additionnel dans le code du patrimoine afin de « préciser plus explicitement les modalités » de prise en considération de ces charges au moment de l'évaluation du monument historique[8]. C'est ainsi qu'en parallèle de la modification des dispositions du code civil, la loi du 23 juin 2006 créa l'article L. 621-29-7 du code du patrimoine : « Pour l'application des articles 829, 860 et 922 du code civil,

---

[4] Amendement n° 137, v. Rapport n° 2850 présenté le 6 févr. 2006 par S. Huyghe au nom de la commission des lois de l'Assemblée Nationale, pp. 208 et 390.

[5] Amendement n° 168, *op. cit.*, pp. 250 et 415.

[6] Art. 829, al. 1 C. civ. : « En vue de leur répartition, les biens sont estimés à leur valeur à la date de la jouissance divise telle qu'elle est fixée par l'acte de partage, en tenant compte, s'il y a lieu, des charges les grevant ».

Art. 922, al. 2 C. civ. : « Les biens dont il a été disposé par donation entre vifs sont fictivement réunis à cette masse, d'après leur état à l'époque de la donation et leur valeur à l'ouverture de la succession, après qu'en ont été déduites les dettes ou les charges les grevant. (…) ».

[7] Rapport n° 343 présenté le 10 mai 2006 par H. de Richemont au nom de la commission des lois du Sénat, pp. 162-163.

[8] *Ibidem.*

lorsqu'un immeuble classé ou inscrit au titre des monuments historiques, transmis par donation ou succession, est affecté d'une clause d'inaliénabilité, l'évaluation de l'immeuble est diminuée des charges, y compris d'entretien, nécessaires à sa préservation durant toute la durée de la clause ».

4. Le lien de continuité que l'article L. 621-29-7 entretient avec le règlement civil de la succession est manifeste dès le début de la disposition puisque c'est « pour l'application des articles 829, 860 et 922 du code civil » que la règle est édictée, autrement dit *pour* assurer la bonne application de ces dispositions générales dans le cas particulier de la transmission d'un monument historique. Sont ici visées les principales opérations liquidatives préalables au partage de toute succession, à savoir la réunion fictive des libéralités nécessaire au contrôle de l'intégrité de la réserve héréditaire (art. 922 C. civ.), le rapport des libéralités reçues en avance de part successorale (art. 860 C. civ.) et l'établissement de la masse partageable entre les héritiers (art. 829 C. civ.). L'intérêt d'une possible diminution de la valeur du monument historique par la déduction de ses charges de préservation est évident à chacune de ces étapes, puisqu'elle est de nature à permettre d'écarter ou de diminuer l'indemnité de réduction, l'indemnité de rapport ou bien les soultes que le repreneur pourrait devoir à ses cohéritiers. Loin de constituer une disposition de faveur pour l'héritier repreneur du monument historique, ce mécanisme de déduction des charges tend au contraire à tenir compte de la réalité de la charge financière qui accompagne toujours la transmission d'un bien de cette nature afin de rétablir entre les héritiers une égalité qui serait rompue si, lors des opérations liquidatives préalables au partage, il était fait comme si la préservation du monument ne coûtait rien. La bonne compréhension de ce dispositif de déduction des charges que prescrit l'article L. 621-29-7 commande, d'abord, d'expliciter les conditions auxquelles le législateur a subordonné son application (**I**). Elle impose, ensuite, de porter le regard au-delà du texte, afin de concevoir les modalités pratiques de sa mise en œuvre, sur lesquelles il ne dit rien (**II**).

I. Les conditions de la déduction des charges de préservation du monument historique

5. Le dispositif de déduction des charges, que l'article L. 621-29-7 du code du patrimoine organise dans le cas de la transmission d'un monument historique, est subordonné à la réunion de plusieurs conditions qui en circonscrivent le champ et qui en commandent l'application.

Son champ, d'abord, est ouvert aux « immeuble[s] classé[s] ou inscrit[s] au titre des monuments historiques, transmis par donation ou succession ». Il en résulte que les termes de l'arrêté de protection sont essentiels pour identifier les immeubles concernés par le dispositif de déduction, de même qu'il est essentiel de contrôler la nature juridique de l'opération de transmission, qui doit intervenir à titre gratuit. À défaut de précision, toutes les donations sont concernées (donations simples, donations-partages, donations transgénérationnelles…), ainsi que la succession légale et la succession volontaire, ce qui inclut les legs.

L'application du dispositif, ensuite, est subordonnée à la condition que le monument historique soit « affecté d'une clause d'inaliénabilité », seules les charges « nécessaires à sa préservation durant toute la durée de la clause » pouvant être déduites. Les raisons de cette restriction sont aisées à comprendre : ce n'est que si le repreneur se trouve privé de la faculté d'aliéner le monument pendant une certaine durée qu'il est possible de considérer les charges de préservation qu'il devra engager comme un passif dont il faut tenir compte. S'il conservait la faculté d'aliéner, le repreneur pourrait au contraire se libérer à tout moment de cette charge en disposant du bien, ce qui ne justifierait plus de la considérer comme un passif devant nécessairement lui incomber. Deux conditions se trouvent donc au cœur du dispositif : l'inaliénabilité du monument (**A**) et l'engagement de dépenses de préservation (**B**).

A. L'inaliénabilité du bien

6. En subordonnant l'application du dispositif de déduction des charges à la stipulation d'une clause d'inaliénabilité affectant le monument historique, l'article L. 621-29-7 invite à se référer aux termes de l'article 900-1 du code civil qui conditionnent la validité de telles clauses. Pour être valables, ces clauses doivent être « temporaires » (**1**) et « justifiées par un intérêt sérieux et légitime » (**2**).

1. Le caractère temporaire de la clause

7. L'exigence d'une limite temporelle à l'interdiction d'aliéner repose sur la nécessité de ne pas entraver durablement la libre circulation des biens et des richesses afin d'éviter la résurgence de biens de mainmorte, c'est-à-dire de biens qui seraient définitivement soustraits à la circulation. Mais pendant quelle durée est-il admissible que la volonté particulière restreigne la disponibilité d'un bien ? Quelle limite de temps retenir ?

Lors de la discussion de la loi n° 71-526 du 3 juillet 1971 qui introduisit l'article 900-1 dans le code civil, l'auteur de la proposition préconisait d'imposer une durée maximale de 21 ans afin de sécuriser l'appréciation de la validité de la clause[9]. Le législateur préféra néanmoins conserver l'approche souple que la jurisprudence retenait jusqu'alors et laisser au juge le soin d'apprécier au cas par cas le caractère raisonnable ou excessif de la durée de l'interdiction de disposer. La stipulation de durées d'inaliénabilité supérieures à vingt ans paraît donc tout à fait possible dans son principe, sous réserve que les éléments de la cause permettent à chaque fois de justifier la durée de la restriction[10]. Dans le cas de la transmission d'un monument historique, cette liberté accordée de stipuler de longues durées d'inaliénabilité est évidemment très intéressante puisque le montant des charges que l'article L. 621-29-7 autorise à déduire est fonction de la durée de la clause : plus l'interdiction d'aliéner sera longue, plus le montant cumulé des charges déductibles sera important, plus la valeur du monument historique retenue pour le règlement de la succession sera faible.

8. Néanmoins, si l'article 900-1 du code civil ne fixe aucune limite de temps objective, la question reste entière de savoir jusqu'où il est possible d'aller : à partir de quelle durée d'inaliénabilité le caractère temporaire et licite de la clause se mue-t-il en perpétuité prohibée ? L'examen de la jurisprudence permet d'identifier deux considérations auxquelles les juges prêtent une attention particulière.

La première est la relation que la durée de la clause entretient avec l'espérance de vie du repreneur, l'essentiel étant que la clause ne le prive pas de la liberté de disposer du bien pour le reste de sa vie. La restriction de la liberté de disposer, parce qu'elle doit rester limitée et proportionnée, serait trop absolue si elle aboutissait à l'en priver sa vie durant. Le contrôle du caractère temporaire de la clause repose donc sur une appréciation *relative* de la durée stipulée, qui doit être rapportée à l'espérance de vie du repreneur[11]. Une même durée d'inaliénabilité peut ainsi très bien être jugée licite dans un cas (hypothèse d'un bénéficiaire disposant d'une espérance de vie supérieure à la durée de la clause), et illicite dans l'autre (hypothèse d'un bénéficiaire dont l'espérance de vie serait égale ou inférieure à la durée de la clause).

---

[9] R.-N. Schütz, « Inaliénabilité », in *Rép. civ. Dalloz*, avr. 2021, n° 92.

[10] V. *infra*, n° 9 (sur le contrôle de l'intérêt sérieux et légitime de la clause).

[11] R.-N. Schütz, *art. préc.*, n° 100 ; A. Sériaux, *J.-Cl. civ.*, art. 900-1, n° 10 *in fine*.

La seconde considération est la relation que la durée de la clause entretient avec « l'intérêt sérieux et légitime » requis pour sa validité. En effet, cet intérêt sérieux et légitime devant pouvoir soutenir la clause tout au long de sa durée, il doit nécessairement en être tenu compte au moment de fixer cette durée afin d'éviter que celle-ci ne se prolonge au-delà de l'intérêt censé la justifier. Or, la préservation d'un monument historique s'inscrivant par nature dans le temps long et reposant bien souvent sur la stabilité que peut offrir une transmission familiale réussie, il ne fait pas de doute que de longues durées d'inaliénabilité doivent pouvoir être stipulées.

2. L'intérêt sérieux et légitime

9. Parce qu'elles dérogent au principe de libre disposition des biens, les clauses d'inaliénabilité doivent aussi être justifiées par un « intérêt sérieux et légitime ». La condition est ancienne et appréciée avec bienveillance par la jurisprudence, ce qui invite à retenir qu'elle ne devrait pas soulever de difficulté dans le cas de la transmission d'un monument historique. En effet, la stipulation d'une clause d'inaliénabilité poursuit dans ce cas au moins deux finalités qui peuvent chacune être jugées suffisamment sérieuses et légitimes pour la justifier.

La première est la volonté de l'auteur de la transmission d'assurer la conservation du monument dans la famille, que la Cour de cassation reconnaît classiquement comme un intérêt sérieux et légitime[12]. Il est très compréhensible, en effet, que le propriétaire qui s'est dévoué pour entretenir et valoriser un monument historique, dont il a initié ou prolongé l'histoire familiale, ait à cœur de le transmettre à un membre de sa famille qui s'engagerait à son tour à en poursuivre l'histoire. Restreindre le droit du repreneur de disposer du monument à l'occasion de sa transmission participe alors de la réalisation de cet objectif familial.

La seconde finalité généralement poursuivie par l'auteur de la transmission est la volonté de garantir pour l'avenir les meilleures conditions de préservation de son monument, l'intérêt particulier rejoignant ici l'intérêt général de préservation des monuments historiques. Or, la stipulation d'une clause d'inaliénabilité, autrement dit l'engagement qu'il est demandé au repreneur d'assurer la conservation du monument pendant la durée de

[12] Justification autrefois très puissante qui gouvernait de nombreuses règles du droit patrimonial de la famille, la conservation des biens dans la famille continue de fonder plusieurs dispositifs tels que les droits de retours légaux lorsqu'ils doivent être exercés en nature (art. 368-1 et 757-3 C. civ.) ou le régime spécifique applicable aux souvenirs de famille. Sur ce thème des souvenirs de famille, v. la contribution de M. Cornu dans cet ouvrage, p. 329.

la clause, participe de cet objectif de préservation en s'assurant que le repreneur inscrit sa démarche dans le temps. En acceptant de reprendre le bien tout en se sachant lié au monument pendant le temps de la clause, le repreneur donne, en quelque sorte, les gages attendus de son implication durable à l'égard du monument.

B. L'engagement de dépenses de préservation

10. La deuxième condition essentielle de l'article L. 621-29-7 du code du patrimoine tient à l'engagement de dépenses « nécessaires à la préservation » du monument historique pendant la durée de la clause. Encore faut-il préciser la portée de cette condition. S'il est incontestable que l'engagement de telles dépenses constitue une condition d'application du texte, puisqu'aucune déduction ne sera possible en leur absence, une vue plus pratique des choses conduit à observer que la détention d'un monument historique appelle toujours l'engagement de dépenses de préservation, ne serait-ce que pour se conformer à l'article L. 621-29-1 qui assigne au propriétaire d'un monument historique la responsabilité de sa conservation. Par conséquent, lorsque l'article L. 621-29-7 indique que « l'évaluation de l'immeuble (doit être) diminuée des charges, y compris d'entretien, nécessaires à sa préservation pendant toute la durée de la clause », il est en réalité moins question de conditionner le dispositif de déduction des charges à l'engagement de telles dépenses (par hypothèse, elles ont toujours lieu) que de fixer son étendue : seules les dépenses de préservation sont éligibles au mécanisme de déduction des charges (**1**) ; mais toutes le sont, y compris celles qui ne concernent que l'entretien du bien (**2**).

1. Les dépenses de préservation du monument historique

11. Conformément à son ambition, l'article L. 621-29-7 du code du patrimoine prolonge la règle de déduction des charges prévue par le droit commun en précisant expressément, dans le cas de la transmission d'un monument historique, les charges éligibles à ce dispositif. Les articles 829 et 922 du code civil, en effet, se contentent d'indiquer la nécessité d'évaluer les biens transmis « en tenant compte, s'il y a lieu, des charges les grevant » (art. 829), ou bien après déduction des « dettes ou (des) charges les grevant » (art. 922), autrement dit sans jamais préciser la nature des charges soumises au dispositif de déduction. La volonté de conserver le degré de généralité qui sied aux dispositions du code civil explique certainement qu'une qualification plus précise des charges concernées n'ait pas été retenue et, surtout, qu'aucune allusion ne soit faite à celles qui grèvent spécifiquement les monuments historiques alors que ce sont elles qui ont principalement motivé l'évolution de ces textes[13]. Tout l'intérêt de l'article L. 621-29-7 est alors de les préciser, en spécifiant que le dispositif de déduction ne s'applique qu'aux charges « nécessaires à (la) préservation » du monument historique. Mais de quoi s'agit-il ?

Le droit civil recourt peu à la notion de préservation et aux catégories subséquentes d'actes ou de charges « de préservation », mobilisant plus volontiers la distinction des actes d'administration, de conservation et de disposition[14], ou encore celle des dépenses d'amélioration et de conservation[15]. Le code du patrimoine sollicite lui-même bien plus la notion de conservation que celle de préservation[16], notamment à l'article L. 621-29-1 où il est imposé au propriétaire ou à l'affectataire domanial d'assurer « la conservation » du monument qui lui appartient ou qui lui est affecté[17].

Pour autant, une étude approfondie a permis de montrer la relative synonymie des notions de conservation et de préservation dans le langage du droit[18], qui convergent autour des idées de prévention et de protection : « conserver, préserver, c'est conjurer une menace, c'est mettre en œuvre des moyens pour stériliser un péril qui risque de nuire au bien »[19]. La conservation, ou la préservation, se caractérise ainsi par une démarche positive du conservateur destinée à protéger le bien contre le risque de dégradation ou de disparition (totale ou partielle) qui le menace. Sous le bénéfice de cette acceptation large des deux notions, il est donc possible de retenir que les dépenses de préservation visées à l'article L. 621-29-7 du

---

13 V. *supra*, n° 3.

14 V. C. Brenner et S. Lequette, « Acte juridique », *Rép. civ. Dalloz*, 2019, n° 269 et s. Cette division des actes juridiques gouverne plusieurs régimes juridiques tels, notamment, celui des incapacités (v. décret n° 2008-1484 du 22 déc. 2008) et celui de l'indivision (v. art. 815-1 et s. C. civ.).

15 V. ici encore le régime de l'indivision, spéc. l'art. 815-13 C. civ. qui vise les dépenses d'amélioration. De même, le régime des récompenses et des créances entre époux mobilise la distinction des dépenses d'acquisition, de conservation et d'amélioration d'un bien (art. 1469, al. 3 C. civ., auquel renvoient les art. 1479 et 1543 C. civ.).

16 La recherche conjointe des deux occurrences révèle l'usage de la notion de conservation dans près de 340 articles du code du patrimoine, contre seulement 13 articles pour la notion de préservation.

17 Art. L. 621-29-1 C. patr. : « Le propriétaire ou l'affectataire domanial a la responsabilité de la conservation du monument historique classé ou inscrit qui lui appartient ou lui est affecté ».

18 C. Brenner, *L'acte conservatoire*, LGDJ, 1999, Bibliothèque de droit privé, t. 323, n°s 48 et s., pp. 39 et s.

19 *Ibidem*, n° 49.

code patrimoine ne sont rien d'autres, en réalité, que celles nécessaires à sa conservation, dont l'article L. 621-29-1 rend le propriétaire responsable. Mais que recouvrent-elles plus précisément ? Spécialement, les charges d'entretien y sont-elles incluses ?

2. L'inclusion des charges d'entretien

12. Afin de spécifier les différents actes que le soin donné à une chose peut occasionner, certains auteurs ont entrepris de distinguer *l'entretien* d'une chose, qui appellerait l'accomplissement d'actes simples, périodiques et superficiels destinés à la maintenir en bon état d'usage, de *la conservation* d'une chose, qui appellerait au contraire des interventions plus occasionnelles mais plus importantes destinées à maintenir la structure ou la substance de la chose[20]. Cette distinction, qui repose sur une approche graduée de la menace qui plane sur le bien, ne justifie toutefois pas de réserver un traitement juridique différent aux deux catégories d'actions dès lors qu'entretenir un bien, autrement dit le préserver d'une dégradation diffuse, continue et de faible intensité, c'est assurément le conserver. Aussi est-il plus juste de retenir que la conservation d'un bien inclut nécessairement son entretien, même si elle ne s'y limite pas[21].
C'est du reste ce qui ressort de l'article L. 621-29-7 du code du patrimoine lorsqu'il désigne les charges, « y compris d'entretien », de préservation du monument historique. L'incise, en effet, est éloquente à double titre. Elle confirme, d'abord, que les charges d'entretien participent des charges de préservation du monument, autrement dit qu'elles sont incluses parmi ces charges. Mais sa présence suggère ensuite et surtout la volonté du législateur d'insister sur la compréhension large de la notion de préservation qu'il convient de retenir, à rebours d'une approche plus étroite qui ne considérerait que les interventions ponctuelles de sauvetage de la substance du bien[22]. Ainsi, doivent pouvoir être déduites de la valeur du monument, au titre des charges de préservation, les grosses réparations autant que les petites, ainsi que toutes les dépenses d'entretien (en ce

---

[20] C. Brunetti-Pons, *L'obligation de conservation en droit civil français*, thèse Paris 2, 1992, n° 43, 148 et 285 (cité par C. Brenner, *op. cit.*, n° 56, p. 42).

[21] En ce sens, v. C. Brenner, *op. cit.*, n° 57, p. 43.

[22] C'est d'ailleurs cette interprétation large qu'une réponse ministérielle du 23 oct. 2007 est venue confirmer en indiquant que les éventuelles charges admises en déduction de la valeur du monument pendant la durée de la clause d'inaliénabilité sont, « sous réserve de l'interprétation souveraine des juges du fond, (celles) relatives aux travaux d'entretien, de réparation ou de mise en sécurité des immeubles qui sont nécessaires à la préservation du monument historique » (*JOAN* du 23 oct. 2007, p. 6574, n° 3710).

compris le salaire des personnes qui ont la charge de cet entretien), le coût des assurances et, plus largement, toutes les dépenses, aussi menues soient-elles, qui participent à la protection de l'intérêt culturel du monument. Néanmoins, de l'explication du principe de déduction des charges de préservation du monument historique à sa mise en œuvre, il y a un pas que la lettre de l'article L. 621-29-7 ne permet pas, seule, de franchir. C'est ainsi à une réflexion plus prospective qu'invite la recherche des modalités concrètes de son application.

II. Les modalités de la déduction des charges de préservation du monument historique

13. Explorer les modalités du dispositif de déduction des charges qu'institue l'article L. 621-29-7 du code du patrimoine revient à confronter le texte au réel et à éprouver sa solidité pratique. Quelle que soit la justesse des intentions qui le portent, il ne peut présenter d'intérêt qu'à condition de se montrer suffisamment praticable pour ne pas dissuader de l'appliquer. Or, les difficultés de sa mise en œuvre sont réelles. À celle bien connue de l'évaluation du monument historique[23], qui constitue le point de départ du raisonnement auquel invite le texte, est ajoutée la difficulté d'évaluer le montant cumulé des charges nécessaires à la préservation du bien pendant la durée de la clause d'inaliénabilité, autrement dit sur une période de temps pouvant atteindre plusieurs dizaines d'années. Le risque est alors qu'au lieu de favoriser la transmission du monument à l'héritier le mieux disposé pour le reprendre, la mise en œuvre du texte ne soit l'occasion d'élever un nouveau conflit entre héritiers qui se disputeraient sur le montant de ces charges et, par conséquent, sur l'étendue de la décote à retenir.

14. Pour surmonter cette difficulté, il serait avant tout essentiel que les héritiers tolèrent une certaine dose d'incertitude à l'occasion de l'évaluation des charges de préservation. À l'épreuve du temps, en effet, cette évaluation peut se révéler tantôt à l'avantage du repreneur, si la projection retenue – donc l'étendue de la décote qui a été appliquée – se révèle plus importante que le montant des dépenses effectivement engagées, tantôt à l'avantage de ses cohéritiers, si la projection retenue se révèle au contraire plus faible que les dépenses engagées. En ce sens, le

[23] V. la contribution de M.-A. Guérard dans cet ouvrage, p. 135.

dispositif de déduction des charges de l'article L. 621-29-7 présente, par construction, un caractère aléatoire[24] que les héritiers devraient accepter. Pour autant, l'acceptation de cet aléa ne saurait dispenser de chercher une méthode d'évaluation aussi précise et juste que possible, qui puisse contribuer à le réduire. L'adhésion des héritiers au dispositif de déduction des charges est à ce prix. Par ailleurs, le notaire en charge de la transmission du monument ou du règlement de la succession, comme le juge saisi d'un litige sur la succession, doivent eux-mêmes pouvoir compter sur une méthode claire d'évaluation des charges que l'article L. 621-29-7 leur prescrit de déduire de la valeur du bien. Aussi délicat que soit l'exercice, la recherche d'une méthodologie s'impose donc (**A**), pour les besoins de la résolution des litiges autant que pour la recherche d'un consensus familial relatif à la transmission anticipée du bien, à tous égards plus avantageuse (**B**).

A. Recherche d'une méthodologie d'évaluation des charges déductibles

L'établissement d'une méthode d'évaluation des charges devant être déduites de la valeur du monument historique se heurte à plusieurs difficultés qu'il convient d'abord de lever (**1**). La méthode proprement dite que nous proposons de calcul de ces charges déductibles s'en trouvera d'autant mieux justifiée (**2**).

1. Précisions méthodologiques

Trois difficultés doivent être levées avant de poser les jalons d'une méthode d'évaluation des charges déductibles.

15. La première est le risque d'une « double déduction » des charges nécessaires à la préservation du monument historique si, après avoir été prises en considération une première fois pour établir la valeur du monument lui-même, elles l'étaient une seconde fois à l'occasion de l'application de l'article L. 621-29-7. Il est bien évident, en effet, que si l'établissement de la valeur de marché d'un monument historique impose, comme pour tout autre bien, de tenir compte de sa nature et de son état,

---

[24] Nous visons ici le sens du mot contenu dans la définition du contrat aléatoire, qui désigne le contrat par lequel les parties acceptent de faire dépendre ses effets, quant aux avantages et aux pertes qui en résulteront, d'un événement incertain (art. 1108, al. 2 C. civ.). Autrement dit, celui par lequel elles acceptent que le contrat leur procure une chance de gain ou de perte, d'après un évènement incertain (art. 1104 anc. C. civ.).

donc des frais prévisibles qui devront être engagés pour sa conservation, il ne serait pas acceptable que ces mêmes frais puissent être pris en considération une deuxième fois par le truchement de l'article L. 621-29-7 pour diminuer encore la valeur du monument.
Pour autant, il est tout aussi évident que l'établissement de la valeur de marché d'un bien ne conduit jamais à tenir compte des charges qui seront nécessaires à sa conservation sur une période aussi longue que celle prévue par une clause d'inaliénabilité. Selon l'état et la nature du bien, seules les charges prévisibles au cours des mois, de l'année ou des deux années qui suivent la transmission du bien sont en général considérées. Il n'y a pas d'autre règle, ici, que celle du marché indiquant, par le jeu de l'offre et de la demande, le niveau de diminution acceptable du prix que justifie l'état du bien. Aussi est-il vivement recommandé, à l'occasion de cette première étape consistant à établir la valeur de marché du monument historique, de préciser l'étendue des charges prévisibles de conservation dont il est tenu compte afin de ne pas les déduire une seconde fois lors de l'application de l'article L. 621-29-7 du code du patrimoine.

16. La deuxième difficulté tient à la nécessité de déterminer la mesure dans laquelle les aides publiques ou privées, les exonérations fiscales et les recettes que pourra générer l'exploitation du monument doivent être prises en considération pour réduire le montant des charges déductibles. En effet, bien que l'article L. 621-29-7 ne le prévoie pas expressément, il ne fait guère de doute que toutes les aides perçues à raison du caractère exceptionnel du monument historique et tous les revenus tirés de l'exploitation de ce caractère exceptionnel, telles que son ouverture au public ou son exploitation commerciale (location pour des manifestations festives ou professionnelles notamment), doivent être considérées comme prioritairement affectées au paiement des dépenses nécessaires à sa préservation. Le repreneur du monument historique ne saurait à l'évidence, d'un côté, se prévaloir de charges importantes pour obtenir une large diminution de la valeur du monument dans les opérations de liquidation et de partage de la succession et, de l'autre côté, conserver pour lui-même le profit que les aides et les recettes d'exploitation du bien peuvent générer. Aussi convient-il de les déduire des charges de préservation du bien.
Une réserve doit cependant être formulée à raison de l'industrie déployée par le propriétaire pour l'exploitation de son monument. En effet, de la même manière que la rémunération versée à un salarié travaillant pour l'exploitation du monument doit être comptée parmi les charges de cette exploitation, il est légitime que le propriétaire consacrant tout ou partie de

son temps à cette exploitation puisse être rétribué pour le travail qu'il y consacre. La rémunération de son travail, quelle que soit la forme qu'elle prend, doit donc être prise en considération parmi les charges de l'exploitation.

17. Enfin, la troisième difficulté tient à la prise en considération du facteur temps, autrement dit à la nécessité de tenir compte de la longue durée au cours de laquelle l'article L. 621-29-7 impose d'apprécier la valeur des charges qui pourront être déduites. En effet, pour établir le montant cumulé de ces charges tout au long de la durée de la clause d'inaliénabilité, il est nécessaire de procéder à ce que les économistes appellent leur *actualisation*, c'est-à-dire la transformation, *en valeur actuelle nette (VAN)*, du montant prévisible de ces charges. Cette transformation est obtenue par l'application d'un taux dit *d'actualisation* dont l'établissement, qui peut être complexe[25], devrait reposer au cas présent sur deux facteurs principaux seulement.

Le premier est la valeur du crédit, autrement dit l'affaiblissement que le temps imprime à la valeur d'un flux monétaire futur. Il est largement admis, en effet, qu'au temps présent une charge lointaine pèse moins sur le débiteur qu'une charge actuelle, autrement dit qu'une dette de 100 qui devra être réglée dans un an pèse moins sur le débiteur, qui dispose de temps pour la payer, qu'une dette d'un même montant qui devrait être réglée immédiatement. De la même manière, une créance exigible a plus de valeur au temps présent qu'une créance d'un même montant payable à terme contre le même débiteur. C'est la raison pour laquelle, afin d'établir la valeur *actuelle* des charges *futures* de préservation du monument historique, mais aussi des aides et des recettes prévisibles de l'exploitation du bien, il convient de leur appliquer un taux d'actualisation qui rende compte de ce facteur temps.

Le second facteur dont il est nécessaire de tenir compte est l'inflation prévisible du coût des charges de préservation tout au long de la période d'inaliénabilité. À l'inverse de l'élément précédent, en effet, l'inflation est de nature à alourdir la valeur future des charges par rapport à leur valeur actuelle, ce dont il est nécessaire, ici encore, de rendre compte par le truchement du taux d'actualisation[26].

---

[25] Le recours à un taux d'actualisation est notamment utilisé pour apprécier l'opportunité de projets d'investissements à long terme, les dépenses envisagées devant pouvoir être comparées aux recettes espérées au terme du projet. Selon les secteurs et l'importance du projet, ce calcul peut alors s'avérer particulièrement délicat.

[26] Rigoureusement, c'est bien sûr la seule inflation relative des charges par rapport à celle qui affecterait les ressources permettant de financer le bien qui devrait être considérée.

2. Le calcul des charges déductibles

18. Fort de ces précisions méthodologiques, le calcul des charges que l'article L. 621-29-7 du code du patrimoine prescrit de déduire de la valeur du monument consiste, en tenant compte de la situation particulière du bien, à raisonner en trois temps : d'abord évaluer le montant moyen annuel prévisible des dépenses qui seront nécessaires à la préservation du monument ; ensuite en soustraire le montant moyen annuel prévisible des aides et des recettes d'exploitation attendues ; enfin appliquer au résultat obtenu un taux d'actualisation destiné à rendre compte de l'éloignement du moment où ce montant devra effectivement être payé.
Une façon d'objectiver la prévision de ces charges futures pourrait alors consister à en projeter l'étendue à partir d'une période de référence passée. Les charges ordinaires qui seront nécessaires pour assurer la préservation future du monument peuvent en effet légitimement être induites de celles qui ont été nécessaires jusque-là. Mais à côté de ces charges ordinaires, la préservation du monument appelle régulièrement aussi l'engagement de dépenses exceptionnelles destinées à assurer, par exemple, la conservation du gros œuvre et de certaines parties du bâti. La prévision de ces dépenses exceptionnelles, et des aides associées qu'il serait possible d'obtenir pour en alléger le poids, devrait alors être établie sur le fondement de tout élément pouvant servir de base objective d'évaluation (référence à des travaux antérieurs similaires, établissement de devis, etc.), puis être ajoutée à la projection retenue des dépenses ordinaires.

19. Le tableau suivant, nécessairement simplifié, permet d'illustrer le raisonnement :

➢ ***Hypothèse retenue***

Valeur vénale du monument historique	5 millions €
Clause d'inaliénabilité	20 ans

➢ ***Calcul du montant annuel net des charges de préservation du monument historique (sur la base d'une période de référence passée et de tout document permettant de justifier les flux monétaires futurs, qu'il s'agisse de dépenses, d'aides ou de recettes)***

Montant moyen annuel des charges ordinaires nécessaires à la préservation du monument historique (calculées sur la base d'une période de référence passée)	80 000 €
Montant moyen annuel des charges extraordinaires nécessaires à la préservation du monument historique (projection de 1,2 million d'euros de dépenses, ici lissées sur les 10 premières années)	120 000 €
Montant moyen annuel des recettes tirées de l'exploitation du bien (après déduction des charges d'exploitation)	40 000 €
Montant moyen annuel des aides prévisibles (publiques et privées)	40 000 €
Montant moyen annuel des charges nettes de préservation du monument historique (80.000 + 120.000 – 40.000 – 40.000)	**120 000 €**

➢ ***Calcul de la valeur des charges déductibles sur la durée de la clause d'inaliénabilité***

Montant cumulé des charges sur la totalité de la période de la clause (20 ans) *avant* application du taux d'actualisation	2 400 000 € (120 000 x 20 ans)
Après application du taux d'actualisation, étant précisé que ce taux diffère nécessairement selon la période de temps considérée (il ne peut être le même selon qu'il s'agit d'actualiser des flux monétaires projetés à + 5 ans, + 10 ans, + 15 ans, etc.), il convient de procéder à l'actualisation par périodes de temps (calcul ici purement hypothétique)	1 600 000 €

➢ ***Valeur du monument historique après application du dispositif de déduction des charges de l'article L. 621-29-7 C. patr. : 3,4 millions d'euros (5 millions – 1,6 million).***

Dans cet exemple, le monument historique, d'une valeur de marché de 5 millions d'euros au jour du règlement de la succession, devrait être retenu pour une valeur de 3,4 millions d'euros dans le cadre des opérations de liquidation de la succession afin de tenir compte de toutes les dépenses de préservation que le repreneur devra engager pendant la durée de la clause d'inaliénabilité.

B. Recherche d'un consensus familial

20. La méthode qui vient d'être esquissée pour l'application de l'article L. 621-29-7 du code du patrimoine participe de la praticabilité du texte. Les acteurs en charge de son application doivent en effet pouvoir disposer d'un *modus operandi* clair pour réaliser la déduction des charges qu'il prévoit, en y ajoutant le cas échéant toute précision utile pour tenir compte de la spécificité du bien. Néanmoins, parce que la projection imposée des charges de préservation demeure périlleuse et aléatoire[27], tout comme celle des aides et des recettes, le succès de la transmission sera d'autant mieux assuré que cette évaluation sera réalisée de manière consensuelle, avec l'assentiment de tous les héritiers. Or, si un tel accord peut évidemment intervenir dans le cadre du règlement de la succession du *de cujus*, le risque est élevé que des difficultés ne surgissent à cette occasion entre l'héritier repreneur et ses cohéritiers, dont les intérêts relatifs à l'évaluation du monument sont opposés. Aussi est-il préférable, lorsque la situation familiale le permet, de dissiper à l'avance ces difficultés par le recours anticipé à un pacte familial, telle qu'une donation-partage.

21. La donation-partage présente en effet l'intérêt fondamental d'autoriser le *de cujus* à procéder lui-même, de son vivant, à la répartition de ses biens entre ses héritiers. Issue des vieux partages d'ascendants que le code civil avait consacrés dès son origine, mais dotée d'un régime profondément renouvelé par les lois du 3 juillet 1971 puis du 23 juin 2006, la donation-partage offre au *de cujus* la possibilité de résoudre par anticipation les difficultés que l'ouverture de sa succession pourrait élever entre ses héritiers en organisant lui-même le transfert et le partage de ses biens, selon la répartition qui lui semble la plus juste et la plus opportune.

[27] Au sens prédéfini *supra*, n° 14, note 23.

L'autorité dont il jouit de son vivant sur ses héritiers lui assure en effet de pouvoir imposer certains équilibres que ces derniers pourraient avoir plus de mal à accepter après son décès. Dans l'hypothèse de la transmission d'un monument historique, dont les valeurs vénale et sentimentale sont très élevées, les avantages d'un tel pacte de famille sont d'autant plus importants.

22. Le premier de ces avantages est l'absence de rapport des biens donnés à la succession du donateur. En effet, la donation-partage réalisant elle-même le partage des biens, il n'y a pas lieu de les soumettre au rapport des libéralités, lequel ne constitue « qu'une opération préliminaire au partage en ce qu'il tend à constituer la masse partageable »[28]. Par conséquent, dans l'hypothèse de la transmission d'un monument historique par donation-partage, aucune indemnité de rapport n'est due par l'attributaire du monument à ses cohéritiers. Outre de simplifier le règlement de la succession, ce premier effet de la donation-partage a donc pour conséquence immédiate d'écarter l'application de l'article L. 621-29-7 sur ce point : la valeur du monument transmis par donation-partage n'ayant pas être rapportée, les modalités de calcul prévues par ce texte lorsqu'une indemnité de rapport est due sont ici sans objet.

23. Le deuxième avantage tient au « gel des valeurs » que prévoit l'article 1078 du code civil lorsque tous les héritiers réservataires, vivants ou représentés, ont accepté le lot que le donateur a composé pour eux. Dans cette hypothèse, qui atteste l'accord des héritiers réservataires à la donation-partage, il est en effet prévu que « les biens donnés seront, sauf convention contraire, évalués au jour de la donation-partage pour l'imputation et le calcul de la réserve ». Autrement dit, la donation-partage ayant réalisé le partage des biens selon un équilibre accepté par les réservataires, il n'y a pas lieu de tenir compte des fluctuations ultérieures de la valeur de chaque lot, qui doivent être supportées individuellement par chacun des attributaires. C'est donc sur le fondement de la valeur qu'avaient les biens donnés au jour de l'acte que le contrôle de la réserve héréditaire doit être réalisé[29]. En cas d'inclusion d'un monument historique dans la donation-partage, cette règle d'évaluation simplifie donc les opérations de liquidation – puisque la valorisation du monument au jour

---

[28] Cass. civ. 1re, 16 juill. 1997, *Bull. civ.* I, n° 252, *D.* 1997, somm. 370, obs. M. Grimaldi.

[29] C'est pour leurs valeurs réelles au jour de l'acte que les biens doivent être comptés pour le contrôle de la réserve. Aussi est-il toujours possible de contester celles qui figurent dans l'acte si elles ne paraissent pas conformes à la valeur réelle qu'avaient les biens (Cass. civ. 1re, 4 nov. 2015, pourvoi n° 14-23.662 ; 25 mai 2016, n° 15-16.160).

du décès n'a pas à être recherchée – tout en garantissant le respect de l'équilibre voulu par le donateur lorsqu'il a constitué le lot de chacun de ses héritiers.
Cette simplification, pour autant, ne prive pas les cohéritiers du repreneur d'agir en réduction de la libéralité qui lui a été consentie s'il apparaît que son étendue, calculée selon sa valeur au jour de l'acte, porte atteinte à leurs droits de réservataires. Deux solutions peuvent alors être envisagées afin de purger dès la donation-partage ce possible contentieux. La première est de diminuer le risque d'atteinte à la réserve des cohéritiers en ne transmettant, par exemple, que la nue-propriété du monument. La seconde est de stipuler une renonciation anticipée à l'action en réduction à laquelle tous les héritiers, conscients du caractère supérieur des enjeux attachés à la transmission du monument, consentiraient expressément.

24. Enfin, le dernier avantage du recours à la donation-partage serait de pouvoir procéder à une application souple, raisonnée et consensuelle de l'article L. 621-29-7 du code du patrimoine pour le calcul de la valeur du monument à retenir. En effet, la donation-partage organisant le partage des biens donnés et entraînant le gel des valeurs au jour de l'acte pour le contrôle de la réserve héréditaire, la valeur du monument qui serait retenue devrait être calculée après application, le cas échéant, de l'article L. 621-29-7. La dimension consensuelle de l'acte, dont l'objectif est de recueillir l'assentiment de tous les héritiers au partage que le donateur a décidé pour ses biens, ouvre alors la possibilité d'une application simplifiée du dispositif de déduction des charges, qui pourrait tolérer quelques imprécisions – par exemple pour l'évaluation des charges et des recettes futures, ou encore pour le calcul ou l'application du taux d'actualisation – du moment que les héritiers, dûment informés, y consentiraient. La transmission du bien en serait grandement facilitée, en plus d'être placée à l'abri des difficultés que l'application ultérieure de l'article L. 621-29-7, après le décès du disposant, ne manquerait pas d'occasionner.

25. Finalement, la présente lecture de l'article L. 621-29-7 du code du patrimoine permet-elle de percer le mystère de sa discrétion ? L'intérêt du dispositif de déduction des charges qu'il organise est manifeste et les conditions auxquelles son application est subordonnée, qui empruntent au droit commun, sont claires. Pour autant, l'existence de conditions claires ne suffit pas toujours pour rendre l'application d'un texte aisée. En l'occurrence, l'incertitude et la complexité des diverses projections que l'application de l'article L. 621-29-7 impose de réaliser peuvent légitimement inquiéter, surtout si la transmission ayant été mal anticipée, chacune de ces projections devient contentieuse. Cette observation autorise peut-être alors une interprétation a contrario optimiste du silence qui entoure l'article L. 621-29-7 sur la scène judiciaire. La faible mobilisation contentieuse de ce texte ne serait-elle pas le signe d'une bonne compréhension par les propriétaires de monuments historiques et de leurs conseils de l'intérêt d'organiser la transmission de leur monument dans un cadre familial, où les conditions de la transmission seraient explicitées, discutées et acceptées par chacun ? À sa discrétion judiciaire répondrait ainsi sa vitalité juridique, le secret des actes de transmission étant le lieu où l'article L. 621-29-7 du code du patrimoine a d'abord vocation à s'épanouir.

B

Les outils généraux appliqués aux monuments historiques

Les libéralités complexes

Xavier Grosjean
Notaire à Paris

1. Sauvegarder et transmettre. Assurer l'avenir d'un monument historique renvoie à plusieurs questions. C'est évidemment y réaliser les travaux de conservation indispensables, avec souvent, la nécessité de trouver des sources de financement extérieures, c'est également le faire vivre, mais c'est aussi mener une réflexion à propos de sa transmission. Au fond, comme existe un devoir de préservation du monument, existe souvent une forme de devoir de transmission au profit des membres d'une famille, soit parce que le monument porte l'empreinte de celle-ci depuis de nombreuses générations, soit parce que son nouveau propriétaire lui voue un attachement particulier qui explique son souhait de l'enraciner dans sa famille.
La transmission d'un monument historique non préparée est un facteur de risques multiples. Risque économique d'abord, en ce que le coût d'une transmission n'est pas anodin et suppose de disposer des ressources à la fois pour la financer, mais aussi pour assurer aux héritiers autres que le destinataire du monument, leur part de succession. Risque juridique et psychologique ensuite où, en l'absence de transmission réfléchie, des mésententes peuvent naître avec notamment comme conséquence, une gestion parfois délicate d'une indivision qui peut à terme conduire à la vente du monument.

2. L'intérêt d'une transmission préparée. Qu'elle soit organisée du vivant de son propriétaire, par le recours aux donations ou libéralités entre vifs, ou qu'elle ne prenne effet qu'au décès, par des libéralités à cause de mort, plus communément appelées testaments, l'intérêt d'une transmission réfléchie n'est plus à démontrer. Le souci de transmettre anime donc souvent le propriétaire d'un monument historique et la volonté de l'organiser par une donation est la voie régulièrement privilégiée. Le propos sera donc cantonné aux transmissions du vivant de leur auteur que sont les donations.

3. Transmission et choix à opérer. Entre la volonté de transmettre et sa réalisation, il y a un pas, parfois difficile à franchir, en raison de contraintes économiques comme l'impossibilité de pouvoir réaliser une distribution

divise des biens entre les enfants, ou de contraintes psychologiques, lorsque le choix d'un repreneur peut être source d'incompréhension de la part des autres héritiers.
Les questions sont ici multiples. Comment déterminer l'enfant le plus à même de reprendre la propriété ? Faut-il partager le domaine qui forme une entité ? Convient-il de laisser les descendants en indivision pour les amener à s'entendre et à gérer ensemble ? Doit-on assortir la donation du monument d'un avantage économique pour son repreneur, au risque que les autres y voient une forme d'avantage indu ? Est-il possible et souhaitable de transmettre à plusieurs générations ou encore, est-il possible d'assortir une donation d'un pacte de famille, destiné à sécuriser la transmission ?

4. Les mécanismes du droit des libéralités. Toutes ces questions qui méritent d'être précisées amènent à s'intéresser tout d'abord aux mécanismes généraux (**I**) du droit des libéralités que sont la donation et la donation-partage, pour s'attacher ensuite à certains mécanismes particuliers (**II**), en distinguant les stipulations qui favorisent la transmission et celles qui l'encadrent.

I. Les mécanismes généraux du droit des libéralités

A. La donation ordinaire

5. Forme et caractéristiques de la donation ordinaire. Le don manuel, en particulier de somme d'argent, qui peut être réalisé soit sous forme de remise, soit sous forme de virement, notamment dans le but de consentir une aide ponctuelle à des descendants, est bien connu. Il s'affranchit de formes particulières, mais, fiscalement, est soumis à des obligations déclaratives. La donation notariée, quant à elle, ne connaît que deux formes : la donation dite simple ou ordinaire, et la donation à titre de partage anticipé. La donation ordinaire est donc la première forme de libéralité notariée et consiste à transmettre des biens, à titre gratuit, à un ou plusieurs bénéficiaires, avec ou sans lien de parenté avec le donateur[1]. Cette donation est donc le moyen privilégié de gratifier un tiers qui n'est pas un héritier présomptif, qu'il s'agisse d'un membre éloigné ou extérieur à la famille ou d'un petit-enfant.

---

[1] V. art. 894 C. civ.

6. Contrôle d'absence d'atteinte à la réserve héréditaire au décès du donateur. La distinction entre réserve héréditaire, part de la succession réservée aux descendants ou au conjoint en l'absence de descendants, et quotité disponible, fraction du patrimoine dont on peut disposer librement, est bien connue. Elle est fonction du nombre d'enfants et pour résumer, plus le nombre d'enfants augmente, plus la quotité disponible se réduit, étant plafonnée à un quart, à partir du troisième enfant.
La donation ordinaire peut être consentie, soit en avancement de part successorale, soit hors part successorale. Dans le premier cas, il s'agit d'une simple anticipation successorale qui n'a pas pour but d'avantager son bénéficiaire alors que, dans le second cas, l'imputation sur la quotité disponible de la libéralité hors part successorale consacre la volonté de favoriser le donataire.
Celui qui reçoit cette gratification peut d'ailleurs être tout autant un enfant, que l'on a entendu privilégier par rapport aux autres, qu'un tiers ou le conjoint. Il faut préciser, comme le rappelle l'article 919 du code civil, que la qualification de libéralité hors part successorale nécessite une disposition expresse contenue soit dans l'acte constitutif, soit dans un acte ultérieur, sous la forme de donation notariée ou de dispositions testamentaires. Aussi n'est-il pas concevable qu'une donation d'objets mobiliers qui serait consentie par simple don manuel soit assortie d'une imputation hors part successorale[2].
Ensuite, gratifier hors part successorale n'est pas un dessein sans limite puisque l'avantage ainsi procuré est cantonné à la quotité disponible de la succession[3]. Il s'agit alors de vérifier si la libéralité consentie ne l'excède pas comme portant atteinte à la réserve des descendants. Toutefois, même en cas de dépassement de la quotité disponible, la libéralité n'est pas pour autant privée d'effet. Elle s'exécute, mais est sujette à réduction. Et, une fois le quantum de la réduction déterminé, celle-ci a lieu en principe en valeur, le donataire qui conserve le bien étant redevable d'une indemnité destinée à reconstituer la réserve héréditaire. Il a toutefois la possibilité d'opter, conformément à l'article 924-1 du code civil, pour une *réduction en nature* bien que celle-ci soit probablement peu opportune puisqu'elle conduirait au retour du bien donné dans la masse successorale à partager, avec par conséquent, la naissance d'une indivision entre gratifié et héritiers réservataires.

---

[2] Le recours à un pacte adjoint à un don manuel n'étant pas conseillé.

[3] L'évaluation étant réalisée conformément à l'article 922 du code civil qui prévoit que « les biens dont il a été disposé par donation entre vifs sont fictivement réunis à cette masse, d'après leur état à l'époque de la donation et leur valeur au jour de l'ouverture de la succession ».

7. Le respect de l'égalité entre les héritiers : le rapport successoral. Au décès du donateur, un contrôle des droits des héritiers réservataires est opéré. Y préside le principe de la reconstitution du patrimoine du disposant tel qu'il eût été, s'il n'avait pas consenti de libéralités. Aussi convient-il d'ajouter aux biens existants qui restent à distribuer les biens donnés, afin de rétablir une stricte égalité entre les descendants. La donation ordinaire consentie en avancement de part successorale est en effet rapportable, conformément à l'article 860 du code civil et, compte tenu de sa valeur au jour du partage, mais d'après l'état au jour de la donation.

Or, autant il est simple d'effectuer le rapport successoral d'un bien immobilier courant, autant celui-ci peut être délicat, s'agissant d'un monument historique. Ce n'est pas l'augmentation de valeur liée aux circonstances économiques que l'on peut *a priori* craindre ici, mais plutôt les discussions autour de l'incidence des travaux réalisés depuis la donation sur la valeur du bien au décès.

Dans le cas fréquent d'une donation avec réserve d'usufruit, il est très courant de s'affranchir du principe posé par l'article 605 du code civil et de prévoir que l'usufruitier supportera les grosses réparations[4], mais la portée de cette dérogation n'est pas la même selon que le bien transmis est un bien immobilier ordinaire ou un monument historique. L'enfant gratifié y verra sans doute de simples travaux d'entretien ayant pour but de conserver l'état du bien, sans que cela ne soit sujet à rapport successoral, alors que ses cohéritiers pourront être tentés de les faire qualifier de donations indirectes, soit parce que ces travaux n'auraient pas d'utilité économique pour l'usufruitier, en particulier s'il est âgé, soit parce que le montant en cause serait très important eu égard à la valeur du bien. Si maintenant c'est le donataire qui a assumé de grosses réparations dans le bien, sans qu'il en résulte sur le long terme une valorisation, mais strictement un maintien dans l'état d'origine, convient-il d'en tenir compte au titre du rapport successoral ? De même, si le donataire a mis au service du monument sa force de travail par la réalisation de travaux, notamment d'amélioration, la prise en compte de l'industrie personnelle déployée, à soustraire du rapport successoral, est un exercice délicat.

On entrevoit immédiatement les difficultés que pourraient susciter ces différentes situations puisque, à l'heure des comptes entre héritiers, ce type de donation ne sera au fond qu'une transmission anticipée, sans volonté

[4] Art. 605 C. civ. : « L'usufruitier n'est tenu qu'aux réparations d'entretien. Les grosses réparations demeurent à la charge du propriétaire, à moins qu'elles n'aient été occasionnées par le défaut de réparations d'entretien, depuis l'ouverture de l'usufruit ; auquel cas l'usufruitier en est aussi tenu. »

de rupture d'égalité. Celui qui a reçu une libéralité rapportable recevra donc moins dans les biens existants et pourra même être astreint au versement d'une indemnité à ses cohéritiers.

Application pratique
Trois immeubles sont donnés à A, B et C par trois donations simples distinctes ; chacun des immeubles ayant une valeur de 100, au jour de la donation.
Au décès, lors des opérations de partage, les biens ont la valeur suivante :
Immeuble 1, donné à A, valeur = 350
Immeuble 2, donné à B, valeur = 250
Immeuble 3, donné à C, valeur = 200
Biens restant à distribuer au décès (biens existants) = 40
Masse de calcul quotité disponible et réserve = 840
Dont ¼ représente la quotité disponible = 210
Dont ¾ représentent la réserve des descendants = 630
Dont ¼ de réserve individuelle pour chaque enfant = 210
La part héréditaire de chacun = 280 (840/3)
A qui a reçu un bien évalué à 350 doit une indemnité de rapport de 70 (= 350 – 280)
B et C se répartissent les biens existants (40) ainsi que l'indemnité de rapport (70) afin que chacun reçoive au total 280, soit un solde à prélever de 30 pour B et de 80 pour C.

B. La donation à titre de partage anticipé

8. La donation-partage, acte répartiteur entre ses bénéficiaires. De nature mixte, l'acte réalise à la fois une donation et un partage entre les donataires, sous l'autorité de l'ascendant[5]. L'une des exigences est que l'acte constate un véritable partage et pour le tout. Aussi, l'attribution en indivision entre les donataires ne constitue pas une donation-partage. La Cour de cassation exige en effet une répartition matérielle de l'ensemble des biens donnés et, le fait que l'un des donataires au moins recueille un lot privatif ou une soulte, alors que certains demeureraient dans l'indivision, n'est pas jugé suffisant[6]. Parfaitement justifiée en droit, cette

5 V. art. 1076 à 1078-10 C. civ.

6 V. Cass. civ. 1re, 6 mars 2013, n° 11-21892, *Bull. civ.* I, n° 34 ; *JCP N* 2013, 1162, note J.-P. Garçon ; *Defrénois* 2013, p. 463, note F. Sauvage ; *Droit de la famille*, juin 2013, com. 91, obs. B. Beignier ; *RTDciv.* 2013, p. 424, obs. M. Grimaldi ; *AJ Famille*, mai 2013, p. 301, obs. Ch. Vernières ; 20 nov. 2013, *Bull. civ.* I, n° 223 ; *JCP G* 2014, 93, note

solution présente néanmoins comme écueil de devoir disposer d'un patrimoine suffisant pour pourvoir gratifier de manière divise l'ensemble des héritiers présomptifs. Des solutions alternatives existent néanmoins. Elles vont de l'incorporation à une donation-partage de biens précédemment distribués à la possibilité de réserver une part supplémentaire à l'un des bénéficiaires, par imputation sur la quotité disponible de succession.

9. Typologie des donations à titre de partage anticipé. Classiquement, la donation-partage dite *ordinaire* est réalisée par un parent au profit de ses héritiers présomptifs qui sont ses descendants. Il n'est toutefois pas impératif d'allotir tous les descendants, dès lors que deux d'entre eux au moins participent au partage.
Parfois, la volonté des époux ou la structure du patrimoine impliquent une mise en commun des biens de chacun, pour parvenir au partage entre les donataires. La donation-partage *conjonctive* est alors adaptée, en ce qu'elle autorise les donateurs à faire masse de leurs différents biens, afin de les répartir entre leurs héritiers présomptifs, sans considération de l'origine des biens donnés. En droit civil comme au plan fiscal, chaque enfant est alors réputé avoir été alloti en biens de chacun des parents.
Bien entendu, pour le cas où un descendant ne serait pas issu des deux époux (cas de l'enfant non commun), il ne pourra être alloti que de biens, soit propriété personnelle de son auteur, soit communs aux deux époux mais, en aucun cas, de biens propres au conjoint du parent donateur. Fiscalement, l'enfant non commun reste soumis au tarif des droits de mutation à titre gratuit entre parent et enfant sur l'intégralité des biens attribués, propres ou communs[7].
Enfin, conformément à l'article 1075 du code civil, les héritiers présomptifs sont, au premier chef, les descendants, mais aussi le conjoint et les héritiers collatéraux en l'absence d'enfants, auxquels on peut adjoindre un tiers, lorsqu'est en cause la transmission d'une activité professionnelle, entreprise individuelle ou forme sociétaire.

F. Sauvage ; *Defrénois* 2013, 1259, note M. Grimaldi ; *JCP N* 2014, 1002, note J.-P. Garçon ; Dr. *famille* 2014, 25, obs. M. Nicod.

7 V. art. 778 bis CGI : « La donation-partage consentie en application de l'article 1076-1 du code civil est soumise au tarif en ligne directe sur l'intégralité de la valeur du bien donné. » et 1076-1 C. civ. qui dispose : « En cas de donation-partage faite conjointement par deux époux, l'enfant non commun peut être alloti du chef de son auteur en biens propres de celui-ci ou en biens communs, sans que le conjoint puisse toutefois être codonateur des biens communs ».

À côté de ces formes classiques, figure la donation-partage *cumulative* réalisée par un parent survivant, à charge pour ses enfants de joindre à la masse des biens donnés, en vue d'un partage unique, ceux provenant de la succession de l'époux prédécédé.

Enfin, outil qui peut être particulièrement adapté aux transferts de biens à forte valeur symbolique, la donation-partage *transgénérationnelle* réalise une transmission de la génération des grands-parents vers celle des enfants et petits-enfants. Elle inclut donc des descendants de plusieurs degrés et répond ainsi à un objectif de conservation des biens dans la famille. Elle est, en outre, suffisamment souple pour pouvoir être adoptée, y compris lorsqu'il n'existe qu'un descendant à la génération intermédiaire. C'est ainsi le moyen d'allotir tant son enfant unique que les propres descendants de ce dernier, par un même acte. Lorsque plusieurs souches sont présentes, il y a nécessité d'en allotir au moins deux et, chacune des souches doit recevoir une attribution divise, afin de répondre aux conditions de la donation-partage. Mais, au sein de chaque souche, l'attribution en indivision est autorisée. Plusieurs figures sont dès lors possibles. Un enfant peut s'effacer au profit de ses propres descendants, d'ailleurs en tout ou partie alors qu'un autre peut au contraire choisir de recevoir l'intégralité du lot dévolu à sa souche. On peut également imaginer une attribution en indivision entre l'enfant pivot et ses propres descendants tout autant qu'une dévolution de l'usufruit à la génération intermédiaire et de la nue-propriété aux petits-enfants.

Et, dans toutes ces hypothèses, l'allotissement des petits-enfants est réalisé sur la part de réserve héréditaire de leur parent, laissant ainsi entière la quotité disponible de la succession, contrairement à une donation simple consentie aux petits-enfants, nécessairement hors part successorale. Cet avantage mérite d'être souligné puisqu'il permet de donner à cette portion disponible d'autres affectations, comme celle de protéger le conjoint survivant ou encore, de doter de moyens financiers particuliers un enfant reprenant une propriété familiale, afin de lui permettre de faire face aux charges correspondantes.

Fiscalement, les principes du droit civil qui font que l'on raisonne globalement par souche sont sans incidence ici et l'administration fiscale opère, pour la partie transmise aux petits-enfants, une taxation selon l'abattement et le tarif applicable entre grand-parent et petit-enfant et non entre parent et enfant.

10. La donation-partage n'est pas rapportable à la succession. La première vertu de la donation à titre de partage anticipé est de ne pas être soumise au rapport successoral puisqu'elle réalise un allotissement définitif de ses bénéficiaires, par son double caractère de donation et partage. Il ne s'agit donc pas ici de rétablir une stricte égalité entre les descendants par la recherche de leur part héréditaire, mais uniquement de contrôler que chacun d'eux a reçu *a minima* sa part réservataire. Et, si tel n'est pas le cas, il pourra prétendre à un « complément de réserve », mais non à un « complément de part ».

La différence n'est pas que symbolique puisque, à titre d'exemple, en présence de trois enfants, on s'assurera, en cas de libéralité ordinaire rapportable, que chacun a bien reçu un tiers de la masse globale alors qu'en cas de donation-partage, il suffira que chacun soit doté d'un quart de la masse globale qui, en outre, n'est pas déterminée selon les mêmes principes.

11. La donation-partage bénéficie en principe d'une fixité des valeurs. La seconde vertu, bien connue, de la donation à titre de partage anticipé est d'être soumise au gel des valeurs, lors des calculs liquidatifs au décès du donateur. Autrement dit, à condition que tous les héritiers présomptifs aient participé à la donation-partage et que le donateur n'ait pas prévu de réserve d'usufruit sur une somme d'argent, les biens sont évalués, sauf convention ou disposition contraire, pour leur valeur au jour de la donation-partage, lors de la détermination de la quotité disponible et de la réserve.

L'avantage que procure cette valeur figée des biens est une réelle garantie de l'absence de remise en cause, à la fois parce que les plus-values et moins-values relèvent de l'attributaire, mais aussi parce que l'on évite ainsi les discussions autour de la réévaluation des biens au décès comme celles de s'accorder sur les modalités d'un partage.

Application pratique

Donation-partage portant sur trois immeubles, valeur 100 pour chaque immeuble au jour de l'acte.
Au décès, l'immeuble 1, donné à A, valeur = 350
L'immeuble 2, donné à B, valeur = 250
L'immeuble 3, donné à C, valeur = 200
Biens à distribuer au décès (biens existants) = 40
Masse de calcul quotité disponible/réserve = 340 [40 + (100*3)] au lieu de 840 en cas de donations rapportables.
Réserve individuelle et quotité disponible (1/4 chacune) = 85

Les enfants ont tous été remplis de leur part de réserve par la donation-partage. La donation-partage n'étant pas rapportable ni réductible, on

partage seulement les biens existants, en dépit de l'augmentation de valeur des biens :
Chacun reçoit donc : 40/3 = 13,33

12. L'exception : l'évaluation des biens reportée au décès du donateur. Il est loisible aux parties, donateur et donataires, de convenir de reporter l'évaluation des biens au décès du donateur. Hypothèse rare cependant qui pourrait se rencontrer si les parties avaient des doutes sérieux quant à la constance de la valeur des biens donnés. C'est le cas notamment si des terres classées en zone agricole étaient fortement susceptibles d'évoluer en zone urbaine.
Mais, l'évaluation des biens objet d'une donation-partage au décès du donateur peut davantage correspondre à une situation imposée. Elle s'appliquera lorsque l'un des descendants n'aura pas concouru à la donation-partage, au sens de l'article 1077-1 du code civil et l'évaluation dérogatoire prévue à l'article 1078 du code civil ne jouera alors pas. Les biens sont évalués, pour la détermination de la réserve et de la quotité disponible, au jour du décès de l'ascendant donateur.
Toutefois, et ce n'est pas sans importance, la libéralité demeure exclue du rapport successoral, sauf le cas particulier de l'enfant non conçu ou inconnu au jour de l'acte qui bénéficierait d'une action en reconstitution de sa *part héréditaire* et non plus simplement de sa *part réservataire*.

13. Le risque de disqualification de la donation-partage indivise. En l'absence de partage effectif, les donations-partages de quotités indivises sont exposées au risque de disqualification pour se voir traitées comme des donations ordinaires. Cela suppose *a priori* une situation de conflit entre les héritiers où l'un contesterait la qualification de donation-partage de l'acte et, si tel était le cas, ces libéralités seraient dès lors soumises au rapport successoral avec les conséquences déjà exposées. Bien entendu, les implications négatives vues plus haut seraient neutralisées si tous les enfants n'avaient reçu dans leur lot qu'une quote-part des mêmes biens indivis et qu'ils les auraient conservés jusqu'au décès de leur auteur. Un enjeu existerait toutefois : celui de l'augmentation de la masse à partager et par ricochet, de la quotité disponible. Aussi, en présence de situations à risque, il peut être opportun de réfléchir à des mécanismes correcteurs, tels qu'une incorporation des biens précédemment donnés à une véritable donation-partage.

Application pratique
Donation-partage consentie aux enfants A et B, l'enfant C ayant été omis.
A reçoit un bien valeur 100, non modifiée au décès et B, un bien valeur 100, évalué 300 au décès.
Biens existants au décès = 0
Absence de respect des conditions de l'art. 1078 C. civ (enfant omis) : les biens sont évalués au décès, soit 400 (= 100 + 300).
La réserve individuelle est de ¼ = 100
A et B ont été remplis de leur réserve (= 100) et l'enfant C (enfant omis) peut réclamer une indemnité de réduction de 100 à B.
B conserve son avantage (100) dans la limite de la quotité disponible.

14. Les spécificités de la donation-partage transgénérationnelle. Dès lors que chaque souche a été allotie, que l'attributaire soit l'enfant ou le petit-enfant, ou les deux, l'évaluation des biens bénéficie de la fixité des valeurs, au jour de l'acte.
Deux particularités s'appliquent cependant à ce type de donation. D'une part, tout ce qui a été donné en avancement de part successorale à la souche, enfant ou petit-enfant, s'impute sur la part de réserve de l'enfant. D'autre part, dans la future succession de l'enfant intercalé, les attributions faites à ses descendants sont prises en compte. Si tous les petits-enfants ont été allotis, les biens sont réputés, dans la succession de leur auteur, leur avoir été transmis par donation-partage avec ses caractéristiques de fixité des valeurs et d'absence de rapport successoral. Si au contraire, seulement certains d'entre eux ont bénéficié de l'acte, les biens seront rapportables à la succession de leur auteur, pour leur valeur au décès. L'opportunité de transmettre par une donation-partage, laquelle est souvent présentée comme un acte répartiteur pour la paix des familles, n'est plus à démontrer.
Parallèlement à celle-ci, certains mécanismes particuliers propres au droit des libéralités sont soit de nature à faciliter la transmission en favorisant un donataire ou en confirmant l'efficacité d'une libéralité existante, soit à l'encadrer dans le but de contrôler une transmission à des bénéficiaires successifs.

II. Les mécanismes particuliers du droit des libéralités

Ne sont pas ici en question les dispositions traditionnelles des actes de donation que sont le droit de retour, en cas de décès du donataire ou de ses descendants, l'interdiction d'aliéner, laquelle doit être nécessairement temporaire, ou encore l'exclusion de communauté du bien donné afin de lui conserver un caractère familial. Il s'agit, pour commencer, de s'intéresser aux conventions qui favorisent la transmission des biens à un donataire déterminé, le donateur souhaitant lui procurer un avantage (**A**), et à celles qui, à son initiative ou à celle des cohéritiers du donataire, permettent de sécuriser la donation déjà réalisée (**B**).

A. Les stipulations ayant pour but de garantir la transmission

15. La donation hors part successorale. Elle a pour caractéristique de conduire à l'imputation de la donation sur la quotité disponible de la succession, en application de l'article 843 du code civil, étant rappelé que les libéralités aux descendants sont présumées rapportables, sauf dispense expresse. Des illustrations classiques en sont la volonté de conférer un avantage économique au repreneur d'une propriété familiale représentant des charges lourdes ou encore, le souhait de traiter par anticipation des opérations présentant un risque de requalification en donations indirectes. A déjà été évoquée la crispation entre héritiers, à laquelle la prise en charge par l'usufruitier de grosses réparations dans un bien déjà donné peut conduire. Sur ce point, il a été jugé, à propos de l'édification par l'usufruitier de constructions sur un terrain démembré, que l'accession immobilière n'opérant pas immédiatement au profit du nu-propriétaire qui n'en retire donc aucun profit immédiat, la construction n'est pas constitutive, au jour où elle est réalisée, d'une donation[8]. Par suite, on enseigne souvent que le fait pour l'usufruitier de financer des grosses réparations dans le bien donné en nue-propriété ne peut être vu comme une libéralité. Pourtant, la Cour de cassation n'a pas pris expressément parti sur le traitement à réserver à cette situation à l'extinction de l'usufruit et il faut par conséquent rester prudent. On ne peut donc exclure que les conditions d'existence d'une libéralité soient démontrées, à savoir l'appauvrissement de l'usufruitier au profit du nu-propriétaire et l'intention de le gratifier. Dans ce cas, le financement de ces travaux

[8] V. Cass. civ. 3e, 19 sept. 2012, 11-15.460 : *Bull. civ.* III n° 128, *Defrénois* 15 déc. 2012, n° 23, note D. Fiorina ; *JCP G* 2012, n° 48, note B. Travely et F. Collard.

constituerait une donation indirecte au nu-propriétaire qui devrait en faire le rapport à la succession de l'usufruitier[9].

À la suite de la transmission d'une propriété, il est en effet courant que des travaux représentant des investissements importants soient réalisés, soit dans le but de conserver l'état du bien, soit dans l'optique, par des aménagements et travaux d'amélioration de dépendances ou de l'habitation principale (création de gîtes, de salles de réception ou de chambres d'hôtes notamment), de procurer une source de revenus qui profitera à terme au nu-propriétaire. Dans quelle mesure ces travaux sont-ils susceptibles de constituer une donation indirecte de l'usufruitier au nu-propriétaire ? Tout est question d'espèce, ce qui est évidemment délicat. L'espérance de vie de l'usufruitier, l'importance des travaux financés, leur nature, selon qu'ils ont pour objet de maintenir le bien dans l'état dans lequel il se trouvait au jour de l'ouverture de l'usufruit ou, au contraire, qu'ils l'ont amélioré, sont à prendre en considération.

Cette question, à l'occasion d'une donation, mérite en tout cas d'être soulevée et il faut prévoir expressément que ces dépenses financées par l'usufruitier seront imputées, en cas de requalification en donation indirecte, sur la quotité disponible de la succession, ce qui permettrait de couper court à toute discussion entre les héritiers.

16. La donation-partage inégalitaire. À la différence de la donation hors part successorale laissée à la seule initiative du donateur, la donation-partage inégalitaire implique l'accord des donataires. Elle est donc plus difficile à mettre en œuvre et suppose de faire preuve de pédagogie pour recueillir l'adhésion des cohéritiers du bénéficiaire de l'inégalité.

Sa validité ne fait pas de doute et elle peut s'appliquer tant à la donation-partage ordinaire qu'à la donation-partage transgénérationnelle. Elle présente les avantages déjà soulignés de la donation-partage et, en particulier, son caractère inégalitaire ne remet pas en cause la fixité des valeurs. L'avantage procuré à l'un des descendants peut être stipulé sur la quotité disponible ou en avancement de part successorale.

---

[9] V. F. Deboissy, « Le sort des constructions nouvelles édifiées par l'usufruitier : retour sur une controverse ancienne », *Études offertes au Doyen Simler*, Litec, 2006, p. 746.

Application pratique

Donation-partage réalisée par un donateur au profit de ses trois enfants comprenant : lot de A (valeur 50), lot de B (valeur 50) et lot de C (valeur 100).

Biens existants au décès : néant.

Le lot de C a doublé de valeur au décès et les lots de A et B n'ont pas varié.

Masse de calcul de la quotité disponible (valeur figée au jour de l'acte de donation-partage), soit 200 (= 50 + 50 + 100)

Quotité disponible (200/4) = 50

Réserve individuelle des trois enfants (150/3) = 50

La donation-partage respecte la réserve de chacun, aucun rétablissement n'est à opérer et C conserve l'avantage procuré.

17. Aménager le rapport successoral : le rapport forfaitaire de la donation. Rappelons brièvement que l'article 860 du code civil qui traite du rapport successoral prévoit que les biens donnés doivent être évalués selon leur valeur au jour du partage et dans leur état à la date de la donation. Il faut par conséquent tenir compte des plus ou moins-values du bien lorsqu'elles sont étrangères à l'activité du gratifié. Ainsi, un bien qui s'est fortement valorisé en raison d'une plus forte attractivité touristique de la région sera réévalué pour les calculs liquidatifs. De même, un changement d'état du bien lié aux seules circonstances économiques (cas du terrain non constructible devenu constructible au décès du donateur) conduira à le rapporter pour cette dernière valeur. Ces situations particulières peuvent être de nature à déjouer les prévisions du donateur puisque l'évaluation arrêtée lors de la donation sera désormais obsolète.

Pour un monument historique, le cas d'une revalorisation au décès du donateur, avec par conséquent un éventuel complément à verser aux cohéritiers n'est pas, sauf circonstances particulières, l'hypothèse la plus redoutée. En effet, les investissements réalisés n'ont souvent comme conséquence que de permettre un maintien de la valeur du bien. Toutefois, plusieurs situations particulières déjà évoquées peuvent poser des difficultés et conduire à des désaccords familiaux. Un mécanisme aménageant les règles du rapport successoral peut être alors adopté. Il s'agit ici de fixer un rapport forfaitaire qui peut être, au choix du donateur, de la valeur du bien au jour de la donation, d'une valeur convenue à l'avance ou encore d'une valeur indexée. Et, tout excédent de valeur, différence entre la valeur au décès et la valeur arrêtée à l'acte de donation, constitue un avantage imputé sur la quotité disponible. Il reste à noter que si le donateur souhaite neutraliser les effets du rapport successoral *a posteriori*, il lui reste la possibilité, par une disposition testamentaire, d'aménager les modalités du rapport successoral.

Application pratique
Rapport forfaitaire : 100 000 €
Valeur du bien au décès : 180 000 €
Rapport au décès imputé sur part réservataire : 100 000 €
Excédent (avantage indirect) imputé sur quotité disponible : 80 000 €

18. Une évaluation dérogatoire du monument historique. Une disposition propre aux monuments historiques est prévue à l'article 621-29-7 du code du patrimoine qui donne la possibilité, au plan civil, dès lors que le monument historique transmis par donation ou succession est affecté d'une clause d'inaliénabilité, de soustraire de sa valeur les charges nécessaires à la préservation du bien, pendant la durée d'inaliénabilité[10]. À l'occasion d'une transmission par succession, la mise en œuvre de cette disposition ne devrait pas poser d'importantes difficultés puisque les charges à venir peuvent être évaluées, pour l'établissement des opérations de partage, en considération de l'état du bien au jour du décès de l'ascendant.

Mais si la transmission a lieu par donation, la mise en œuvre du mécanisme est plus délicate, puisqu'il est précisé par le code du patrimoine que c'est au moment du décès, lors des calculs liquidatifs opérés pour la détermination de la quotité disponible et de la réserve, que cette évaluation diminuée devra être effectuée. En cas de donation simple, cela permettra de prendre en considération les charges nécessaires à la préservation du bien supportées par le donataire et qui, par conséquent, diminueront la valeur de son lot, corrigeant ainsi les difficultés soulignées de l'application du rapport successoral en présence d'un monument historique. En cas de donation-partage réalisée au profit de tous les descendants et portant sur l'ensemble des biens de leur auteur, le maniement de la règle semble plus délicat puisqu'elle revient, pour l'application de l'article 922 du code civil, à corriger la valeur du monument historique portée dans la donation-partage et ainsi, à bouleverser l'évaluation normalement figée des biens. La conséquence pourrait être, alors que chacun des donataires aurait reçu initialement un lot d'égale valeur, de mettre à la charge des cohéritiers une indemnité, afin de remplir l'attributaire du monument historique de sa part

[10] Les conditions de validité des clauses d'inaliénabilité sont précisées à l'article 900-1 du code civil. Elles doivent être temporaires et justifiées par un intérêt sérieux et légitime. V. égal. la contribution de M.-O. Barbaud dans cet ouvrage, p. 181.

de réserve, si elle ne lui a finalement pas été fournie, suite à l'évaluation corrigée de son lot.

Le recours à ce dispositif paraît donc d'un maniement plus aisé lors d'une donation ordinaire ou à l'occasion d'une transmission organisée par testament, sauf à pouvoir anticiper, au jour de l'acte de donation-partage, les charges futures devant grever le lot du donataire attributaire du monument historique.

19. L'incorporation d'une libéralité antérieure dans une donation-partage. À l'initiative du donateur, il est possible de prévoir l'incorporation de biens transmis par donation simple ou donation-partage dans une nouvelle donation-partage simple ou transgénérationnelle.

Cette opération est le moyen de corriger les effets de la donation simple que sont le rapport successoral et la réévaluation au décès du donateur, puisque la valeur d'un bien déjà donné à un enfant sera alors figée pendant que les autres recevront des biens nouvellement donnés. Elle permet également une redistribution des biens entre les descendants, l'un recevant finalement le bien initialement attribué à l'autre, cas de la propriété transmise à l'un qui souhaiterait s'en retirer alors qu'un autre enfant manifesterait le souhait de la conserver. Elle constitue aussi le moyen d'associer les petits-enfants à la transmission, par le recours à une donation-partage transgénérationnelle avec les figures multiples déjà évoquées. C'est enfin l'outil permettant de corriger la « donation-partage de lots indivis », soit que l'ajout de nouveaux biens conduise à des attributions divises, soit que l'apport en société civile du bien initialement donné en indivision permette, par l'attribution de parts sociales divises, de mettre fin à cette situation d'indivision.

Fiscalement, le régime est attractif puisque, tant la réattribution entre donataires d'origine que la transmission à la génération du dessous par la donation-partage transgénérationnelle n'assujettissent les biens incorporés qu'au droit de partage de 2,5 %, lorsque la donation initiale a plus de quinze ans.

20. La confirmation de l'efficacité d'une libéralité par les cohéritiers du donataire. Quel que soit le secteur d'imputation d'une donation, part de réserve ou quotité disponible, son efficacité est toujours suspendue au résultat des calculs liquidatifs opérés au décès de l'ascendant. Ceux-ci intégrant les donations réalisées, normalement réévaluées au décès de l'ascendant, ainsi que les biens existants qui restent à distribuer, mais dont le montant est par définition inconnu au jour de la donation, l'efficacité des transmissions anticipées peut donc être altérée.

Peut par conséquent peser sur le donataire le risque de versement d'une indemnité de réduction, pour dépassement de la quotité disponible, comme celui d'une indemnité de rapport, si les biens existants ne suffisent pas à pourvoir ses cohéritiers de leur part héréditaire.
Si les pactes sur succession future qui auraient pour but d'organiser par avance la liquidation d'une succession ou encore d'acter la renonciation à la succession future d'un des héritiers présomptifs sont interdits en droit français, rien n'empêche les cohéritiers du donataire de confirmer l'efficacité d'une libéralité, soit avant le décès du donateur, soit postérieurement à celui-ci.

Le premier mécanisme à leur disposition est la renonciation anticipée à l'action en réduction[11]. Elle consiste pour les cohéritiers du gratifié, dans un acte reçu par deux notaires, à renoncer à invoquer au décès du donateur la réduction des libéralités consenties à une personne désignée ou d'une libéralité particulière au profit de celle-ci. Cette action a donc pour but de protéger le bénéficiaire d'une donation hors part successorale puisque le descendant signataire renonce ainsi à demander le versement d'une indemnité si la libéralité excède la quotité disponible. Fiscalement neutre, cette renonciation n'est pas vue comme une donation consentie par le signataire au gratifié.[12]
Le second mécanisme consiste, au décès du donateur, soit à renoncer au rapport successoral d'une libéralité en avancement de part successorale, soit à renoncer à invoquer la réduction d'une libéralité. Comme créanciers d'un rapport successoral, les cohéritiers peuvent y renoncer, la masse à partager étant alors diminuée du rapport non effectué et corrélativement, la part de l'héritier déchargé du rapport est augmentée d'autant. L'avantage qu'il en retire pourrait être vu comme une donation indirecte par ses cohéritiers. Et, éluder ce rapport successoral aurait comme conséquence que le partage ne serait alors que partiel et les cohéritiers, ou leurs ayants droit, pourraient toujours demander le rapport ultérieurement. Mais si les cohéritiers renoncent à demander la réduction d'une libéralité[13], celle-ci est alors définitivement confirmée. Fiscalement, l'administration s'en tient ici à la liquidation effectuée par les héritiers[14].

---

[11] V. art. 929 à 930-5 C. civ.

[12] V. art. 756 bis CGI.

[13] V. art. 921 C. civ.

[14] V. BOI-ENR-DMTG-10-50-10, 12 sept. 2012, § 90 : « lorsque les libéralités excèdent la quotité disponible et que les redevables n'en demandent pas la réduction, l'administration n'a pas le pouvoir de réintégrer l'excédent dans le lot des héritiers réservataires. Elle doit s'en tenir à la liquidation des redevables. »

Outre ces dispositifs dont l'objet est de garantir la transmission, soit par des mécanismes accordant des avantages au gratifié, soit par la volonté exprimée par le donateur ou par ses descendants de sécuriser une libéralité déjà réalisée, se pose souvent la question de la transmission d'une propriété sur plusieurs générations ou au profit de bénéficiaires successifs. Au sein d'une famille, elle n'est souvent toutefois pas traitée immédiatement, compte tenu de l'impossibilité de connaître les souhaits et les possibilités dans l'avenir de la génération des petits-enfants.

B. Les stipulations ayant pour but d'encadrer la transmission

21. Définition des libéralités graduelles et résiduelles[15]. Ces libéralités ayant toutes deux pour support une donation ou un testament[16], par la libéralité *graduelle*, le disposant impose à un premier gratifié, la double charge de conserver sa vie durant les biens donnés ou légués et de les transmettre à son décès, à un second gratifié qu'il a désigné. La libéralité *résiduelle*, quant à elle, impose à un premier gratifié la charge de transmettre, à son décès, ce qui subsistera éventuellement du don ou legs reçu, s'il n'en a pas disposé de son vivant, à un second gratifié là encore désigné par le disposant.

22. Un régime juridique adapté. Juridiquement, ces transmissions constituent une double libéralité successive où le premier gratifié reçoit immédiatement le bien et le second, à un terme connu, qui est le décès du premier gratifié. Aucun lien de parenté n'est requis entre ces trois personnes et le second gratifié peut accepter immédiatement la libéralité ou à terme, y compris après le décès du disposant s'agissant de la donation graduelle.

La substitution pourrait ainsi produire effet à l'égard des enfants à naître du premier gratifié et, jusqu'à l'acceptation du second gratifié, le donateur peut revenir sur cette désignation. Conséquence logique, cette seconde libéralité ne s'impute donc pas sur la succession du premier gratifié, mais uniquement sur la succession du disposant. Bien entendu, le second gratifié ne devient propriétaire qu'au décès du premier gratifié et sans rétroactivité. Mais, les deux libéralités sont de portée différente. Puisque la libéralité résiduelle n'oblige à transmettre que si le bien existe encore au décès du premier gratifié, ce dernier peut en disposer à titre onéreux

15 V. art. 1048 à 1061 C. civ.

16 V. Cass. civ. 1re, 14 avr. 2021, n 19-21290, pour un exemple de testament graduel consistant en une mention manuscrite portée au dos d'un tableau organisant un legs graduel.

comme à titre gratuit, sauf par testament et sauf interdiction faite par le disposant de donner les biens. La libéralité graduelle impose au contraire la charge de conserver le bien. Un acte de disposition sur le bien par le premier gratifié paraît donc exclu puisqu'il serait anéanti à son décès, pour permettre la transmission au second gratifié.

Ces charges ne sont cependant pas sans limite puisqu'elles sont astreintes au respect de la réserve héréditaire. Autrement dit, ces libéralités doivent en principe porter sur la quotité disponible de la succession du disposant pour être totalement efficaces. Si elles obligent un descendant, elles peuvent s'imputer sur sa part de réserve, mais à la condition qu'il y consente et cet empiétement a une dimension transgénérationnelle puisque les seconds bénéficiaires doivent nécessairement être les enfants nés ou à naître du premier gratifié.

Enfin, même si cette condition ne fait aucune difficulté, s'agissant de la transmission d'une propriété, les biens objets de cette double libéralité doivent être identifiables et subsister en nature au décès du premier gratifié.

23. Un régime fiscal favorable. Lors de la donation, le premier bénéficiaire est soumis aux droits de mutation à titre gratuit et, à son décès, le second gratifié l'est, selon son lien de parenté avec le disposant, compte tenu de la valeur des biens au jour du décès du premier gratifié[17].

Autre particularité, un mécanisme d'imputation des droits payés par le premier gratifié sur les droits dus par le second s'applique, même si le donateur a acquitté les droits de mutation d'origine. Mais, si les droits dus par le second gratifié sont inférieurs à ceux acquittés par le premier, aucun remboursement du trop-perçu n'est prévu.

24. Applications pratiques. Couramment, ce type de libéralités est conseillé en présence d'un enfant vulnérable ou souffrant d'un handicap qui décéderait sans postérité afin que ses frères et sœurs, institués seconds gratifiés, bénéficient ainsi de l'avantage fiscal d'une transmission en ligne directe et non collatérale.

Elle pourrait également être le moyen d'organiser la transmission d'un monument historique au profit de plusieurs personnes déterminées, de manière successive, avec comme sous-jacent la volonté de la contrôler.

La libéralité graduelle ou résiduelle serait ainsi une alternative au démembrement de propriété pour un couple sans enfant lorsque le propriétaire du monument souhaite maintenir le cadre de vie de son

[17] V. art. 784 C CGI.

conjoint et lui octroyer la liberté de vendre le bien, tout en s'assurant qu'il sera recueilli par telle personne désignée second bénéficiaire, un neveu notamment, si le bien n'a pas été cédé.

De même, en présence d'enfants dont l'un est célibataire sans enfant, on pourrait imaginer, sous les précautions indiquées plus haut relatives au respect de la réserve héréditaire, que la donation à son profit soit assortie d'une charge de transmettre aux descendants de ses frères et sœurs.
Ces libéralités pourraient également constituer une solution dans un schéma familial où l'on souhaiterait assurer une transmission sur deux générations descendantes, tout en excluant le recours à une donation-partage transgénérationnelle, lorsque l'on veut éviter une indivision entre ces deux générations.
Elles seraient également une solution à étudier lorsqu'une personne sans enfant, propriétaire d'un monument en indivision avec un frère et une sœur, souhaite transmettre sa part d'abord à ce dernier, tout en imposant le choix d'un second gratifié qui serait l'un des enfants du premier et non l'ensemble de ses descendants.
Enfin, lorsqu'est réalisée une donation-partage transgénérationnelle, on pourrait prévoir, en cas de décès d'un petit-enfant sans descendance, mais après le donateur, une clause *de residuo* entre petits-enfants, dans le but d'éviter que son conjoint n'entre dans l'indivision familiale.

25. Conclusion. La transmission d'un monument historique est bien souvent au cœur des préoccupations familiales et la donation-partage comme la société civile adossée à une libéralité sont des moyens bien connus de la concrétiser. Très différente de la donation d'un appartement ou d'un portefeuille d'actions où des considérations d'ordre fiscal sont souvent prédominantes, la transmission d'un monument historique obéit à une problématique particulière et doit donc être mûrement réfléchie.
En fonction des familles et de la structure du patrimoine, un partage anticipé et immédiat entre les enfants, avec la désignation d'un repreneur s'imposera de lui-même ou au contraire, ne pourra pas toujours être réalisé, ou tout simplement, semblera prématuré. En effet, outre les moyens financiers que nécessite une transmission pour les parents, du côté du gratifié, reprendre un tel bien supposera de savoir exercer plusieurs métiers qui vont de celui de gestionnaire, à celui de maître d'ouvrage, en passant bien souvent par celui d'entrepreneur. C'est par ailleurs un choix qui implique l'ensemble de sa famille.
Une transmission peut donc prendre du temps et nécessiter des ajustements voire des correctifs, en fonction de l'évolution de la situation

des gratifiés. Mais, ce qui est certain, c'est qu'il est important et toujours utile de réfléchir à la transmission d'un monument, de l'organiser, de l'anticiper et le droit des libéralités offre des outils adaptés afin d'y parvenir dans de bonnes conditions.

Indivision *vs* société civile immobilière

Véronique Dejean de La Batie et Ludovic de Praingy
Notaires

Détenir, rénover, valoriser et transmettre un monument historique est souvent une aventure familiale. Une aventure qui s'inscrit dans la durée, avec une portée symbolique forte. Que le bien ait été acquis ou recueilli par héritage ou donation, il est fréquemment, à la fois une maison de famille, un lieu de vie et un site d'art et d'histoire. Selon les chiffres de la Demeure Historique[1], les monuments historiques, classés ou inscrits, ont été acquis ou recueillis : par succession pour 45 %, par donation pour 14 %, par acquisition pour 41 %. La plupart d'entre eux sont détenus par une seule personne physique (43 %). Un tiers le sont par des indivisions familiales et 14 % par des sociétés civiles immobilières (SCI) familiales soumises à l'impôt sur le revenu.

On oppose traditionnellement la société civile immobilière à l'indivision. Quel est le meilleur moyen de détenir et transmettre un monument historique ? La réponse spontanée est d'analyser l'indivision comme un mode de détention inorganisé et la SCI comme un outil de gestion plus attractif. La réalité est beaucoup plus nuancée. Ainsi, plusieurs questions se posent : Que choisir entre SCI et indivision au moment de l'acquisition ? Quels sont les impacts sur la transmission sur plusieurs générations ? Quelles sont les conséquences de ce choix sur la gestion ? Et si ces problématiques peuvent se poser pour toutes acquisitions immobilières, elles sont particulièrement importantes pour la détention à long terme d'un monument historique[2].

Dès lors, pour répondre à ces interrogations, nous ferons un bref rappel juridique des deux régimes (indivision et SCI) (**I**), avant d'analyser leurs différences au stade de la naissance du projet (**II**) puis de la détention du bien dans le temps (**III**).

---

[1] « Le grand questionnaire. Interroger pour mieux connaître », *Demeure Historique* n° 224, mars 2022, pp. 62 s. et « La transmission en quelques chiffres », *in* Transmission. Les clés de la pérennité, *Demeure Historique* n° spécial colloque universitaire, sept. 2022, pp. 8 et 9.

[2] Selon les chiffres des Notaires, la durée moyenne de détention d'un appartement en Île-de-France est de 7 à 8 ans, d'une maison de 8 à 13 ans (Source : Chambre des Notaires de Paris 2023). Selon les chiffres de la revue *Demeure Historique*, 58 % des adhérents de l'association détiennent leur monument historique depuis plus de 20 ans (v. « La transmission en quelques chiffres », préc. p. 8).

I. Rappels juridiques

Quelques éléments de définition permettent de mieux comprendre les deux modèles, indivision (**A**) et société civile immobilière (**B**).

A. L'indivision

1. L'indivision est une situation juridique dans laquelle plusieurs personnes se retrouvent propriétaires d'un même bien. Chacun détient une quote-part (égale ou inégale) du bien sans qu'elle soit matériellement individualisée.
L'indivision peut être conventionnelle (née d'une convention, par exemple d'un acte d'achat, ou d'une donation) ou légale (née de plein droit par effet de la loi, par exemple lors d'un décès). L'indivision peut être organisée ou non, c'est-à-dire soumise aux règles du droit commun ou à un régime dérogatoire aménagé, en présence d'une convention d'indivision.
Les articles 815 et suivants du code civil régissent le droit commun de l'indivision. C'est le régime le plus simple et celui qui s'applique par défaut. Il est par nature précaire et par essence temporaire. Selon le code civil, « nul ne peut être contraint à demeurer dans l'indivision et le partage peut toujours être provoqué, à moins qu'il n'y ait été sursis par jugement ou convention. »
Comment définir les quotes-parts indivises de chacun ? Les droits et obligations de chacun des propriétaires indivis dépendent de sa quote-part. Celle-ci résulte du titre de propriété des coindivisaires. Ce titre peut être une attestation immobilière après décès, une donation immobilière ou un acte de vente. En matière d'acquisition, elles sont fixées avec l'aide du notaire en tenant compte de l'effort financier de chacun.

Un point d'attention : les proportions d'acquisition ne peuvent pas changer au fil du temps sans un acte de cession publié au service de la publicité foncière et le paiement d'une taxe de publicité foncière.

2. Le démembrement de propriété est une fiction juridique issue du droit romain. Il se conçoit comme la dissociation de la propriété en différents droits, notamment l'usufruit (le droit de jouissance et celui de percevoir les fruits) et la nue-propriété (dont le détenteur à vocation à devenir propriétaire à l'extinction de l'usufruit)[3]. Cette dissociation, ou

[3] Définition du vocabulaire juridique Capitant par G. Cornu : « Droit réel, par essence temporaire, dans la majorité des cas viager, qui confère à son titulaire l'usage et la

cette superposition de droits sur un même bien peut se combiner avec l'indivision. Il peut exister une indivision sur l'usufruit s'il y a plusieurs usufruitiers, comme une indivision sur la nue-propriété.
Synthétiquement, les droits démembrés immobiliers se définissent au regard des articles 605 et 606 du code civil. L'usufruit, détenu par une ou plusieurs personnes, est le droit d'occuper, d'habiter, de louer, de percevoir les revenus, d'avoir l'usage du bien et en contrepartie de régler les charges d'entretien (article 605 du code civil). Le plus souvent cet usufruit est viager : l'intéressé en bénéficie jusqu'à son décès. Tant que cet usufruit existe, le nu-propriétaire ne peut pas jouir du bien. Néanmoins sauf dérogation conventionnelle, il est tenu aux grosses réparations, à moins qu'elles aient été occasionnées par le défaut d'entretien de l'usufruitier.

Tableau des caractéristiques d'une indivision détentrice d'un monument historique	
Fiscalité	Fiscalité directe, chaque membre de l'indivision est imposé à concurrence des revenus perçus, hors cas du démembrement de propriété, où seul l'usufruitier est imposé sur les revenus perçus.
Coindivisaires	Membres ou non d'une même famille. Le caractère familial de l'indivision n'est pas exigé pour profiter du régime fiscal dérogatoire.
Durée	Illimitée, mais chacun est libre de provoquer le partage à tout moment sauf convention d'indivision écrite pour une durée maximale de cinq ans.
Pouvoir de gestion	Tous les coindivisaires quelle que soit la quote-part détenue ont les mêmes pouvoirs de décision. Par convention d'indivision, peut être désigné un mandataire de l'indivision.

jouissance de toutes sortes de biens appartenant à autrui, mais à charge d'en conserver la substance (art. 578 C. civ.) ; présenté comme un démembrement de la propriété, en tant qu'il regroupe deux attributs démembrés du droit de propriété. »

Règles de majorité	Unanimité par principe, majorité des deux tiers et règle des mesures conservatoires par exception. Par convention d'indivision d'autres règles de majorité sont possibles, sauf pour la vente qui demeure soumise à l'unanimité.
Droits et obligations des coindivisaires	Chacun reçoit les revenus afférents à sa quote-part, et est redevable des charges à due concurrence, hors cas du démembrement de propriété où seul l'usufruitier perçoit les revenus et est redevable des charges d'entretien, sauf meilleur accord.
Impôt sur la fortune immobilière (IFI)	Chacun est assujetti à l'IFI à due proportion. En présence d'un démembrement de propriété, seul l'usufruitier sauf exception est redevable de l'IFI.

B. La société civile immobilière (SCI)

La société est définie à l'article 1832 du code civil comme une société instituée par deux ou plusieurs personnes par contrat, ayant le statut d'associés. La SCI est dotée de la personnalité morale, afin d'acquérir, détenir et gérer un ou plusieurs biens immobiliers. Les associés sont propriétaires de parts sociales de la SCI elle-même propriétaire d'un bien immobilier[4]. La société civile immobilière propriétaire d'un moment historique se caractérise par trois éléments : le premier fiscal, le deuxième civil et le troisième familial (sauf exception).

1. La SCI propriétaire d'un monument historique est généralement soumise à l'impôt sur le revenu (IR). Une société civile est par défaut une société **fiscalement transparente** : les éventuels revenus de la société étant directement imposés entre les mains des associés (à l'IR). Elle peut néanmoins sur option être soumise au régime de l'impôt sur les sociétés (IS). Mais en présence d'un monument historique, l'IS n'est pas envisageable, la transparence fiscale est indispensable pour bénéficier du régime spécifique aux monuments historiques (article 156 bis du CGI). Nous ne traiterons pas ici des sociétés civiles qui ont opté pour l'impôt sur

[4] Les sujets d'indivision et de démembrement de parts sociales ne seront pas abordés dans les développements qui suivent. De même que la question de l'immeuble social démembré et indivis.

les sociétés, option fiscale incompatible avec le régime dérogatoire des monuments historiques, ni le cas des sociétés « translucides »[5].

2. La SCI a un objet nécessairement **civil.** Elle est une société civile. Son statut est **inconciliable avec une activité commerciale**, à défaut elle risque de perdre le régime fiscal de la transparence.
Point d'attention : si la SCI ne peut exercer d'activité commerciale, conformément à son objet social, il est possible de laisser le bien immobilier à la disposition d'une société commerciale *ad hoc* pour exercer ce type d'activité.

3. La SCI *monument historique* est **familiale** par principe. Pour profiter du régime fiscal de faveur, la SCI, quelle que soit la date à laquelle elle a été créée, sauf exception, doit être une société familiale. Selon l'article 156 bis du CGI, « les associés sont membres d'une même famille ».

Un point d'attention : sont considérés comme membre d'une même famille les personnes parentes en ligne directe (enfants, petits-enfants, parents, grands-parents, etc.) ou entre frères et sœurs, leurs conjoints et les enfants de ces différentes personnes, sans limitation du degré de parenté, sous réserve que celui-ci soit juridiquement établi et puisse être justifié par les contribuables concernés.[6]

4. La SCI peut être **non familiale** par exception. Le régime fiscal de faveur est en principe non applicable aux sociétés civiles non familiales ayant acquis le bien après le 1er janvier 2009, bien que non soumises à l'IS. Toutefois, le II de l'article 156 bis du code général des impôts prévoit deux exceptions à ce principe, pour les SCI non familiales transparentes :

- La SCI détient un espace culturel non commercial ouvert au public auquel elle affecte le monument historique classé ;
- La SCI détient un immeuble affecté, au plus tard dans les deux ans qui suivent son acquisition, à l'habitation pour au moins 75 % de ses surfaces habitables.

Un point d'attention : il y a certaines *obligations et formalités* indispensables (rédaction des statuts, immatriculation au Registre du Commerce et des Sociétés par la voie du guichet unique, déclaration des bénéficiaires

---

5 BOI-RFPI-SPEC-30-30, 19 déc. 2018. Pour une étude complète : L. Touzeau-Mouflard et A. Verjat, *La protection des monuments historiques*, Juris Édition, 2018.
6 BOI-RFPI-SPEC-30-30, 19 déc. 2018, § 290.

effectifs auprès du greffe, ouverture d'un compte bancaire, tenue d'une comptabilité régulière, tenue d'une Assemblée générale annuelle et déclaration de revenus spéciale à la SCI).

Tableau des caractéristiques de la SCI détentrice d'un monument historique	
Nature civile	Pas d'objet commercial, ni d'activité commerciale.
Fiscalité	- SCI à l'IR (nécessaire pour profiter du régime fiscal monument historique). - L'option IS est difficilement compatible avec la détention d'un monument historique.
Associés	Membre d'une même famille, sauf exception.
Capital Social	Pas de montant minimum.
Durée	Maximum 99 ans.
Pouvoir de gestion	Un ou plusieurs gérant.
Règles de décision et de majorité	Définies dans les statuts, y compris la vente de l'immeuble social.
Droits des associés	Chaque associé détenteur de parts sociales à due proportion de son apport constitutif du capital.
Obligations	Comptabilité, Assemblée générale annuelle, déclaration de revenus (CERFA 2072) spécifique à la SCI, etc.
Impôt sur la fortune immobilière (IFI)	- Le propriétaire est imposé sur les parts détenues. - En présence de démembrement, seul l'usufruitier est imposé sauf exception.

Un rapide aperçu des deux modes de détention est synthétisé dans le tableau suivant :

	Indivision	**SCI**
Origine	Légale (décès) ou conventionnelle (acquisition, donation)	Conventionnelle (statuts de la société)
Régime	Par défaut (droit commun des articles 815 et suivants) ou aménageable (convention d'indivision)	Résultant des statuts
Durée	Illimitée, mais chacun est libre de provoquer le partage sauf convention d'indivision écrite d'une durée de 5 ans maximum	99 ans maximum
Sortie	Au terme de la convention s'il en existe, ou à défaut à tout moment, par la vente à un tiers, ou le partage	À la liquidation de la SCI sauf hypothèse du retrait anticipé d'un associé
Fondement	Articles 815 du code civil et suivants	Articles 1832 du code civil et suivants

II. La naissance du projet

> « Tous les hommes ont un secret attrait pour les ruines. Ce sentiment tient à la fragilité de notre nature, à une conformité secrète entre ces monuments détruits et la rapidité de notre existence. »[7]

Deux hypothèses seront étudiées : l'achat en indivision par deux époux séparés de biens d'une part (**A**), et l'achat en société civile immobilière par ces mêmes époux d'autre part (**B**). Ceci permettra de comparer l'indivision familiale et la SCI lors de l'acquisition, avant d'aborder la transmission du monument historique à la génération suivante (**C**)[8]. Mais auparavant, il est à noter que, pour les époux communs en biens, l'acquisition se fait pour le compte de la communauté, sauf cas de remploi de fonds propres. Dans ce cas-là, on ne parle pas d'indivision. L'acquisition dépend de la communauté conjugale. Pour les concubins, ou les partenaires pacsés en séparation de biens, il ne s'agit pas d'indivision conjugale, mais d'indivision pure et simple et d'« indivision pacsimoniale » pour le cas de partenaires. Tous les développements suivants les concernent, hormis les règles des régimes matrimoniaux.

A. L'achat en indivision

1. Définir les quotes-parts

Acheter en indivision nécessite de déterminer dans l'acte notarié les quotes-parts d'acquisition. Cette question est délicate pour des raisons d'ordre juridique et pratique. D'abord, au regard du droit des régimes matrimoniaux, savoir si le financement d'une acquisition immobilière est une contribution aux charges du mariage assujettie ou non à un compte entre époux, est débattue en jurisprudence[9], ce qui pose de vraies

---

[7] F.-R. de Chateaubriand, *Génie du christianisme*, Garnier Frères, 1828, pp. 360-362.

[8] La question de l'apport immobilier après acquisition, ici non étudiée, est également envisageable.

[9] Cass. civ. 1re, 18 nov. 2020, pourvoi n° 19-15.353, publié au *Bulletin* : « Il résulte [des articles 214 et 1537 du code civil] que lorsque les juges du fond ont souverainement estimé irréfragable la présomption résultant de ce que les époux étaient convenus, en adoptant la séparation de biens, qu'ils contribueraient aux charges du mariage à proportion de leurs facultés respectives et que chacun d'eux serait réputé avoir fourni au jour le jour sa part contributive, en sorte qu'ils ne seraient assujettis à aucun compte entre eux ni à retirer à ce sujet aucune quittance l'un de l'autre, un époux ne peut, au soutien d'une demande de créance, être admis à prouver l'insuffisance de la participation de son conjoint aux charges du mariage pas plus que l'excès de sa propre contribution. »

difficultés à défaut de précisions dans le contrat. En outre, pour des raisons diverses, il est fréquent que les époux souhaitent faire apparaître dans l'acte des quotes-parts qui ne correspondent pas à l'effort financier de chacun. Enfin, rares sont les acquisitions financées sans crédit bancaire, les quotes-parts ne sont donc que prévisionnelles. Comment projeter avec certitude la manière dont le prêt sera remboursé ? Trois conseils pratiques peuvent être donnés :

- Faire un point avec le notaire sur le contrat de mariage de séparation de biens, et notamment le paragraphe de la contribution aux charges du mariage ;
- Privilégier la transparence et la simplicité en fixant les quotes-parts en fonction de l'effort de financement réel de chacun. En présence d'un crédit bancaire, tenir compte du remboursement prévisionnel du crédit et mentionner la répartition dans l'acte notarié ;
- Prévoir l'ouverture d'un compte joint sur lequel seront prélevées les échéances de crédit. Ledit compte étant alimenté par les époux en fonction de leur quote-part d'acquisition, pour assurer la traçabilité des flux financiers.

La contribution se calcule sur le prix de vente, la commission d'agence éventuelle, les frais d'acquisition et les frais de garantie bancaire. Il est possible d'intégrer le coût prévisionnel des travaux à venir dans le plan de financement. Les intérêts d'emprunt ne sont en revanche pas pris en compte.

2. Choisir une convention d'indivision

Il s'avère parfois utile, hormis pour le cas d'époux communs en biens, d'établir un contrat écrit entre les coindivisaires dans le but de simplifier la gestion des biens indivis, le paiement des charges entre indivisaires ou le règlement des travaux et d'éviter la survenance des conflits. La convention peut être incluse dans l'acte d'achat[10].

Cette convention est rarement adoptée dès l'origine, au sein d'une indivision conjugale, soumise par défaut aux règles du droit des régimes matrimoniaux. Elle est, en revanche, parfois mise en place en présence de partenaires pacsés, de concubins ou d'indivisions amicales.

---

[10] *Cf. infra*, III. La détention dans le temps, A. La gestion.

3. Prévoir la fiscalité

Les monuments historiques sont soumis à un régime fiscal dérogatoire, résultant de l'article 1 de la loi de finances pour 1965 codifié à l'article 156 bis du CGI. Ce régime permet au contribuable de déduire certaines charges foncières de ses revenus. Il est applicable aussi bien aux immeubles détenus en direct qu'aux immeubles détenus en SCI soumises à l'impôt sur le revenu (IR). Il est la « contrepartie des obligations relatives à la conservation et à la mise en valeur des monuments historiques pesant sur les propriétaires privés, dans l'intérêt de la conservation du patrimoine national »[11].

Pour profiter du régime fiscal spécifique aux monuments historiques, le propriétaire doit conserver le bien pendant quinze ans. L'acte notarié d'acquisition constituera le point de départ de cet engagement de conservation, et non la date du classement ou de l'inscription au titre des monuments historiques. Aucune mention dans le titre d'achat n'est requise. Le justificatif de l'engagement ne procède que de la mention des charges déductibles sur la déclaration d'ensemble des revenus (formulaire n° 2042, Cerfa n° 10330), ou sur la déclaration des revenus fonciers (formulaire n° 2044-SPE, Cerfa n° 10335). L'engagement de conservation ne prend donc pas de forme solennelle écrite.

À noter : les travaux sont déductibles en totalité par l'indivisaire qui les a supportés et non dans la limite de sa quote-part[12]. Cette règle est applicable aux indivisions même non conjugales.

B. L'achat en société civile immobilière

La première étape est de signer les statuts, par acte notarié ou sous seing privé. Il est recommandé de se faire accompagner par un notaire, ou un professionnel du droit et du chiffre pour la rédaction[13].

---

[11] Article 156 bis II 1 ter CGI ; articles 41E à 41J de l'annexe III au CGI ; articles 17 ter et 17 quinquies A de l'annexe IV au CGI.

[12] BOI-RFPI-SPEC-30-20-20, 19 déc. 2018, § 20 ; CE, 24 janv. 2011, req. n°s 308519 et 312788 : « lorsque l'un des membres d'une indivision propriétaire d'un monument historique dont elle garde la jouissance a supporté des charges foncières relatives à ce monument pour un montant supérieur à sa quote-part dans l'indivision, les dispositions précitées l'autorisent néanmoins à déduire la totalité de la dépense effectivement supportée ».

[13] Ne sera pas envisagé dans les développements qui suivent l'apport du monument historique en SCI, mais uniquement l'acquisition du bien par la SCI.

Un point d'attention : la promesse de vente peut être signée avant ou après le montage de la SCI. Le cas échéant, il est indispensable d'insérer dans l'avant-contrat une clause de substitution, afin que la SCI puisse faire l'acquisition en lieu et place des acquéreurs initiaux, dans les mêmes conditions juridiques et financières.

1. Définir le capital social

La SCI est constituée avec un capital faible ou un capital fort.

a) Capital social faible

La loi ne prévoit pas de capital minimum pour constituer une société civile. Le capital peut être symbolique. Il est constitué par les apports en nature ou en numéraire des associés, lesquels donnent droit aux parts sociales à due proportion. La société au capital faible permet de faire participer *ab initio* les enfants au projet de manière conséquente. Le capital faible ne reflète pas le financement des associés. Ce dernier est établi par le biais des avances en comptes courants d'associés. On peut prévoir une avance en compte courant d'associé pour faire face au besoin de trésorerie d'une société. Ainsi, les associés mettent à la disposition de la société des fonds appelés avances en comptes courants. Ces avances sont considérées comme des prêts. Elles sont constatées aux termes d'une assemblée générale ou par convention séparée de compte courant.

Cas pratique : le projet en SCI de Pierre et Lucie (1)

Pierre et Lucie, 50 ans chacun, sont mariés sous le régime de la séparation de biens. Ils ont deux enfants, Théo et Elsa (20 et 18 ans). Ils souhaitent acheter un magnifique prieuré génovéfain du XVIIe siècle classé au titre des monuments historiques en Mayenne, mais comment ?

Cas numéro 1 : Pierre et Lucie constituent une SCI à l'IR avec leurs deux enfants. Ils choisissent une SCI à capital faible. Ils souhaitent répartir le capital ainsi : 60 % pour les parents, 40 % pour les enfants afin de les associer au projet.

Le capital est fixé à 1 000 euros, divisé en 1 000 parts d'un euro chacune. Pierre et Lucie apportent 600 euros, et Théo et Elsa 200 euros chacun.

Les parts sont réparties : 300 parts Pierre, 300 parts Lucie, 200 parts Théo, 200 parts Elsa.

Budget à financer	Plan de financement
Prix d'acquisition du monument : 500 000 €	Capital société : 1 000 €
Frais : 35 000 €	Apport en compte courant Lucie et Pierre : 300 000 €
Travaux : 100 000 €	Emprunt par la SCI : 334 000 €
Total à financer : 635 000 €	**Total financé :** 635 000 €

C'est une stratégie intéressante pour faire entrer un associé qui ne dispose pas des fonds suffisants pour financer l'opération immobilière. Les SCI parents-enfants (ou SCI familiale) utilisent fréquemment cette technique. Leurs enfants doivent apporter peu de fonds et profitent de la capacité d'emprunt de la société. Les parents financent ensuite l'opération avec des avances en comptes courants. Ces avances pourront être remboursées au fil du temps par la société, ou apportées à la société par voie d'augmentation de capital, ou bien transmises aux enfants par voie de donation.

b) Capital social élevé

Fixer un capital élevé pour une SCI permet de refléter au mieux le financement du projet. Cette solution reste également plus transparente.

Cas pratique : le projet en SCI de Pierre et Lucie (2)

Pierre et Lucie, 50 ans chacun, sont mariés sous le régime de la séparation de biens. Ils ont deux enfants, Théo et Elsa (20 et 18 ans). Ils souhaitent acheter un magnifique prieuré génovéfain du XVIIe siècle classé au titre des monuments historiques en Mayenne, mais comment ?

Cas numéro 2 : Pierre et Lucie constituent une SCI à l'IR avec leurs deux enfants. Ils choisissent une SCI à capital fort. Ils souhaitent répartir le capital en fonction des apports réels de chacun : 60 % pour les parents et 40 % pour les enfants. Ils consentent un don manuel

enregistré de sommes d'argent à leurs deux enfants de 60 000 euros chacun[14].
Le capital est fixé à 300 000 euros, divisé en 3 000 parts de 100 euros chacune.
Pierre et Lucie apportent 180 000 euros, et Théo 60 000 et Elsa 60 000 euros chacun.
Les parts sont réparties : 900 parts Pierre, 900 parts Lucie, 600 parts Théo, 600 parts Elsa.

Budget à financer	**Plan de financement**
Prix d'acquisition du monument : 500 000 €	Capital société : 300 000 €
Frais : 35 000 €	Apport en compte courant Lucie et Pierre : 0 €
Travaux : 100 000 €	Apport en compte courant Théo et Elsa : 0 €
	Emprunt par la SCI : 335 000 €
Total à financer : 635 000 €	**Total financé :** 635 000 €

2. Choisir les règles statutaires

Dans les statuts, les associés fixent les principes de fonctionnement, d'entrée et de sortie des associés. Ils délimitent notamment les règles de quorum et de majorité, les pouvoirs du gérant, les modalités d'agrément lors des transmissions à titre gratuit et à titre onéreux et les conditions de retrait.
Les associés fondateurs déterminent ainsi le caractère plus ou moins ouvert de la structure (par exemple le point de savoir si les conjoints de leurs enfants pourront devenir associés), la gouvernance plus ou moins dynamique (à quelle majorité sont prises les décisions ?), l'avenir plus ou moins verrouillé (les parents sont-ils gérants inamovibles, avec une durée illimitée ?). Les statuts donnent ainsi la *couleur* de la société familiale.

[14] Le don manuel de somme d'argent consenti par un donateur de moins de 80 ans à son enfant ou petit-enfant majeur, bénéficie de l'abattement spécial de l'article 790 G du CGI de 31 865 euros.

3. Prévoir le coût

Il faut prévoir entre 2 000 et 3 000 euros. Ce coût s'ajoute aux frais d'acquisition notariée. Et un délai d'un mois environ pour obtenir le Kbis, véritable pièce d'identité de la personne morale nouvellement créée. Il faut noter que, pour profiter du dispositif fiscal spécifique aux monuments historiques, l'engagement est double : la SCI doit conserver le bien immobilier pendant quinze ans et les associés doivent conserver leurs parts pendant la même durée. L'engagement ne revêt pas de forme solennelle. Il résulte des déclarations fiscales.

C. La transmission

> « Il faut relever l'esprit de l'homme, le tourner vers la conscience, le beau, le juste et le vrai, le désintéressé et le grand. C'est là et seulement là que vous trouverez la paix de l'homme avec lui-même et par conséquent avec la Société. »[15]

Transmettre un monument historique, plus que tout autre bien, comprend une donnée spirituelle. Elle rend conscient de n'être que gardien d'un bien qui a traversé les siècles, et qui n'a fait que passer entre nos mains. Il faut une forme d'abandon pour rechercher le beau et le transmettre. Il faut accepter que l'histoire du lieu se poursuive au-delà de soi-même.
Consentie de son vivant, par acte notarié, la donation à la génération suivante permet d'impliquer un ou plusieurs enfants dans la gestion de la propriété. Plusieurs solutions sont envisageables. Et le schéma n'est pas très différent selon le mode de détention, indivision ou SCI. Il faut noter, de manière liminaire, que la transmission faite à l'intérieur du cercle familial (de quotités indivises ou de parts sociales) ne rompt pas l'engagement fiscal de conservation de quinze ans, s'il est repris par les donataires.

1. Comment donner ?

La donation peut être consentie en pleine propriété ou en nue-propriété de tout ou partie du bien ou de parts sociales à un seul ou plusieurs enfants. Enfin, la transmission peut être réalisée par donation simple, ou par voie de donation-partage, si un seul des enfants est alloti en contrepartie d'une soulte par exemple, ou d'autres actifs[16].

---

15 V. Hugo, Discours à l'Assemblée nationale, Séance du 11 nov. 1848.

16 La donation-partage de bien indivis est depuis quelques années invalidée par la jurisprudence. Dans ce sens, Cass. civ. 1re, 12 juill. 2023 n° 21-20361.

2. Quelles clauses insérer ?

L'acte notarié de donation lui-même – ou une convention annexe – peut comprendre plusieurs clauses spécifiques. Certaines de ces conditions particulières sont différentes suivant la nature du bien donné, selon qu'il s'agisse de quotes-parts indivises ou de parts de société. Elles permettent de mettre en place des règles de vie et de sélectionner les futurs propriétaires. D'autres conditions liées à la nature de l'acte peuvent s'imposer indistinctement aux SCI et à l'indivision.
Si le bien est transmis en direct, l'acte peut comprendre un pacte de préférence pour accorder un droit de priorité à la famille en cas de cession. L'acte peut être assorti d'une convention d'indivision qui préciserait le *modus vivendi*, les règles de décision, la répartition de jouissance, les modalités de financement des charges d'entretien, d'organisation des visites publiques, etc.[17]. Il est même envisageable d'y insérer une faculté de rachat au décès de l'un des coindivisaires au profit du conjoint ou d'un héritier.
Si le bien est détenu en SCI, les statuts ou un pacte extrastatutaire peuvent prescrire des conditions similaires. Les clauses statutaires d'agrément s'appliquant aux cessions à titre gratuit (décès ou donation) comme aux cessions à titre onéreux (vente, apport, échange) définissent les modalités de poursuite de la société, soit avec les seuls associés survivants, soit de plein droit avec tous les héritiers, cessionnaires ou certains d'entre eux. Au sein d'un pacte d'associés extrastatutaire, il est possible, en outre, de définir les règles de cession, les conventions de comptes courants d'associés, les modalités de financement des charges courantes et exceptionnelles, les règles de mise à disposition du bien, les modalités des visites publiques, etc. Ces conditions sont souvent établies par pacte séparé et s'imposent à la donation.
D'autres clauses, indifférentes à la nature du bien cette fois-ci, peuvent être également prévues. L'interdiction d'aliéner, limitée dans le temps et justifiée par l'engagement de conservation et le caractère familial de la propriété est la plus courante d'entre elles. Le droit de retour en cas de prédécès de l'un des donataires avant les donateurs assurant la conservation du bien dans la famille est également usuel. La clause résiduelle, quant à elle, est plus particulière, car elle anticipe la dévolution du bien au profit de la génération suivante, ou du colégataire, avec une

[17] *Cf. infra*, III. La détention dans le temps, A. La gestion.

fiscalité attractive[18]. La clause de préciput exempte la transmission de rapport, laquelle s'imputera sur la quotité disponible. La clause de rapport forfaitaire à la valeur donnée fige le rapport de don. Le bien ne sera pas réévalué au décès, seule la différence s'impute sur la quotité disponible. Toutes ces modalités assurent une transmission sur mesure.

3. Avantager un enfant ?

Et si un seul des enfants souhaitait reprendre le bien classé ou inscrit ? La question est délicate tant la transmission semble cristalliser l'inclination des parents. Les aspirations affectives des enfants se mêlent aux sujets patrimoniaux. Décorréler le financier de l'affectif est un exercice complexe qui nécessite pédagogie, bienveillance, autorité et écoute. La décision de transmettre à un seul enfant ne se conçoit donc pas à la légère sans une explication transparente, sous l'autorité du donateur ou du testateur. Un pacte de famille oral ou écrit du vivant des auteurs est préférable à un legs secret découvert après décès.

Plusieurs outils notariaux existent :

- **Avantager l'enfant dans les limites de la réserve héréditaire et de la quotité disponible** en tenant compte de la valeur particulière du bien : la prise en compte des charges civiles de l'article L 621-29-7 du code du patrimoine, dans le partage civil (en présence d'une clause d'inaliénabilité[19]) : « Pour l'application des articles 829, 860 et 922 du code civil, lorsqu'un immeuble classé ou inscrit au titre des monuments historiques, transmis par donation ou succession, est affecté d'une clause d'inaliénabilité, l'évaluation de l'immeuble est diminuée des charges, y compris d'entretien, nécessaires à sa préservation durant toute la durée de la clause. » C'est une règle applicable au partage civil. Elle n'a pas d'incidence sur la fiscalité.

Illustration : Jacques et Yasmine transmettent en pleine propriété à leur fille Eulalie leur château renaissance dans l'Allier avec une clause d'inaliénabilité de 15 ans. Comment le valoriser dans la donation-partage pour calculer la juste contrepartie revenant à leur fils Martin ?

---

[18] Il est envisageable de donner un bien à deux bénéficiaires successifs, par exemple à un enfant, puis à son décès à ses propres neveux et nièces (petits-enfants du donateur), sous le régime fiscal en ligne directe ; les grands-parents donateurs étant considérés comme auteurs de la transmission.

[19] Sur ce point, v. la contribution de M.-O. Barbaud dans cet ouvrage, p. 181.

Le corps de logis classé, son parc, ses bâtiments annexes ont une valeur vénale de 800 000 euros. Ils sont ouverts à la visite gratuitement, et ne génèrent pas de revenus.

Montant des charges annuelles (en euros)		**Montant des charges sur la durée de la clause d'inaliénabilité**	
Travaux	10 000	**15 ans**	150 000
Taxe foncière et assurance	5 000		75 000
Alarme	1 000		15 000
Entretien	10 000		150 000
TOTAL annuel	26 000	**TOTAL sur 15 années**	390 000

La valeur civile du bien retenue dans le partage s'élève à 410 000 (800 000 – 390 000). Jacques et Yasmine consentent une donation-partage conjonctive[20] et attribuent le domaine à Eulalie qui doit une soulte à Martin de 205 000 euros (soit la moitié de la valeur de la propriété).
La valeur fiscale sur laquelle seront calculés les droits est de 800 000 euros. La transmission pourrait être exonérée sous réserve de la réunion des conditions de l'article 795 A du CGI.

- **Avantager l'enfant au-delà de la quotité disponible :** la renonciation à agir en réduction (RAAR)

La réserve héréditaire est l'un des principes fondamentaux du droit successoral français. Elle est d'ordre public. C'est la part minimum dont on ne peut pas priver l'un de ses héritiers réservataires. La quotité disponible est la part libre, dont on dispose à son gré. En présence d'un enfant, la quotité disponible est de la moitié, de deux enfants d'un tiers, et de trois enfants ou plus d'un quart. Il est néanmoins possible d'avantager un héritier au-delà de la quotité disponible[21]. La donation nécessite l'accord

[20] Une donation-partage conjonctive est une donation consentie conjointement par les parents à un enfant commun. Elle est définie à l'article 1076-1 du code civil.
[21] Art. 929 à 930-5 c. civ.

des autres héritiers réservataires pour être pleinement efficace. L'accord prend la forme d'une renonciation à agir en réduction de la libéralité. Elle est établie du vivant des auteurs de la libéralité par acte authentique, en présence de deux notaires.
Les deux notaires doivent s'assurer que le renonçant est bien conscient des conséquences de son acte, qu'il n'a pas subi de pression. La RAAR est particulièrement adaptée à la transmission complexe d'un monument historique. Elle ne se conçoit que si elle est un choix familial effectué sous l'autorité des parents.

> **Illustration :** Patrice et Anne ont un château classé dans la Drôme. La valeur de la propriété excède la moitié de leur patrimoine. Et la charge mentale et financière est devenue trop lourde. Avec leurs enfants, il est convenu qu'il serait dommageable de diviser l'ensemble. Ils se résignent alors à la vente, lorsque deux des enfants se portent candidats pour poursuivre l'aventure. Or les enfants bénéficiaires n'ont pas les moyens de verser une juste contrepartie à leurs frères et sœurs non gratifiés, même en tenant compte des charges civiles de l'article L. 621-29-7 du code du patrimoine. Il est donc décidé au sein de la fratrie, pour que la propriété puisse être conservée, de faire un pacte de famille sous la forme d'une renonciation à agir en réduction. La donation est consentie par préciput et hors part aux deux enfants ; les autres renoncent à agir en réduction de la libéralité.

4. Comment résoudre le casse-tête de la valorisation[22] ?

Quelle valeur fiscale retenir pour un bien certes de prestige et d'agrément, mais aussi source de dépenses ? Il faut revenir ici sur la notion de valeur vénale. Lors d'une donation, la valeur retenue est la valeur vénale, c'est-à-dire la valeur résultant du marché, une fois réalisées les décotes pour indivision et occupation. Selon les termes du *Bulletin officiel des finances publiques*[23], « les demeures et bâtiments classés monuments historiques (ou inscrits à l'inventaire supplémentaire) se trouvent dans une situation particulière en raison, notamment, de leur nature spécifique, des charges souvent importantes qui les grèvent, du nombre limité des acquéreurs potentiels et des difficultés qui en découlent pour les vendre. » Pour déterminer cette valeur vénale, « il convient, en particulier, de tenir compte des contraintes qui résultent, pour les propriétaires de tels biens, de leur

[22] V. la contribution de M.-A. Guérard dans cet ouvrage, p. 135.
[23] BOI-ENR-DMTG-10-40-10-10, 29 déc. 2017.

ouverture plus ou moins fréquente au public et de leur utilisation à des fins d'animation collective dans un but essentiellement culturel. »[24]
S'agissant des décotes, elles sont diverses :

- décote pour indivision : uniquement pour les indivisions préexistantes à la transmission[25] (en fonction des cas, appliquer un pourcentage de 5 % à 15 %, voire supérieur en situation de blocage) ;
- décote pour indivisions conjugales : aucune décote n'est possible ;
- décote en cas de SCI : une fois calculée la valeur patrimoniale nette de la société comprenant le monument et le compte bancaire éventuel après déduction des dettes et comptes courants d'associé, pourrait être appliquée sur les parts une décote de 5 à 15 % pour les SCI familiales 2e génération, voire 20 à 25 % en situation de blocage ;
- décote pour SCI conjugale : décote légère, voire inexistante.

En ce qui concerne l'exonération dont peuvent bénéficier certains de ces biens, se reporter au *Bulletin officiel des finances publiques*[26].

III. La détention dans le temps

Les questions pour la seconde génération de gestion du bien (**A**) ou de sortie du projet (**B**) prennent un autre sens.

A. La gestion

Selon qu'il est détenu en indivision, voire en indivision démembrée, ou en SCI, le monument historique va être régi par des règles différentes. L'indivision laisse ses membres poser leurs propres règles, et dans le meilleur des cas reformuler un pacte fondateur. La SCI impose un cadre préexistant, efficace mais contraignant.

1. La gestion en cas de démembrement de propriété

Les pouvoirs de gestion de l'usufruitier, à défaut de convention contraire, sont délimités par la loi. Ainsi, il conserve la faculté de gérer la propriété et d'effectuer l'entretien, ainsi que les réparations courantes dans le cadre

---

24 *Ibidem.*
25 BOI-ENR-DMTG-20-30-10, 6 avr. 2021, § 90.
26 BOI-ENR-DMTG-10-20-30- et BOI-ENR-DMTG-10-20-30-70.

d'une exploitation normale. Il en assume le financement. Il peut également conclure certains baux, percevoir les loyers et prendre des décisions concernant l'utilisation du bien. Dans des cas extrêmes cependant, l'usufruitier peut être déchu judiciairement de son droit d'usufruit.
Les prérogatives du nu-propriétaire s'exercent sous la forme d'un contrôle et d'une surveillance. Il peut dans ce cadre s'opposer aux décisions de l'usufruitier s'il estime qu'elles vont au-delà des limites de l'usufruit ou compromettent la valeur du bien et lui demander des comptes notamment en cas de dommages ou de pertes subis sous la responsabilité de l'usufruitier. Précisons enfin qu'il reste redevable des gros travaux qui ne résultent pas d'un défaut d'entretien (articles 605 et 606 du code civil).
Il faut encore noter que le démembrement de propriété assure la transmission de manière progressive, en laissant le pouvoir à l'usufruitier. Néanmoins la dynamique de gestion du démembrement n'est pas attractive. Il est courant que l'usufruitier retraité ne souhaite pas investir et se contente d'un entretien minimum. Il ne faut pas hésiter à permettre au nu-propriétaire qui le souhaite de se consacrer à la mise en valeur du monument. Un accord familial entre usufruitier et nu-propriétaire est tout à fait possible[27].

2. La gestion en cas d'indivision

En présence d'une indivision, les décisions importantes se prennent en principe à l'unanimité. Ce régime est par essence compliqué et précaire. À tout moment, chaque indivisaire est légitime à demander le partage. Mais il existe des dérogations : depuis la loi du 23 juin 2006, le régime est aménageable et s'avère être un mode de détention très souple et cadre de liberté.

• La convention d'indivision :
Il faut concevoir la convention d'indivision comme un pacte familial fondateur écrit[28]. La convention d'indivision portant sur un monument historique familial peut prendre la forme d'un contrat formel marquant l'adhésion collective, renouvelable régulièrement. Les coindivisaires décident par écrit des règles de la vie courante et désignent un « mandataire de l'indivision » qui aura le pouvoir de gestion.

---

[27] Pour les règles de déductibilité fiscale : Celui qui a « effectivement supporté la charge » peut les déduire. BOI RFPI BASE 20-30-30, 28 déc. 2015. Pour une décision CE, 28 nov. 1980, req. n° 12074.
[28] L. 26 juin 2006. Art. 815-1 C. civ. : Les indivisaires peuvent passer des conventions relatives à l'exercice de leurs droits indivis, conformément aux articles 1873-1 à 1873-18.

Il est bon que le gérant puisse changer pour laisser à chacun la liberté de s'investir. L'indivision ne fonctionne, même dans un cadre amiable et bienveillant, que si chacun des coindivisaires trouve sa place et s'exprime selon ses envies. À défaut, l'indivision est le lieu de l'inertie, parce que les priorités de l'un ne sont pas celles de l'autre.
Les règles de la convention portent, d'une part, sur les éléments financiers, tels que la fixation du budget annuel, le plan de travaux, le calcul de la contribution de chacun, la répartition des revenus éventuels, et d'autre part, sur les règles de vie intérieure, à savoir la répartition de jouissance, dans l'espace (parties communes, parties « privatives ») et dans le temps (découpage par périodes de l'occupation du bien), etc.
La durée de la convention est de cinq ans, renouvelable, ou à durée indéterminée. Pendant la période de cinq ans, les coindivisaires ne sont pas autorisés à demander le partage, sauf accord unanime.

• La règle de la majorité des deux tiers :
Si une convention d'indivision n'est pas envisageable, le régime légal s'applique. Depuis 2006, celui-ci a été largement assoupli. Le ou les indivisaires titulaires d'au moins deux tiers des droits indivis peuvent, à cette majorité :

« 1° Effectuer les actes d'administration relatifs aux biens indivis ;
2° Donner à l'un ou plusieurs des indivisaires ou à un tiers un mandat général d'administration ;
3° Vendre les meubles indivis pour payer les dettes et charges de l'indivision ;
4° Conclure et renouveler les baux autres que ceux portant sur un immeuble à usage agricole, commercial, industriel ou artisanal.

Ils sont tenus d'en informer les autres indivisaires. À défaut, les décisions prises sont inopposables à ces derniers.
Toutefois, le consentement de tous les indivisaires est requis pour effectuer tout acte qui ne ressortit pas à l'exploitation normale des biens indivis et pour effectuer tout acte de disposition autre que la vente de meubles pour financer le passif indivis. »

• Les mesures conservatoires :
Selon l'article 815-2 du code civil, « tout indivisaire peut prendre les mesures nécessaires à la conservation des biens indivis même si elles ne présentent pas un caractère d'urgence. Il peut employer à cet effet les fonds de l'indivision détenus par lui et il est réputé en avoir la libre disposition à l'égard des tiers. À défaut de fonds de l'indivision, il peut obliger ses coindivisaires à faire avec lui les dépenses nécessaires. Lorsque

des biens indivis sont grevés d'un usufruit, ces pouvoirs sont opposables à l'usufruitier dans la mesure où celui-ci est tenu des réparations. » Et selon l'article 815-3, « si un indivisaire prend en main la gestion des biens indivis, au su des autres et néanmoins sans opposition de leur part, il est censé avoir reçu un mandat tacite, couvrant les actes d'administration mais non les actes de disposition ni la conclusion ou le renouvellement des baux. »
Ces deux dispositions permettent à un des coindivisaires, plus engagé, de prendre en main la gestion du monument historique et d'avoir les pouvoirs à l'égard des entreprises, des prestataires et des fournisseurs d'énergie. Le devis de rénovation d'une pièce par exemple n'a pas à être signé par tous les membres de l'indivision. Ceci étant, les travaux sont déductibles fiscalement en totalité par l'indivisaire qui les a supportés et non dans la limite de son pourcentage dans l'indivision[29].

3. La gestion en cas de SCI

La gouvernance en société civile immobilière est placée entre les mains de la gérance et de l'assemblée générale des associés. Les statuts déterminent les pouvoirs du gérant et les règles de quorum et de majorité des assemblées générales. Il y a trois sortes de décisions : celles qui sont du ressort seul de la gérance (à l'égard des tiers, elle a tous les pouvoirs ; entre associés, ses pouvoirs sont fixés par les statuts), celles qui doivent être prises par une assemblée générale ordinaire et celles qui doivent être prises par une assemblée générale extraordinaire.
Le financement des charges et travaux du bien, surtout s'il est non frugifère, pose les mêmes questions qu'en matière d'indivision. Il est nécessaire de fixer un budget et de prévoir un appel de provisions auprès des associés. Les provisions sont versées par les associés sur le compte de la SCI et forment des comptes courants d'associés. Néanmoins, pour des gros travaux, le recours à l'emprunt bancaire est plus aisé en SCI qu'en indivision. En pratique, le pacte statutaire fondateur de la SCI simplifie la gestion quotidienne du monument historique. Mais la seconde génération est soumise à des règles qu'elle n'a pas choisies.
Trois conseils peuvent être donnés :
- la SCI doit tenir en présentiel ou à distance par procédé de visioconférence ses assemblées pour que chacun des associés se sente partie prenante du projet et pas uniquement contributeur financier ;
- il est bon que le gérant de la SCI change régulièrement, ou du moins que la question de son mandat soit reposée régulièrement ;

---

29 *Cf. supra.*

- il est utile de rédiger une convention de mise à disposition du bien au profit des associés, si le monument historique est également « maison de famille », lieu de rassemblement estival des associés.

B. La poursuite ou la sortie du projet

Les vies des cohéritiers peuvent évoluer différemment. Certains s'éloignent géographiquement et se sentent moins concernés par le projet. Et puis, s'il est relativement aisé de s'entendre entre frères et sœurs, cela peut devenir plus compliqué entre cousins germains et au sein des familles recomposées. Les principaux sujets de mésentente et de friction sont la répartition et le financement des frais d'entretien du monument historique, le choix des prestataires et des niveaux de prestation, les travaux à réaliser (le choix de l'architecte, la définition du projet ou la fixation des priorités), l'occupation du bien et le respect des règles de vie, etc.
Au-delà du conflit, la spécificité du monument historique va faire naître des vocations chez certains et du désintérêt ou la crainte d'une charge mentale et financière trop lourde chez d'autres. Il s'avère légitime pour un ayant droit de souhaiter sortir du projet, ou se mettre en retrait.
Dans ce cadre, les solutions sont la vente à un tiers ou le rachat par un ou plusieurs héritiers.

1. La vente à un tiers

Le monument historique est vendu à un repreneur choisi en dehors du cercle familial indivis ou associé. La vente peut éventuellement remettre en cause l'engagement de conservation de 15 ans prévu pour l'application du régime fiscal spécifique aux monuments historiques.

En situation d'indivision, si aucun des héritiers ne souhaite reprendre, la solution est donc la vente totale ou partielle du bien. La vente totale du monument historique nécessite l'unanimité. Et en présence de blocage, une action en licitation judiciaire est toujours possible. La vente peut être ordonnée par le juge ou tout ou partie. Celui qui souhaite sortir peut céder sa part à un tiers sous réserve du droit de préemption des coindivisaires. Si l'acte d'origine contenait un pacte de préférence, le droit de priorité des indivisaires ou ex-indivisaires devra également être purgé.

En situation de SCI, la propriété historique est vendue par la SCI. La décision est prise par le gérant si les statuts le permettent ou en assemblée générale selon le quorum et la majorité statutaires. Une précision importante : si le monument historique est l'unique actif de la société, la vente équivaut à une modification statutaire, prise à l'unanimité, sauf clause contraire (article 1836 code civil). Aucun associé n'est légitime à demander l'autorisation judiciaire de la mise en vente du bien.

2. Le rachat par un des cohéritiers

En situation d'indivision, les ayants droit s'accordent sur un partage ou une licitation. L'un des coindivisaires ou plusieurs d'entre eux peuvent reprendre le bien immobilier. L'acte prend la forme d'une licitation amiable avec ou sans cessation de l'indivision, ou bien celle d'un partage successoral avec versement de soulte. Cela ne rompt pas l'engagement de conservation du bien. La vente se formalise dans le respect des pactes de préférences éventuels, des interdictions d'aliéner et autres réserves.
En situation de SCI, les ayants droit conviennent d'une cession de parts sociales ou d'un retrait d'associé. La cession est alors complète ou partielle. L'associé peut souhaiter se désengager partiellement du projet tout en conservant quelques parts sociales. La vente des parts de SCI s'effectue dans le respect des clauses d'agrément. Elle doit être consentie à un membre de la famille, parent ou allié sans limite d'ordre et de degré. La cession à un membre du cercle familial ne rompt pas l'engagement de conservation du monument historique qui est alors repris par l'ayant droit repreneur. Si l'associé ne trouve pas de repreneur pour ses parts, il demande son retrait aux conditions statutaires. Mais il n'aura jamais le pouvoir de provoquer seul la vente de l'immeuble social. La sortie d'un associé en situation de mésentente est complexe.

En synthèse, l'étude de ces deux modes de détention, depuis l'acquisition jusqu'à la transmission à la seconde génération, démontre leurs différences :

- au stade de la naissance du projet, la SCI propose des configurations plus variées que l'indivision, avec la possibilité d'intégrer plus aisément les enfants ;
- lors de la transmission familiale, les deux modes de détention se révèlent assez proches et comportent des avantages équilibrés ;
- en ce qui concerne la gestion et la gouvernance, les deux systèmes sont dissemblables, la SCI est plus structurante que ne l'est l'indivision ;
- à la sortie, l'indivision permet à chacun de conserver sa liberté, tandis que le retrait d'un associé en SCI peut être plus difficile.

L'indivision a le mérite de la simplicité et de la liberté ; et celle du pacte de conservation régulièrement consenti et renouvelé par ses membres.

La SCI a le mérite de l'engagement dans la durée. Elle offre un cadre préétabli issu du droit des sociétés, efficace et fonctionnel.

Mais les mérites de l'un et de l'autre système se transforment en inconvénients en cas de blocage : **l'indivision est précaire et la SCI est un carcan.**

Ces écueils permettent de montrer que détenir un monument historique c'est être gardien d'un lieu qui préexistait avant nous et qui aura une histoire après nous. Chacune des propriétés historiques transmises est un petit témoignage de notre civilisation millénaire, une parcelle d'histoire, de culture et de patrimoine qui ne nous appartient pas entièrement. C'est cet esprit d'abandon qui doit guider les choix : se concevoir comme un passeur de témoin pour structurer le mode de détention souple et pour transmettre le bien.

La transmission du monument historique via une société commerciale

Anne-Sophie Bellamy-Biard
Doctorante à l'Institut Droit Éthique Patrimoine (IDEP, EA 409)
Université Paris-Saclay

La transmission d'un monument historique[1] offre une multitude de possibilités. Le choix qui garantira au mieux la pérennité du monument, tant du point de vue de sa sauvegarde, qu'à l'égard de sa valorisation, dépend de la nature de l'immeuble et du projet des propriétaires. Cette contribution invite à envisager l'hypothèse de la transmission d'un monument détenu, selon différentes modalités, par une société commerciale.

Le fait pour une entreprise commerciale d'investir dans un monument historique pouvait prêter à discussion, notamment concernant les conditions d'imputation fiscale des charges d'acquisition, d'entretien et de restauration. L'intervention du législateur a clarifié cette question. En effet, l'article 12 de la loi du 23 juillet 1987[2] permet aux entreprises de déduire des charges exposées pour l'achat, la location, ou l'entretien de demeures classées ou inscrites à condition que les monuments soient utilisés pour les besoins de l'exploitation. Cette disposition démontre une volonté politique d'encourager les entreprises commerciales à financer l'entretien et la restauration des monuments historiques. Cette loi dédiée au mécénat marque un tournant, car, désormais, ces dépenses ne sont plus considérées comme somptuaires et peuvent être déduites fiscalement[3]. Le rôle du monument intégré au patrimoine d'une société commerciale peut diverger.

---

[1] Le terme « monument historique » désigne ici un immeuble classé ou inscrit au titre des monuments historiques.

[2] L. n° 87-571 sur le développement du mécénat, modifiant notamment de l'art. 39 du CGI. « Les dispositions du premier alinéa ne sont pas applicables aux charges exposées pour les besoins de l'exploitation et résultant de l'achat, de la location ou de l'entretien des demeures historiques classées ou inscrites au titre des monuments historiques, des résidences servant d'adresse ou de siège de l'entreprise en application des articles L. 123-10 et L. 123-11-1 du code de commerce, ou des résidences faisant partie intégrante d'un établissement de production et servant à l'accueil de la clientèle ».

[3] La qualification de dépense somptuaire entraînait la non-déductibilité fiscale des dépenses en cause et une réintégration extra-comptable des charges.

L'immeuble peut constituer l'écrin prestigieux du siège social[4]. Dans cette première hypothèse, l'activité de l'entreprise ne repose pas sur le monument. À l'inverse, dans une seconde hypothèse, l'ensemble de l'activité peut aussi dépendre du monument. L'offre commerciale est alors construite à partir des caractéristiques du lieu. La transmission aura, selon les cas, une dimension différente. Dans le premier cas, l'immeuble constituera un actif du patrimoine de la société commerciale, dépourvu d'influence déterminante sur l'activité. Dans le second cas, le monument est l'élément central du patrimoine de la société et la pérennité de l'activité est intrinsèquement liée à la sauvegarde du monument.
Les outils de transmission dédiés aux monuments historiques, s'ils sont attrayants en théorie, enferment souvent les héritiers dans un modèle de gestion civile, qui ne garantit pas, dans de nombreux cas, l'équilibre financier du monument. Un nombre croissant de propriétaires souhaitent s'écarter du modèle de la simple ouverture au public, pour développer une activité commerciale dans leur monument, ou construire un projet entrepreneurial, qui mobilise le monument à des degrés divers. Les transmissions civiles successives conduisent souvent à une pluralité d'indivisaires, ou d'associés dans l'hypothèse d'un monument détenu par une société civile immobilière. Dans ce contexte de dilution du pouvoir de décision, le projet commercial est le plus souvent porté par un nombre restreint d'indivisaires ou d'associés. L'engagement des propriétaires à des degrés divers complique la gestion courante du monument et conduit parfois à des situations de blocage lorsque des investissements sont nécessaires. Une réorganisation patrimoniale articulée autour des porteurs de projet peut être envisagée, mais les transferts patrimoniaux sont souvent obérés par les difficultés de valorisation financière des parts et la charge affective que représente le monument. Le recours à un modèle axé sur une société commerciale détentrice du monument permet, à bien des égards, de favoriser la transmission en facilitant la distinction entre la gestion opérationnelle du monument et la détention du capital.

Le développement d'une activité commerciale aura nécessairement une incidence sur la transmission du monument. Avant d'évoquer les instruments facilitant la transmission d'un monument intégré à une société commerciale (**II**), il convient d'aborder en premier lieu les modalités d'intégration du monument au patrimoine d'une société commerciale (**I**).

[4] À titre d'exemple, le siège de l'entreprise d'assurance AXA est depuis 1996 à l'Hôtel de la Vaupalière, situé au 25 avenue de Matignon, pour partie classé au titre des monuments historiques (arrêté du 8 mars 1948) et pour partie inscrit au titre des monuments historiques (arrêté du 3 oct. 1947).

I. Intégrer le monument au patrimoine d'une société commerciale

Le modèle le plus audacieux est celui d'une intégration totale du monument au patrimoine d'une société commerciale (**A**). Pour autant, d'autres types d'apports peuvent être envisagés afin de ne pas faire peser sur le monument l'ensemble des risques liés à toute entreprise commerciale (**B**).

A. Le monument détenu en pleine propriété par une société commerciale

Le monument peut être détenu en pleine propriété par la société commerciale soit par le biais d'une acquisition, soit par celui d'un apport pur et simple. Il s'agit ici de transférer la propriété du monument à la société commerciale. En contrepartie, l'apporteur recevra des titres sociaux.

Dans l'hypothèse d'une acquisition, l'achat du monument par la société commerciale peut constituer un levier de trésorerie pour le propriétaire vendeur, également associé de la société commerciale acquéreuse. En effet, le produit de la vente pourra être investi sous forme d'apport en capital ou d'avance en compte-courant selon les sommes, et leur affectation pourra permettre l'exploitation commerciale du monument.

L'apport pur et simple ou l'acquisition ont pour conséquence de soumettre le monument apporté au droit de gage des créanciers de la société commerciale. Parfois, l'apport pur et simple ne peut concerner que la fraction exploitée du monument. Un apport d'une fraction du monument présente un intérêt dès lors que le bâtiment exploité peut être individualisé comme un commun par exemple. Il est plus compliqué d'apporter une fraction du bâtiment central. Au-delà des contraintes administratives qui peuvent peser sur la division, cela complique en effet la gestion financière et fiscale de l'immeuble.

À l'inverse, un apport pur et simple permet de faire peser sur la société commerciale l'ensemble des charges du bien apporté. Naturellement, ces charges pourront être déduites du résultat de la société commerciale. Selon le régime fiscal de la société, si l'associé fait aussi de la gestion du monument son activité professionnelle, il pourra imputer les déficits liés au résultat de la société sur son revenu global[5]. Dans une SAS, cette possibilité est ouverte pendant cinq ans[6]. Cet outil permet de préserver la

[5] BOI-BIC-DEF-20-10, 1er mars 2017, § 20 et s.
[6] BOI-BIC-CHAMP-70-20-40-20, 25 mars 2014, § 50.

trésorerie des détenteurs de titres sociaux pendant les premières années d'exploitation.

Toutefois, le risque commercial étendu au monument peut constituer une réelle entrave à son intégration au patrimoine d'une société commerciale. Afin de répondre à la réticence des propriétaires pourtant soucieux de développer une activité commerciale, il convient d'envisager des solutions alternatives à la vente ou l'apport pur et simple.

B. Les alternatives à l'intégration totale du monument au patrimoine d'une société commerciale

Si la dimension définitive de l'apport pur et simple est rédhibitoire, il est toujours possible d'envisager un apport en usufruit à la société commerciale. L'usufruit ne peut alors excéder 30 ans conformément à l'article 119 du code civil. L'apport en usufruit peut permettre à la société de se développer en supportant l'entretien du monument et de régler dans un second temps le partage de la nue-propriété en cas de pluralité d'héritiers. Cet apport offre aussi une assise patrimoniale à la société notamment auprès des partenaires financiers, l'usufruit ayant en tant que tel une valeur patrimoniale. L'usufruitier pourra mobiliser le droit réel dont il dispose comme une garantie d'emprunt, notamment pour financer des travaux d'entretien du monument. Par principe, l'usufruitier dispose librement des fruits du bien[7]. De plus, dans l'hypothèse d'un démembrement, l'usufruitier pourra exercer « son droit aux utilités en quelques mains que la chose passe »[8]. Dès lors, la transmission de la nue-propriété de l'immeuble est sans incidence sur les prérogatives de l'usufruitier. *In fine,* cette garantie des fruits acquise à l'usufruitier sécurise donc l'entreprise commerciale dans son projet. Le nu-propriétaire bénéficiera de l'entretien réalisé par l'entreprise usufruitière et du développement commercial du monument au terme de l'usufruit.

Il convient néanmoins de souligner que l'usufruit, en tant que tel, est susceptible de faire partie du droit de gage des créanciers. Il appartient donc à l'usufruitier d'être diligent s'il souhaite éviter que le monument ne change de mains avant le terme du droit octroyé à la société commerciale en raison d'une saisie judiciaire. De plus, l'apport en usufruit ne constitue qu'une solution temporaire et peut compliquer à terme la transmission en l'absence d'anticipation. En effet, le bien, grâce à l'exploitation par la

[7] C. Grimaldi, *Droit des biens*, LGDJ, Lextenso éditions, 2016, p. 367, § 326.

[8] F. Zenati-Castaing et Th. Revet, *Les biens*, PUF Droit, coll. Droit fondamental, 3e éd., 2008, p. 456, § 293.

société commerciale, prend de la valeur et ce, parfois grâce au travail d'un ou plusieurs héritiers ou donataires[9]. Or, l'évaluation du bien est un élément déterminant du partage civil et de l'évaluation fiscale de la transmission. Si la transmission est effectuée après le développement commercial du bien, la valeur du monument est susceptible d'être bien supérieure à sa valeur initiale et l'importance du monument dans le patrimoine du *de cujus* sera plus importante. En l'absence d'anticipation de la transmission, les héritiers qui ont par leur travail permis la réussite commerciale seront lésés au moment du partage successoral. En effet, les héritiers attributaires du monument pourront être conduits à devoir verser une soulte aux autres héritiers[10], si le patrimoine du *de cujus* ou du donateur ne permet pas, lors du partage, de désintéresser les autres héritiers. La question de la transmission doit impérativement être abordée au moment de la construction du projet commercial, afin d'éviter une complication du partage successoral et l'augmentation du coût fiscal de la transmission[11].
Le propriétaire soucieux de ne pas transférer la propriété, même démembrée, du monument peut opter pour l'apport en jouissance. Cet apport permet d'affecter la jouissance de l'immeuble concerné à la société commerciale sans transfert patrimonial, tout en octroyant au propriétaire de l'immeuble des titres sociaux. L'apport en jouissance a un régime aligné sur celui des obligations nées du contrat de bail. Selon l'article 1843-3 du code civil, dans le cadre d'un apport en jouissance, « l'apporteur est garant envers la société comme un bailleur envers son preneur ». Contrairement au bailleur qui percevra un loyer, l'apporteur en jouissance recevra en contrepartie des titres sociaux. Mais cet apport n'opère aucun transfert de propriété ou création d'un droit réel au profit de la société bénéficiaire, il exclut donc l'immeuble du droit de gage des créanciers. L'apporteur bénéficie de la double qualité, d'associé qu'il obtient en contrepartie de l'apport et de créancier social. L'apporteur en jouissance dispose d'une garantie de restitution de la jouissance de son bien en cas de dissolution de la société avant tout partage[12]. L'obtention de parts sociales en

9 M.-A. Guérard, *L'évaluation des monuments historiques, transmission à titre gratuit entre évaluation civile et fiscale*, Mémoire du M2 Droit du patrimoine culturel (Université Paris-Saclay), 2019, p. 17. V. également sa contribution dans cet ouvrage, p. 135.

10 La soulte constitue une compensation financière en cas d'inégalité en nature des lots successoraux. L'objectif de la soulte est de rétablir une égalité de valeur entre les lots attribués aux héritiers. V. C. Farge, *Droit patrimonial de la famille*, Précis Dalloz, 2011, n° 271.131, § 2 - Règles générales.

11 Le pourcentage de droits de mutation à titre gratuit applicable dépend du montant des biens transmis, v. art. 777 CGI.

12 Cass. com., 20 déc. 2017, n° 16-19.283 : dans ce cas d'espèce la question centrale était celle de la validité de la prolongation de la durée de la société qui emportait prolongation

contrepartie de cet apport permet au propriétaire d'espérer des dividendes, tout en évitant de faire peser un risque commercial sur le monument. De son côté, la société commerciale bénéficiaire de l'apport ne voit pas son budget grevé par un loyer important. Cet outil peut constituer une solution alternative pertinente au prêt à usage, par essence gratuit, et au bail, qui suppose pour la société de disposer d'une trésorerie suffisante pour acquitter le loyer. D'autres solutions peuvent également être envisagées à l'instar du bail emphytéotique[13].

Dans l'hypothèse où le monument constitue un actif de la société commerciale, le projet de développement commercial ne peut s'inscrire que dans un projet global dont la transmission doit incarner un des axes majeurs.

II. Anticiper la transmission d'un monument intégré au patrimoine d'une société commerciale

Avant d'évoquer un outil fiscal spécifique favorisant la transmission des sociétés commerciales (**B**), il est pertinent d'évoquer la question de la répartition du pouvoir de décision au sein d'une société commerciale intégrant un monument historique ou ayant pour objet l'exploitation d'un monument historique et son entretien. La gouvernance doit être adaptée au cas spécifique de l'immeuble protégé afin de préserver les équilibres qui garantiront la conduite de la société dans le temps long (**A**).

A. Élaborer des statuts adaptés à l'objectif de pérennité du monument

La gouvernance des sociétés commerciales est régie à la fois par des dispositions légales et par les statuts. Il paraît plus pertinent d'évoquer spécifiquement les possibilités offertes par la société par actions simplifiée (SAS). Cette structure offre en effet une très grande liberté, tant pour les modalités de prise de décision collective, que pour la détermination des conditions dans lesquelles la société est dirigée. Il est possible d'associer à

---

des engagements résultants de l'apport en jouissance opéré par l'un des associés. En l'absence de prolongation, la jouissance des lots prenait directement fin. V. *Lamy Sociétés commerciales – Expert*, Partie 1 Règles communes à tous les types de sociétés, Apports en nature, n° 328 Apport en jouissance, mis à jour le 3 avr. 2024.

13 G. Goffaux Callebaut, « Bail emphytéotique et monuments historiques : quelques jalons pour des contrats complexes », *Juristourisme,* 2018, 213, pp. 36-39. V. aussi G. Goffaux Callebaut et A. Verjat (dir.), *Bail emphytéotique & monuments historiques*, L'Harmattan, coll. Droit du patrimoine culturel et naturel, oct. 2024.

la gouvernance de la société des personnalités qualifiées, qui n'interviendront pas dans la gestion courante, mais qui pourront offrir un recul et des perspectives à ceux qui développent commercialement le monument. La structure commerciale permet de dissocier la détention du capital, de la gestion opérative du monument et d'éviter les situations de blocages susceptibles d'entraver la transmission d'un monument. La SAS laisse place à la créativité, chaque projet commercial peut faire l'objet d'une gouvernance adaptée. Les associés peuvent créer un comité de direction qui entoure le directeur général ou créer un conseil d'administration qui épaule le président sur les aspects financiers. La question de la sauvegarde du monument et d'une exploitation conforme à l'histoire des lieux peut naturellement être intégrée aux statuts créant ainsi d'emblée une boussole au cœur du projet d'entreprise. À l'inverse, une transmission intervenant avec un modèle de détention civile classique tend à écarter certains héritiers ou peut conduire à un partage difficile[14]. Contrairement à une société civile où la gouvernance repose sur la répartition du capital, où souvent la prise de décision est décorrélée de la gestion quotidienne du monument, les statuts de la SAS peuvent tout à fait intégrer des prérogatives élargies pour l'exploitant. Une clause d'agrément afin de soumettre l'entrée au capital à l'accord de l'ensemble des associés pourra être insérée. Il est naturellement possible de dispenser d'agrément les descendants en ligne directe et collatérale. La rédaction de l'objet de la société doit être mûrement réfléchie. Il est aussi nécessaire de débattre de la répartition des résultats. L'objectif de sauvegarde peut conduire à mettre en réserve les bénéfices afin de réaliser les travaux d'entretien du monument voire d'engager des travaux de restauration. La réserve statutaire pourra donc être supérieure aux usages, ou la distribution des bénéfices soumise à des conditions spécifiques. Il est tout à fait possible d'instaurer une exigence préalable de réalisation des travaux d'entretien et de restauration[15] ou bien d'exiger un accord unanime du conseil d'administration après un avis consultatif du collège des experts avant toute distribution de dividendes. La préservation du juste équilibre entre

[14] Dans l'hypothèse d'une indivision, l'article 815 du code civil permet de provoquer un partage en l'absence de jugement ou de convention contraire. Dans l'hypothèse d'une société civile immobilière, un associé a toujours la possibilité d'exercer son droit de retrait conformément aux dispositions de l'article 1869 du code civil. Selon la rédaction des statuts, le retrait peut être soumis à une décision unanime des associés. En cas de blocage, l'associé concerné pourra demander à l'autorité judiciaire qu'elle ordonne le retrait en démontrant la situation de blocage de la SCI.

[15] Sous réserve de l'attribution de la responsabilité des travaux à la société commerciale, selon les droits dont elle dispose sur le monument.

investissements liés au développement commercial et investissements tournés vers la sauvegarde du monument est aussi déterminante. À titre d'exemple, si un pigeonnier menace de s'effondrer, bien qu'il ne soit pas directement source de recettes commerciales, il est nécessaire d'investir pour le sauvegarder. À l'inverse, la restauration d'une fresque peut être reportée pour financer la rénovation d'un commun susceptible d'être loué. Il est important que la gouvernance soit régulée, pour faire émerger un juste équilibre qui fera prévaloir la pérennisation du monument sur les intérêts particuliers de la somme des associés. Si les associés souhaitent, plus tard, bénéficier du pacte Dutreil[16], l'activité de la société ne doit pas être centrée uniquement autour de l'entretien et de la restauration, et les activités commerciales doivent avoir une part importante dans l'activité de la société[17]. La gouvernance de la société commerciale et l'intérêt social de celle-ci constituent des éléments déterminants de la pérennité du monument.

B. Limiter le poids fiscal de la transmission

Le principe du pacte Dutreil est simple[18], il permet un abattement de 75 % de la base taxable en cas de transmission d'actions ou d'actifs commerciaux des entreprises familiales dans le cadre d'une donation ou d'une succession. Les droits de mutation sont ainsi calculés sur 25 % de la valeur transmise, les héritiers ou donataires voient donc le poids fiscal de la transmission considérablement allégé grâce à cet outil. Ce dispositif est applicable aux transmissions avec réserve d'usufruit. Pour autant, comme pour toute mesure fiscale dérogatoire, son bénéfice est soumis à certaines conditions.

Premièrement, la société doit avoir une activité commerciale, artisanale, industrielle, agricole ou libérale. Les activités civiles par nature sont exclues, soit la location nue, la jouissance privative de l'immeuble ou l'ouverture au public, dépourvue de dimension commerciale. Si les associés souhaitent transmettre le monument en bénéficiant de ce dispositif, il convient donc d'orienter l'activité. C'est ici l'activité prépondérante qui est analysée, la réalisation d'activités civiles à titre accessoire n'exclut pas les sociétés concernées.

---

16 Le pacte Dutreil précédemment cité est un dispositif dérogatoire destiné à favoriser la transmission des entreprises familiales. Il peut être mobilisé afin de réduire le coût de la transmission d'une société commerciale dont l'actif comprend notamment un monument historique.

17 V. *infra*.

18 Les conditions de bénéfice du pacte Dutreil sont détaillées à l'article 787 B du CGI.

Deuxièmement, les titres de la société doivent être détenus pendant au moins deux ans avant la transmission. Il n'est pas possible de mobiliser cet outil si la société vient d'être créée. L'engagement collectif de conservation doit porter sur au moins 17 % des droits financiers et 34 % des droits de vote, y compris les parts ou actions transmises dans les sociétés non cotées. Dans l'hypothèse d'une succession, et en l'absence d'engagement homologué au préalable, il est possible de considérer la condition comme remplie si, à la date de la transmission, le propriétaire initial ou son conjoint y exerce son activité professionnelle principale ou dirige la société et que les titres sont détenus à hauteur des seuils exigés.

Troisièmement, les bénéficiaires doivent conserver les titres pendant au moins quatre ans. Cette exigence de durée est particulièrement courte. À titre de comparaison, l'obligation de détention pour bénéficier de la déduction fiscale des charges du monument au titre de l'impôt sur le revenu est de quinze ans[19].

Quatrièmement, au moins un des bénéficiaires doit s'engager à exploiter l'entreprise pendant les trois ans qui suivent le transfert des droits sociaux. Cet outil fiscal conçu pour favoriser la transmission des entreprises familiales est plus dynamique que l'outil fiscal spécifique aux monuments historiques[20] qui entrave les transmissions successives et impose des contreparties lourdes pour les héritiers ou donataires. En effet, la convention d'exonération des droits de mutation à titre gratuit nécessite une adhésion de l'ensemble des héritiers ou donataires, impose une obligation de détention illimitée dans le temps[21], prohibe les transmissions à titre onéreux à l'exception des transmissions entre héritiers ou donataires[22] et une ouverture au public du monument[23]. Si le pacte Dutreil

---

[19] Art. 156 bis CGI.

[20] Convention d'exonération des droits de mutation prévue par l'art. 795 A du CGI et imputation des charges sur l'évaluation civile du bien prévue à l'art. 621-29-7 du C. patr. *Cf. supra* les contributions de J.-R. Pellas, p. 165 et de M.-O. Barbaud, p. 181 dans cet ouvrage.

[21] Art. 795 A, al. 1er CGI et art. 11 de la convention type à l'article 795 A CGI fixée issue du décret n° 88-389 du 21 avr. 1988 pris pour l'application de l'article 5 de la loi de programme n° 88-12 du 5 janv. 1988 relative au patrimoine monumental, modifié par le décret n° 2023-103 du 16 févr. 2023 pris pour l'application du 1° ter du II de l'article 156 du code général des impôts et de l'article L. 143-2 du code du patrimoine et portant remplacement de la convention type prévue à l'article 795 A du code général des impôts.

[22] BOI-ENR-DMTG-10-20-30-60, 27 mars 2023, § 290.

[23] Les conditions d'ouverture au public ont été assouplies par le décret n° 2023-103 du 16 févr. 2023 qui a aligné les conditions d'ouverture au public dans le cadre de la convention d'exonération des droits de mutation à titre gratuit sur les conditions applicables pour le régime des déductions fiscales à l'impôt sur le revenu prévu à l'article 17 ter de l'annexe IV au CGI.

suppose d'avoir une activité commerciale, industrielle, artisanale ou agricole, ou libérale, il laisse toute la liberté à l'héritier ou au donataire de développer l'activité qu'il souhaite. De la même manière, les quatre ans imposés par le pacte Dutreil pour la conservation des titres constituent une contrainte anecdotique au regard des contreparties de la convention prévue à l'article 795 A du code général des impôts[24].
Le corpus législatif afférent aux monuments historiques privés est construit autour d'un modèle de détention civil traditionnel. Il enferme les propriétaires dans un projet d'exploitation tourné vers des activités civiles, notamment la location nue ou l'ouverture au public sans animations, peu rémunératrices en comparaison des activités commerciales. La complexification des transmissions en raison de la diminution des patrimoines, qui ne permettent plus de réaliser des partages garantissant un financement du monument, conduit à interroger la pertinence du modèle civil.

Le modèle de détention puis de transmission des monuments historiques via une société commerciale est un choix qui semble pertinent dans un contexte contemporain, tant du point de vue des larges possibilités offertes en matière de gouvernance, qu'au regard des outils fiscaux à la disposition des détenteurs de titres de sociétés commerciales et facilitant les transmissions. Pour autant, ce modèle exige une professionnalisation de la gestion quotidienne du monument et l'établissement de statuts qui fixent le juste équilibre entre la sauvegarde, la valorisation de l'immeuble protégé et les droits des détenteurs de titres sociaux.

---

[24] BOI-ENR-DMTG-10-20-30-60, 27 mars 2023, § 90.

La transmission à une fondation[1]

Jean de Lambertye
Vice-Président de la Fondation Mérimée
Président d'honneur de la Demeure Historique

Avant de parler des fondations, je voudrais évoquer un thème important qui peut sembler « hors sujet » : celui de « l'énergie politique » qui sous-tend certains textes dont nous avons parlé, notamment le fameux article 795 A du code général des impôts. Cet article est né en 1988 à la suite de la vente des meubles du Château de la Roche-Guyon que Jean-François Hébert a évoquée. Le 5 novembre 1987, Maurice Schumann, alors président de la commission des affaires culturelles du Sénat, intervient à la tribune du Sénat et prévient qu'« en quatre séances de vente [aux enchères], ce sont quatre siècles d'histoire qui vont être dispersés », avec la vente des meubles et de la bibliothèque du Château de La Roche-Guyon, afin de permettre à la famille de payer les droits de succession relatifs, notamment, au château lui-même. C'est ce qui déclenche une quasi-unanimité politique conduisant au vote de l'article 795 A. Celui-ci a ensuite été amendé en 1994 pour être étendu aux sociétés civiles immobilières familiales. Nous avons ensuite obtenu sa modification en 2003, dans la loi sur le mécénat[2] qui excluait volontairement les monuments historiques privés. « En contrepartie », on nous a accordé la suppression de la première « bombe à retardement » résultant des intérêts de retard consécutifs à une rupture de convention souscrite dans le cadre de l'article 795 A. En l'occurrence, il s'agissait du cas du Château emblématique de Malesherbes, qui a fait l'objet de la première rupture de convention et pour lequel des intérêts de retard ont été réclamés à compter de la *signature* de la convention et non de sa *rupture*. Enfin, nous espérons tous ici présents que le second frein majeur lié à ces conventions, celui de leur caractère non limité dans le temps (« perpétuel »), disparaisse dans les prochaines semaines ou prochains mois.
C'est en tout cas important de comprendre quelle est l'*âme* – c'est un mot que j'emploierai dans ma présentation sur les fondations abritées – qui sous-tend ces textes techniques, un peu froids mais si importants.

---

[1] La forme orale a été conservée.
[2] L. n° 2003-709 du 1er août 2003, art. 9, cod. art. 1727 CGI.

Seconde illustration, après l'intervention brillante et éclairante de Marc-Olivier Barbaud sur l'article L. 621-29-7 du code du patrimoine. L'histoire de ce texte que j'ai défendu est la suivante : en 2003, Jean-Jacques Aillagon, ministre de la Culture, commande, à notre suggestion, un rapport à deux membres éminents du Conseil d'État – Marc Sanson et Catherine de Salins – sur l'ensemble des aspects juridiques, financiers et fiscaux de la transmission des immeubles et objets privés protégés au titre des monuments historiques. Dans ce contexte, nous rencontrons un brillant notaire, Alain Lambert, à l'époque ministre du Budget qui nous dit : « vous devriez travailler sur une notion de valeur de conservation qui s'oppose à la valeur vénale » et c'est alors que nous rejoignons ce distinguo entre les horizons de 5 ans et de 20 ou 25 ans que Marc-Olivier Barbaud[3] évoquait, distinguo qui établit le rapport entre cette valeur vénale et cette valeur de conservation, qui va au-delà des 5 ans de flux négatifs pris en compte par les évaluateurs de la valeur vénale. En novembre 2004, le rapport Sanson – de Salins est remis au ministre et rendu public. Nous sommes en plein débat parlementaire sur la réforme du code civil, et c'est à ce moment-là – Marc-Olivier Barbaud l'a rappelé – que l'article L. 621-29-7 du code du patrimoine est né. Je vais simplement à titre d'anecdote raconter mon audition par le rapporteur au nom de la Commission des lois du Sénat, Henri de Richemont, brillant juriste également. Au moment où j'entre dans la salle d'audition, je croise Robert Badinter, membre éminent de cette commission des lois, que je salue respectueusement et qui me répond avec humour : « Ah, c'est vous le jeune homme qui voudrait rétablir le droit d'aînesse dans le droit français ! ». Je termine cette digression qui permet de mieux comprendre la genèse de ces deux textes importants évoqués précédemment.

Vous l'avez compris, j'aime les partages d'expériences. En 2016, la Fondation – qui ne s'appelait pas encore Mérimée, mais Fondation Demeure Historique pour l'Avenir du patrimoine, puis Fondation pour les Monuments Historiques, et qui était sous égide de la Fondation de France depuis sa création en 2008 –, commençait à envisager son émancipation en vue d'être reconnue d'utilité publique et de devenir une fondation abritante.

J'avais eu la chance de rencontrer à Regnière-Écluse dans la Somme, Raymond de Nicolaÿ qui m'avait raconté son histoire extraordinaire : la restauration du château familial et de son mobilier, la reconstitution d'un domaine périphérique de 800 hectares de bois et de terres agricoles, ainsi que sa volonté, alors qu'il n'avait pas d'héritier direct, de préserver

---

[3] V. sa contribution dans cet ouvrage, p. 181.

l'intégrité de l'œuvre d'une vie. Étant commissaire-priseur, il m'avait dit : « je connais la suite, je sais comment ça se passe ». Mais il voulait à tout prix maintenir l'âme du lieu. Or une fondation n'a pas d'âme, n'a pas d'esprit. Et nous savons que les monuments que nous aimons ont un esprit des lieux et ont besoin d'une âme pour les piloter. Finalement, la première question à se poser à propos d'une fondation abritée concernant un monument historique, c'est le contexte spécifique. La fondation est un outil pertinent quand il n'y a plus de transmission familiale possible, ou qu'il y a la volonté d'un fondateur d'éviter la transmission par le marché, ce qui était visiblement le cas de Raymond de Nicolaÿ à Regnière-Écluse. Le deuxième élément à prendre en considération, lié au point précédent du contexte, est la volonté de pérenniser le monument historique, ses abords et son contenu, qui sont fragilisés, on le sait, à chaque succession, même si cette fragilité peut aussi signifier une nouvelle chance. Comment ? En donnant la propriété à une fondation, afin d'éviter la préemption fiscale, même si on a évoqué des outils qui peuvent en réduire l'impact en cherchant à conserver une gestion et une présence familiales dans l'esprit des lieux, tout en préservant l'intérêt général inhérent à ce type d'outil. Je l'ai dit, j'ai eu une sorte de « coup de foudre » pour le montage mis en œuvre par Raymond de Nicolaÿ à Regnière-Écluse que nous avons étudié avec attention. Celui-ci a cédé en 2008 la nue-propriété de l'ensemble du domaine au Conservatoire du littoral qui était éligible statutairement à cet endroit de la Somme, mais ça aurait aussi bien pu être à une fondation. Dans le même temps, il a créé, avec le Conservatoire du littoral et d'autres institutions concernées, une association qui est totalement en charge du pilotage du domaine en tant qu'usufruitière, étant observé qu'un des articles des statuts de cette association précise comment le droit d'habitation consenti à un ayant droit de Raymond de Nicolaÿ va préserver une présence familiale alors même que le bien est aliéné, suivant une démarche active respectant les critères de l'intérêt général. Le monument, son contenu et ses abords sont préservés dans leur intégrité et les revenus du domaine sont affectés au bénéfice de sa préservation. Il y a néanmoins toujours une présence familiale dans le château, ce qui en maintient l'âme, mais cette présence familiale est au service de l'intérêt général, de l'ouverture au public et de la valorisation du château et de son domaine.

Revenons-en processus de mutation de la Fondation Mérimée à partir de 2016. Après avoir convaincu nos interlocuteurs du ministère de l'Intérieur, nous sommes en discussion avec le Conseil d'État pour rendre la Fondation pour les monuments historiques (c'est toujours sa dénomination juridique), devenue Mérimée, fondation de plein exercice (ou reconnue d'utilité publique) et abritante. Je vous livre une petite anecdote à ce propos : lors de l'audition par la section de l'Intérieur du Conseil d'État, Maryvonne de Saint-Pulgent, ancienne directrice du patrimoine au ministère de la Culture, souhaitait la fourniture de rapports spécifiques concernant les futures fondations abritées. En cours d'audition est arrivé le président de la section, Bruno Lasserre – qui n'était pas encore à l'époque vice-président du Conseil d'État – qui trouve notre idée plutôt bonne… Et nous avons obtenu le décret de reconnaissance d'utilité publique quelques semaines plus tard. La nécessité et l'intelligence du dispositif étaient comprises ; il s'agissait simplement de dupliquer ce qui avait été fait avec le Conservatoire du littoral pour Régnière-Écluse. La Fondation Mérimée n'a pas que cet objet ; Stéphane Jouannet[4] vous a expliqué ses différents axes. Concernant la thématique des fondations abritées aliénantes ou « possédantes », il s'agissait de disposer d'un outil du type du Conservatoire du littoral, à l'échelle nationale.

Nous avions à l'époque beaucoup travaillé sur un cas qui va nous permettre de passer en revue rapidement les quatre critères pour les fondations abritées. Il s'agissait d'un château A dans la Nièvre – je ne prononce pas le nom parce que malheureusement le propriétaire fondateur est décédé avant la réalisation de ce projet. C'était un très beau projet : 28 ans de travaux, un patrimoine mobilier et des archives exceptionnelles, dont un des plus beaux terriers[5] de France. Et puis à côté un patrimoine connexe, c'est-à-dire non lié au domaine : des immeubles et un patrimoine financier, qui permettait d'entretenir l'ensemble. Il n'y avait pas d'enfants, mais la possibilité d'un transfert à un neveu avec la préemption fiscale que j'évoquais précédemment. Finalement c'est ce qui s'est passé, je n'ai pas suivi l'histoire ensuite. Mais en tout cas, ce projet me permet, puisque le cas était très avancé, de vous présenter les quatre critères-clés.

Le premier point, c'est qu'il ne faut pas rêver, on ne donne pas des ruines. On ne crée pas une fondation abritée sur des ruines. La fondation n'est pas la panacée pour rétablir un monument. Il faut donc que l'ensemble qu'on va transmettre à une fondation, par une aliénation définitive, soit en bon état, cohérent dans ses abords, son mobilier, son contenu, son modèle économique, etc., de façon à permettre à la fondation abritée par la fondation abritante de préserver, de sauvegarder et de valoriser ce patrimoine. Dans le cas du château A dont je parlais, il y avait un château

---

[4] V. la contribution de S. Jouannet dans cet ouvrage, p. 17.

[5] Note de l'éditeur : les terriers sont, dans l'Ancien Régime, des registres et des plans, dressés à la demande des seigneurs pour décrire, identifier et percevoir des impôts fonciers sur les censives de leur seigneurie.

et des dépendances, en très bon état après 28 ans de travaux, 100 hectares de bois, 300 hectares de terre, etc. Sans nécessairement atteindre le niveau de cet exemple, cela donne une idée du premier critère-clé.

Deuxième critère : la fondation abritée doit avoir un modèle économique. Ce n'est pas la fondation abritante qui finance la fondation abritée ; cette fondation abritée, qui n'est qu'un compte de la fondation abritante, doit être autonome. Il faut que le montant des ressources propres (tourisme culturel, activités dites domaniales ou commerciales) et le patrimoine connexe soient cohérents avec la taille du patrimoine confié à la fondation abritée. Je reviens sur ce qu'a dit Anne-Sophie Bellamy-Biard[6], l'activité commerciale au service de la fondation est parfaitement possible, c'est-à-dire que l'on peut faire cohabiter l'intérêt général, avec des visites au titre du tourisme culturel ou des animations culturelles, et une activité commerciale logée au sein du monument, afin de « nourrir » la fondation. C'est toujours mieux d'avoir un patrimoine connexe qui va jouer le rôle de « vase d'expansion ». En l'espèce, le propriétaire du château A donnait à la fondation abritée, en plus du château et de son contenu, trois maisons d'habitation dans le village, un appartement locatif à Paris de 152 m^2 et un portefeuille de valeurs mobilières qui permettaient de générer, en plus des revenus du domaine, 100 000 euros par an, le monument lui-même n'ayant que les revenus de son domaine foncier, et pas d'activités commerciales.

Troisième critère : c'est bien entendu l'intérêt général. Sans empêcher le développement d'activités commerciales, le monument porté par la fondation abritée doit avoir une dimension d'intérêt général. Je ne reviens pas sur les trois critères nécessaires au respect de cet intérêt général, mais simplement sur le troisième, souvent le plus difficile à respecter : le projet concerné ne doit pas bénéficier à un nombre limité de personnes. Il paraît peu envisageable d'imaginer une fondation abritée qui n'a aucune activité, aucun rayonnement extérieur. Dans le cas du château A, il n'était pas prévu d'ouverture au public au sens touristique du terme. En revanche, un centre de recherche, avec des résidences non pas d'artistes mais de chercheurs, aurait été tout à fait possible en s'appuyant sur le fameux terrier dont je vous parlais précédemment. On aurait ainsi parfaitement respecté la troisième condition de l'intérêt général.

Le dernier critère n'est pas le moindre : il faut trouver une *âme*. Plusieurs fondations sans âme ont connu des échecs ou de grandes difficultés. Vous vous souvenez peut-être de la Fondation Bérenger-Sassenage, abritée par

---

[6] V. la contribution d'A.-S. Bellamy-Biard dans cet ouvrage, p. 249.

la Fondation de France, qui a défrayé la chronique il y a quelques années. Il faut vraiment éviter de créer une fondation qui a perdu l'âme du monument. Comme à Regnière-Écluse, il faut trouver des dispositifs juridiques pour pérenniser la présence familiale dans un lieu qui n'appartient plus à la famille. Dans le cas du château A, il était prévu que le neveu du fondateur habite le monument ou des dépendances dans le cadre d'un bail emphytéotique consenti par la fondation abritée (au neveu, puis à ses successeurs dans un dispositif de succession avec des clauses de sortie s'il n'y a pas de successeurs). Cela permettait de maintenir, dans cette fondation abritée, la présence familiale comme à Regnière-Écluse car il est très important de ne pas laisser évoluer les monuments historiques transmis à des fondations abritées en biens de mainmorte, au sens juridique mais aussi humain du terme.

En ce moment, de nombreuses demandes de fondations abritées sont à l'étude au sein de la Fondation Mérimée, par Stéphane Jouannet et Marie-Élise Louges, mais beaucoup sont sans issue, parce que les critères que j'évoquais ne sont pas tous remplis, en particulier le critère économique. Encore une fois, et j'insiste là-dessus, la fondation abritante n'est pas là pour subvenir aux besoins de la fondation abritée : elle peut apporter de petites aides ici et là sur ses projets, mais elle n'est pas là pour pourvoir aux besoins du monument.

La première fondation abritée opérationnelle, validée et mise en œuvre au sein de la Fondation Mérimée, est la Fondation Negley. Dans le très beau village de Ménerbes, un des plus beaux villages de France, Madame Negley, une riche Américaine, possédait deux hôtels particuliers et a créé une fondation abritée à son nom. Elle a donné ses deux hôtels particuliers, dont l'un est une résidence d'artistes, et l'autre est un gîte, donc relevant d'une activité commerciale. On voit bien là cette dualité, cet apport mutuel des deux types d'activités. En l'espèce, le patrimoine financier n'est pas, malheureusement, directement rattaché à la fondation abritée, mais, par le biais d'une convention, il est prévu que le patrimoine financier américain – qui est important – couvre les frais de la fondation abritée. C'est une variante qui n'est pas souhaitable, mais qui fonctionne pour l'instant. Le point important, c'est que les deux monuments sont aliénables, c'est-à-dire que si jamais le modèle de la résidence d'artistes et du gîte, complété par les revenus du portefeuille américain, ne générait pas suffisamment de revenus pour permettre la pérennité de la fondation abritée, une clause permet à la fondation abritante d'aliéner tout ou partie des deux hôtels particuliers.

Témoignage sur la reprise d'un monument historique par une association familiale : l'exemple du Château d'Arlempdes en Haute-Loire[1]

Gilles Bayon de La Tour

Délégué départemental Haute-Loire, Vice-Président délégué de la Demeure Historique

Administrateur de l'Association pour la Sauvegarde et l'Animation du Château d'Arlempdes

Je vais vous parler d'un mode de reprise très spécifique et peu connu : la reprise d'un monument par une *association loi 1901*, association familiale et donc peu ouverte sur l'extérieur.

Il est normal que beaucoup pensent que cette solution ne s'applique pas à eux. Mais c'est la richesse de ce colloque d'envisager toutes les solutions de reprises d'un monument, da façon à en faciliter la transmission.

Or, la particularité de nos monuments historiques et, notamment, des 3 000 adhérents de la Demeure Historique, c'est qu'ils sont d'une diversité absolue. Certains monuments historiques font 50 ou 100 m^2 de plancher ; d'autres développent plus de 3 000 m^2 de plancher. Certains se trouvent dans des endroits très touristiques, avec un modèle économique plus facile à trouver ; d'autres se situent dans des endroits très reculés, ce qui complique la recherche d'un modèle économique viable. Il y en a plus de la moitié dont on ne parle pas beaucoup parce qu'ils sont utilisés à titre de résidence principale ou secondaire par leurs propriétaires et qu'ils ne sont pas ouverts, *stricto sensu*, à la visite. Enfin, il y a les très grands monuments, très lourds à entretenir, avec la quasi-obligation d'y développer des recettes commerciales, avec le développement de structures commerciales dont nous a très bien parlé Anne-Sophie Bellamy-Biard[2].

Que les monuments soient ouverts ou non à la visite, qu'ils développent ou non des activités commerciales, la question de leur transmission se pose. Il convient de proposer des solutions juridiques pour la transmission des monuments plus petits, mais tout aussi importants sur le plan de la sauvegarde du patrimoine dans tout le territoire.

---

[1] Le style oral a été conservé. L'auteur tient à remercier Chantal de Clavieres, présidente de l'Association pour la Sauvegarde et l'Animation du Château d'Arlempdes et Marie-Antoinette Guérard, juriste fiscaliste à la Demeure Historique.

[2] V. la contribution d'A.-S. Bellamy-Biard dans cet ouvrage, p. 249.

Le Château d'Arlempdes : une association familiale

Le Château d'Arlempdes[3] est un petit château fort de Haute-Loire, en grande partie en ruines, dans un site de très grande qualité, un impressionnant piton volcanique dominant une boucle de la haute vallée de la Loire. Arlempdes est labellisé comme plus beaux villages de France, en grande partie grâce à son château et à son site exceptionnel.

Arlempdes, c'est l'histoire d'une transmission d'un monument historique qui menaçait ruine à une association familiale qui l'a sauvé *in extremis*, avant qu'il ne disparaisse. Le Château d'Arlempdes a cette première particularité d'être le premier château sur la Loire. Il se situe à environ 40 km de l'endroit où la Loire prend sa source. Le site est éloigné de tout grand centre urbain et de toutes grandes voies de circulation ; il est à 150 km de Lyon, 150 km de Clermont-Ferrand, 150 km de Montpellier. Autre particularité, c'est un château partiellement ruiné avec, cependant, quelques bâtiments : il reste principalement une tour de guet, une chapelle et un ancien bâtiment d'habitation modifié à la Renaissance.

Enfin, l'histoire du Château d'Arlempdes est liée de près au monde des montgolfières. En effet, les deux premières personnes qui ont fait un vol habité en montgolfière le 21 novembre 1783 sont Pilâtre de Rosier et le marquis d'Arlempdes, dont les aïeux étaient propriétaires du château. Ce qui fait que chaque année, se tiennent de grandes manifestations nationales de Montgolfières à Arlempdes et dans le Velay.

Brève histoire du Château d'Arlempdes

Les premières constructions du château remontent à l'époque médiévale, aux XI-XIIe siècles. Le château a ensuite été la propriété de Diane de Poitiers, puis abandonné aux XVII-XVIIIe siècles.

Les derniers propriétaires s'en sont désintéressés, et la dernière propriétaire privée, Henriette de Laval, n'a pas eu de descendants. Très religieuse, elle a donné en 1933 tous ses biens, dont le Château d'Arlempdes, à l'Œuvre du Prado de Lyon, congrégation religieuse très dynamique à l'époque, notamment auprès des personnes démunies. L'Œuvre du Prado n'a pas fait grand-chose sur le château qui a continué à se dégrader. En revanche, elle a entrepris une démarche extrêmement utile en matière de protection et de transmission du patrimoine : elle a demandé

---

[3] La principale source bibliographique est : B. Touzain, Ch. Majcherczyk, R. Touzain et B. Coutton *Arlempdes, son Château, son histoire*, éd. de l'Association pour la Sauvegarde et l'Animation du Château d'Arlempdes, 2012.

et obtenu l'inscription à, ce qu'on appelait à l'époque, « l'inventaire supplémentaire des monuments historiques ». Ainsi, le 27 février 1926, le Château d'Arlempdes a été inscrit au titre des monuments historiques.
Le classement ou l'inscription au titre des monuments historiques est en effet essentiel pour la sauvegarde et la transmission du patrimoine bâti. Notre colloque traite de la transmission des monuments historiques, mais la situation est encore plus difficile pour les bâtiments qui ne sont pas protégés. Ils sont souvent mal entretenus et parfois démolis à la suite de négligences répétées dans leur entretien et donc perdus pour toujours, malgré leur intérêt patrimonial.
L'Œuvre du Prado de Lyon n'ayant aucune capacité à gérer et entretenir le Château d'Arlempdes, ce dernier a continué à se dégrader dangereusement, des années 1930 aux années 1960. Heureusement, Louis Bourbon, cousin par son épouse des Goys d'Arlempdes et un des premiers conservateurs des antiquités et objets d'art en Haute-Loire, puis en Ardèche et enfin dans la Loire, n'acceptait pas de voir le château des ancêtres de son épouse se dégrader au fil du temps. Il réunit ses cousins et notamment Armand Malartre et Louis de Goys et leur proposa de racheter le château. Ils étudièrent plusieurs solutions (indivision, SCI, etc.) et optèrent finalement pour le rachat par une *association loi 1901*. Les pères du Prado de Lyon, qui ne savaient quoi faire de ce château, avaient dit à Louis Bourbon « si vous trouvez une solution pour le Château d'Arlempdes, nous sommes prêts à vous le vendre pour un franc symbolique ».

L'association

Le 20 décembre 1963 fut créée l'Association des Descendants d'Arlempdes de Goys, par neuf membres représentant chacun une branche de la famille de Goys d'Arlempdes, dont le Général Louis de Goys, Louis Bourbon et Armand Malartre. C'était une association exclusivement familiale[4]. En étaient membres tous les descendants de Louis-Antoine de Goys (1763-1839) et Françoise de Vertamy (1770-1847) souhaitant y adhérer. Étant donné que la généalogie des descendants de Louis-Antoine de Goys était régulièrement tenue à jour, le « vivier » dans lequel pouvaient être trouvés des membres de l'association était vaste (115 membres vivants en 1963 à la quatrième génération et 1 503 en 2020, à la huitième génération). L'objet de l'association était « l'acquisition, la réparation et l'entretien des ruines du Château d'Arlempdes ». Ne pouvaient en devenir membres que les descendants de Louis-Antoine de

[4] *Cf.* les statuts dans leur version de 1963 en annexe 1.

Goys, présentés par deux membres du conseil d'administration de l'association. L'association acquit les ruines du Château d'Arlempdes le 14 février 1964 pour 100 francs, par acte reçu par Me Georges Finaz, notaire à Lyon.
Les statuts de l'association furent modifiés en 1978 et 1997, notamment pour étendre la possibilité d'adhérer à des amis, non descendants d'Arlempdes de Goys, tout en lui conservant une dimension familiale forte. Elle devint Association pour la Sauvegarde et l'Animation du Château d'Arlempdes – Fondateurs : les descendants d'Arlempdes de Goys[5]. Son objet initial, la sauvegarde du Château d'Arlempdes, était étendu à son animation. Le caractère familial de la gestion fut maintenu en exigeant qu'au conseil d'administration les deux tiers des membres soient des descendants d'Arlempdes de Goys.

Quels sont les avantages à faire acquérir un monument par une association familiale ?

Les avantages du recours à une association sans but lucratif sont nombreux. Le premier tient à la facilité de création de l'association. Les statuts peuvent être totalement adaptés aux souhaits des fondateurs. La liberté dans l'élaboration des statuts est beaucoup plus grande que dans les sociétés ou les fondations. Il est néanmoins conseillé de les mettre au point avec un juriste (par exemple de la Demeure Historique) ou avec un notaire, notamment du fait que l'association a vocation à devenir propriétaire d'un monument.
En outre, l'entrée de nouveaux membres dans l'association peut être aménagée : les statuts peuvent prévoir ou non un agrément des futurs membres par plusieurs membres du conseil d'administration. Il est possible également d'avoir différents types d'administrateurs. Comme dans les généalogies, les statuts peuvent aussi prévoir des administrateurs par branche (la branche A, la branche B, la branche C, etc.). Cela permet d'organiser une gouvernance équilibrée et d'avoir toutes les branches de la famille représentées au conseil d'administration.
Toutefois, il est essentiel d'avoir un objet et une pratique qui conservent un but non lucratif et veillent au respect de l'intérêt général. Cela exclut le développement d'activités lucratives de façon prépondérante ainsi que la fourniture de tout avantage matériel direct ou indirect aux fondateurs et membres de l'association et, notamment, le fait qu'il y ait un membre de l'association qui se réserve à titre gratuit et exclusif l'accès au monument,

[5] Statuts actuels datés de 1997, annexe 2.

ou le fait que l'association bénéficie à un cercle restreint de personnes[6]. S'il est souhaité de développer des activités lucratives significatives dans le monument, il convient de les sectoriser ou d'envisager la création d'une société commerciale pour gérer ces activités. Si la volonté des adhérents est de réserver une partie du monument à un membre de l'association, qui pourra par exemple en assurer la gestion et l'animation, l'association doit établir un contrat avec cette personne qui deviendra par exemple directeur du château et y sera donc logée au titre de ses fonctions.
Les statuts des associations peuvent également être modifiés assez facilement ; ce sont les fondateurs de l'association, lors de la rédaction des statuts, qui déterminent les règles de majorité nécessaires pour procéder à cette modification (habituellement les deux tiers ou les trois quarts des adhérents ou des présents à l'assemblée générale extraordinaire de l'association).

Autre avantage de l'association : il est très facile d'employer notamment des guides, l'association pouvant, dans ce cas, utiliser le Chèque Emploi Association (CEA), qui permet d'éviter la lourdeur des formalités administratives de l'employeur en cas de contrat de travail classique. L'association peut aussi accueillir des stagiaires puisqu'elle peut signer des conventions de stage avec des étudiants.
D'un point de vue fiscal, les associations propriétaires d'un monument bénéficient de la fiscalité intéressante commune à toutes les associations, sous réserve qu'elles répondent aux critères définis par le code général des impôts[7]. Ainsi, les associations bénéficient de l'exemption de l'impôt sur les sociétés si elles ont une gestion désintéressée (à savoir gestion bénévole et absence de distribution de bénéfices notamment) et si elles développent des activités non lucratives, comme des droits d'entrée des visites et la vente de produits dérivés dans une proportion assez limitée.

Par ailleurs, dès lors que l'association est d'intérêt général (c'est-à-dire a un but non lucratif et une gestion désintéressée et n'agit pas au profit d'un cercle restreint de personnes), le régime des dons qui lui sont versés est assez intéressant : ces dons ouvrent droit, pour les particuliers, à une réduction d'impôt sur le revenu de 66 % du montant du don dans la limite de 20 % de leur revenu[8] et, pour les sociétés, à une réduction d'impôt sur les sociétés de 60 % du montant du don dans la limite de 0,5 % du chiffre

---

[6] BOI-IR-RICI-250-10-10, 10 mai 2017.
[7] Art. 206, 1 bis CGI.
[8] Art. 200 CGI.

d'affaires ou de 10 000 €[9]. En revanche, la fiscalité de l'impôt sur le revenu spécifique aux monuments historiques n'est pas applicable aux monuments historiques détenus par une association[10].
Le régime des subventions publiques est également bien adapté aux associations propriétaires d'un monument. Les Directions régionales des affaires culturelles (DRAC), les régions et départements qui participent au financement de travaux d'entretien et/ou de restauration des monuments historiques disposent d'une certaine marge d'appréciation dans la distribution de ces subventions et sont assez favorables aux associations qui détiennent des biens classés ou inscrits au titre des monuments historiques.
Enfin, autre avantage de la formule associative : aucune mise de fonds n'est nécessaire pour la création. La rédaction des statuts et les procédures d'immatriculation coûtent 1 000 à 1 500 € environ[11].

Quelles conclusions peut-on tirer après 60 années de détention du Château d'Arlempdes, en matière de financement des travaux ?

Les premières années après la création de l'association et l'acquisition du château ont été difficiles, compte tenu de l'abandon complet du site depuis plus de 100 ans et donc de son très mauvais état de conservation. Des militaires sont d'abord venus régulièrement pendant plusieurs années aider au débroussaillage, au déblaiement et aux petites restaurations. Après, il y a eu des chantiers de jeunes et, enfin, le château sécurisé a pu être ouvert à la visite, vivre de ses propres ressources et faire appel à des artisans pour son entretien. Assez vite, le château a reçu plusieurs milliers de visiteurs. Il en reçoit actuellement 4 000 à 5 000 par an. L'association dispose donc des recettes des visites, des adhésions de ses 70 ou 80 membres suivant les années, qui versent en moyenne environ 70 € par personne et par an, et des subventions versées par la DRAC et le département pour aider à la réalisation des travaux. L'association dispose donc d'un budget annuel d'environ 30 000 € à 40 000 € qui lui permet d'effectuer régulièrement les travaux d'entretien, de rémunérer les guides, et d'assumer les frais

---

9 Art. 238 bis CGI.

10 L'article 46 quater-0 A de l'annexe III au CGI autorise toutefois les associations à déduire de leurs revenus soumis à l'impôt sur les sociétés les charges des monuments historiques dont elles se réservent la jouissance.

11 La publication au *Journal officiel* est désormais gratuite, le coût résulte donc essentiellement de la rédaction des statuts dans l'hypothèse où l'on fait appel à un professionnel. Bien entendu, la transmission du bien lui-même à titre gratuit ou payant peut entraîner également des frais notariaux.

généraux (assurance, électricité, etc.) qui heureusement sont faibles (notamment en l'absence de gardien).
L'exploitation courante du château par l'association est donc équilibrée et quand il y a de très gros travaux, il peut être fait appel à des subventions spécifiques (Fonds européens pour le développement régional par exemple). Une souscription spécifique peut également être lancée auprès des membres de l'association. Par exemple, la petite chapelle du château a été restaurée et en partie reconstruite en 2004 via une souscription à laquelle ont répondu plus de 50 membres de l'association. Les dons des membres ont donné lieu à l'émission d'un reçu fiscal leur permettant de bénéficier d'une réduction d'impôt.

L'association développe également de nombreuses actions en vue de l'animation du Château d'Arlempdes. Elle organise des visites libres, individuelles ou en groupes de mi-mars à mi-octobre, guidées tous les étés, et sur rendez-vous hors-saison. Elle a accueilli plusieurs spectacles de théâtre, et accueille régulièrement des tournages de clips et de films parce que le site et le château sont des lieux assez extraordinaires. L'association organise également des manifestations essentiellement à titre gratuit, en lien avec la commune et notamment à Noël ou à Pâques, avec les opérations « chasse aux œufs de Pâques ». Ces différentes activités ne remettent pas en cause le caractère non lucratif de l'association, compte tenu de leur faible importance au regard notamment des autres ressources de l'association.

Fonctionnement juridique de l'association depuis sa création

L'association fonctionne depuis 60 ans avec, suivant les années, 50 à 70 membres actifs payant régulièrement une cotisation annuelle.
Heureusement, l'association, grâce à l'excellent travail de mise à jour permanente de la généalogie (et notamment des descendants actuels) et du fichier des adresses mail de très nombreux membres de l'association ou sympathisants (environ 200 adresses mail recensées), peut rayonner au-delà des membres actuels à jour de leur cotisation. Ces sympathisants peuvent être informés régulièrement par le biais d'un bulletin numérique, des grandes actions de l'association, et en devenir ou redevenir adhérents. Ce dernier point est précieux, car ces sympathisants constituent un vivier de personnes plus ou moins intéressées par le château, mais susceptibles d'être contactées en cas de gros travaux à entreprendre nécessitant le lancement d'une souscription.

En conclusion, la transmission dans le cadre d'une association propriétaire d'un monument se vit de façon très différente par rapport à la transmission d'une propriété appartenant à une personne privée, le cas échéant en indivision, ou à une société.

La propriété juridique, dans le cas d'une association propriétaire du monument, est définitive puisque l'association en reste propriétaire. En revanche, il doit y avoir une transmission au niveau des personnes qui assurent la gestion de l'association, et notamment les membres du bureau et le président qui sont les plus sollicités. Il est tout d'abord à noter que ce « passage de relais » s'effectue sans aucun coût fiscal, à la différence des transmissions ou cessions de monuments entre générations successives. Le « passage de relais » dans les organes de direction d'une association exige que le maximum de personnes soient impliquées dans la gestion du monument, à travers des rencontres ou des fêtes dans le monument, avec d'importants moments de convivialité. C'est ainsi que les jeunes prennent goût au monument, à sa vie, à son animation et sont susceptibles de répondre favorablement aux sollicitations d'intégrer les différentes instances de décision de l'association, conseil d'administration, puis bureau. Dans l'exemple du Château d'Arlempdes, chaque été, l'assemblée générale de l'association est organisée autour d'une journée regroupant les adhérents dans le château, journée très conviviale qui permet d'accueillir un nombre significatif d'adhérents, plus ou moins réguliers, le plus souvent héritiers d'Arlempdes de Goys. L'appel à rejoindre l'association reste ainsi fort.
La possibilité de tenir des conseils d'administration, des bureaux et même des assemblées générales par visioconférences est une nouveauté très précieuse pour réunir des membres de l'association souvent très éloignés géographiquement les uns des autres. L'*affectio associatis* devrait être plus facile à développer, à l'avenir, grâce au développement de ces nouveaux outils de communication.

ANNEXE 1
Statuts du 10 décembre 1963

10 Décembre 1963

DEPOT des STATUTS
de l'Association des
Descendants d'ARLEMPDES-
de GOYS

A la minute d'un acte en constatant le dépôt, reçu par Me FINAZ notaire à Lyon le dix décembre mil neuf cent soixante trois, portant la mention :

" Enregistré à Lyon (deuxième notaires) le treize décembre mil neuf cent soixante trois, volume 364, bordereau 2658/3, reçu : dix francs suit la signature du receveur"

est demeurée annexée la pièce dont expédition suit :

LES SOUSSIGNES :

Monsieur Louis de GOYS, Général, demeurant à Paris (seizième arrondissement) 65 rue Ranelagh,

Monsieur Armand MALARTRE, industriel, demeurant à Dunières (Haute Loire)

Monsieur Louis BOURBON, Conservateur des Antiquités, demeurant au château de Peychard, Montfaucon en Velay (Haute Loire)

Monsieur Yves du VILLARD, journaliste, demeurant à Caluire et Cuire (Rhône) II0 grande rue Saint Clair,

Monsieur Paul de GOYS, agriculteur, demeurant à la Vidaude, Saint Genis Laval (Rhône)

Monsieur Bernard DORIA, ingénieur, demeurant à PARIS (7°) 209 boulevard Saint Germain

Monsieur Noël THIOLLIER, représentant, demeurant au château de Peychard, commune de Montfaucon en Velay (Haute Loire)

Madame Elisabeth de ROUVILLE, veuve de Monsieur Antoine de GOYS, sans profession, demeurant à Toulouse, rue Bernadette n° I0,

et Monsieur Paolo de NOLHAC, sans profession, demeurant au château de Pommegorge à MER (Loir et Cher)

Ont établi ainsi qu'il suit les statuts d'une association qu'ils ont résolu de fonder :

ARTICLE I.

Il est formé entre les soussignés et les autres personnes ayant adhéré aux présents statuts, et remplissant les conditions ci-après, une association qui sera régie par la loi du Ier juillet I90I et par lesdits statuts.

ARTICLE 2.

Cette Association a pour objet l'

Me Georges FINAZ
Notaire
LYON

acquisition, la réparation et l'entretien des ruines du château d' ARLEMPDES.

ARTICLE 3.

L'Association prend la dénomination de :

" Association des Descendants d'ARLEMPDES-de GOYS"

ARTICLE 4.

Son siège est au château de Peychard, commune de MONTFAUCON (Haute Loire):

Il peut être transféré en tout autre endroit en France, par simple décision du conseil d'administration.

ARTICLE 5.

La durée de l'Association est illimitée.

ARTICLE 6.

L'Association se compose de membres fondateurs, de membres honoraires et de membres titulaires.

Les personnes morales légalement constituées peuvent être admises comme membres de l'Association, mais chacune d'elles ne peut être représentée à l'assemblée générale que par un seul délégué.

Pour être membre, il faut être présenté p ar deux membres del'Association, et agréé par le conseil d'administration.

La cotisation annuelle est de dix francs pour les membres titulaires et les membres honoraires.

Pour être membre fondateur, il faut avoir effectué un versement, à titre de rachat de cotisation de francs cent.

ARTICLE 7

La qualité de membre de l'Association se perd :

I) par la démission (par lettre recommandée au conseil d'administration)

2) par la radiation (prononçée par le conseil d'administration pour non paiement de la cotisation ou pour motif grave)

Dans ce dernier cas, le membre intéressé devra être préalablement appelé à fournir ses explications, et pourra former un recoursdevant l'assemblée générale à sa plus prochaine réunion.

ADMINISTRATION ET FONCTIONNEMENT

ARTICLE 8.

Les membres fondateurs ou titulaires ont seuls voix délibérative et sont seuls éligibles au conseil d'administration.

ARTICLE 9.

L'Association est administrée par un conseil composé de trois membres élus par l'assemblée générale à la majorité des voix sur une liste contenant un nombre double de noms proposés par le conseil. Ils sont élus pour une durée non limitée.

Toutefois, le premier conseil est composé de :

I°/ Général Louis de GOYS, 65 rue de Ranelagh PARIS (seizième)

2°/ Monsieur Armand MALARTRE, à Dunières (Haute Loire)

3°/ Monsieur Louis BOURBON, château de Peychard, MONTFAUCON (Haute Loire)

Si une place devient vacante dans l'intervalle de deux assemblées générales, les administrateurs restant peuvent pourvoir au remplacement, sauf ratification par la prochaine assemblée générale.

Si le conseil et l'assemblée le jugent utile, le nombre des administrateurs pourra être augmenté, sans toutefois pouvoir dépasser six membres.

ARTICLE 10.

Le conseil nomme parmi ses membres un Président, un Secrétaire et un Trésorier.

Ces fonctions seront exercées pour la première fois savoir :

celle de Président par le Général de GOYS,
celle de Secrétaire par Monsieur BOURBON,
celle de Trésorier par Monsieur MALARTRE.

Les fonctions de membre du conseil d'administration sont gratuites.

ARTICLE 11.

Le conseil se réunit sur la convocation de son Président ou de deux de ses membres aussi souvant que l'exige l'intérêt de l'Association.

La présence de deux des membres du conseil est nécessaire pour lui permettre de délibérer valablement. Dans ce cas, l'unanimité est nécessaire. Les délibérations sont prises à la majorité des membres présents, en cas de partage, la voix du Président est prépondérante.

Nul ne peut voter par procuration dans le conseil.

Les délibérations prises par le conseil sont constatées par des procès-verbaux inscrits sur un registre spécial et signés du Président et du Secrétaire.

Les copies ou extraits de ces procès-verbaux sont signés par le Président ou par deux administrateurs.

ARTICLE 12.

Le conseil est investi des pouvoirs les plus étendus pour l'administration de l'Association en ce qui concerne son patrimoine.

Il peut déléguer ses pouvoirs à l'un de ses membres ou à un des membres de l'Association.

Néanmoins, les délibérations relatives aux acquisitions, échanges, aliénations des immeubles nécessaires au but poursuivi par l'Association, constitutions d'hypothèques sur lesdits immeubles et emprunts doivent être soumises à l'approbation de l'assemblée générale.

Toutefois, Messieurs MALARTRE et BOURBON ont tous pouvoirs, avec faculté d'agir ensemble ou séparément pour acquérir les ruines d'ARLEMPDES.

ARTICLE 13.

L'assemblée générale comprend tous les membres de l'Association.

Elle se réunit chaque année, au cours du troisième trimestre et chaque fois qu'elle est convoquée par le conseil d'administration ou sur la demande du quart au moins de ses membres ayant voix délibérative. Le jour, l'heure et le lieu sont indiqués dans l'avis de convocation adressé huit jours au moins à l'avance par lettres individuelles.

Son ordre du jour est réglé par le conseil d'administration.

Son bureau est celui du conseil.

Elle entend les rapports sur la gestion du conseil d'administration, surla situation financière et morale de l'Association, elle approuve les comptes de l'exercice clos, vote le budget de l'exercice suivant, délibère sur les questions mises à l'ordre du jour et pourvoit quand il y a lieu au renouvellement des membres du conseil d'administration en choisissant sur une liste de candidats dressée par les membres du conseil et contenant des noms en nombre double de celui des places à remplir.

Les délibérations sont prises à la majorité des voix des membres présents ou représentés. En cas de partage, la voix du Président est prépondérante. Chaque membre de l'assemblée a une voix, et autant de voix supplémentaires qu'il représente de sociétaires, sans toutefois qu'il puisse réunir tant en son nom que comme mandataire plus de dix voix.

Les délibérations de l'assemblée générale sont constatées par des procès-verbaux inscrits sur un registre et signés par les membres composant le bureau. ces procès-verbaux constatent le nombre de membres présents à chaque réunion.

Les copies ou extraits de ces procès-verbaux sont signés par le Président du Conseil ou par deux administrateurs.

RESSOURCES

ARTICLE I4.

Les recettes annuelles de l'Association se composent :

I) des cotisations et souscriptions de ses membres,

2) des subventions de l'Etat, des départements, des communes et des établissements publics et autres collectivités,

3) des ressources créées à titre exceptionnel, et s'il y a lieu avec l'agrément de l'autorité compétente,

4) des droits d'entrée pour visite des ruines qui sont inscrites à l'inventaire des Monuments Historiques et des Sites,

MODIFICATION DES STATUTS ET DISSOLUTION

ARTICLE I5.

Les statuts ne peuvent être modifiés que sur la proposition du conseil d'administration,

Les membres de l'Association sont prévenus par convocation individuelle au moins un mois à l'avance et par un avis inséré dans un journal de l'arrondissement du Puy.

L'assemblée doit se composer du quart au moins des membres ayant voix délibérative.

ARTICLE I6.

L'assemblée générale, appelée à se prononcer sur la dissolution de l'Association et convoquée spécialement à cet effet doit comprendre au moins la moitié plus un des membres ayant voix délibérative.

Si cette proportion n'est pas atteinte, l'assemblée est convoquée de nouveau, mais à quinze jours au moins d'intervalle, mais cette fois elle peut valablement délibérer, quel que soit le nombre des membres présents. Dans tous les cas, la dissolution ne peut être votée qu'à la majorité des deux tiers des membres présents.

ARTICLE I7.

En cas de dissolution pour quelque cause que ce soit, l'assemblée générale désigne un ou plusieurs commissaires chargés de la liquidation des biens de l'Association. Elle attribue l'actif net à un ou plusieurs établissements analogues ayant leur siège en France et constitués conformément aux lois.

PUBLICATION

ARTICLE I8.

Le conseil d'administration remplit les formalités de déclaration et de publication prescrites par la loi du Ier juillet I90I et par le décret du I6 août suivant.

A cet effet tous pouvoirs sont donnés aux porteurs d'expéditions ou d'extraits, soit des présentes, soit de toutes délibérations du conseil ou de l'assemblée.

Le conseil ou son délégué doivent faire connaitre dans les trois mois à la Préfecture du Puy tous les changements survenus dans l'administration ou la direction de l'Association.

Fait à Lyon, Paris et Toulouse,

les six novembre et dix décembre mil neuf cent soixante trois, en un seul exemplaire, qui sera déposé aux minutes de Me FINAZ notaire à Lyon.

Suivent les signatures des comparants précédées des mots "Lu et Approuvé".

ANNEXE 2
Statuts du 14 octobre 1997

ASSOCIATION POUR LA SAUVEGARDE ET L'ANIMATION DU CHATEAU D'ARLEMPDES
Fondateurs : les descendants d'Arlempdes - de Goÿs

STATUTS

(déposés chez Me FINAZ, Notaire à LYON, le 10 décembre 1963, modifiés les 26 juillet 1980, 16 juillet 1983, 8 août 1992 et 17 mai 1997)

Création

Les Soussignés :

M. Louis de GOYS, Général, demeurant à PARIS XVI°, 65 rue du Ranelagh,

M. Armand MALARTRE, Industriel, demeurant à DUNIERES (Haute-Loire),

M. Louis BOURBON, Conservateur des Antiquités, demeurant au Château de Peychard à MONTFAUCON-EN-VELAY (Haute-Loire),

M. Yves du VILLARD, Journaliste, demeurant à CALUIRE & CUIRE (Rhône), 110 Grande Rue Saint Clair,

M. Paul de GOYS, Agriculteur, demeurant à la Vidaude, SAINT-GENIS-LAVAL (Rhône),

M. Bernard DORIA, Ingénieur, demeurant à PARIS VII°, 209 Boulevard Saint-Germain,

M. Noël THIOLLIER, Représentant, demeurant au Château de Peychard à MONTFAUCON-EN-VELAY (Haute-Loire),

Mme Elisabeth de ROUVILLE, Veuve de M. Antoine de GOYS, sans profession, demeurant à TOULOUSE, 15 rue Bernadette,

et M. Paolo de NOLHAC, sans profession, demeurant au Château de Pommegorge à MER (Loir-et-Cher),

ont établi ainsi qu'il suit les statuts d'une association qu'ils ont résolu de fonder :

Article 1er

Il est formé entre les soussignés et les autres personnes ayant adhéré aux présents statuts, et remplissant les conditions ci-après, une association qui sera régie par la loi du 1er juillet 1901 et par lesdits statuts.

Armand de GOYS

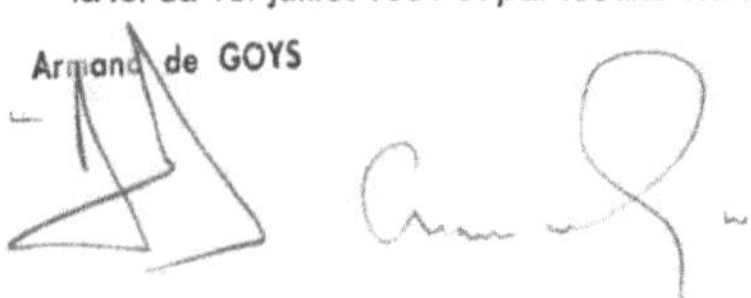

Article 2 *(Assemblée Générale du 17 mai 1997)*

Cette association a pour objet la sauvegarde et l'animation du Château d'ARLEMPDES (Haute-Loire).

Article 3 *(Assemblée Générale du 26 juillet 1980)*

L'association prend la dénomination de :

ASSOCIATION POUR LA SAUVEGARDE ET L'ANIMATION DU CHATEAU D'ARLEMPDES
Fondateurs : les descendants d'Arlempdes - de Goÿs

Article 4 *(Conseil d'Administration du 17 mai 1997)*

Son siège est au Château d'ARLEMPDES (après avoir été initialement au Château de Peychard à MONTFAUCON-EN-VELAY, puis à la Maison du portail féodal à ARLEMPDES).

Il peut être transféré en tout autre endroit en France, par simple décision du Conseil d'Administration.

Article 5

La durée de l'association est illimitée.

Article 6 *(Assemblées Générales des 8 août 1992 et 17 mai 1997)*

Pour être membre, il faut être présenté par deux membres de l'association, et agréé par le Conseil d'Administration.

Les personnes morales légalement constituées peuvent être représentées au sein de l'association, mais chacune d'elles ne peut être représentée à l'Assemblée Générale que par un seul délégué.

La cotisation annuelle des membres adhérents, donateurs, bienfaiteurs et étudiants est fixée chaque année par l'Assemblée Générale sur proposition du Conseil d'Administration. A défaut, les montants en vigueur l'année précédente sont reconduits.

Armand de GOYS

2

Article 7

La qualité de membre de l'association se perd :

1 - par la démission (par lettre recommandée au Conseil d'Administration),

2 - par la radiation (prononcée par le Conseil d'Administration
pour non - paiement de la cotisation ou pour motif grave).

Dans ce dernier cas, le membre intéressé devra être préalablement appelé à fournir ses explications, et pourra former un recours devant l'Assemblée Générale à sa plus prochaine réunion.

Administration et fonctionnement

Article 8 *(Assemblée Générale du 17 mai 1997)*

Les membres de l'association à jour de leur cotisation ont seuls voix délibérative et sont seuls éligibles au Conseil d' Administration.

Article 9 *(Assemblées Générales des 26 juillet 1980,16 juillet 1983 et 8 août 1992)*

L'association est administrée par un Conseil d'Administration élu par l'Assemblée Générale à la majorité des voix, sur proposition du Conseil en exercice lors de cette élection. Les membres du Conseil d' Administration sont élus pour une durée de trois ans, éventuellement renouvelable.

Si une place devient vacante dans l'intervalle de deux Assemblées Générales, les administrateurs restant peuvent pourvoir au remplacement, sous réserve de ratification par la prochaine Assemblée Générale.

Si le Conseil d'Administration et l'Assemblée Générale le jugent utile, le nombre des administrateurs (initialement fixé à dix) peut être augmenté sans toutefois pouvoir excéder dix-huit membres. En outre, les deux tiers au moins des administrateurs devront avoir la qualité de descendants ou alliés d'Arlempdes - de Goÿs.

Armond de GOYS

3

Article 10 *(Assemblées Générales des 26 juillet 80, 16 juillet 1983 et 17 mai 1997)*

Le Conseil d'Administration nomme parmi ses membres :

- un Président,
- un ou plusieurs Vice-Présidents (trois au maximum),
- un Secrétaire et un Trésorier
  (les deux fonctions pouvant être cumulées),
- un adjoint au Trésorier ou au Secrétaire-Trésorier,
- deux ou trois Administrateurs,

lesquels constituent le Bureau de l'association.

Les fonctions de membre du Conseil d'Administration sont bénévoles.

Article 11 *(Assemblée Générale du 17 mai 1997)*

Le Conseil d'Administration, ou le Bureau, se réunit sur la convocation de son Président ou de deux de ses membres, aussi souvent que l'exige l'intérêt de l'association.

La présence de trois des membres du Conseil d'Administration ou du Bureau est nécessaire pour permettre de délibérer valablement. Dans ce cas, l'unanimité est requise. A partir de quatre présents ou représentés, les décisions sont prises à la majorité des membres présents ou représentés. En cas de partage, la voix du Président est prépondérante.

Les décisions prises sont constatées par des procès-verbaux inscrits sur un registre spécial et signés du Président et du Secrétaire.

Les copies ou extraits de ces procès-verbaux sont signés par le Président ou par deux administrateurs.

Article 12 *(Assemblée Générale du 17 mai 1997)*

Le Conseil d'Administration est investi des pouvoirs les plus étendus pour l'administration de l'association en ce qui concerne son patrimoine.

Il peut déléguer ses pouvoirs à l'un de ses membres ou à l'un des membres de l'association.

Armand de GAYS

4

Néanmoins, les décisions relatives aux acquisitions, échanges, aliénations des immeubles nécessaires au but poursuivi par l'association, constitutions d'hypothèques sur lesdits immeubles et emprunts doivent être soumises à l'approbation de l'Assemblée Générale.

Article 13 *(Assemblée Générale du 17 mai 1997)*

L'Assemblée Générale comprend tous les membres de l'association.

Elle se réunit chaque année, et chaque fois qu'elle est convoquée par le Conseil d'Administration, ou sur la demande du quart au moins de ses membres ayant voix délibérative. Le jour, l'heure et le lieu sont indiqués sur la convocation adressée trois semaines au moins à l'avance par lettres individuelles.

Son ordre du jour est rédigé par le Conseil d'Administration.

Son Bureau est celui du Conseil.

Elle entend les rapports sur la gestion du Conseil d'Administration, sur la situation financière et morale de l'association, elle approuve les comptes de l'exercice clos, vote le budget de l'exercice suivant, délibère sur les questions mises à l'ordre du jour et procède quand il y a lieu au renouvellement des membres du Conseil d'Administration, en choisissant sur une liste de candidats dressée par les membres du Conseil.

Les délibérations sont prises à la majorité des voix des membres présents ou représentés. En cas de partage, la voix du Président est prépondérante. Chaque membre de l'Assemblée a une voix, et autant de voix supplémentaires qu'il représente de sociétaires, sans toutefois qu'il puisse réunir, tant en son nom que comme mandataire, plus de dix voix.

Les décisions de l'Assemblée Générale sont constatées par des procès-verbaux inscrits sur un registre et signés par les membres composant le Bureau. Ces procès-verbaux constatent le nombre de membres présents à chaque réunion.

Les copies ou extraits de ces procès-verbaux sont signés par le Président du Conseil d'Administration ou par deux administrateurs.

Armand de GOYS

Ressources

Article 14

Les recettes annuelles de l'association se composent :

1 - des cotisations et souscriptions de ses membres,

2 - des subventions de l' Etat, des Départements, des Communes et des Etablissements Publics et autres Collectivités,

3 - des ressources créées à titre exceptionnel, et s'il y a lieu, avec l'agrément de l'autorité compétente,

4 - des droits d'entrée pour visite des ruines, qui sont inscrites à l' Inventaire des Monuments Historiques et des Sites.

Modification des statuts et dissolution

Article 15 *(Assemblées Générales des 26 juillet 1980 et 17 mai 1997)*

Les statuts sont modifiables par l'Assemblée Générale Extraordinaire, convoquée spécialement à cet effet.

Article 16

L'Assemblée Générale, appelée à se prononcer sur la dissolution de l'association et convoquée spécialement à cet effet, doit comprendre au moins la moitié plus un des membres ayant voix délibérative.

Si cette proportion n'est pas atteinte, l'Assemblée est convoquée de nouveau, mais à quinze jours au moins d'intervalle, et cette fois elle peut valablement délibérer, quel que soit le nombre des membres présents. Dans tous les cas, la dissolution ne peut être votée qu'à la majorité des deux tiers des membres présents.

Armand de GOYS

6

Article 17

En cas de dissolution pour quelque cause que ce soit, l'Assemblée Générale désigne un ou plusieurs commissaires chargés de la liquidation des biens de l'association. Elle attribue l'actif net à un ou plusieurs établissements analogues ayant leur siège en France et constitués conformément aux lois.

Publication

Article 18

Le Conseil d'Administration remplit les formalités de déclaration et de publication prescrites par la loi du 1er juillet 1901 et par le décret du 16 août suivant.

A cet effet, tous pouvoirs sont donnés aux porteurs d'expéditions ou d'extraits, soit des présentes, soit de toutes délibérations du Conseil ou de l'Assemblée.

Le Conseil d'Administration ou son délégué doivent faire connaître dans les trois mois à la Préfecture du PUY tous les changements survenus dans l'administration ou la direction de l'association.

Fait à LYON, PARIS et TOULOUSE,
les six novembre et dix décembre mil neuf cent soixante trois,
en un seul exemplaire, qui sera déposé aux minutes de Me FINAZ, Notaire à LYON.

Suivent les signatures des comparants,
précédées des mots "Lu et Approuvé".

14 octobre 1997

Armand de GOŸS

Armand de Goÿs

Trésorier

8 allée des Gondoles

95210 ST GRATIEN

Lu et approuvé

Charles de Goÿs

Administrateur

7

La transmission faisant intervenir une personne publique

Stéphane Duroy
Professeur de droit public
Université Paris-Saclay
Co-directeur de l'Institut d'Études de Droit public (IEDP)

« Voulant conserver à la France le domaine de Chantilly dans son intégrité, avec ses bois, ses pelouses, ses eaux, ses édifices et tout ce qu'ils contiennent, trophées, tableaux, livres, objets d'art – tout cet ensemble qui forme comme un monument complet et varié de l'art français dans toutes ses branches, et de l'histoire de ma Patrie à des époques de gloire -, j'ai résolu d'en confier le dépôt à un corps illustre, qui m'a fait l'honneur de m'appeler dans ses rangs à un double titre, et qui, sans se soustraire aux transformations inévitables des sociétés, échappe à l'esprit de faction comme aux secousses trop brusques, conservant son indépendance au milieu des fluctuations politiques.
En conséquence, je lègue à l'Institut de France, qui en disposera dans les conditions ci-après déterminées, le domaine de Chantilly tel qu'il existera le jour de mon décès, avec la bibliothèque et les autres collections artistiques ou historiques que j'y ai formées, les meubles meublants, statues, trophées d'armes, etc. ».
Ainsi s'exprimait Henri d'Orléans, duc d'Aumale, dans son testament olographe du 3 juin 1884, par lequel il léguait le domaine de Chantilly à l'Institut, testament qui connut d'ultimes modifications le 25 octobre 1886[1]. Par ces modifications, il s'agissait notamment de transformer le legs en donation. Cette donation à la France, par le truchement de l'Institut de France, vient nous rappeler que si les transmissions intrafamiliales, dont il est essentiellement question dans ce colloque, sont éminemment respectables et nécessaires, celles faites en faveur de personnes publiques ne le sont pas moins.
Remarquable par son ampleur et sa qualité, la donation du Duc d'Aumale ne doit pas occulter le fait que les donations ou les legs en faveur de personnes publiques sont des modes de transmission du patrimoine culturel de très haute fréquence. Ainsi en 1810, Esprit Calvet lègue à la

---

[1] Donation du domaine de Chantilly à l'Institut de France, Imprimerie de l'Institut 1897 ; P. Roque, *La donation du duc d'Aumale*, éd. Association de sauvegarde de Chantilly et de son environnement, 1995, C 30.

Ville d'Avignon toutes ses collections, donnant naissance au Musée Calvet, dont le Conseil d'État fera, au prix d'une interprétation constructive du testament de Calvet, un établissement public disposant d'une autonomie certaine par rapport à la Ville d'Avignon[2]. En 1831, le marchand d'art, peintre et collectionneur, Thomas Henri, fait don de sa collection à sa ville natale, Cherbourg, la dotant ainsi d'un musée qui n'existait pas. En Normandie encore, en 1866, Bernard Mancel, lègue à la Ville de Caen sa collection : « Je lègue et donne à la Ville de Caen, ma ville natale, tous mes manuscrits, cartulaires, livres anciens, ouvrages imprimés, tableaux, dessins, gravures, lithographies, objets de curiosité, marbres, ivoires, camées, bijoux artistiques, en un mot tous les objets d'arts et de science qui font partie de ma collection ». Par ce legs, comprenant notamment 50.000 estampes provenant de la vente à Rome, en 1845, des collections du cardinal Fesch, il faisait du Musée de Caen, comme l'a souligné Alain Tapié qui fut son conservateur, « un des plus riches de France en ce domaine »[3].

Plus près de nous, en 2018, peut-être évoquée la donation à l'État par Martine et Léon Cligman, à l'origine du musée d'art moderne installé dans l'abbaye de Fontevraud. Évoquons aussi la donation de la collection Pierre Rosenberg, conclue au profit du département des Hauts-de-Seine le 25 septembre 2020, qui constituera le fonds du futur Musée du grand siècle, lequel prendra ses quartiers dans l'ancienne caserne Sully de Saint-Cloud.

Ces donations et legs ne concernent pas que des collections d'œuvres d'art, mais aussi des demeures historiques. Outre la donation déjà évoquée concernant le Château de Chantilly, signalons la donation à l'État, en 1935, du Château de Champs-sur-Marne par le banquier Charles Cahen d'Anvers, ou encore le legs du Château d'Harcourt et de son arboretum, opéré en 1827 par l'avoué Louis-Gervais Delamarre, au profit de l'Académie royale d'agriculture. Cette dernière, devenue Académie d'agriculture de France, établissement d'utilité publique, en a fait donation en 2000 au département de l'Eure[4].

Les transmissions à une personne publique s'opèrent aussi fréquemment par des ventes. Citons le cas du Château d'Azay-le-Rideau, acheté par

---

[2] CE, 19 mai 1893, *Administration du Musée Calvet*, *Rec.*, p. 406 ; CE, Avis du 8 juill. 1925, *Sur la situation juridique du Musée Calvet et sa comptabilité*, in *Documents divers sur le Musée Calvet d'Avignon*, Carpentras Imprimerie Batailler, 2e éd. 1935, p. 45.

[3] A. Tapié, *Le Musée des beaux-arts de Caen*, 1994.

[4] Pour d'autres exemples de donations : Château du Bourg-Saint-Léonard (Orne) objet en 1954 d'une donation à la Commune du Bourg-Saint-Léonard ; Château de la Roche-Jagu légué en 1958 au département des Côtes du Nord ; Château de Sainte-Suzanne (Mayenne) objet en 1980 d'une donation à la commune.

l'État en 1905, du Château de Sceaux, acheté en 1923 par le département de la Seine ou encore du Château de Chaumont acheté en 1938 par l'État[5]. On signalera également un achat au terme d'une rare expropriation pour cause d'utilité publique, prononcée en 1941, concernant le Château d'Oiron.

Tous ces exemples, qui pourraient être multipliés, illustrent clairement que les monuments historiques reconnus ou susceptibles de l'être, car répondant clairement aux critères du monument historique, font fréquemment l'objet de transmissions au profit de personnes publiques, auxquelles sera consacrée la première partie de ce propos (**I**). Il sera souligné ensuite, même si ce mouvement est de moindre importance, que les personnes publiques peuvent être amenées à transmettre des monuments historiques à des personnes privées, sans que cela porte atteinte de manière fondamentale à leur protection (**II**).

I. La transmission en faveur d'une personne publique

J'évoquerai successivement la transmission d'une personne privée à une personne publique (**A**) puis la transmission entre personnes publiques (**B**).

A. Transmission d'une personne privée à une personne publique

J'en examinerai brièvement, tout d'abord les mobiles, puis les modalités.

S'agissant des mobiles, transmettre à une personne publique, c'est faire le choix d'une transmission pérenne aux générations futures, non soumise aux aléas de la descendance familiale et de la fortune. Transmettre à l'État, à une commune, à un département ou à un établissement public, c'est, sauf déclenchement du feu nucléaire, mettre à l'abri de la ruine, du dépeçage ou de la dispersion, un patrimoine dont l'intérêt d'art et d'histoire mérite d'être protégé.

Juridiquement, cette perpétuité est essentiellement assurée par l'entrée du patrimoine transmis dans le domaine public de la personne publique,

---

[5] Pour d'autres exemples de ventes : Château de Fougères acquis par la ville en 1892 ; Château de Maisons-Laffitte acheté par l'État en 1905 ; Château de Kerjean acheté par l'État en 1911 ; Château de la Hunaudaye acheté par l'État en 1930 ; Château de Tourlaville (Ravalets) acquis en 1935 par la Ville de Cherbourg ; Château de Carrouges acheté par l'État en 1936 ; Château de Suscinio (Morbihan) acheté par le département en 1965 ; Château de Trévarez (Finistère) acheté par le département en 1970 ; Château de Monte-Cristo acheté par un syndicat intercommunal en 1970 ; Château de Courtanvaux (Sarthe) acheté par la Commune de Bessé-sur-Braye en 1978 ; Château des Rohan à Pontivy objet en 2015 d'une cession, pour un euro symbolique, à la commune qui en était depuis 1953 l'emphytéote.

lequel est inaliénable et imprescriptible. L'inaliénabilité des biens immobiliers n'est certes pas absolue, nous l'illustrerons dans la seconde partie, un déclassement peut faire sortir un immeuble du domaine public et rendre possible une vente. Néanmoins l'inaliénabilité relative des immeubles peut être renforcée par les clauses d'une donation ou d'un legs. La donation du Duc d'Aumale en offre la parfaite illustration. S'agissant des meubles, l'inaliénabilité est en revanche quasiment absolue. En effet, d'une part, le code général de la propriété des personnes publiques (CGPPP) suggère que la sortie du domaine public mobilier dépend de la perte de l'intérêt public d'art et d'histoire de l'objet[6], ce que confirme explicitement le code du patrimoine[7] et, d'autre part, ce dernier soustrait les objets entrés par dons et legs dans les collections publiques à toute possibilité de déclassement[8].

S'agissant des modalités de transmission, les plus classiques et les plus fréquentes sont les ventes et les dons et les legs. Mais je signalerai aussi un cas plus original.

Les ventes immobilières sont particulièrement fréquentes, comme en attestent les quelques exemples évoqués dans l'introduction. Elles ne donnent lieu qu'à de rares contentieux, dans la mesure, sans doute, où la vente au profit d'une personne publique rend un service à des familles qui, pour des raisons diverses, ont épuisé les possibilités d'une transmission intrafamiliale.

Il n'en va pas de même des ventes mobilières. En effet, certaines ventes sont provoquées par la décision de classement. Autrement dit, cette décision oriente parfois la volonté de transmettre à une personne publique. Cette orientation, pour ne pas dire cette main forcée, ou tenue, est alors davantage de nature à pousser au contentieux. C'est en particulier le cas lorsqu'un objet ou des objets mobiliers font l'objet d'un classement d'office, destiné à faire obstacle à l'exportation de l'objet dans un contexte de mise sur le marché.

De tels classements prennent parfois le relais de refus de certificats d'exportation. Tel fut le cas du tableau *Le Cercle de la rue royale* de James

---

6 L'article L. 2112-1 du CGPPP en faisant de l'intérêt public d'histoire, d'art, etc., une condition d'appartenance au domaine public indiquait au moins implicitement que pour en sortir il fallait que cet intérêt disparaisse.

7 Art. R. 115-1 C. patr. : « Un bien culturel appartenant au domaine public en application de l'article L. 2112-1 du CGPPP ne peut être déclassé du domaine public que lorsqu'il a perdu son intérêt du point de vue de l'histoire, de l'art, de l'archéologie, de la science ou de la technique ».

8 Art. L. 451-7 C. patr. : « Les biens incorporés dans les collections publiques par dons et legs ou, pour les collections ne relevant pas de l'État, ceux qui ont été acquis avec l'aide de l'État ne peuvent être déclassés ».

Tissot, entré, *in fine* dans les collections du Musée d'Orsay au terme d'une vente. Mais avant cette issue heureuse, la décision de classement faisant suite à un refus d'exportation avait nourri un contentieux devant le juge administratif[9]. Ce dernier a finalement affirmé que la décision de classement pouvait être prise après un refus de certificat d'exportation, ce que contestait le propriétaire. Ce faisant, le tableau qui avait d'abord été considéré comme un trésor national du fait du refus de certificat d'exportation, et ce pour une durée de 36 mois à l'époque, est devenu définitivement impossible à exporter, du fait de la décision de classement au titre des monuments historiques.

Les classements au titre des monuments historiques sont aussi parfois décidés en l'absence de refus de certificat d'exportation. Tel fut le cas du mobilier du Château de Craon, objet d'un classement *in extremis* alors que les meubles étaient dans la salle des ventes[10]. Le juge a considéré que bien qu'ayant bénéficié dans un premier temps d'un certificat d'exportation, ce mobilier a pu être classé d'office au titre des monuments historiques. Dans cette affaire, l'issue a aussi été heureuse, puisque l'État a pu finalement faire l'acquisition de gré à gré d'une partie de ce mobilier[11].

Concernant les dons et legs, les nombreux exemples évoqués en introduction dispensent de revenir sur leur importance pratique. Il est en revanche notable que les dons et legs sont sujets, plus que les ventes, à des aléas juridiques : révocation par le donateur, non-respect de la volonté du donateur et donc contentieux lié à ce non-respect pouvant aboutir à la révocation, contestations par les ayants droit ou refus du donataire ou du légataire.

La révocation d'un legs peut être notamment illustrée par l'affaire du legs Domergue. L'objet du litige était dans cette affaire, une collection constituée par le frère du peintre Gabriel Domergue. La Ville de Bordeaux était légataire de cette collection. Mais faute pour la ville d'avoir respecté la charge consistant à créer pour elle un lieu d'accueil spécifique, le legs a été révoqué[12].

La révocation peut-être aussi illustrée à travers la récente déconvenue subie par les Musées de Strasbourg, en particulier le musée des beaux-arts,

[9] CAA Paris, 27 juin 2000, *Ministre de la Culture c/ Hottinguer*, *AJDA* 2000, p. 947, concl. S. Brotons.

[10] CE, 6 avr. 2018, *Mme de Beauvau-Craon*, n° 402065-415725, *Rec.*, T, p. 560.

[11] À la différence de la fameuse affaire Walter concernant un tableau de Vincent Van Gogh, *Jardin à Auvers*, classé d'office, pour lequel l'État a dû verser une indemnité de moins-value considérable, sans que le tableau entre jamais dans les collections publiques.

[12] Cass. civ. 1re, 14 sept. 2006, n° 04-20398 ; confirmation de CA de Bordeaux, 18 oct. 2004 et de TGI Bordeaux, 13 nov. 2001.

installé dans le palais Rohan. Ils devaient bénéficier d'un legs de plusieurs millions d'euros (5 millions selon la presse), mais ce legs a été remis en cause par la légatrice, au prétexte, d'une part, que la conservation des œuvres était mal assurée au sein du Palais Rohan (chaleurs excessives l'été) et, d'autre part, que les musées fermeraient deux jours par semaine pour faire face à la crise énergétique.
Le non-respect de la volonté du légateur peut quant à lui être illustré par la fameuse affaire Montagne[13]. Était ici en cause une étude de Seurat, pour son tableau. *Un dimanche après-midi à l'île de la Grande Jatte*. Ce legs avait été exprimé oralement par la propriétaire peu de temps avant son décès. Les héritiers avaient informé la Réunion des musées de France de cette manifestation de volonté. Mais avant que l'administration ait pu entrer en possession de la précieuse étude, l'un des héritiers avait été interné et l'administrateur de ses affaires avait vendu le tableau à un brocanteur, avec lequel s'est noué le contentieux. La Cour de cassation a confirmé que le tableau avait fait l'objet d'un legs régulier, que le tableau était dès lors « tombé » dans le domaine public et que par conséquent ni le brocanteur ni son client n'avaient pu devenir propriétaires du tableau.
Mais le plus souvent le don ou le legs est contesté par des ayants droit. C'est ce qu'illustre, notamment, un jugement du tribunal administratif de Paris, suivi d'un arrêt du Conseil d'État, dans une affaire *Époux Berkelaers*[14]. Elle concernait la donation de 16 œuvres d'art au Centre national d'art Georges Pompidou, autrement appelée donation Seuphor. Des ayants droit ont contesté, devant le juge administratif, la capacité du Centre national d'art Gorges Pompidou à recevoir des dons ainsi que la régularité de l'acceptation de la donation par le président du Centre. Le tribunal administratif, puis le Conseil d'État, ont rejeté leur demande et ont reconnu, au contraire, la capacité du Centre à bénéficier de dons ainsi que la régularité de l'acceptation.

Plus récemment, la Cour d'appel de Riom a dû se prononcer sur la contestation d'un legs au profit de la Ville de Vichy[15]. Cette ville a, en vertu de ce legs, reçu un tableau intitulé *La Reine de Saba offrant un sceptre au roi Salomon*, par Frans Francken, exposé dans la salle des mariages de l'hôtel de ville depuis le milieu des années 1990. La contestation émanait de l'époux d'un employé du donateur, ces deux derniers étant décédés.

---

13 Cass. civ. 1re, 2 avr. 1963, *Sieur Montagne c/ Réunion des musées de France*, *AJDA* 1963.II.228, note J. Dufau.
14 TA de Paris, 4 mars 1987, *Berckelaers*, Rec., p. 598 ; CE, 19 janv. 1990, *Époux Berckelaers*, *Rec.*, p. 7.
15 CA Riom, 9 nov. 2021, n° 21-01002.

L'époux survivant prétendait que son époux décédé avait lui-même bénéficié d'un legs du tableau remettant en cause celui accordé au profit de la Ville de Vichy. Mais la cour d'appel a écarté ses prétentions, en jugeant que : « l'action en délivrance de legs était irrecevable, comme étant prescrite » (délai de cinq ans en l'espèce).
Même la donation du duc d'Aumale n'est pas à l'abri de contestations. On peut évoquer celles du bénéficiaire lui-même, l'Institut, qui ne cache pas depuis des années que certaines conditions posées par le testament du duc constituent un obstacle à la gestion du domaine de Chantilly[16]. S'y ajoutent celles de membres de la famille d'Orléans, qui, à la fin de l'année 2021, faisaient savoir par la voix d'un avocat, que le non-respect des clauses de la donation pouvait conduire à sa remise en cause et au retour des biens immobiliers et mobiliers à la famille.

J'en arrive enfin à l'évocation du cas particulier qui nous est offert par le Musée Mathurin Méheut de Lamballe. Ce musée consacré à l'œuvre de Mathurin Méheut, peintre régionaliste breton ayant obtenu le titre de peintre de la Marine en 1921, a été fondé après la mort du peintre en 1958 dans un cadre associatif. Plus récemment, en 2014, a été créé un groupement d'intérêt public (GIP) dont l'objet est d'assurer la conservation des œuvres, le développement, la gestion et la promotion du musée Mathurin Méheut. Ce GIP est une personne morale de droit public, qui permet d'organiser un partenariat ou une coopération entre des personnes publiques et une ou plusieurs personnes privées. En l'occurrence, le partenariat est organisé entre la Ville de Lamballe, la communauté de communes Lamballe Terre & Mer, le département des Côtes d'Armor et l'Association Les amis de Mathurin Méheut. C'est l'article 11 de la convention constitutive du GIP Musée Mathurin Méheut qui mérite ici de retenir notre attention, dans la mesure où il organise une transmission de la collection du musée, pour l'heure propriété de l'association, au GIP ou à l'État. Cet article dispose que : « À compter de la date où l'œuvre de Mathurin Méheut tombera dans le domaine public, le 1er janvier 2029, l'association cédera l'intégralité des collections dont elle est propriétaire au groupement. Si le groupement renonce à ce transfert, les collections devront être transmises à l'État ou à une collectivité territoriale dans le respect de ses dispositions statutaires et du code du patrimoine ».

---

[16] Sur ces difficultés de gestion, v. le rapport de la Cour des comptes, *L'Institut de France et les cinq Académies - Normaliser la gestion, restaurer l'équilibre financier*, juill. 2021 ; G. Dhellemes et V. Desailly, « Chantilly, palais en péril », *M Le magazine du Monde*, n° 517, 14 août 2021, pp. 25 et s.

B. Transmission d'une personne publique à une personne publique

Rappelons, à titre introductif, que le plus remarquable transfert entre personnes publiques de biens immobiliers présentant un intérêt d'art et d'histoire – même s'ils n'étaient pas à l'époque qualifiés de monuments historiques – fut sans conteste celui opéré dans le contexte de la Révolution de 1789 concernant les églises paroissiales. Les biens du clergé, rappelons-le, nationalisés dans leur entièreté, ont été mis à disposition de la Nation, autrement dit, sont devenus la propriété de l'État. Mais quelques années plus tard, deux avis du Conseil d'État, l'un du 24 décembre 1804, l'autre du 22 janvier 1805, souligneront que ce sont les communes qui doivent être considérées comme propriétaires de ces églises, situation qui n'a jamais été remise en cause, en dépit de l'intervention de la loi de 1905 de séparation des églises et de l'État. Ce qui est remarquable, c'est que ce transfert massif de propriété de l'État aux communes, a été opéré de façon très discrète, sans un texte législatif explicite, comme le soulignait Émile Poulat[17].
Au-delà de ce transfert de masse, des études plus ponctuelles permettraient de mettre en évidence que de nombreux monuments historiques, surtout des châteaux, ont changé de propriétaire public. On ne peut ici qu'en citer quelques exemples. Ainsi, le Château de Mayenne, inscrit à l'inventaire supplémentaire des monuments historiques en 1927, alors propriété du département, a ensuite été transmis à la Ville de Mayenne. Tel fut encore le cas du Château de Vitré, d'abord propriété de l'État, devenu propriété communale et abritant depuis l'hôtel de ville. Le Château de Saint-Malo, longtemps propriété de l'État, est devenu lui aussi une propriété communale à partir de 1927, dans laquelle est également installé l'hôtel de ville.

Mais plus récemment, en 2004, c'est à une démarche plus cohérente de transmission de monuments historiques propriétés de l'État aux collectivités territoriales, que le législateur a prêté la main. Cette opération s'est déroulée en deux temps, d'abord celui de la réflexion, confiée à une commission présidée par René Rémond, puis celui de la loi, complétée par un décret fixant les conditions du transfert. Pour engager la réflexion, le ministre de la Culture, Jean-Jacques. Aillagon à l'époque, a commandé à René Rémond un rapport permettant de mener à bien des transferts de monuments historiques qui sont la propriété de l'État ou du Centre des

[17] É. Poulat, *Notre laïcité publique : la France est une république laïque*, Berg International Éditeurs, 2003, p. 166.

monuments nationaux (CMN), au profit des collectivités territoriales. Le nombre des monuments concernés était de 400.
Le rapport de la commission Rémond a été remis au ministre de la Culture le 17 novembre 2003[18]. Pour l'essentiel, il opérait une distinction entre les monuments historiques nationaux, ayant vocation à rester des propriétés de l'État ou du Centre des monuments nationaux (CMN), et les monuments historiques locaux susceptibles d'être transférés aux collectivités territoriales. Pour opérer cette distinction, la commission a utilisé différents critères permettant surtout d'identifier les monuments historiques nationaux : « ce qui fait partie de la mémoire de la Nation, les monuments qui perpétuent le souvenir de nos discordes, la notoriété internationale et le rayonnement qui font d'un monument un élément du patrimoine européen ou universel, maintenir à l'État les monuments historiques acquis récemment ou ayant fait l'objet d'engagements financiers importants, sites archéologiques et grottes ornées ». En dehors de ces critères, un transfert apparaissait possible, notamment pour rationaliser des situations juridiques étranges, comme celle de la tour Solidor à Saint-Malo ou des tours de la Rochelle, dont les terrains d'assiette appartenaient aux communes, mais pas les tours. Après avoir brassé ces différentes considérations, la commission a pu proposer une liste de 176 monuments transférables[19].

C'est ensuite le législateur qui a fixé les conditions du transfert. Elles apparaissent à la lecture de l'article 97 de la loi du 13 août 2004 relative aux libertés locales, disposant pour l'essentiel que : « L'État ou le CMN transfère aux collectivités territoriales qui en font la demande ou à leurs groupements, sous réserve du respect des clauses des dons et legs, la propriété des immeubles classés ou inscrits au titre du titre II du livre VI du code du patrimoine figurant sur une liste établie par décret en Conseil d'État, ainsi que la propriété des objets mobiliers qu'ils renferment appartenant à l'État ou au CMN. Cette liste peut également prévoir le transfert d'objets mobiliers classés ou inscrits appartenant à l'État. Ces transferts sont opérés à titre gratuit et ne donnent lieu au paiement d'aucune indemnité, droit, taxe, salaire ou honoraire »[20].

---

[18] Rapport de la commission présidée par R. Rémond, 17 nov. 2003.
[19] V. le tableau dans le rapport.
[20] L. n° 2004-809 du 13 août 2004 relative aux libertés et responsabilités locales, *JORF* n° 190 du 17 août 2004 ; décret n° 2005-836 du 20 juill. 2005 pris en application de l'article 97 de la loi n° 2004-809 du 13 août 2004 relative aux libertés et responsabilités locales et relatif aux conditions de transfert de la propriété de monuments historiques aux collectivités territoriales, *JORF* n° 170 du 23 juill. 2005.

De cet article se dégagent donc trois principes : la liberté de demander le transfert (ce qui traduit le souci du législateur de respecter la libre administration des collectivités territoriales), la gratuité du transfert et le nécessaire respect des clauses des dons et legs. Si l'on excepte les clauses des dons et legs qui peuvent constituer un obstacle au transfert lui-même, ou dont le respect par le nouveau propriétaire peut paraître trop lourd, les conditions du transfert pouvaient paraître avantageuses.

Pourtant, sur les 176 monuments transférables, seuls 65 vont être demandés par les collectivités territoriales. On signalera pour l'Alsace le fameux Château du Haut-Koenigsbourg, en région Centre le non moins fameux Château de Chaumont, en Bretagne le Château de la Hunaudaye ainsi qu'un alignement mégalithique et un camp (soit 3 des 25 monuments proposés dont 18 mégalithiques), en Normandie l'abbaye de Jumièges, le donjon de Château Gaillard et la chapelle du prieuré Saint Gabriel (soit 3 sur 9 proposés).
Le succès mitigé de cette opération de transmission a des causes multiples. De nombreux monuments proposés au transfert étaient des monuments mégalithiques, souvent modestes, peu susceptibles de créer la passion des élus locaux. Mais surtout, les élus ont nourri une certaine méfiance à l'encontre d'une opération qui, pour des monuments plus importants, pouvait apparaître comme un nouveau transfert de charges aux collectivités locales. Certaines demandes ont d'ailleurs fait l'objet d'un renoncement, résultant précisément de la prise de conscience de la charge financière qu'impose l'entretien de monuments historiques importants. On peut penser ici au palais Jacques Cœur à Bourges.

On signalera enfin que le code du patrimoine envisage la possibilité pour une personne publique de transférer à titre gratuit la propriété de tout ou partie de ses collections à une autre personne publique si cette dernière s'engage à maintenir l'affectation à un musée de France (article L. 451-8). Sur le fondement de cette disposition, l'État procède assez régulièrement à des transferts de propriété des dépôts opérés par ses soins dans différents musées[21]. Cette disposition a trouvé un prolongement dans le CGPPP, dont les articles L. 3112-1 et L. 3112-2 organisent des possibilités de cessions et d'échanges entre personnes publiques, sans déclassement préalable, les dispositions de ces articles concernant aussi bien les immeubles que les objets mobiliers.

[21] D. Rykner, « À propos des transferts de propriété des dépôts de l'État », *La Tribune de l'Art*, 8 sept. 2017.

II. La transmission au profit d'une personne privée

Cette situation, comme cela a été signalé, n'est pas, et de loin, la plus fréquente. Néanmoins deux illustrations peuvent en être données. La première est la vente par des personnes publiques, à des particuliers, de biens immobiliers classés ou classables (**A**). La seconde est la transmission de collections à des personnes morales de droit privé, suscitée par une personne publique (**B**).

A. La vente par les personnes publiques de monuments historiques immobiliers

De telles ventes concernent principalement trois catégories de biens, des fortifications déclassées, des châteaux et demeures remarquables (hôtels particuliers) et aussi des églises.
Concernant les fortifications, rappelons que la politique d'entente cordiale avec la Grande-Bretagne, initiée sous le règne de Louis-Philippe, prolongée sous le règne de Napoléon III et parachevée par la IIIe République avec la conclusion des accords du 8 avril 1904, a eu pour conséquence l'obsolescence des ouvrages militaires côtiers, traditionnellement destinés à nous protéger contre « l'ennemi héréditaire ». C'est en conséquence de cette nouvelle donne stratégique que, notamment, les différents forts protégeant les accès au port de Saint-Malo ont été déclassés. Les forts d'Harbour, National et de la Conchée ont été sortis du domaine public, pour entrer dans le domaine privé de l'État et ont été ensuite cédés à des particuliers. Le fort de la Conchée mérite une mention particulière, dans la mesure où il a été acquis et restauré par un groupement de particuliers réunis en association, « la Compagnie du fort de la Conchée ».
Plus récemment, certains forts assurant la défense de la rade de Cherbourg et de sa digue, considérés plus longuement comme nécessaires à la défense des installations hautement sensibles de l'arsenal, ont connu le même sort (Fort de Querqueville). Dans le département de la Manche encore, le devenir du fort de l'île Saint-Marcouf reste pendant. Il est encore la propriété de l'État, plus précisément il est un élément de son domaine privé, mais une cession à une association est envisagée. La fin de la Seconde Guerre mondiale et la construction d'une Europe pacifique ont de même conduit à la vente de fortifications frontalières, pyrénéennes, alpines ou jurassiennes (Fort Libéria à Villefranche-de-Conflent, fort Saint-Elme à Collioure, fort Dugommier à Collioure et Fort-les-Bains à Amélie-les-Bains).

Concernant les châteaux et demeures remarquables, ce sont en général des collectivités territoriales qui se séparent de châteaux entrés, bien souvent, dans leur patrimoine par des dons ou des legs. Ainsi, la modeste commune de Saint-Brisson-sur-Loire, dans le Loiret, a-t-elle vendu, il y a quelques années, le château, qui lui avait été légué avec ses meubles, au fondateur de la société « Tous au château ». La Ville de Boulogne-Billancourt a vendu récemment le Château de Benais (Indre-et-Loire) qui a accueilli pendant plusieurs décennies des colonies de vacances. Le département de la Manche a vendu au diocèse de Coutances le prieuré d'Ardevon, qui dépendait de l'abbaye du Mont-Saint-Michel, après en avoir assuré la restauration. La Ville de Paris est engagée depuis quelques années dans la vente de certains hôtels particuliers. On peut signaler celle de l'Hôtel de la Bûcherie (dans le 5e arrondissement de Paris). L'État lui-même n'échappe pas à cette logique de vente, que certains assimilent à celle des bijoux de famille.

Enfin, même si le phénomène demeure contenu, on voit se développer depuis quelques années un mouvement de désaffectation et de déclassement d'églises, rachetées par des particuliers qui développent dans leurs murs des projets parfois originaux. Ainsi la Ville de Rouen a mis en vente les églises Saint-Paul et Saint-Nicaise. L'une de ces églises, Saint-Nicaise, a trouvé preneur et devrait accueillir à terme un restaurant. La Ville de Granville a, pendant plusieurs années, tenté de vendre la vaste église Saint-Paul (XIXe siècle) désacralisée en 2018. La ville a pensé conclure, avant l'épidémie de Covid, un bail emphytéotique avec une fondation espagnole pour l'art contemporain, mais le projet n'a pas abouti. Faute de parvenir à vendre cette église, la ville s'est engagée récemment dans un projet de rénovation permettant l'accueil d'activités culturelles. Mais la vente à terme de ce futur équipement reste envisageable. Plus récemment, la presse régionale s'est encore fait l'écho de la vente de l'église Sainte-Croix, par la Ville de Vitré[22].

Les ventes de biens mobiliers sont en revanche, sauf violation de la loi, impossibles. En effet, dès lors que de tels biens sont la propriété de personnes publiques, ils appartiennent à leur domaine public mobilier, dont il est très difficile de les faire sortir régulièrement. La raison en est, comme cela a déjà été signalé, que, selon les termes de l'article L. 2112-1 du CGPPP, « les objets mobiliers appartiennent au domaine public des personnes publiques qui en sont propriétaires, s'ils présentent un intérêt public du point de vue de l'histoire, de l'art, de l'archéologie, de la science

[22] *Ouest France* 17 mars 2023.

ou de la technique ». Cet intérêt public qui détermine l'appartenance au domaine public doit disparaître pour rendre possible la sortie du domaine public, ce qui est en pratique et juridiquement extrêmement difficile.

B. Transmission de collections à des personnes morales de droit privé suscitées et contrôlées par une personne publique

Il s'agit d'évoquer plus précisément des cas dans lesquels la transmission de collections est organisée par une ou des personnes publiques qui vont susciter la création d'une personne privée, le plus souvent une association, bénéficiaire de la transmission, et assurer sur cette association un contrôle. On peut ici revenir aux œuvres de Mathurin Méheut réunies désormais dans un musée géré dans le cadre du GIP déjà évoqué. Le préambule de la convention constitutive du GIP Musée Mathurin Méheut, rappelle qu'après la disparition de l'artiste en 1958 : « De nombreuses personnalités, rassemblées par René Pleven, président du conseil général des Côtes du Nord et Garde des Sceaux, ont suscité la création d'une association, "Les amis de Mathurin Méheut", destinée à accueillir les œuvres de l'artiste données par son épouse et sa fille ». Typiquement, nous sommes ici en présence d'une association dont la création est provoquée par la puissance publique, en l'occurrence un de ses représentants remarquables de l'époque, René Pleven.

Plus remarqué a été l'achat en 1981, par une association, de la fameuse collection Schlumpf, objet d'un classement au titre des monuments historiques très contesté. Cette collection réunie par les frères Schlumpf a finalement donné naissance au Musée national de l'automobile de Mulhouse. L'association acheteuse (Association du Musée national de l'automobile) n'a eu la capacité d'acheter la collection que grâce aux soutiens financiers de personnes publiques – la Ville de Mulhouse, le département du Haut-Rhin et la CCI Sud Alsace Mulhouse – et aussi, ne les oublions pas, de quelques personnes privées, notamment l'Automobile Club de France et la société industrielle Panhard. L'implication financière publique, au profit du Musée national de l'automobile, n'a pas été seulement initiale, elle perdure aujourd'hui encore, comme semble l'indiquer la récente déclaration du président de la collectivité européenne d'Alsace, Frédéric Bierry, par laquelle il regrette l'impossibilité de vendre certains modèles surnuméraires (doublons) de la collection pour financer la réhabilitation de plusieurs musées, à commencer, devine-t-on, par celle du Musée de l'automobile[23].

On peut encore évoquer un dernier exemple avec l'Institut Mémoires de l'édition contemporaine (IMEC), installé depuis 2004 dans l'ancienne abbaye d'Ardenne aux portes de Caen. Il s'agit d'une association, mais l'État a fortement soutenu sa création et la région Normandie lui apporte un important soutien, en particulier immobilier, puisque ses locaux sont la propriété de la région qui finance également les travaux immobiliers.

En conclusion, je voudrais brièvement insister, de nouveau, sur la raison qui fait des personnes publiques des acteurs importants et singuliers de la transmission des monuments historiques, immobiliers ou mobiliers. Elle est sans doute que l'État, comme il est souligné dans le rapport Rémond, « s'inscrit peut-être davantage que les autres collectivités dans la perspective d'une durée longue et est de ce fait meilleur garant de la continuité »[24].

Les donateurs, mais aussi les vendeurs que nous avons évoqués, ne recherchaient pas autre chose que cette continuité, voire perpétuité, que l'État n'était d'ailleurs pas le seul à leurs yeux à pouvoir assurer, mais aussi les collectivités territoriales, chères à leurs cœurs, ou un « corps illustre », comme l'Institut de France. Plus tragiquement, il s'est agi pour eux de faire face, selon la belle expression de Maurice Schumann, dans son discours pour le centième anniversaire de la donation du domaine de Chantilly par le duc d'Aumale, à la « hantise de la continuité »[25].

---

[23] L. Gentilhomme, « Vendre des "bagnoles" pour relancer le Musée de l'auto ? », *Les dernières nouvelles d'Alsace*, 4 févr. 2023 ; O. Claudon et E. Delahaye, « Trop de "bagnoles" au Musée de l'automobile pour Frédéric Bierry ? », *Les dernières nouvelles d'Alsace*, 29 janv. 2023.

[24] Rapport de la commission présidée par M. René Rémond, 17 nov. 2003, p. 5.

[25] M. Schumann, « La pensée politique du duc d'Aumale, pour le centième anniversaire de la donation du domaine de Chantilly par le duc d'Aumale », 21 oct. 1986.

Les transmissions passant par une vente

Garance Cattalano
Professeure de droit privé
Université Paris 8

« Transmettre un monument historique au moyen d'une vente »[1], la figure est, à première vue, déroutante. La transmission s'accorde-t-elle en effet avec l'idée même de vente ? Le terme *transmission* évoque, de prime abord, la transmission par voie de successions ou de libéralités, et donc la transmission à titre gratuit, et non à titre onéreux.

Toutefois, la conciliation de la transmission d'un monument historique avec les contraintes du droit des successions et des libéralités n'est pas toujours aisée[2]. Soit que la valeur du monument absorbe tout le patrimoine du *de cujus* – car en ce cas, comment transmettre à l'un de ses héritiers réservataires sans porter atteinte à la réserve des autres ? – ; soit que les règles de la dévolution légale désignent un héritier moins à même d'assumer sa conservation qu'un autre membre de la famille, un frère, un neveu, un cousin, voire un lointain collatéral…

C'est pourquoi le propriétaire peut songer à recourir à la vente afin d'échapper à ces difficultés, vente au sein de la famille (à un héritier ou non), ou même à un tiers choisi par le propriétaire. La vente, ce contrat millénaire par lequel les hommes échangent des biens, ou plutôt échangent un bien contre celui qui permet de les acquérir tous – l'argent –, est en effet le moyen le plus simple, presque le plus fruste, de faire circuler les richesses et donc de les transmettre.

Mais s'arrêter à cette seule dimension patrimoniale du bien – la valeur, ou la charge qu'il représente et dont on choisit de se délester – serait une erreur. Car la vente d'un monument historique transcende souvent cet échange de valeurs, tant certaines pierres peuvent parfois incarner l'histoire d'une famille sur plusieurs générations, qu'on voudrait voir se poursuivre. Pensons à l'exemple, dans le Pays basque, du Château d'Abbadia, lequel a été légué à l'Académie des Sciences, avec charge d'y maintenir un prêtre et un astronome afin de respecter la tradition séculaire de la famille d'Abbadia, et de respecter ainsi l'histoire de cette famille. Pour tout dire, il semblerait que la charge ne concerne en vérité que le maintien

---

[1] Le style oral de cette intervention a été conservé.

[2] V. la contribution de X. Grosjean dans cet ouvrage, p. 203.

d'un prêtre et que la légende ait ajouté l'astronome, car le château est doté d'un observatoire. Mais peu importe, pour paraphraser James Stewart, « Si la légende est mieux que l'histoire, racontons la légende »[3] !

Ainsi, transmettre c'est tout à la fois faire changer le bien de mains, mais c'est aussi transmettre cette histoire, l'histoire d'une famille, d'un siècle, d'un coin de France, et la perpétuer à travers les âges.

À cet égard, transmettre un monument historique au moyen d'une vente suppose d'appréhender le bien dans ses deux grandes dimensions, la valeur – ou la charge ! – patrimoniale qu'il représente, mais aussi l'esprit, l'histoire, qu'il incarne.

En la matière, la flexibilité de la vente, qui emporte avec elle la richesse infinie de l'éventail bigarré des obligations pour modeler la transmission au gré du vouloir des parties, révèle toute son utilité. La vente est ainsi un outil précieux pour transmettre le monument (**I**), autant que pour en transmettre l'histoire (**II**).

I. Transmettre le monument

Biens interdits à la vente. Pour commencer, encore faut-il préciser qu'en matière de monuments historiques, tout ne peut être vendu. En effet, l'article L. 621-33 du code du patrimoine interdit l'acquisition d'un fragment de monument historique à peine de nullité de la vente[4]. Il faut également prendre garde aux souvenirs de famille[5] qui, sauf accord de tous les membres de la famille, ne peuvent faire l'objet d'une vente : objets d'une succession anomale, ils sont indisponibles et ne peuvent qu'être confiés à titre de dépôt à un membre de la famille. Certes, usuellement, les souvenirs de famille concernent plutôt des biens meubles, et ces biens doivent porter une charge affective familiale, un « rapport direct avec différents membres de la famille »[6]. À cet égard, peut-être est-il possible de l'étendre à un immeuble, tantôt dessiné de la plume d'un aïeul, tantôt édifié des mains de lointains ancêtres, ou encore frappé des armoiries

[3] J. Ford, *L'homme qui tua Liberty Valance*, 1962, réplique de Ransom Stoddard.

[4] Les services de l'État et le propriétaire originaire peuvent exercer l'action en nullité ou en revendication devant le juge judiciaire.

[5] Sur lesquels, V. not., F. Terré, Y. Lequette et S. Gaudemet, *Les successions - Les libéralités*, Dalloz, 5e éd., 2024, n° 262. V. aussi la contribution de M. Cornu dans cet ouvrage, p. 329.

[6] Sur la notion de souvenir de famille, v. : R. Demogue, « Les souvenirs de famille et leur condition juridique », *RTDciv.* 1928, p. 27 ; C. Robine, *Les souvenirs de famille en droit français. Notion et régime*, thèse Bordeaux, 1944 ; J.-F. Barbièri, « Les souvenirs de famille : mythe ou réalité juridique ? », *JCP* 1984, I, pp. 356, n° 4.

familiales[7]. Au-delà, l'interdiction de vendre peut enfin être contractuelle si l'immeuble est frappé d'une clause d'inaliénabilité, mais cette clause doit être limitée dans le temps et justifiée par un intérêt légitime[8].
Mais une fois sorti des cas où il est impossible de vendre, la vente d'un monument historique peut avoir lieu au sein de la famille (**A**) ou au-delà (**B**).

A. La vente au sein de la famille

Les dangers d'un prix trop bas. Au sein de la famille, la vente peut présenter un intérêt notamment au regard des règles de la réserve héréditaire qui limitent le libre jeu des libéralités. Mais il faut alors prendre garde au prix, car le vendeur qui vend aux siens peut être tenté de minorer le prix de vente, ou de ne pas l'encaisser, ou encore de prêter à son enfant acquéreur les sommes nécessaires à l'acquisition du bien, sans jamais en réclamer restitution. Or, un prix trop bas expose à plusieurs difficultés. Trois d'entre elles méritent d'être signalées.

Le risque de lésion. La vente est exposée d'abord à une éventuelle action en rescision pour lésion si le prix est inférieur à 5/12e de la valeur de l'immeuble (art. 1674 C. civ.) qui peut être exercée par le vendeur – ce qui ici est peu risqué – ou ses ayants droit, ce qui constitue un risque plus grand. L'action doit cependant être menée dans les deux ans de la vente[9], ce qui limite au moins le temps d'exposition à cette difficulté. En revanche, les deux risques suivants sont plus ennuyeux.

Le risque fiscal de correction du prix. Le premier d'entre eux est un risque de correction du prix ou de l'évaluation du bien ayant servi de base à la taxation par l'administration fiscale si celui-ci paraît inférieur à la valeur vénale du bien[10].

---

[7] La notion de souvenirs de famille a d'ailleurs été appliquée par la loi aux données numériques, donc à la protection de biens incorporels (art. 85, II, de la loi n° 78-17 du 6 janv. 1978 relative à l'informatique, aux fichiers et aux libertés, modifié par l'ordonnance n° 2019-964 du 18 sept. 2019, art. 35).
[8] V. not. Cass. civ. 1, 31 oct. 2007, n° 05-14.238, *RDC* 2008, 248, obs. Y.-M. Laithier ; *Defrénois* 2008, 1485, note B. Thullier ; *JCP N* 2008, 26, obs. R. Mortier ; *RTDciv.* 2008, 126, obs. Th. Revet ; *RJPF* 2007, 29, obs. M. Delmas Saint-Hilaire et J. Casey).
[9] Art. 1676 C. civ.
[10] Cass. com. 20 févr. 2019, 17-24.593, inédit : « Mais attendu, d'une part, que l'administration fiscale exerce conformément au titre II du livre des procédures fiscales un pouvoir de contrôle des déclarations et des actes utilisés pour l'établissement des impôts, droits et taxes et que l'article L. 17 de ce livre précise qu'en ce qui concerne les

Le risque de requalification en libéralité. Enfin, le dernier risque se cumule généralement avec le précédent : il s'agit du risque de requalification de la vente en donation indirecte ou en donation déguisée[11] lorsque l'intention libérale du pseudo-vendeur parvient à être démontrée[12]. Car, si donation il y a, le régime des donations s'applique ainsi que la fiscalité qui correspondante et les éventuelles pénalités [13] : les donations peuvent être rapportées à la succession et peuvent de surcroît donner lieu à réduction si elles portent atteinte à la réserve[14]. Pire, certaines ventes consenties à des successibles en ligne directe s'imputent sur la quotité disponible et donnent lieu à réduction si elles portent atteinte à la réserve. Elles sont donc présumées constituer des donations, et ce de façon irréfragable[15], quand bien même seraient-elles faites au prix du marché. Tel est le cas notamment pour les ventes avec réserve d'usufruit et les ventes en viager. Toutefois, la requalification ne peut être demandée que par les autres héritiers et est écartée s'ils ont consenti à l'aliénation.

Tels sont les principaux risques de la vente d'un monument historique, spécialement lorsque cette vente se fait au sein de la famille.

---

droits d'enregistrement et la taxe de publicité foncière, celle-ci peut rectifier le prix ou l'évaluation du bien ayant servi de base à la perception de l'imposition, lorsque ce prix ou cette évaluation paraît inférieur à la valeur vénale réelle des biens transmis ou désignés dans les actes ou déclarations, qu'il s'agisse de mutations à titre onéreux ou à titre gratuit ; qu'il ajoute que la rectification correspondante est effectuée suivant la procédure prévue à l'article L. 55 du livre des procédures fiscales ; qu'après avoir rappelé ces dispositions, la cour d'appel en a exactement déduit que l'administration fiscale était en droit de rectifier le prix ou l'évaluation d'un bien désigné aux actes soumis à la formalité de l'enregistrement même si la taxe a été liquidée sur la base du prix exprimé, dès lors qu'il est inférieur à la valeur vénale réelle de ce bien. »

[11] V. not., F. Terré, Y. Lequette et S. Gaudemet, *op. cit.*, n° 577 et spéc. n° 582 sur les donations déguisées sous forme d'une vente, et n° 593 sur les donations indirectes au moyen d'un acte à titre onéreux. Par ex. pour une vente à prix symbolique de titres sociaux à un enfant peu avant la mort du vendeur : CA Paris, 18 mars 2019, n° 17/02187. La distinction entre donation indirecte et déguisée n'est pas très claire en jurisprudence. Par exemple une vente à prix modique a pu être qualifiée de donation indirecte (Cass. civ. 1re, 6 janv. 1969, *Bull. civ.* I, n° 8) comme de donation déguisée (Cass. com. 21 févr. 1995, n° 93-14.512, *Defrénois* 1996. 1139, note A. Chappert, *JCP N* 1996. Prat. 3797, n° 17, obs. C. David). *Adde* sur les donations déguisées : M. Nicod, *Droit patrimonial de la famille*, Dalloz action, 2021, n° 311-161.

[12] Intention souverainement appréciée par les juges du fond : Cass. civ. 1re, 2 févr. 1970, *RTDciv.* 1970, 389, R. Savatier.

[13] BOI-ENR-DMTG-20-10-10, 2 mai 2019, § 100.

[14] F. Terré, Y. Lequette et S. Gaudemet, *op. cit.*, n° 585 et s.

[15] Cass. req., 19 août 1847, *DP* 1848, 1, p. 202 ; Cass. civ., 26 juill. 1899, *S.* 1900, 1, p. 177, note A. Wahl. *Contra*, auparavant, Amiens, 21 janv. 1846, *S.* 1849, 1, p. 137.

B. La vente au-delà de la famille

Utilité de la vente en dehors de la famille. Même lorsque la vente a lieu en dehors de la famille, les parties doivent se montrer méfiantes. Certes, comme au sein de la famille, la vente en dehors de la famille est utile. Elle permet de désigner un acquéreur qui aura la possibilité d'assumer un bien qui est, aussi et souvent, une lourde charge et donc de s'assurer de sa volonté de l'assumer. Mais il peut alors être tentant ici aussi de vendre à bas prix, voire à prix symbolique, pour échapper à la charge que représente le bien.

Dangers de la vente à prix symbolique. La vente à prix symbolique constitue une vente à prix très bas – généralement un euro –, qui traduit l'idée de biens dont la valeur vénale est finalement négative[16] en raison de la charge qu'ils représentent[17]. Elle est utilisée par exemple pour la vente de terrain pollué ou la reprise d'entreprises en difficultés, mais aussi en matière de monuments historiques et quelques exemples récents permettent de s'en convaincre. Ainsi, l'Église de Montrenault qui appartient à la Commune de Saosnes dans la Sarthe, a été mise en vente à un euro symbolique par le maire qui ne parvenait pas à répondre aux demandes de l'Architecte des Bâtiments de France relatives à la restauration de l'édifice. Plus loin de nous, au bord des rives bleues de la Méditerranée, on songe à l'exemple connu de vente de maisons en Sicile, moyennant travaux de rénovation respectant une certaine charte[18]. Ici encore, l'opération encourt le risque de requalification en donation – et l'application du régime des libéralités –, le risque d'une action des ayants droit en rescision pour lésion, ou encore et surtout, le risque de nullité de la vente pour contrepartie illusoire ou dérisoire[19] si le prix de vente (un euro symbolique ici) est considéré comme ridiculement bas au regard de la valeur vénale du bien. Sans compter, toujours, le risque fiscal quant à l'assiette retenue pour le calcul des droits de mutation.

---

[16] D. Chilstein, « Les biens à valeur vénale négative », *RTDciv.*, 2006, 4, p. 663 ; « La notion de bien confrontée aux choses dépourvues de valeur : l'exemple des "biens à valeur vénale négative" », *in* L. Leveneur (dir.), *Les « nouveaux » biens, nouvelles qualifications ou nouveaux régimes ?*, Dalloz 2020, p. 39.

[17] J. Moury, « Du prix symbolique au prix négatif, ou la divagation des qualifications en matière de vente », *D.* 2014, p. 1950.

[18] Sur l'opération « *Case 1 euro* » menée par les pouvoirs publics italiens en 2017 : v. https://www.courrierinternational.com/article/tendance-acheter-une-maison-en-italie-pour-1-euro-du-reve-a-la-realite.

[19] Art. 1169 C. civ.

Sauver une vente à prix symbolique. Mais deux moyens permettent à la vente d'échapper à la nullité pour prix dérisoire. Premièrement, la vente n'est pas nulle si le prix, bien que symbolique, correspond en vérité à la valeur réelle du bien – laquelle est souvent très délicate à établir faute de marché concernant les monuments historiques et en raison des lourdes charges qu'ils représentent et qui peuvent en absorber toute la valeur[20]. Or, seul un écart démesuré entre la valeur réelle du bien et son prix permet la nullité de la vente pour contrepartie dérisoire. Le second moyen envisageable pour sauver une vente à prix symbolique de la nullité est de l'assortir explicitement d'autres contreparties[21]. Car, bien souvent la vente à prix symbolique est accompagnée de charges imputées au nouveau propriétaire (remettre en état une partie du bâtiment, reprise du passif fiscal, refaire la toiture, etc.). Les parties ont donc tout intérêt à formaliser l'existence de ces charges et à préciser nettement que la vente a lieu à condition que l'acquéreur s'en acquitte. Celles-ci constituent ainsi des contreparties qui s'ajoutent au prix et sauvent la vente.
C'est cependant déjà dire que le tiers sera alors débiteur de plus qu'un prix – faire des travaux, conserver la bibliothèque, maintenir un astronome dans l'observatoire –, ce qui est une manière de transmettre, plus que le monument, l'histoire des lieux.

II. Transmettre l'histoire

Transmettre l'histoire au moyen d'une vente, c'est chercher à garder en vue le monument malgré le changement de mains. À cet égard, il convient de voir comment le droit des obligations (**A**), ou les droits réels (**B**), peuvent être utilisés pour imposer à l'acquéreur le respect des lieux.

A. Le recours aux obligations personnelles

Pour transmettre l'histoire du lieu, plusieurs techniques issues du droit des obligations peuvent être utilisées.

Utilisation de la vente avec faculté de rachat. Les parties peuvent d'abord songer à la vente à réméré, dite également vente avec faculté de rachat[22]. Il s'agit d'une vente sur laquelle le vendeur peut revenir dans les

---

20 V. la contribution de M.-A. Guérard dans cet ouvrage, p. 135.

21 V. ainsi Cass. civ. 3e, 17 mars 1981, n° 79-15.388, publié.

22 Art. 1659 C. civ. : « La faculté de rachat est un pacte par lequel le vendeur se réserve de reprendre la chose vendue, moyennant la restitution du prix principal et le remboursement dont il est parlé à l'article 1673 ». Selon l'article 1673, il s'agit du

cinq ans et décider de reprendre le bien en rendant le prix. Son nom est trompeur : il ne s'agit pas d'un rachat – donc pas d'une double vente – mais plutôt le jeu d'une condition résolutoire anéantissant la vente par l'effet de la volonté du vendeur dans les cinq ans[23], et c'est bien ainsi que le réméré est traité fiscalement. Ainsi, en cas de jeu de la faculté de rachat, le droit fiscal ne perçoit pas de nouveaux frais de mutation. Pour le propriétaire d'un monument historique, le recours à cette vente peut être utile[24]. Utile au propriétaire désargenté qui espère revenir à meilleure fortune dans les cinq ans ; mais aussi utile à celui qui ne veut pas garder, mais transmettre : la vente avec faculté de rachat peut servir à contrôler le respect par l'acquéreur de la destination donnée à l'immeuble par la vente[25]. Elle pourrait ainsi être utilisée comme une sorte de clause d'agrément[26] et servir à organiser une période d'essai de 5 ans maximum pour voir si le nouvel acquéreur perpétue l'esprit dans lequel le bien a été pensé. Elle permet encore d'organiser une période de latence avant qu'un héritier ne soit à même de reprendre le bien ou dans l'espoir de trouver un candidat adéquat à la transmission[27] puisque la faculté de rachat, droit

remboursement : « des frais et loyaux coûts de la vente, des réparations nécessaires et de celles qui ont augmenté la valeur du fonds ».

23 Cass. com., 20 nov. 2007, n° 06-13.055, publié ; *JCP N* 2008, 1061, note J.-P. Maublanc ; *JCP E* 2008, 1467, n° 7, obs. A. Bories : « cette faculté de rachat, qui s'analyse en une condition résolutoire replaçant les parties en l'état où elles se trouvaient avant la vente, ne prive pas la vente de son caractère parfait puisqu'il y a accord sur la chose et sur le prix et que tous les droits attachés à la propriété du vendeur sont transférés à l'acheteur qui peut ainsi disposer de l'immeuble vendu, le louer ou l'hypothéquer ou même le revendre, que seul le caractère irrévocable de la vente entre le vendeur et l'acheteur n'est pas acquis tant que le délai pour exercer le réméré n'est pas expiré ».

24 Sur les utilités de la vente à réméré, v. Cl. Witz, J.*Cl Civil Code*, Art. 1659 à 1673 – Fasc. Vente avec faculté de rachat.

25 Par ex. Angers, 14 déc. 2004, n° 03/01851.

26 V. en ce sens : A. Bories, *Le réméré*, thèse Montpellier I, 2004, n° 920 s. : le réméré constituerait par là même « une alternative intéressante au classique processus d'agrément préalable, instaurant un agrément *a posteriori* en connaissance de cause ».

27 A. Bories, *thèse préc.*, nos 920 s. : « Le réméré permettrait aussi au propriétaire d'une entreprise ou d'un fonds libéral [ou donc d'un monument historique] désireux de prendre sa retraite de "confier à un acquéreur l'exploitation du fonds, c'est-à-dire l'entretien du flux de clientèle, aux fins de le reprendre" lorsque son futur héritier aura acquis les qualités requises pour la poursuite de l'entreprise. L'acquéreur aurait intérêt, quant à lui, à mettre tout en œuvre au service du fonds, puisqu'il en retire définitivement les fruits. Encore faut-il, pour que la vente à réméré puisse se développer dans ces domaines, que l'acquéreur accepte de courir ainsi l'aléa inhérent à l'exercice du réméré. »

potestatif[28] appartenant au vendeur, peut être transmise aux héritiers. Mais là n'est pas le seul moyen de contrôler les actes du nouvel acquéreur sur le monument historique transmis par la vente.

Obligations personnelles à la charge de l'acquéreur. La souplesse du droit des contrats permet d'assortir la vente d'une série d'obligations à la charge de l'acquéreur, destinées à cristalliser dans la sphère juridique la charge historique que le bien représente. Ces obligations peuvent être des obligations de faire d'abord : ouvrir au public, entretenir le jardin, maintenir un gardien, maintenir un moine et un astronome, développer la bibliothèque… Elles peuvent être ensuite des obligations de ne pas faire : ne pas vendre à une société commerciale, à une indivision, interdire la dispersion du mobilier non protégé et imposer son maintien *in situ*, etc. Il faut toutefois que les parties se montrent vigilantes sur les clauses d'inaliénabilité qu'il peut être tentant d'insérer dans le contrat, car celles-ci sont soumises à un régime spécifique. Elles doivent être limitées dans le temps et justifiées par un intérêt sérieux et légitime[29] pour être stipulées dans un acte à titre onéreux[30]. D'ailleurs, en dehors du cas particulier de ces obligations de ne pas vendre, la question se pose peut-être de la durée des obligations de faire ou de ne pas faire que le vendeur pourrait stipuler à la charge de l'acquéreur : si la durée choisie est très longue, cet engagement encourt-il le vice de perpétuité[31] ? Une réponse négative semble s'imposer, car, en vérité, ces obligations sont toujours implicitement stipulées sous condition résolutoire de la perte de la propriété du bien par l'acquéreur : il peut donc échapper à son engagement s'il revend le bien. Et c'est bien là toute leur faiblesse : ces obligations de nature personnelles présentent l'inconvénient de ne pas être pérennes puisqu'elles ne s'imposent qu'à l'acquéreur ou ses ayants droit. C'est pourquoi il est peut-être utile de recourir aux droits et obligations réels, afin d'imposer de telles charges à tout propriétaire pris *ès qualités*.

---

[28] Il ne s'agit pas vraiment d'un droit de créance, car aucune prestation n'est attendue de l'acquéreur, celui-ci est simplement placé dans une situation de sujétion. Sur ces notions, v. not., L. Molina, *La prérogative contractuelle*, LGDJ, 2022.

[29] Ces réserves sont par ailleurs prescrites par loi elle-même pour les libéralités : art. 900-1 C. civ.

[30] Cass. civ. 1re, 31 oct. 2007, n° 05-14.238, arrêt précité (note 7). Sur les clauses d'inaliénabilité dans les actes à titre onéreux, v. par ex., F. Terré et Ph. Simler, *Droit civil, Les biens*, Dalloz, 10e éd., 2018, n° 141 ; R. Libchaber, *Rép. civ. Dalloz, 2002*, V° Biens, n° 83 ; R. Marty, « De l'indisponibilité conventionnelle des biens », *LPA* 21 nov. 2000, p. 4, spéc. n° 5 ; R.-N. Schütz, *Rép. civ. Dalloz*, V° Inaliénabilité, 1999, n° 67.

[31] Art. 1210 C. civ.

B. Le recours aux droits et obligations réels

Le recours aux droits réels offre l'avantage de faire peser la charge envisagée sur tous les propriétaires successifs d'un bien.

Droits réels. La technique est classique et déjà bien connue : la concession ou la réserve d'un droit réel permet au vendeur ou à un tiers (héritier du vendeur, association, etc.) de conserver un lien avec le bien. Par exemple, la vente de la propriété avec droit d'usage et d'habitation ou réserve d'usufruit au profit de la famille venderesse[32], lui permet de garder le lien avec le lieu et d'en perpétuer l'histoire. Il est également possible de vendre, tout en créant un droit réel de jouissance spéciale au profit d'une association en charge de la valorisation du patrimoine culturel que représente le bien. Or contrairement à l'usufruit – trentenaire lorsqu'il est consenti à une personne morale[33] –, il se pourrait bien que ce droit réel de jouissance spéciale soit perpétuel s'il est consenti au profit d'une personne morale… à moins qu'il ne soit trentenaire, l'interprétation des arrêts sur cette question n'étant pas simple[34] ! Attention cependant à ce que ce droit de jouissance spéciale soit moins qu'un droit d'usage, sans quoi l'accès à la perpétuité pourrait bien lui être refusé[35]. Dans le doute, on conseillera de limiter sa durée à 99 ans.

---

[32] Art. 625 et s. C. civ.

[33] Art. 625 et s. C. civ.

[34] Les auteurs sont divisés et les arrêts sibyllins. Il semblerait en effet que lorsqu'un tel droit réel est conféré au bénéfice d'une personne morale, potentiellement perpétuelle, on puisse conférer au droit de jouissance spéciale un même caractère perpétuel : Cass. civ. 3e, 8 sept. 2016, n° 14-26.953, *D.* 2017. 134, note L. d'Avout et B. Mallet-Bricout ; *ibidem,* 2016. 2237, chron. A.-L. Méano, V. Georget et A.-L. Collomp ; *ibidem,* 2017. 375, obs. M. Mekki ; *ibidem* 1789, obs. L. Neyret et N. Reboul-Maupin ; *RDI* 2016. 598, obs. J.-L. Bergel ; *RTDciv.* 2016. 894, obs. W. Dross et les réf. citées. V. cependant *contra* Cass. civ. 3e, 4 mars 2021, n° 19-25.167, *RDI* 2021. 281, obs. J.-L. Bergel ; *RTDciv.* 2021, 441, W. Dross, mais les faits étaient différents en raison de l'indétermination du bénéficiaire du droit de jouissance spéciale : v. ainsi W. Dross, *RTDciv.* 2021, p. 441, préc. : « En somme, il faudrait déduire de cet arrêt que le droit réel de jouissance spéciale peut se satisfaire de la perpétuité inhérente à la personnalité morale, mais non de celle résultant de l'indétermination de ses titulaires. »

[35] W. Dross, *RTDciv.* 2021, p. 441, préc. : « c'est pour cela enfin que, dans cet arrêt du 4 mars 2021, la Cour de cassation juge à nouveau que le droit réel de jouissance spéciale ne peut être perpétuel. Il ne peut pas l'être, parce qu'il n'est pas un droit de jouissance spéciale, mais un droit de jouissance générale ; cela non pas tant parce que son bénéficiaire pourrait faire ce qu'il veut de la chose (un usufruitier ne le peut pas non plus), mais parce qu'il interdit tant qu'il dure toute jouissance du propriétaire. Les hauts magistrats ne manquent pas de souligner que "l'entrée en jouissance du propriétaire [...] a été différée sans limitation dans le temps". C'est cela, et aucun autre motif, qui justifie qu'il "n'a pu

Obligations réelles culturelles ? Enfin, pourquoi ne pas créer des obligations réelles par contrat, construites sur le modèle du droit personnel : il s'agirait d'imposer des obligations de faire – restauration d'une partie du monument – ou ne pas faire – ne pas modifier la structure du monument par exemple – au profit de la famille, des ayants droit du vendeur, d'une commune ou d'une association, mais qui présenteraient la particularité de s'imposer à tout propriétaire pris *ès qualités*, et donc à tous les acquéreurs successifs du bien. Certes, rien n'indique dans les textes que la création d'une telle obligation réelle soit possible, mais rien ne l'interdit non plus. Or, en matière contractuelle, la liberté est la règle : puisqu'il est possible de créer des droits réels par contrat, pourquoi ne pourrait-on créer des obligations réelles que chaque propriétaire accepte d'assumer en prenant le bien ou auxquelles il choisit d'échapper en délaissant le bien ? Si la figure est concevable, le régime de ces obligations réelles contractuelles est mal connu puisqu'il n'existe en la matière aucune jurisprudence. Pour pallier toute difficulté, le mieux serait peut-être de solliciter la création d'un nouvel outil : la création d'obligations réelles culturelles, à la manière des obligations réelles environnementales[36]. Mais c'est déjà dépasser le cadre de cette intervention qui se limite aux outils existants et non aux nouveaux outils. On voit ainsi transparaître l'idée que l'on n'est jamais propriétaire de toutes les utilités d'un bien, et sans doute spécialement d'un monument historique : certaines utilités échapperaient

---

durer plus de trente ans". En somme, à bien lire l'attendu, la perpétuité du droit s'évince de ce qu'il a été conféré sans limitation de temps à des personnes indéterminées, mais la condamnation de cette perpétuité, de l'obstacle qu'un tel droit apportait à tout exercice de ses prérogatives par le propriétaire. […] Encore un coup dans l'eau donc : le droit réel de jouissance spéciale peut être perpétuel quand il est l'habit d'une servitude (arrêt Aigle Blanc), il ne peut l'être quand il dissimule un droit d'usage général (notre arrêt), mais quand il n'est que lui-même, on n'en saura toujours rien ! ».

[36] Sur ces obligations, v. not. N. Reboul-Maupin et B. Grimonprez, « Les obligations réelles environnementales : chronique d'une naissance annoncée », *D.* 2016, p. 2074. Dispositif créé en France par la loi pour la reconquête de la biodiversité, de la nature et des paysages du 8 août 2016 (loi n° 2016-1087 du 8 août 2016). Codifiées à l'article L. 132-3 du code de l'environnement, les obligations réelles environnementales permettent à un propriétaire d'organiser une protection environnementale attachée à son bien, pour une durée pouvant aller jusqu'à 99 ans. Le contrat est conclu avec une personne publique ou une personne morale agissant pour la protection de l'environnement. L'objet des obligations réelles est de mettre à la charge des propriétaires successifs du bien, les obligations réelles que bon leur semble, dès lors que de telles obligations ont pour finalité le maintien, la conservation, la gestion ou la restauration d'éléments de la biodiversité ou de fonctions écologiques. En contrepartie, les co-contractants s'engagent à accompagner ce processus de protection de l'environnement (par une contrepartie financière ou de toute autre nature).

au propriétaire comme l'utilité environnementale[37] ou l'utilité culturelle[38]. Comme l'écrivait déjà Victor Hugo dans la *Revue des Deux Mondes* : « Il y a deux choses dans un édifice : son usage et sa beauté. Son usage appartient au propriétaire, sa beauté à tout le monde, à vous, à moi, à nous tous. Donc le détruire, c'est dépasser son droit »[39]. Charge donc de transmettre les monuments historiques à qui saura les préserver !

---

[37] Sur ces idées, v. not. G. Leray, *L'immeuble et la protection de la nature*, LGDJ, 2018 ; S. Vanuxem, *Des choses de la nature et de leurs droits*, Éd. Quae, 2020 ; M. Hautereau-Boutonnet, *Le Code civil, un code pour l'environnement*, Dalloz, 2021.

[38] Pour un parallèle entre la protection de l'environnement et la protection de la culture en raison de l'existence de préjudices sans atteinte à la personne, V. not. : C. Dubois, « La responsabilité civile pourrait-elle voler au secours de la culture ? », *RTDciv.* 2020, 275.

[39] V. Hugo, « Guerre aux démolisseurs », *Revue des deux mondes*, mars 1832.

II

Les outils à inventer

A

Les outils à réformer

La fiducie, moyen de transmission – temporaire ou définitive – des monuments historiques

François Barrière
Professeur de Droit privé et Sciences criminelles
Université Lumière Lyon 2

1. La lourdeur de la gestion d'un monument historique. Un ensemble historique peut naturellement être trop lourd à gérer pour son propriétaire, qui peut chercher à alléger ce fardeau. Le recours à un salarié est une alternative connue, qui implique toutefois toujours un suivi du propriétaire, qui en est l'employeur et qui doit exercer les devoirs qui y sont attachés (y compris en termes de sécurité). La recherche d'une compétence auprès d'un tiers – tout le monde n'a pas les compétences pour gérer un monument historique, ni le temps nécessaire à y consacrer – peut aussi amener à rechercher des alternatives pour y procéder. Le propriétaire d'un monument historique peut également vouloir anticiper un maintien de l'intégrité du domaine, plutôt que son morcellement s'il devait être divisé entre plusieurs héritiers. En quelque sorte, à anticiper sa succession.

2. Le recours au *trust* anglo-saxon pour gérer les monuments historiques. Le recours au *trust* est fréquent, en Angleterre, ou encore dans les provinces de *common law* du Canada, mais aussi dans la province de droit civil du Québec, comme moyen de transmission ou de gestion de monuments historiques. Il est donc légitime de s'interroger sur un éventuel recours à son pendant français, la fiducie.

3. Le schéma du *trust* : une pièce à trois personnes. Le *trust*, comme la fiducie, implique – en principe – trois acteurs, qui vont avoir une relation triangulaire. La pièce peut être – schématiquement[1] – décrite ainsi : le constituant (*settlor*) transfère des droits patrimoniaux à un fiduciaire (*trustee*), qui va les détenir, en vue de mettre en place une affectation déterminée, en faveur d'un ou plusieurs bénéficiaires (*cestui(s) que trust*)[2]. Le *trust*, tout comme la fiducie, est donc essentiellement une structure

---

[1] Ce schéma n'est vrai que pour l'*express trust* ou *trust* résultant d'une volonté expresse.

[2] V. aussi, art. 2 Conv. La Haye, 1er juill. 1985 relative à la loi applicable au *trust* et à sa reconnaissance.

intercalaire, par laquelle des biens transitent aux fins de réaliser un objet déterminé, que ce soit une opération de gestion, de garantie ou encore une mutation. La définition du *trust* par la législation d'un État de *common law* se lit ainsi : « le *trust* est une obligation grevant la propriété de biens, découlant d'un lien de confiance envers ledit propriétaire et accepté par celui-ci, ou déclaré et accepté par celui-ci, au profit d'autrui »[3]. L'opération est triangulaire ; il ne faut donc pas se contenter d'observer le seul lien entre le constituant et le *trustee*, mais analyser globalement la situation en cause, en particulier les rapports découlant de l'opération entre le constituant et le bénéficiaire.

4. Les droits du *trust,* en *common law* et en *equity.* Pour des raisons historiques, le droit anglais s'est façonné autour de deux corps de droit – la *common law* et l'*equity* -, appliqués à l'origine par deux juridictions séparées, celle jugeant en *common law* et celle jugeant en *equity*. Le *trust* a été structuré avec certains droits reconnus en *common law* et d'autres reconnus en *equity* [4]. Les cours de *common law* et d'*equity* sont aujourd'hui réunies en une seule juridiction. Cette fusion des tribunaux des deux ordres de droit n'a pas eu de conséquence sur le fond des deux systèmes de droit, n'ayant pas abouti à une fusion des règles substantielles que les tribunaux de *common law* et d'*equity* administraient[5]. Ce cumul de droits, les uns en *common law*, les autres en *equity*, s'explique donc par des raisons historiques. Les droits en *equity* ont pour fonction essentielle de venir limiter la plénitude des droits qui sont accordés au *trustee* par la *common law*. L'*equity* vient ainsi assurer des droits au bénéficiaire du *trust*, lesquels sont – techniquement – reconnus en *equity* et non en *common law*. Le bénéficiaire du *trust* est ainsi titulaire d'un *beneficial right*, également appelé *beneficial ownership* ou *beneficial interest* ou droit reconnu en *equity* au titre des biens mis en *trust*, tandis que le *trustee* est titulaire du *legal ownership* ou droit reconnu en *common law* sur les biens mis en *trust*. En réalité, peu importe la présence ou non d'un corps de droit appelé *equity* ; ce qui importe c'est que le bénéficiaire se voie octroyer des droits, opposables au *trustee*, dès la constitution du *trust*. Ce *beneficial right* revient à conférer au bénéficiaire du *trust* des actions – personnelles ou réelles –, afin de le prémunir des

[3] Loi indienne sur les *trusts*, loi n° 2 - 1882: « *a trust is an obligation annexed to the ownership of property, and arising out of a confidence reposed in and accepted by the owner, or declared and accepted by him, for the benefit of another* ».

[4] F. Barrière, *La réception du* trust *au travers de la fiducie*, Litec, 2004, préf. M. Grimaldi, n° 64 et s. et n° 127 et s.

[5] P. V. Baker, *The Future of Equity*, (1977) 93 LQR 529, p. 531. Comp. L. Diplock, in *United Scientific Holding Ltd c/ Burnely Borough Council* [1977] 2 WLR 806.

atteintes à ses droits légitimes, à son droit à recevoir les biens mis en *trust*. L'octroi de ces prérogatives au bénéficiaire du *trust* n'est donc pas, en tant que tel, équivalent à une acquisition immédiate des biens qui sont mis en *trust* ; ces derniers ont toutefois vocation à lui revenir le moment venu. D'ailleurs, le *beneficial right* ne constitue en rien un démembrement de la propriété des biens mis en *trust*. C'est un droit qui existe parallèlement au droit du *trustee*, en sus de celui-ci et qui va avoir pour effet de limiter les prérogatives du *trustee* sur les biens mis en *trust*.

5. La parenté relative entre le *trust* anglo-saxon et la *fiducia* romaine. Le *trust* anglo-saxon, dont l'origine est débattue, a au demeurant une certaine parenté avec la *fiducia* romaine : dans les deux cas, un bien est transmis par un constituant ou fiduciant (*settlor*) à une autre personne, le fiduciaire ou *trustee*, non pas pour son propre compte, mais pour réaliser une mission pour un bénéficiaire (le constituant et fiduciaire pouvant être bénéficiaires). Le mécanisme fiduciaire implique le transfert de droits patrimoniaux par une personne (le constituant) à une autre (le fiduciaire) dans le but de réaliser une affectation déterminée au profit d'un bénéficiaire. Connue déjà en droit romain, la *fiducia* disparut, n'offrant pas une protection suffisante des intérêts en cause. La fiducie française, instituée en 2007 aux articles 2011 et suivants du code civil offre toutefois des protections, en particulier grâce à la mise en place d'un patrimoine fiduciaire, forme d'enveloppe recueillant les biens affectés à la mission stipulée dans le contrat.

6. La mission stipulée par le contrat de fiducie au soutien de la transmission des monuments historiques. Le contrat de fiducie a pour objet la transmission de droits, personnels ou réels, principaux ou accessoires, à un fiduciaire. Ce dernier aura pour mission d'agir dans un but déterminé, au profit d'un ou plusieurs bénéficiaires. Le constituant, tout comme le fiduciaire, peut d'ailleurs être bénéficiaire. Le fiduciaire peut avoir une mission de gestion et une de transmission (mais pas constitutive d'une libéralité) ; le schéma fiduciaire peut permettre de transférer au fiduciaire la charge de la gestion des biens historiques et l'affectation des revenus à l'entretien de ceux-ci, avec le cas échéant une répartition au profit des bénéficiaires s'il y avait des fonds inutilisés par exemple, avant une transmission du bien au bénéficiaire désigné, qui pourrait être le propriétaire d'origine le cas échéant. Somme toute, la fiducie peut être un moyen de transmission temporaire d'un monument historique, avec retour du bien au propriétaire d'origine à l'expiration d'un certain terme (**I**), voire de transmission définitive, à une personne autre que le propriétaire d'origine (**II**).

I. La fiducie, moyen de transmission temporaire d'un monument historique

7. Les finalités potentielles du contrat de fiducie. Afin de mieux saisir la fiducie comme moyen de transmission temporaire d'un monument historique, avec retour du bien au constituant d'origine à terme, encore faut-il comprendre les particularités de cette institution, tant par la transformation du droit de propriété absolu en un droit de propriété finalisé, que par le transfert des biens du constituant à un patrimoine d'affectation détenu par le fiduciaire, offrant ainsi flexibilité et protection. Deux finalités principales de la fiducie sont classiquement relevées : celle où le fiduciaire aura une charge de gestion du bien (fiducie-gestion) et celle où il détiendra le bien remis en fiducie en garantie d'une dette (fiducie-sûreté), sachant que l'une et l'autre pourront se mélanger, certaines opérations de garantie sur le moyen terme pouvant impliquer une gestion quasi quotidienne des biens mis en fiducie par exemple. La finalité de la fiducie peut être particulièrement large. La fiducie-gestion peut l'être pour le compte du constituant : le constituant peut alors transférer hors de son patrimoine certains biens qui sont gérés pour son bénéfice, ce qui est une utilisation fréquente en matière de *trust*. La généralité des types de finalités ne doit toutefois pas être exagérée. La fiducie-libéralité est expressément interdite.

8. Le transfert de la charge de la propriété d'un monument historique au fiduciaire. Cet outil est donc à la disposition des personnes physiques (et morales) pour confier la gestion – et la propriété – de leurs biens à autrui, à un fiduciaire, lequel aura pour mission de les gérer pour leur compte. La transmission du monument historique serait alors temporaire, puisque le bien reviendrait à terme au constituant en qualité de bénéficiaire. Ainsi, la fiducie permet de se décharger de la gestion de ses biens, le cas échéant pour anticiper sa dépendance ou sa vulnérabilité, laquelle est de plus en plus visible avec le vieillissement de la population.

9. La délégation par le fiduciaire de certaines tâches à d'autres prestataires. En outre, le fiduciaire peut déléguer certaines tâches. La qualité de fiduciaire, réservée aux « institutions financières » et aux avocats, n'est donc pas pour autant un obstacle dirimant : la fiducie avec entiercement vient remédier à cet inconvénient, tout comme les délégations.

10. L'intérêt de l'expérience anglo-saxonne. « Le droit n'est pas cet absolu dont souvent nous rêvons »[6]. Il faut donc se garder d'idéaliser l'utilisation d'un tel outil pour la transmission des monuments historiques. L'expérience du *trust* anglo-saxon pour transmettre des monuments historiques gagnerait toutefois à être prise en compte, afin d'examiner si son pendant français, la fiducie, permettrait ou non de répliquer cela ou, au moins, d'en tirer certains avantages.

11. La fiducie au soutien de la transmission des monuments historiques. La fiducie est donc un outil qui, légitimement, devrait être envisagé dans une recherche de transmission de monuments historiques. Les biens en question seraient alors transmis à un fiduciaire, qui les détiendraient isolés dans son patrimoine d'affectation.

12. La possibilité pour le constituant de conserver la jouissance du bien malgré le transfert de propriété au fiduciaire. Le transfert de propriété du constituant de la fiducie au fiduciaire ne signifie pas que le propriétaire des biens en perd nécessairement l'usage ou la jouissance. Il est possible de prévoir que celle-ci demeure auprès du constituant initial, qui ne sera toutefois plus propriétaire (au sens juridique), ce qui l'amènera à ne plus subir la responsabilité (civile et pénale) du propriétaire.

13. La nature du transfert de propriété du constituant au fiduciaire : une mutation d'un troisième type. Dans un transfert de propriété en fiducie, la mutation n'est ni à titre gratuit, ni à titre onéreux, ce qui représente une originalité par rapport à la *summa divisio* classique des mutations usuellement retenues. Le transfert de propriété n'est qu'un instrument, un moyen, au service d'une opération intercalaire : le fiduciaire va gérer temporairement le bien, avant d'en transmettre la propriété au bénéficiaire de la fiducie. Nécessairement, ce transfert de propriété, devenue finalisée, entre dans la dépendance de l'opération principale. La mutation opérée par le constituant au fiduciaire – le transfert de propriété du patrimoine du constituant au patrimoine du fiduciaire – n'est dès lors effectuée ni à titre onéreux ni à titre gratuit[7].

6 J. Carbonnier, *Flexible Droit. Pour une sociologie du droit sans rigueur [1969]*, LGDJ, 2001, p. 379.

7 G. Blanluet, « Rencontres du troisième type : de quelques mutations non identifiées », in *Mélanges J.-P. Le Gall*, Dalloz, 2007, n° 18.

14. La nature de la propriété fiduciaire. Ceci s'explique du fait de la nature de la propriété du fiduciaire, propriété autre que la propriété absolue, pleine et entière. Le fiduciaire est essentiellement un intermédiaire, une figure intercalaire, avant la remise de la propriété au bénéficiaire, qui recouvrera alors sa forme et ses effets pleins et entiers. La propriété n'est dès lors qu'un instrument au service d'une finalité, autre que celle qu'aurait un propriétaire ordinaire, libre d'exercer *usus, fructus* et *abusus.*

15. Le transfert d'un droit de propriété au fiduciaire. La loi instituant la fiducie vise uniquement un transfert de droits. Un amendement législatif adopté en mai 2009 (mais censuré depuis par le Conseil constitutionnel) qualifiait le droit recueilli par le fiduciaire de propriété[8], ce qui était heureux lorsque l'on observe les disqualifications opérées un temps par la jurisprudence française, mais aussi les difficultés que d'autres systèmes de droit ont éprouvé sur cette question, notamment le droit québécois. Cette qualification devrait prévaloir ; les travaux parlementaires ne faisant de toute façon pas de doute sur la propriété du fiduciaire quant aux biens mis en fiducie[9]. Et il est, en pratique, souhaitable que ce soit le fiduciaire qui en devienne le propriétaire. En effet, le risque de certaines théories qui proposent de voir un droit réel conservé par le constituant ou au profit du bénéficiaire seul sur les biens en fiducie est qu'alors ces actifs mis en fiducie soient saisissables par leurs créanciers : le *trust* serait alors un instrument nettement préférable pour mettre en place une étanchéité entre les actifs.

16. La propriété modelée par une finalité stipulée dans le contrat de fiducie. La propriété de l'article 544 du code civil transférée par le constituant au fiduciaire devient une propriété modelée[10] par la finalité qui

---

[8] L. n° 2009-1255 du 19 oct. 2009 tendant à favoriser l'accès au crédit des petites et moyennes entreprises et à améliorer le fonctionnement des marchés financiers, *JO*, 20 oct. 2009, 17410, art. 16.

[9] Et ce même si pour la plupart des impôts directs, le constituant est réputé demeurer titulaire des droits. Ce qui crée une dissociation entre la qualité de propriétaire au sens juridique et celle de redevable de l'impôt.

[10] Y voyant un pouvoir juridique davantage qu'un droit : M. Cantin Cumyn, « Le pouvoir juridique » (2007) 52 : 2 RD McGill 215, pp. 227 et s. ; M. Cantin Cumyn, « L'avant-projet de loi relatif à la fiducie, un point de vue civiliste d'outre-atlantique », *D.* 1992, chron. XXIII, p. 117. V. aussi M. Cantin Cumyn, *Les droits des bénéficiaires d'un usufruit, d'une substitution et d'une fiducie*, Montréal, Wilson & Lafleur, 1980, § 98 ; M. Cantin Cumyn, « La propriété fiduciaire : mythe ou réalité ? », *Revue de droit de l'Université de Sherbrooke*, 1984 15(1), p. 7, spéc. p. 12.

dorénavant la grève. Limitée dans la durée, la propriété du fiduciaire ne sera jamais perpétuelle. Limitée par les prérogatives restreintes conférées au fiduciaire – le fiduciaire n'acquiert que certaines prérogatives que le constituant tenait de ce droit (d'où une déperdition temporaire du reliquat des prérogatives) – et la finalité pour laquelle les droits lui sont confiés, la propriété ne sera jamais absolue. Contrairement à la propriété ordinaire de l'article 544 du code civil, la loi ne vient pas définir les droits ou pouvoirs qui en résultent ; mais ceci se comprend, car les prérogatives découlant de la propriété fiduciaire ne seront jamais identiques à celles d'un propriétaire ordinaire. Elles dépendront des stipulations du contrat de fiducie et de l'objet devant être réalisé par le fiduciaire, tous deux étant d'ailleurs des mentions obligatoires selon l'article 2018 du code civil. En revanche, comme la propriété ordinaire, la propriété fiduciaire sera exclusive. Le fiduciaire exercera ses prérogatives sur les droits mis en fiducie, hors de tout concours. L'*usus*, le *fructus* et l'*abusus* pourront être transférés au fiduciaire. Le fiduciaire ne pourra cependant utiliser ces prérogatives qu'afin de réaliser l'objet de la fiducie[11].

17. Le régime différent de la propriété fiduciaire et de la propriété ordinaire. Cette propriété finalisée, temporaire et limitée est une propriété dont le régime pourra ne pas être exactement celui de la propriété ordinaire. Ainsi, bien que propriétaire, le fiduciaire devra rendre compte de l'exercice de ses prérogatives[12] et devrait pouvoir être sanctionné au titre de l'abus de confiance s'il détourne les biens mis en fiducie alors qu'il a accepté d'en faire un usage déterminé. Plus intéressant, une personne pourra être nommée tiers-protecteur par le constituant de la fiducie, chargée de suivre le déroulé de la fiducie par le fiduciaire devenu propriétaire, avec les mêmes pouvoirs que ceux que la loi confère au constituant[13].

18. L'évolution du droit de propriété. La propriété fiduciaire s'intègre dans une évolution jurisprudentielle qui tend à favoriser les droits réels modelés. Ainsi, la Cour de cassation admet que « le propriétaire peut consentir, sous réserve des règles d'ordre public, un droit réel conférant le bénéfice d'une jouissance spéciale de son bien »[14]. Un droit réel de jouissance de source contractuelle est ainsi validé par celle-ci. Dans la

---

[11] Sur ce point, v. F. Barrière, « La fiducie française ou le réveil chaotique d'une belle au bois dormant », (2013) 58:4 *McGill Law Journal*, pp. 849 et s., spéc. pp. 855 et s.
[12] Art. 2022 C civ.
[13] Art. 2017 C. civ.
[14] Cass. civ. 3e, 31 oct. 2012, *Bull. civ.* III, n° 159.

même veine, la Cour de cassation a accordé au titulaire d'un droit réel contractuellement défini (un droit à bois crû et à croître) le même régime que la propriété ordinaire (en l'occurrence, la perpétuité fut reconnue au titulaire du droit réel)[15], confirmant à nouveau la possibilité de modeler contractuellement un droit réel. Ainsi, un droit réel non qualifié de « propriété ordinaire » peut néanmoins bénéficier d'un régime à tout le moins analogue.

19. Le transfert de la propriété dans un patrimoine d'affectation. Le titre XIV du code civil, dédié à la fiducie, ne qualifie pas expressément le patrimoine fiduciaire de patrimoine d'affectation, mais il ne fait pas de doute que le patrimoine fiduciaire en est un. Les dispositions comptables prennent, elles, le soin de le qualifier de la sorte : c'est là un nouveau paradoxe que le droit comptable permette de rendre plus intelligible le droit civil… Ainsi, à côté du patrimoine personnel du fiduciaire, un ou plusieurs patrimoines affectés aux fiducies créées existeront, avec à l'actif les droits transférés du constituant, puis les droits qui viendront en substitution ou complément, et au passif, les dettes qui naîtront de la gestion fiduciaire. Et ce patrimoine est essentiel, car une fois que le fiduciaire est qualifié de propriétaire, le risque que les tiers confondent ces actifs fiduciaires avec les biens qui sont la propriété ordinaire du fiduciaire (et les saisissent) existe. En conséquence, la procédure collective affectant le fiduciaire n'implique pas le partage des droits mis en fiducie avec les droits personnels du fiduciaire. L'actif fiduciaire viendra répondre d'un passif fiduciaire. Ce patrimoine d'affectation brise l'unité du patrimoine : une même personne pourra dorénavant avoir plusieurs patrimoines (son patrimoine personnel et un ou plusieurs patrimoines fiduciaires). Mais que cette entorse à un principe bien établi en droit français ne soit pas exagérée : déjà, une personne pouvait affecter certains de ses biens à une fin particulière par l'intermédiaire d'une personne morale, venant alors affecter certains de ses actifs – hors de son patrimoine personnel – à la réalisation d'un objet spécifique[16].

20. Une atteinte à l'unité du patrimoine ? On pourrait même prétendre que l'unité du patrimoine n'est pas véritablement mise en cause par le patrimoine fiduciaire : son patrimoine personnel continuera de répondre de ses dettes personnelles et les biens mis en fiducie – dès lors

---

15 Cass. civ. 3e, 23 mai 2012, *Bull. civ.* III, n° 84.

16 Sur ce, v. F. Barrière, art. préc., spéc. pp. 858 et s.

qu'ils n'ont pas vocation à lui profiter personnellement[17] – n'ont pas à devenir le gage de ses créanciers personnels[18]. Contrairement à la solution du droit québécois actuel, le patrimoine fiduciaire n'est pas autonome, en ce sens qu'il est rattaché au fiduciaire et le fiduciaire est titulaire des droits réels sur les biens mis en fiducie (ce qui simplifie l'inscription aux registres tabulaires, fonciers notamment). Le patrimoine fiduciaire n'est pas non plus personnifié[19].

21. L'intérêt du transfert (temporaire) du monument historique par son propriétaire à un fiduciaire, qui le détiendra pour son bénéfice. En somme, en transférant la propriété du monument historique à un fiduciaire, propriété qui sera finalisée en fonction de la mission que le contrat de fiducie imposera au fiduciaire et d'une durée temporaire, le propriétaire d'origine peut confier la charge de la gestion du bien immobilier à un professionnel, qui aura recours à des délégués le cas échéant pour mettre en œuvre les tâches qui lui incombent. La propriété allant être transmise non pas dans le patrimoine personnel du fiduciaire, mais dans un patrimoine dédié, un patrimoine d'affectation nommé

---

17 Ce qui ne sera pas le cas en présence d'une fiducie au bénéfice du fiduciaire lui-même.

18 En ce sens, M. Grimaldi, « La fiducie : réflexions sur l'institution et sur l'avant-projet de loi qui la consacre », *Defrénois* 1991, art. 35085, p. 897 et art. 35094, p. 961.

19 Selon un auteur, ce moyen permettrait d'éviter les contradictions trop importantes que la fiducie fait subir à la notion de propriété. V. M. Cantin Cumyn, « Rapport général », *in* M. Cantin Cumyn (dir.), *La fiducie face au* trust *dans les rapports d'affaires*, Bruxelles, Bruylant, 1999, p. 11, spéc. p. 17 ; M. Cantin Cumyn, « La personne morale dans le droit privé de la province de Québec », in *Droit contemporain : Rapports canadiens au Congrès international de droit comparé*, Montréal, 1990, Cowansville (Qc), Yvon Blais, 1992, p. 44, spéc. pp. 56 et 57 ; M. Cantin Cumyn, « La fiducie, un nouveau sujet de droit ? », *in* J. Beaulne (dir.), *Mélanges Ernest Caparros*, Montréal, Wilson & Lafleur, 2002, p. 129, spéc. p. 132. V. notamment P. Lepaulle, « La notion de *trust* et ses applications dans les divers systèmes juridiques », in *Actes du Congrès international de droit privé* tenu *à Rome en juillet 1950* : *L'unification du droit*, vol. 2, Rome, Unidroit, 1951, p. 197, spéc. p. 206. Jean-Denis Bredin cite P. Lepaulle dans « L'évolution du trust dans la jurisprudence française », in *Travaux du Comité français de droit international privé 1973-75*, Paris, Dalloz, 1977, p. 137, spéc. p. 154. P. Lepaulle analyse le trust comme une personne morale, représentée par un *trustee* chargé de l'administrer et affirme que les bénéficiaires sont titulaires d'« intérêts », en ajoutant qu'ils sont comme des actionnaires d'une société qui ont eux aussi des droits spécifiques. P. Lepaulle ajoute encore : « Pour la toute-puissance de la jurisprudence, les Anglo-Saxons ont constitué, sans le dire jamais [...] une véritable personne morale » (*ibidem.*). V. aussi P. Lepaulle, « Réflexions sur l'expansion des trusts : Remarques à propos du livre de M. Claude Reymond sur "Le *trust* et le droit suisse" », *RIDC* 1955, n° 2, vol. 7, p. 318, spéc. p. 320 et s. Comparer P. Lepaulle, *Traité théorique et pratique des trusts en droit interne, en droit fiscal et en droit international*, Paris, Rousseau, 1932 (la thèse originale de P. Lepaulle prônait le patrimoine d'affectation sans titulaire comme analyse du *trust* (pp. 166-67)).

patrimoine fiduciaire, les actifs mis dans ce dernier ne seront pas à la portée des créanciers personnels du fiduciaire, ce qui est de nature à sécuriser le schéma. Un propriétaire n'ayant plus la force, l'envie ou tout simplement le temps, de gérer son monument historique pourrait ainsi le confier par contrat à un fiduciaire, le cas échéant jusqu'à son décès et le monument historique ferait alors retour à sa succession. La fiducie pourrait sans doute aussi permettre une transmission définitive des monuments historiques, sans retour au propriétaire d'origine, au contraire, avec restitution à une personne autre que le propriétaire de départ.

II. La transmission définitive de monuments historiques par la fiducie

22. L'interdiction de la fiducie-libéralité. La transmission à un tiers bénéficiaire de la fiducie d'actifs a suscité des doutes à l'origine de la publication de la loi instituant la fiducie en 2007, essentiellement du fait de la prohibition de la fiducie-libéralité.

23. Les différents freins usuellement avancés contre l'utilisation de la fiducie comme moyen de transmission définitive du propriétaire initial à un fiduciaire, qui détiendra le bien pour le bénéfice d'un tiers. En conséquence, avant de détailler certains montages qui pourraient être explorés, les principaux freins à l'utilisation de la fiducie pour la transmission d'un monument historique à une personne bénéficiaire autre que le constituant d'origine, méritent d'être, tour à tour, examinés.

24. L'absence de création de fiducie par testament : le recours au contrat du vivant du propriétaire. L'article 2012 du code civil ne permet pas de créer une fiducie par testament. C'est par un contrat (ou par la loi) que la fiducie est créée. Une constitution d'une fiducie à cause de mort, une mise en place de la fiducie uniquement lors du décès du propriétaire du monument n'est donc pas envisageable. C'est donc du vivant du constituant que la fiducie doit être mise en place.

25. L'interdiction de l'intention libérale lors de la constitution d'une fiducie n'interdit pas la libéralité en amont de la fiducie. L'article 2013 du code civil interdit la fiducie motivée par une intention libérale, celui-ci disposant expressément que « le contrat de fiducie est nul s'il procède d'une intention libérale au profit du bénéficiaire. Cette nullité est d'ordre public. ». En conséquence, si un bénéficiaire autre que le constituant reçoit les actifs mis en fiducie sans contrepartie par ledit bénéficiaire (telle l'exécution d'une garantie), la libéralité serait caractérisée. Toutefois, une alternative serait-elle de transmettre les droits de propriétaire par donation, à charge – dès la donation réalisée – qu'ils soient transmis à un fiduciaire ? La libéralité serait alors déjà advenue, avant la création de la fiducie[20].

26. La qualité de fiduciaire restreinte à certaines professions, qui peuvent toutefois déléguer des tâches. L'article 2015 du code civil limite la qualité de fiduciaire à certaines institutions financières et aux membres de la profession d'avocat. Ce n'est pas un obstacle à la gestion d'un monument historique puisqu'un fiduciaire peut notamment déléguer à un ou plusieurs professionnels des tâches permettant la réalisation de la mission qui lui est autrement confiée. Le propriétaire d'origine du monument historique se retrouve déchargé de la gestion, à la différence du seul recours à un salarié, qui lui imposait l'exercice d'un pouvoir de subordination et de sécurité notamment.

27. La durée maximum de la fiducie, une durée suffisamment longue. L'article 2018, 2° du code civil prévoit comme durée maximum du transfert 99 ans à compter de la signature du contrat. Certes, beaucoup de *charitable trusts*, un peu comme les fondations, peuvent avoir des durées plus longues. C'est toutefois une durée suffisante pour confier à un tiers la gestion de son monument historique.

28. La désignation du ou des bénéficiaires, permettant toutefois de désigner ses héritiers. L'article 2018, 5° du code civil prévoit comme mention obligatoire devant figurer dans le contrat de fiducie « l'identité du ou des bénéficiaires ou, à défaut, les règles permettant leur désignation » ; désigner un but général ne répondra pas à l'objectif, tout comme désigner « le public » non plus, sachant que le bénéficiaire doit pouvoir recevoir les biens mis en fiducie lors du dénouement. Ceci limite la possibilité de prévoir une finalité philanthropique, mais permet de désigner le constituant comme bénéficiaire (fiducie-gestion pour le compte du constituant) ou un tiers.

---

[20] Sur cet aspect, v. en particulier Cl. Farge et J.-F. Desbuquois, « Permettre la transmission de la fiducie gestion », *JCP N* 2016. 1284, spéc. n°s 14 et s., ainsi que sur l'éventualité d'une cession de la créance du constituant sur le fiduciaire au bénéficiaire.

29. La révocation possible du contrat de fiducie, jusqu'à l'acceptation par le bénéficiaire. L'article 2028 du code civil dispose que « le contrat de fiducie peut être révoqué par le constituant tant qu'il n'a pas été accepté par le bénéficiaire » Et d'ajouter qu'« après acceptation par le bénéficiaire, le contrat ne peut être modifié ou révoqué qu'avec son accord ou par décision de justice ». Le contrat ne pourrait-il toutefois pas prévoir une clause d'irrévocabilité, dès lors qu'elle est temporaire et justifiée par un intérêt légitime ? La jurisprudence aura à le confirmer.

30. La fin du contrat par le décès du constituant personne physique, mais sans objet en présence d'une société civile immobilière (SCI) constituante. L'article 2029 al. 1 du code civil dispose que « le contrat de fiducie prend fin par le décès du constituant personne physique, par la survenance du terme ou par la réalisation du but poursuivi quand celle-ci a lieu avant le terme » et l'article 2030 al. 2 du même code dispose quant à lui que « lorsqu'il prend fin par le décès du constituant, le patrimoine fiduciaire fait de plein droit retour à la succession ». Ce faisant, la durée de la fiducie-gestion a pour terme le décès du constituant. La durée de l'organisation patrimoniale apparaît dès lors aléatoire. Il est peu probable que les parties au contrat de fiducie puissent déroger à cette règle, qui a été écartée par le législateur uniquement en présence d'une fiducie conclue à des fins de sûreté. Mais cet inconvénient ne peut-il pas être évité, par la transmission du monument historique, dans un premier temps, à une SCI, société dotée de la personnalité morale, qui elle-même apporterait l'actif à une fiducie en qualité de constituant au contrat de fiducie, dans un second temps ?

31. Proposition de schéma que la pratique aura à éprouver : la donation avec charge en amont de la constitution de la fiducie. Les principaux freins à l'utilisation de la fiducie pour transmettre définitivement un monument historique semblant, individuellement, levés, reste à analyser collectivement leur mise en œuvre. Une solution qui apparaît envisageable pour le propriétaire du monument historique souhaitant ne plus en avoir la charge et souhaitant le transmettre à un tiers (en pratique, à ses héritiers), mais uniquement à terme (une fois que ceux-ci en auraient davantage le temps et la compétence) serait de faire une donation des biens avec charge[21]. La technique de la charge dans une

[21] V. not. Cl. Farge et J.-F. Desbuquois, art. préc.

donation est connue[22]. Une donation aurait lieu du propriétaire du monument historique à un tiers, par exemple à son héritier, dont les charges seraient d'apporter les biens réels (le monument historique) à une société (SCI) et que cette société transmette la propriété du monument historique à un fiduciaire, par contrat auquel la SCI serait partie en qualité de constituant.

32. La mise en SCI du monument historique, SCI qui sera le constituant du contrat de fiducie. Le constituant de la fiducie serait donc une personne morale, ce qui permettrait la poursuite de la fiducie après le décès de la personne physique propriétaire d'origine (qui autrement aurait été constituant de la fiducie). La fiducie n'est alors pas une libéralité, mais simplement l'effet d'une libéralité qui la précède, à savoir la donation antérieure à la conclusion du contrat de fiducie. Le bénéficiaire de la fiducie mise en place sera le constituant : il n'y a donc aucune libéralité du fait de l'exécution du contrat de fiducie. Lors du dénouement de la fiducie (lors du terme, qui pourrait être le décès de la personne physique propriétaire d'origine), la société (SCI) redeviendra propriétaire de l'actif mis en fiducie.

33. Le respect de la réserve héréditaire. Une éventuelle atteinte à la réserve héréditaire doit toutefois être évitée[23]. Si l'ensemble des héritiers du propriétaire du monument historique sont concernés, la question devient sans objet. Sinon, une renonciation à l'action en cantonnement serait envisageable et la libéralité d'origine pourrait être assortie d'une charge d'une telle renonciation[24].

34. Autre schéma que la pratique aura à éprouver : le recours à un tiers administrateur du monument historique qui le transmettra en fiducie. Une autre option pourrait être pour le propriétaire d'un monument historique d'en faire une donation à ses petits-enfants et de nommer un tiers administrateur, qui aura pour charge de transmettre en

---

[22] M. Clermon et H. Brothier, « Fiducie-gestion : outil d'accompagnement », *Actes prat. Strat. patrimoniale*, 2022, n° 2, étude 8, n°s 18 et s. ; C. Farge, « Transmission, fiducie et "incapables" », in *Les 15 ans de la fiducie. Bilan et perspectives de la réforme*, LexisNexis, 2023, p. 165 et s., spéc. n° 4.

[23] V. not. C. Farge, art. préc., spéc. n° 5.

[24] Sur cet aspect, v. S. Godechot-Patris, « Fiducie, trust et gestion de patrimoine », *Ing. Patr.* 4-2022, n° 61 ; Cl. Brenner, « La fiducie-libéralité », *Actes prat. Strat. Patrimoniale*, 2022, n° 2, ét. 10, n° 9 ; M. Clermon et H. Brothier, art. préc., n° 21.

fiducie les biens[25]. Le tiers administrateur serait nommé dans la donation, en conformité avec l'article 384 al. 2 du code civil, avec pour mission de transmettre la propriété du monument historique à un patrimoine fiduciaire détenu par un fiduciaire. Aucune libéralité interdite ne serait alors caractérisée, car la libéralité – en l'espèce, la donation – aurait lieu en amont de la transmission en fiducie. Si l'article 387-2, 4° du code civil interdit à l'administrateur légal de « transférer dans un patrimoine fiduciaire les biens ou les droits du mineur », tandis que dans la même veine, l'article 408-1 du même code (inclus dans un paragraphe relatif au tuteur) dispose que « les biens ou droits d'un mineur ne peuvent être transférés dans un patrimoine fiduciaire », ce ne serait pas ici le cas, puisque c'est le tiers administrateur qui y procéderait en exécution de la charge prévue dans la donation. Une fois la fiducie instituée, le tiers administrateur pourra être tiers protecteur de la fiducie, permettant de s'assurer de son bon déroulé.

35. Conclusion. Pour organiser la transmission à titre gratuit d'un patrimoine en évitant un éclatement de la propriété entre une pluralité d'héritiers ou une incompétence des ayants droit dans à la gestion d'un tel patrimoine, la fiducie apparaît comme un moyen de transmettre des monuments historiques.

La fiducie, sous sa forme de « gestion », en particulier pour le compte du constituant, apparaît donc comme une modalité que la pratique gagnerait à éprouver, afin de décharger le propriétaire d'un monument historique de cette charge. Cette décharge peut être temporaire si le propriétaire d'origine souhaite récupérer son bien au terme qu'il aura fixé, voire au plus tard lors de son décès afin que son monument historique puisse devenir la propriété de ses héritiers. Si le propriétaire actuel du monument historique ne souhaite définitivement plus conserver la propriété, mais que ses héritiers n'ont pas encore le temps ou les compétences pour procéder à une gestion efficace, des modalités devraient permettre de transférer le bien en fiducie, en ayant au préalable fait une donation avec charge d'y procéder par exemple. L'ingénierie patrimoniale pourrait ainsi utiliser la fiducie pour alléger dans certaines circonstances le poids de la gestion d'un monument historique !

---

[25] V. not. Cl. Farge et J.-F. Desbuquois, art. préc.

Les souvenirs de famille, forme de propriété collective au service de la protection des demeures historiques ?

Marie Cornu
Directrice de recherches au CNRS

> « Possédant comme descendant des ducs de Nemours et des princes de Lamballe, des archives, des meubles, des tapisseries, des portraits faits pour ses aïeux par Raphaël, par Velasquez, par Boucher, pouvant dire justement qu'il "visitait" un musée et une incomparable bibliothèque rien qu'en parcourant ses souvenirs de famille, il plaçait au contraire au rang d'où son neveu l'avait fait déchoir tout l'héritage de l'aristocratie ».[1]
>
> Marcel Proust, *À l'ombre des jeunes filles en fleur*

Comment transmettre un monument historique dans toutes ses composantes de sorte d'en assurer la pérennité ? Cette question est au cœur de ce colloque : comment en particulier transmettre un héritage de forte charge symbolique ? Dans le passage de génération, la mécanique de succession ouvre un droit au partage en cas de pluralité d'héritiers. Le risque est alors celui de la dispersion d'ensembles complexes faits de plusieurs composantes qui d'un point de vue historique et esthétique participent de leur cohérence. Ce sont par exemple, pour les demeures historiques, tout autant le bâti que les objets qui les meublent, quelle que soit la qualification qu'ils reçoivent dans le droit civil. Meubles ou immeubles par destination, ils font corps avec l'immeuble qui les accueille. C'est ce que l'on nomme dans la pratique les « ensembles mixtes ». Sont aussi exposés les ensembles mobiliers, les collections, les fonds d'archives, universalités de fait que pendant fort longtemps le droit en général, le droit du patrimoine plus spécialement, n'ont pas pensé comme des ensembles à préserver, comme des universalités de droit, dont la valeur se dégagerait de la réunion de plusieurs éléments qui ont à voir les uns avec les autres. Pour préserver ces unités complexes, on peut se demander dans quels termes le droit des successions finalement pourrait accueillir cette idée que ces biens ne sont pas des biens comme tout autre. Comme le suggérait

[1] Marcel Proust, *À l'ombre des jeunes filles en fleur*, Gallimard, 1988, p. 323 (à propos de M. de Charlus).

Carbonnier, dans ce monde des biens, sous ce vaste « capuchon gris » dont le droit recouvre ce monde bariolé des choses, se nichent toutes sortes de choses[2]. En quoi le droit privé en prend-il acte ? Les œuvres d'art, les œuvres de l'esprit, certains biens personnels sont parfois régis par des règles propres. Il existe effectivement un droit spécial des biens et des successions. Dès l'origine, en l'occurrence, les manuels distinguent d'un côté le régime de droit commun et de l'autre les régimes spéciaux. Et parmi ceux-là, on trouve celui des biens de famille, ou encore des souvenirs de famille. C'est à cette catégorie originale que je m'intéresserai ici, catégorie qui montre à quel point, dans un système dans lequel a été exaltée la propriété individuelle, un patrimoine collectif, le patrimoine du groupe familial, peut avoir une histoire juridique singulière.

On m'a demandé de réfléchir à la façon dont, aujourd'hui, cette catégorie pourrait être mobilisée ou transposée au service des demeures historiques en tant qu'elles forment un patrimoine familial. Je la prendrai non comme un modèle ou un idéal de statut à atteindre, mais plus prosaïquement comme un argument de discussion dans la recherche d'une pérennité de patrimoines de grande valeur tout à la fois affective et historique. Les ressorts ou ressources de cette notion peuvent être intéressants à creuser dans la perspective d'un régime spécial. Il reste un certain nombre de points sur lesquels bute cet exercice de transposition.

I. L'attrait des souvenirs de famille pour encadrer un patrimoine familial

Quel pourrait être aujourd'hui l'intérêt de se tourner vers cette figure propriétaire d'un genre particulier ? Premier élément, cette catégorie saisit la dimension familiale des biens, on l'a dit. C'est du patrimoine familial dont il s'agit. Et plus encore, c'est la double dimension personnelle et familiale de certains biens qui s'exprime au travers de cette notion. Carbonnier évoque le caractère personnel de la propriété qui se traduirait par une imprégnation de la chose par l'homme : « La propriété ne se légitimerait que dans la mesure où l'homme peut y mettre l'empreinte de sa création ou de son utilisation personnelle »[3]. Il reste qu'il est des propriétés sans aucun doute plus personnelles que d'autres, plus profondément marquées par ceux qui les possèdent, et les souvenirs de famille, comme les œuvres de l'esprit, sont de cette classe de biens à caractère personnel. La notion de souvenir de famille désigne en effet les

[2] J. Carbonnier, *Droit civil, Les biens, les obligations*, PUF, 1re éd., Quadrige, 2004, n° 707.

[3] J. Carbonnier, *Flexible Droit - Pour une sociologie du droit sans rigueur*, LGDJ, 8e éd., 1995.

biens marqués par la mémoire familiale, les choses imprégnées de la « personne famille » pour reprendre l'expression de Carbonnier. Les fonds d'archives, les portraits de famille, les armes ou les récompenses sont classiquement désignés sous cette notion déjà familière aux propriétaires de châteaux historiques. Comme l'indique Frédéric Zenati, « de tels objets suscitent un attachement surtout dans les familles illustres ou aristocratiques »[4]. C'est assez visible au travers des affaires. Au prétoire, on discute des objets de la Maison de France qu'avaient mis en vente le Comte et la comtesse de Paris, vente critiquée par les consorts d'Orléans, on évoque les archives du baron Menneval ou encore les biens d'un grand domaine viticole de Château Margaux. Non pas que la petite propriété soit exclue du système, mais les contentieux sont fréquents dans ce cercle des détenteurs d'un patrimoine historique de valeur, de valeur symbolique et financière. Et précisément, parce que les souvenirs de famille sont aussi des biens de grande valeur historique, le rapprochement avec les attentes de ces propriétaires de châteaux historiques se fait assez naturellement. Même si dans l'exercice de qualification, la valeur historique n'est pas pertinente, dès lors que ces biens portent matériellement la marque de la famille, on peut supposer qu'ils acquièrent par la même et avec le temps une dimension historique.

Le deuxième élément important dans cette figure du souvenir de famille est évidemment la conséquence juridique qu'en tire le juge. Ces biens sont impartageables, inaliénables et insaisissables[5]. Parce qu'ils forment le patrimoine de famille, entité saisie dans une temporalité longue, alors ils sont hors commerce[6]. Ce qui fait dire à Frédéric Zenati que « les souvenirs de famille relèvent [...] du droit des biens, et n'intéressent le droit successoral que par contrecoup »[7]. Il voit dans cette notion une résurgence des biens de mainmorte admis par le droit français qu'il est interdit de partager et de transmettre. « Les choses y appartiennent indivisiblement

---

[4] F. Zenati-Castaing, Th. Revet, *Les biens*, PUF, 2008, n° 28.

[5] Selon certains auteurs pourtant « l'indisponibilité affectant ces choses n'est pas réelle et ne se traduit pas par une insaisissabilité », F. Zenati évoquant l'article de J.-F. Barbièri, « Les souvenirs de famille, mythe ou réalité juridique », *JCP G* 1984.I.3156, n° 13, et critiquant l'analyse : « l'indisponibilité se contredit si elle ne se traduit pas par une insaisissabilité, « Propriété et Droits réels ; Choses hors commerce », *RTDciv.*, avr.-juin 1996, p. 421.

[6] V. *contra* J. Audier qui estime que les souvenirs de famille sont des droits patrimoniaux qui peuvent être cédés à titre onéreux ou gratuit, sous réserve de respecter l'affectation familiale, in *Les droits patrimoniaux à caractère personnel*, LGDJ, Bibliothèque de droit privé, Paris, 1979, n° 258.

[7] F. Zenati, « Propriété et Droits réels ; Choses hors commerce », *op. cit.*, p. 421.

au groupe »[8], y inclus les générations futures, si bien qu'elles répugnent à entrer dans le patrimoine propre d'un seul des membres de la famille. Selon Roger Nerson[9], en l'occurrence, le droit au souvenir est bien « un droit extrapatrimonial, c'est-à-dire non évaluable en argent, mais il peut exceptionnellement aboutir à la propriété d'un bien de valeur pécuniaire ; l'héritier ne l'a pas, en tant qu'individu, il l'a parce que sa personnalité est étroitement liée à la continuation de personnalités précédentes, qui, par lui se continueront probablement après lui ». Le critère d'affectation familiale est au cœur de la notion.

Les souvenirs de famille sont un des rares exemples d'objets juridiques pris dans ce triple espace du passé, du présent et du futur, sur lequel les droits se conçoivent dans cette chaîne intergénérationnelle. C'est ce que soutient Frédéric Zenati. Le lien d'appartenance familiale est « authentiquement perpétuel »[10]. Sans doute, cette qualification de souvenirs de famille répond, du moins en partie, à ce besoin de continuité et de pérennité du patrimoine familial. C'est ce qui fait que le dépositaire n'est pas le propriétaire mais un gardien pour le compte de la famille passée, présente et future.

Le point de savoir si cette forme collective de propriété peut avoir une utilité pour penser les monuments historiques a pu être discuté au siècle dernier. Dans les années 1940, est constituée une commission interministérielle des châteaux historiques présidée par Henry Deroy, alors secrétaire général aux finances et directeur du Crédit foncier, et dans laquelle siège la Demeure Historique. Les châteaux ont souffert de la Grande Guerre. Il y a eu des destructions, des dégâts causés aux intérieurs des châteaux, des pillages et des abandons. Certains sont en déshérence. Il y a aussi eu des réquisitions et les propriétaires s'inquiètent de leur situation dans le nouveau contexte de guerre. Le débat est daté et s'inscrit dans une temporalité et dans un contexte très particuliers, mais il n'est pas inintéressant d'y revenir. Cette commission qui se réunit pour la première fois en mars 1943 a pour projet « la recherche et l'étude de mesures financières et économiques propres à favoriser l'entretien et la conservation des demeures historiques ». Sous ces deux ressorts économique et financier, l'approche juridique a sa place. On réfléchit, en particulier, à un statut légal des châteaux historiques, sachant que ce statut est articulé à des mesures fiscales. Les propriétaires plaident l'idée que ces

[8] *Ibidem.*
[9] R. Nerson, *Les droits extrapatrimoniaux*, Thèse Université de Lyon, Bosc frères, 1939.
[10] F. Zenati, « Propriété et Droits réels ; Choses hors commerce », *op. cit.*, p. 422.

biens exceptionnels ne sont pas des propriétés capitalistes – j'emprunte leur vocabulaire – qu'il faut les conserver au sein de la famille mais que cette perspective implique des charges très lourdes. Il est apparu, disent-ils « que rien de constructif ne pouvait être obtenu si le château historique était maintenu dans le cadre du régime de la libre disposition de la propriété ». Leur proposition consiste par conséquent à élaborer un ensemble de droits et de devoirs qui passe par l'abandon du droit d'user et d'abuser, en contrepartie d'exonérations fiscales et de prise en charge par l'État de dépenses de restauration et de conservation. Il faut comprendre l'économie de ce dispositif dans sa globalité. L'idée d'un statut propre est en étroite interdépendance avec les leviers fiscal et financier, sans oublier le rôle de l'État qui porte doublement sur la conservation juridique et matérielle des biens, ce qu'on appellerait aujourd'hui le contrôle scientifique et technique.

Le rapport moral de la Demeure Historique de mars 1943 à juillet 1945, présenté au cours de la séance du 25 juillet 1945, fait état de ces propositions, et en appelle à la reconnaissance de biens de famille inaliénables et insaisissables pour consolider le statut juridique de ces entités complexes que sont les châteaux et leur mobilier[11]. On a en tête la loi de 1909, qui autorisait la constitution de biens de famille et dont la caractéristique était qu'ils étaient insaisissables, mais en réalité on est plus proche de la figure des souvenirs de famille. Le régime d'indisponibilité en serait assez radical, ces biens étant impartageables, inaliénables et insaisissables. Ce qui séduit la Commission des châteaux historiques, c'est que les souvenirs de famille sont un ressort de droit privé. Le fait n'est pas anodin. Lors de la première réunion, le décor est campé : au cours de la discussion générale, on avance qu'il s'agit de réfléchir à des mesures propres à encourager les propriétaires à conserver tout en évitant la mainmise de l'État ou des collectivités publiques sur ces châteaux. On écarte là tout à fait l'hypothèse d'un encadrement du droit public, en particulier les outils de police administrative, tels que l'institution de servitudes d'utilité publique, ressort que le législateur privilégiera plus tard, en 2016, pour préserver des ensembles patrimoniaux[12]. Cet appel au droit privé est d'autant plus intéressant que finalement, dès lors que le statut de

[11] Le rapport moral présente l'activité de la Demeure Historique de mars 1943 à juill. 1945 avec un long développement sur le travail de la commission interministérielle, suivie d'une présentation des demandes de la Demeure Historique (mise en place d'un « statut administratif, juridique et fiscal » des propriétaires de châteaux historiques, qui consacrerait, en contrepartie d'une « réforme complète du régime fiscal et successoral », la « suppression du droit d'user et d'abuser, ainsi que le droit de visite »), 25 juill. 1945.

[12] C'est chose faite depuis la loi n° 2016-925 du 7 juill. 2016, art. L. 622-1-2 C. patr.

ces objets est pensé dans le temps long et projeté dans le futur, leur condition d'extracommercialité est, d'une façon un peu paradoxale, plus solide que celle d'un statut de droit public, lequel peut être à certains égards réversible. On peut se dire que finalement, cette extracommercialité accrochée à un dispositif d'aide peut être un levier intéressant pour penser la transmission de ces biens et leur continuité. Le recours à cette catégorie de biens n'en rencontre pas moins certaines résistances.

II. Les poches de résistances

Une des premières difficultés est que la notion de souvenir de famille n'est pas si simple à isoler, puisqu'il s'agit non du patrimoine familial en général, mais d'un certain nombre de biens porteurs de la mémoire familiale[13]. Ce ne sont pas tous les biens en mains de famille. Ce ne sont pas tous les biens qui jalonnent l'histoire familiale dans le temps long. Encore faut-il que cette mémoire familiale soit inscrite dans la matérialité des choses. C'est typiquement le cas pour les portraits de famille, les correspondances, les archives, etc. La jurisprudence est venue préciser un certain nombre de choses. Notamment, la valeur vénale est sans égard à la qualification de souvenir de famille[14]. Dans l'affaire Menneval en 1971, c'est ce que dit le juge, et ce que la jurisprudence admet d'une façon générale. Et le fait est que les enjeux financiers sont parfois très substantiels. Pour exemple, le manuscrit de Zola était évalué à l'époque, c'est-à-dire en 1988, entre 3 et 5 millions de francs. C'est la valeur morale et affective qui fait le souvenir de famille. Ce qui fait aussi que la valeur historique est également indifférente, même si dans de nombreuses espèces, on discute de choses de grand intérêt historique. Les archivistes recueillent fréquemment en dépôt de ces souvenirs de famille émanant de descendants de famille ou de personnages qui ont joué un rôle dans l'histoire[15]. La possession prolongée et le fait que le bien soit resté depuis plusieurs générations dans le giron familial, non plus que l'apposition d'un signe d'appartenance, ne sont pas des critères de qualification.

En ce sens, la Cour de cassation en 1998, à propos de la vente des objets de la Maison de France, suivant le raisonnement de la cour d'appel, a rappelé que « pas plus le caractère historique des biens litigieux, ou la seule perpétuation de leur possession par la famille d'Orléans, que l'apposition

---

[13] Sur cette notion, R. Demogue, « Les souvenirs de famille et leur condition juridique », *RTDciv.* 1928, p. 27.

[14] En ce sens, Cass. civ. 2e, 29 mars 1995.

[15] C'est ce que nous livre, dans un commentaire de l'affaire Menneval, Suzanne d'Huart, « Jurisprudence des archives de famille », *La Gazette des archives*, n° 116, 1982, p. 44.

des armes de la famille sur ces objets, ne suffisaient à établir que chacun de ces meubles ait revêtu pour celle-ci une valeur morale telle qu'ils pourraient être qualifiés de souvenirs de famille »[16]. Il faut par conséquent que soit caractérisé ce lien intime de rattachement à la famille et la ligne de frontière n'est pas si simple à tracer, ce que disent tous les commentateurs. Michel Grimaldi à propos de cette affaire nous livre ceci : « l'hésitation est permise. Pour raisonner sur des objets comme ceux qui ont divisé la famille d'Orléans, doit-on qualifier de souvenir de famille un tableau qui n'est pas un portrait de famille, mais qui représente une maison de famille ? Sans doute. Ou un tableau représentant un événement – bataille, fête – où se distingua un ancêtre ? C'est moins sûr. Et que dire d'une aquarelle représentant un voyage que fit l'ancêtre ou un lieu où il s'illustra ? Que penser de la parure qui fut offerte par un prince... ? Probablement, tout est affaire de circonstances... ».[17] Juliette Robichez réfute la thèse selon laquelle un souvenir de famille peut être caractérisé par un lien médiat et intellectuel du bien avec l'ascendant – une collection réunie par l'ancêtre, par exemple[18]. Mais au fil de certaines espèces se dévoile l'instabilité de la notion. La Cour d'appel de Paris, dans un arrêt du 11 janvier 2022[19], a reconnu à propos d'un tableau la qualification de souvenir de famille, sans qu'il ne traite spécialement d'un sujet familial, mais le juge a considéré que sa possession prolongée et les relations qu'entretenaient le peintre avec la famille suffisaient entre autres à caractériser le souvenir de famille. Il fait état de ce que des « liens étroits entre la famille D. et le peintre B., qui l'a aidée dans l'installation de sa première imprimerie pendant la Révolution française, sont largement établis et d'ailleurs non contestés, tout comme le fait que les D. se soient au fil des années portés acquéreurs d'œuvres du peintre à plusieurs reprises ». Il déduit le caractère d'attachement à la famille d'un tableau qui ne serait pas sorti de la famille depuis son acquisition, « cet attachement étant encore démontré par le fait que S. D. en fait mention particulière dans le codicille de son testament rédigé en 1965, pour spécifier qu'il doit, avec d'autres meubles de valeur précisément énumérés meublant les Châteaux d'Escorgain et du Mesnil légués l'un et l'autre à chacun de ses deux fils, être exclu de ces legs pour demeurer indivis entre ses trois enfants, sous l'usufruit de son épouse ». Le tableau

---

16 Cass. civ. 1re, 12 nov. 1998, pourvoi n° 96-20.236 ; décision attaquée, CA Paris, 3 juill. 1996.

17 M. Grimaldi, « Saisie-revendication des souvenirs de famille : opposition des titulaires d'un droit à la conservation à l'aliénation de ces biens », *D.* 1995, p. 330.

18 J. Robichez, « Les critères de qualification de la notion de souvenir de famille ». *D.* 1999, pp. 624-627.

19 CA Paris, 11 janv. 2022, n° 19/14062.

aurait ainsi un caractère de bien de famille. L'on pourrait discuter de l'analyse.

Chercherait-on à élargir le cercle en appréhendant cette mémoire familiale d'une façon plus accueillante, que les difficultés de frontières n'en disparaitraient pas moins. Quels biens devraient être immobilisés en raison du fait qu'ils sont la mémoire familiale ? Quels autres pourraient librement circuler dans le commerce ? Il faudrait sans doute combiner considération de la dimension affective et intérêt historique. Au fil des discussions de la Commission des châteaux historiques, on se pose d'ailleurs la question de savoir s'il faut réserver le statut spécial des biens de famille aux monuments historiques classés ou inscrits, donc croiser et faire converger plus étroitement encore intérêt familial et intérêt public. La perspective, non dénuée d'intérêt, est reprise dans un projet de loi suggéré par le ministère de la Justice en 1945 et qui soumet ce projet à la commission. Les fantômes législatifs, projets laissés en friche, sont aussi des sources précieuses.

La deuxième difficulté se rapporte à la question des droits et devoirs de celui qui détient la chose, d'abord sa désignation puis les pouvoirs dont il dispose. Pendant très longtemps la dévolution des souvenirs de famille, presque systématiquement, allait à l'aîné[20]. La jurisprudence a évolué et aujourd'hui considère que la garde doit être confiée à la personne la plus qualifiée[21]. Qui, en somme, hérite de ces biens mobiliers[22] ? Il n'est pas si évident de faire ce choix. Dans le projet de la Commission à laquelle participe la Demeure Historique, évoquée plus haut, on parlait de la personne la plus *désignée*. On aperçoit les possibles contentieux, sans compter que l'on peut en l'occurrence parfois se demander si la personne la plus apte à assurer la conservation est en toute hypothèse un membre de la famille. C'est si vrai que les opérations de dépôt dans des services d'archives sont fréquentes, pour les archives familiales en tous les cas.

La troisième difficulté, non des moindres – c'est de là que vient la plus grande incertitude – a trait à la question de la nature des droits du détenteur et de ceux dont dispose la famille dans sa généralité. Ce qui est sûr c'est qu'il ne peut vendre ou donner ces biens, encore que certains ont pu soutenir le contraire[23]. Mais quel est son statut ? Les analyses doctrinales, sur ce point, divergent. A-t-il un droit de propriété, diminué bien sûr

---

[20] S. d'Huart, *op. cit.*, p. 195.

[21] Cass. civ. 2e, 29 mars 1995.

[22] À titre d'exemple, la personne la plus qualifiée n'est pas obligatoirement celle qui a hérité du château familial. V. CA Agen, 13 janv. 2009, n° 08/00810.

[23] En ce sens, J. Audier, *op. cit.*, n°s 318 et 322.

puisqu'affecté à une utilité familiale ? C'est la théorie de Serge Guinchard. Est-il seulement contraint dans les relations interfamiliales, titulaire pourtant d'un véritable droit de propriété ? C'est l'opinion développée par Jean-François Barbièri. Est-il simple dépositaire d'un bien qui appartiendrait indivisiblement à la famille, cercle qui comprendrait le cercle des présents mais potentiellement les descendants, une sorte de chose sans maître désigné ? C'est l'opinion de Frédéric Zenati qui y voit une rémanence d'une forme de propriété archaïque de propriété commune totalement étrangère à l'indivision et à la conception moderne des biens fondée sur la disponibilité. Si bien que « la chose [...] appartient indivisiblement au groupe sans droit subjectif pour chacun des communistes et se trouve donc impartageable »[24]. Quels pouvoirs alors pourrait exercer cette entité plus ou moins indéfinie de la famille, et quels actes lui sont autorisés ? Le droit au souvenir est celui de s'opposer à la vente assurément. Les discussions, sur ce point, sont fréquentes dans les prétoires[25]. Mais au-delà, contient-il celui de revendiquer, d'accéder ou de jouir de la chose, ce que suggère le juge dans l'affaire Méneval qui évoque un droit de consultation, ou encore celui de contrôler tout acte de disposition matérielle ? Les créanciers peuvent-ils agir ? Oui pour certains auteurs, non pour d'autres. Là encore le flou règne. Les analyses et qualifications dans la doctrine vont bon train, si bien qu'on a du mal à saisir l'exact régime de ces biens.

Surtout, si on entre dans l'idée d'une transposition, cela suggérerait qu'on envisage d'appliquer plus largement ce statut au patrimoine familial. On peut soutenir que cette figure est tolérée précisément parce qu'elle est marginale, concentrée sur un tout petit nombre de biens. Elle est tolérée parce qu'on la place en l'occurrence en marge et même en dehors du système explicatif contemporain du droit des biens. Comme le signale William Dross, « la propriété plurale, à la Révolution [est] vue comme une anomalie »[26]. Pour Frédéric Zenati, « il faut se décider à abandonner les techniques juridiques modernes pour rendre compte fidèlement de la nature des souvenirs de famille »[27]. La jurisprudence réactive ces formes propriétaires puisque le modèle privatiste ne fonctionne plus, faisant exister en supports de droits la communauté familiale. Il reste que l'extension de cette catégorie pourrait être regardée comme perturbatrice dans un ordre privé qui privilégie la libre circulation des biens, en tous les

[24] F. Zenati, *op. cit.*, p. 69, n° 28.

[25] À propos du manuscrit *J'accuse* de Zola, v. CA Paris 7 déc. 1987, *JCP G* 1998 II, 21148, note J.-F. Barbièri.

[26] W. Dross, *Droit des biens*, LGDJ, Précis Domat, pp. 147 et 148.

[27] F. Zenati, « Propriété et Droits réels ; Choses hors commerce », *op. cit.*, p. 422.

cas dans les ressorts du droit privé. Mais cela n'empêche pas de creuser l'hypothèse d'un statut mixte qui pourrait tenir ensemble le versant historique et l'histoire familiale – certains auteurs ont souligné la confusion des registres entre patrimoine historique et patrimoine de famille. Précisément ce serait l'occasion de réfléchir à cette combinaison des ressorts de droit public et de droit privé.

ANNEXE

COPIE

MINISTERE DE LA JUSTICE — Paris, le 15 mai 1943

13, Place Vendôme - Paris 1er
Direction civile
1er Bureau

Monsieur le Président;

J'ai l'honneur de vous faire connaître que j'ai pris connaissance des suggestions élaborée par la Commission que vous présidez et relatives à la protection des châteaux historiques.

Il m'est apparu, après examen, que les principes de la réforme proposée doivent être approuvés et sanctionnés par un texte législatif. Il m'a semblé toutefois que dans le détail ~~des~~ le texte dont vous m'avez saisi présentait un certain nombre d'inconvénients.

C'est ainsi qu'il a paru opportun, non de se référer à la loi du 12 juillet 1909 sur le bien de famille insaisissable, mais de rédiger un texte indépendant reprenant les dispositions d'ailleurs peu nombreuses de la loi de 1909 dont l'application aux châteaux historiques doit être envisagée. Cette dernière avait en effet, pour but principal de protéger la famille alors que la réforme proposée tend essentiellement à protéger le bien dans le cadre d'un intérêt artistique et national.

Il a fallu, d'autre part, préciser les biens auxquels la règlementation nouvelle doit être appliquée, la notion de château historique étant insuffisamment définie. Il m'a semblé à propos de limiter le bénéfice de la loi aux châteaux classés comme monuments historiques ou figurant dans l'inventaire supplémentaire prévu à l'article 2 de la loi du 31 décembre 1913.

Enfin, je n'ai pas cru devoir insérer dans le Code Civil la faculté d'indivision décennale, exorbitante du droit commun. Il a semblé plus expédient d'en faire une disposition législative spéciale dans le cadre du texte que je vous transmets, sous ce pli. D'un autre côté, je me suis demandé s'il n'était pas trop rigoureux d'exiger, à l'instar de l'article 832, la participation du cohéritier, attributaire du château, à l'administration de celui-ci ou à l'exploitation du domaine du vivant du de cujus. Il peut, en effet, se trouver que le de cujus seul assumât l'exploitation ou l'administration du bien; et il est à penser que l'avis de la majorité des cohéritiers (dont il est déjà difficile de réunir les suffrages) impliquera une appréciation des titres de l'attributaire, notamment quant à ses qualités d'administrateur. Je ne me refuserais pas néanmoins à réexaminer cette question au cas où la solution adoptée ne vous paraîtrait pas conciliable avec les nécessités de fait.

Je vous serais obligé de bien vouloir me faire connaître les observations qu'appelle ce projet de votre part ./.

Le Conseiller d'Etat
Secrétaire général du Ministère de la
Justice :
signé : Georges DAYRAS

MINISTERE DE LA JUSTICE

13, Place Vendôme
Direction civile
1er burea

c o p i e

L O I

tendant à protéger certains monuments historiques.

Article 1er

Les châteaux, classés comme monuments historiques ou figurant sur l'inventaire supplémentaire visé à l'article 2 de la loi du 31 décembre 1913 modifiée, ainsi que tout ou partie des domaines qui en dépendent peuvent être rendus insaisissables dans les conditions et sous les réserves précisées aux articles ci-dessous.

Article 2

La constitution en bien insaisissable est faite par le ou les propriétaires du château avec le consentement, s'il y échet, de leur époux et de leurs enfants légitimes majeurs, soit au bénéfice de leurs enfants légitimes, naturels ou adoptifs, ou, en cas de prédécès de ceux-ci, au profit de leurs petits enfants, soit au bénéfice de leurs héritiers ou légataires, soit au bénéfice de tout autre personne jouissant de la pleine capacité civile.

Article 3

Lorsque le bien est grevé d'un privilège ou d'une hypothèque, soit conventionnelle, soit judiciaire, inscrites antérieurement à l'acte constitutif ou dans les deux mois de l'avis mentionné à l'article 4 ci-dessous, la constitution ne peut être valablement faite qu'avec le consentement des créanciers hypothécaire ou privilégiés. Ce consentement sera donné par acte au greffe de la justice de paix de la situation de l'immeuble.

Article 4

La constitution en bien insaisissable et inaliénable résulte d'une déclaration reçue par un notaire, d'un testament ou d'une donation.

Cet acte contient la description détaillée de l'immeuble avec l'estimation de sa valeur, ainsi que les noms, prénoms, profession et domicile du ou des constituants, et, s'il y a lieu, du ou des bénéficiaires de la constitution.

Il reste affiché pendant deux mois par extrait sommaire et au moyen de placards manuscrits apposés sans procès-verbal d'huissier à la justice de paix et à la mairie de la commune où les biens sont situés.

Un avis est, en outre, inséré par deux fois, à quinze jours d'intervalle, dans un journal du département recevant les annonces légales.

. . . .

S'il existe des mineurs au moment du décès de l'époux propriétaire de tout ou partie du bien, le juge de paix peut, soit à la rèquête du conjoint survivant, dutteur ou d'un enfant majeur, soit à la demande du conseil de famille, ordonner la prolongation de l'indivision, jusqu'à la majorité du plus jeune et allouer, s'il y lieu une indamnité pour ajournement du partage, aux héritiers qui sont ou qui deviennent majeurs et ne profitent pas de l'habitation.

Article 12

Le survivant des époux, s'il est co-propriétaire du bien avec son conjoint prédécédé, et s'il habite le château, a la faculté de réclamer, à l'exclusion des héritiers, l'attribution intégrale du bien sur estimation.

Ce droit s'ouvre à son profit, soit au décès de son conjoint, si tous les descendants sont majeurs ou, même lorsqu'il y a des mineurs, si la demande en maintien d'indivision a été rejetée, soit à la majorité des enfants, lorsque l'indivision a été maintenue.

Article 13

En cas de partage d'une succession comprenant un château, celui-ci, même s'il n'a pas été constitué en bien insaisissable peut, à la demande de la majorité des cohéritiers, être maintenu dans l'indivision pendant une durée de 10 ans.

Article 14

Il peut également, à la majorité des copartageants, être attribué en totalité à l'un d'eux, s'il y a effectivement habité au moment de l'ouverture de la succession.

La soulte de partage sera versée aux copartageants dans les conditions fixées par l'article 832, alinéa 4 du Code civil ./·

-:-:-:-:-:-:-

À la recherche d'une gouvernance adaptée à la transmission des monuments historiques. Entre histoire et innovation

Véronique Magnier
Professeur de Droit privé et Sciences criminelles
Université Paris-Saclay

La question de savoir comment transmettre un monument historique doit pouvoir être étudiée dans toutes ses composantes, de manière à garantir la pérennité du bien dans le respect des contraintes légales et économiques, mais en prenant également en considération ses éléments familiaux et humains. L'histoire du bien, de toute évidence, y joue un rôle important, où se mêlent souvent Histoire de France et histoires familiales. Outre les considérations historiques et familiales, des enjeux divers et variés viennent par ailleurs ajouter à la complexité des situations. Les contraintes juridiques, de même que les enjeux économiques, doivent être identifiés, l'impératif de pérenniser le bien se faisant plus crucial au fur et à mesure du temps. Dans ce contexte, conserver le bien et le transmettre suggèrent naturellement de l'entretenir et de le rénover. Mais cette attitude quelque peu attentiste s'avère la plupart du temps insuffisante, le besoin d'aller de l'avant, d'entreprendre et d'innover se faisant sentir aussi. De nouvelles activités se créent alors, qui font partie intégrante de la gestion du bien lui-même, qu'elles soient culturelles ou éducatives, artistiques, commerciales, ou encore environnementales... Gage de survie du bien, ces activités ajoutent à la complexité et à la diversité des situations. En effet, quand vient l'heure de transmettre, ce n'est plus seulement la transmission du monument qu'il s'agit d'assurer, mais aussi celle des activités qui valorisent le bien. Comment réussir cette double transmission ?

La sociologie du patrimoine historique, relevée par la revue publiée par la Demeure Historique à l'automne 2022, souligne l'actualité du sujet. Sur le plan démographique, la majorité des adhérents à l'association de la Demeure Historique avait atteint un âge contenu dans une fourchette étroite de 53 à 70 ans, signifiant l'arrivée à la retraite de la génération du *baby-boom*. Toujours en 2022, 58 % des adhérents de la Demeure Historique détenaient leur bien depuis plus de 20 ans. On apprend sans surprise que les modes de détention restent essentiellement de nature familiale, signe d'un attachement des familles à leur bien et à leurs racines. Ainsi, 76 % des biens des adhérents étaient détenus par les familles, en leur nom propre, seules ou collectivement. 30 % étaient possédés en démembrement de propriété et 14 % sous forme de société civile soumise à l'impôt sur le revenu. On note également la constitution d'organismes sans but lucratif (associations, fondations, fonds de dotation) mais la configuration est moins courante. Néanmoins, si, classiquement, la transmission des monuments historiques s'accomplit à titre gratuit, en sollicitant les règles de succession ou de donation applicables dans le cercle restreint de la famille, certaines statistiques montrent que la tendance est à la baisse. Plus généralement, moins de 10 % des entreprises françaises de plus de 10 salariés sont transmises dans le cadre d'une continuité familiale, ce qui signifie que l'essentiel de ces transmissions s'opère le plus souvent à l'extérieur des familles.

De ces quelques statistiques, plusieurs leçons peuvent être tirées. Certes, on peut se réjouir de ce que beaucoup de monuments historiques sont encore détenus par des familles mais à l'heure de leur transmission, le risque est grand que ces biens sortent du patrimoine familial pour rejoindre le patrimoine d'un tiers. Ce type de transmission est-il voulu ou imposé par la réalité économique et les crises que traversent les familles ? À tout le moins, ce changement de comportement invite à la réflexion sur ses conséquences : quel avenir pour un monument historique qui change de main après avoir appartenu pendant des siècles à une famille, sans doute attachée à ce bien mais n'ayant pu le transmettre à ses héritiers ? Ce changement révèle-t-il un manque d'intérêt de ceux-ci pour le bien ? Ou plutôt témoigne-t-il de difficultés à faire face aux impératifs d'une préservation d'un bien dont le coût devient disproportionné par rapport aux ressources de jeunes adultes ? Si le choix pouvait être donné aux familles de préserver leur bien, quels moyens faudrait-il employer ? À toutes ces questions, la règle de droit apporte son lot de réponses, que cette règle relève du droit des successions, des donations, du droit fiscal ou du droit des sociétés. Mais, au-delà, est-il possible d'organiser une succession par anticipation et faciliter cette transmission de manière apaisée ? L'enjeu est ici d'introduire des recommandations en proposant des modalités souples de gouvernance, posées avant que ne surviennent les questions de transmission (en particulier une succession), et accompagnant celle-ci de manière à ce que tant la préservation du patrimoine que l'activité qui a pu y être développée soient dans le même temps assurées.

Les propos suivants invitent à se tourner vers les outils de gouvernance susceptibles d'anticiper la transmission d'un monument historique. Autrement dit, nous allons nous attacher à interroger les règles de bonne gouvernance qui pourraient être déployées, aux fins d'assurer une meilleure transmission des monuments historiques en tenant compte des paramètres économiques et humains. À cet égard, il convient de revenir sur les options patrimoniales attachées à l'acte de transmission d'un monument historique (**I**), avant de s'interroger sur la pertinence de choix d'outils de gouvernance adaptés à cette transmission (**II**).

I. Les options patrimoniales de transmission d'un monument historique

La transmission d'un monument historique est complexe. Comment transmet-on un château et son parc, un manoir, une abbaye ou un prieuré, un hôtel particulier ou tout autre monument remarquable par sa taille, son histoire et sa beauté ? La plupart du temps, la raison pour laquelle un tel patrimoine a pu traverser les siècles est qu'il a fait à un moment donné, l'objet d'un projet familial qui a permis de le rénover, le développer et l'embellir. Il y a donc en réalité deux patrimoines en un : le bien en tant que tel et l'activité entrepreneuriale dont il est l'objet. Aussi, convient-il de voir dans cette dualité patrimoniale une complexité qui, au moment de la transmission, oblige à solliciter deux corps de règles.
La compréhension du sujet de la transmission d'un monument historique doit ainsi être observée dans son ensemble. Elle répond à une dualité patrimoniale. L'approche juridique nécessite en réalité une double approche, tant classique, de nature structurelle (**A**) que plus originale mais tout aussi essentielle, de nature entrepreneuriale (**B**).

A. Une transmission classique de nature structurelle

De manière tout à fait classique, sur le plan juridique, un monument historique relève du droit de propriété et du droit des biens. À sa transmission s'appliqueront les règles bien connues de transfert de propriété d'un bien. L'option repose sur un choix juridique. Le transfert peut se faire à titre gratuit : le bien du *de cujus* sera transmis selon le régime des successions applicable, sauf à ce qu'il aura pu anticiper cette transmission en ayant eu recours aux règles sur les donations. Cette option permet que la transmission soit une opération interne à la famille. Le bien reste alors dans la famille. Mais le transfert peut également opérer à titre onéreux, décision qui relève d'un choix du *de cujus* ou des héritiers, qui se traduira par la vente du monument (en totalité ou partiellement) à un ou plusieurs repreneurs. À l'inverse de l'hypothèse précédemment décrite, le bien « sortira » du cercle familial. Le choix entre ces options, on en convient, est plus ou moins libre selon les circonstances vécues par les familles.

Les « véhicules » juridiques qui viennent accompagner ces choix sont classiques et variés. Leur point commun est de protéger le bien et les personnes dans l'opération de transfert. Ce sera le partage entre héritiers ou la vente à un tiers. Tous les intérêts sont alors pris en considération à défaut d'être *in fine* pleinement satisfaits. Des choix un peu plus élaborés consistent à anticiper la transmission avant le décès du propriétaire ou juste après, avec la mise en société (la SCI pour le bien immobilier), la transmission à une association ou encore une fondation ou un fonds de dotation.

Il convient de ne pas négliger la dimension humaine, voire sentimentale, qui entoure ce type de bien. Au-delà de la valeur économique que ce bien revêt pour les héritiers, s'ajoute celle d'un bien « de famille », de nature plus affective et qui peut concerner plus largement le cercle familial élargi. Il en résulte des situations où le risque de « sortie » du patrimoine en dehors de la famille s'accompagnera d'un sentiment de perte pour certains, voire sera source de conflits entre générations et/ou entre héritiers. Dans ces conditions, la manière de comprendre la pérennité du patrimoine dépend alors non seulement de sa valeur économique mais également de la force affective qu'il représente au sein de la famille.

C'est pourquoi, chaque option de transmission offerte par le droit comporte ses avantages et ses inconvénients, le conseil le plus répandu étant d'anticiper une telle transmission. Cependant, au-delà des règles applicables à cette transmission, il convient aussi de tenir compte d'une autre réalité, l'existence d'une activité annexe qui « fait vivre » ce patrimoine. Cette approche entrepreneuriale doit également être prise en considération au moment de la transmission d'un monument historique.

B. Une transmission originale de nature entrepreneuriale

La réalité économique s'impose d'elle-même aux propriétaires de monuments historiques qui se voient contraints d'aller plus loin dans la manière de gérer leur patrimoine. Le coût de la préservation d'un patrimoine important est tel que la seule gestion du bien ne suffit pas toujours à sa conservation. S'impose alors le besoin de le valoriser. Que ce soit spontanément (par goût personnel d'entreprendre) ou par nécessité (fonction des coûts de rénovation, d'aménagement ou d'embellissement), la gestion d'un monument s'accompagne le plus souvent aujourd'hui d'un projet de nature entrepreneuriale.

Nous envisageons le terme dans un sens très large, les activités qu'il vise en pratique étant d'une grande diversité. Elles peuvent être culturelles ou artistiques, éducatives, environnementales, associatives ou commerciales. Ainsi, un château devient musée. Il se dote d'un jardin conçu comme une œuvre d'art, d'un parc botanique ou zoologique ; il devient le lieu de cours de tout type dispensés à la communauté avoisinante ; il se transforme, le temps d'une soirée, en piste de danse pour de jeunes mariés… La liste est longue et ne peut être exhaustive mais le point est crucial : le monument devient l'objet d'un projet entrepreneurial. Historique, il devient source d'innovation. Cette assertion se vérifie au point que la Demeure Historique innove pour désigner la personne engagée dans un tel projet, le « propriétaire-gestionnaire », expression que nous adopterons dans la présentation de la gouvernance.

Quel impact ce type d'activité peut-il avoir sur le patrimoine ? Très simplement, la transmission du bien se double de celle d'un projet, concrétisé par une « entreprise » ou une activité. Cette configuration complexe pèse au moment de la transmission car le processus de transmission n'est plus unique mais double. Au transfert de propriété du bien (proprement dit) s'ajoute la transmission d'une activité. Et sans doute même qu'avec le temps, l'activité annexe deviendra principale, en raison précisément de la valorisation du bien que celle-ci permet d'inscrire dans la durée.

Alors que cette activité pourrait être considérée comme annexe, voire secondaire, en réalité, elle oriente les choix de transmission. En particulier, elle guide les propriétaires dans le choix du véhicule juridique. Si le monument est le lieu de développement d'une activité artistique ou culturelle, la fondation sera privilégiée. Pour une activité commerciale, le conseil sera de se tourner vers la forme sociale la plus adaptée : une SARL si la sécurité est recherchée, une SAS si l'on recherche plus de flexibilité. En parallèle, une certaine corrélation entre les patrimoines s'instaure et l'activité commerciale peut venir influencer les choix patrimoniaux. Ainsi, la SCI pourra être le véhicule juridique choisi pour s'adjoindre une activité abritée par une société commerciale. Et si l'activité est dépendante du bien, la réciproque est tout aussi vraie : du succès de la transmission de cette activité dépendra la réussite du transfert du patrimoine immobilier. Loin d'être négligeable, la corrélation entre cette activité et le bien doit donc être le point d'attention des propriétaires de monuments historiques.

Or, cette corrélation ne relève pas d'une règle de droit mais plutôt de la gouvernance. Il convient de rappeler que la gouvernance permet d'établir des normes pendant la durée de gestion du bien. Elle permet également d'anticiper des transmissions complexes. Dans le cas de la transmission d'un monument historique, on l'a vu, cette transmission s'analyse en une opération patrimoniale remarquable à plusieurs égards, doublée d'une passation d'activité. Aussi, en complément des règles de transmission ayant vocation à s'appliquer au moment de la transmission du bien, il faut prévoir celles qui vont permettre à l'activité de perdurer. La question de la gouvernance doit être posée.

II. Les choix de gouvernance dans la transmission des monuments historiques

Faire appel à un mode de gouvernance structuré et formalisé présente des avantages non négligeables (**A**) et permet de pointer les points de vigilance à prendre en considération (**B**).

A. Les avantages d'une gouvernance structurée

Les avantages de recourir à une gouvernance adaptée pour anticiper la transmission d'un monument historique sont nombreux, à commencer par l'anticipation qu'elle permet par rapport à l'acte de transmission du bien.

L'expression « gouvernance » décrit la recherche d'un équilibre entre les différents intérêts en présence en vue de gérer un bien ou une entité dans la durée. Par sa référence aux valeurs, la gouvernance appelle à anticiper les conflits d'intérêts potentiels et à régler les divergences pour permettre à l'entreprise de perdurer au-delà de ces différences. Formalisée dans un document, elle permet de préciser comment sont répartis les rôles entre les parties prenantes « intéressées », qu'il s'agisse du propriétaire-gestionnaire, c'est-à-dire le propriétaire d'un monument qui a pris le *leadership* dans l'activité, des héritiers directs ou de la famille élargie. Car ces attentes dans le cas de la transmission d'un monument historique sont nombreuses : la pérennité du bien patrimonial en fait assurément partie, mais également le maintien de la cohésion familiale ainsi que la pérennité du projet entrepreneurial. Ces trois dimensions peuvent largement être prises en compte par des règles de gouvernance adaptées.

Il convient d'y ajouter une contrainte juridique, relevant du droit public, puisque cette pérennité assure également la permanence de la qualification du bien en monument historique. Conformément à l'article L. 621-1, alinéa 1er, du code du patrimoine, « les immeubles dont la conservation présente, au point de vue de l'histoire ou de l'art, un intérêt public sont classés comme monuments historiques en totalité ou en partie par les soins de l'autorité administrative. » Le code du patrimoine énonce les conditions à respecter pour permettre d'être classé monument historique. Les effets qu'emporte cette qualification sont alors de placer le bien et sa gestion sous contrôle de l'autorité administrative1.

Face aux intérêts en présence, qu'il convient de satisfaire de manière équilibrée, il est utile de recourir à l'énoncé de règles de gouvernance. Toutes les catégories d'intérêts peuvent et doivent en effet être prises en compte par des règles de gouvernance adaptées (v. schéma ci-dessous).

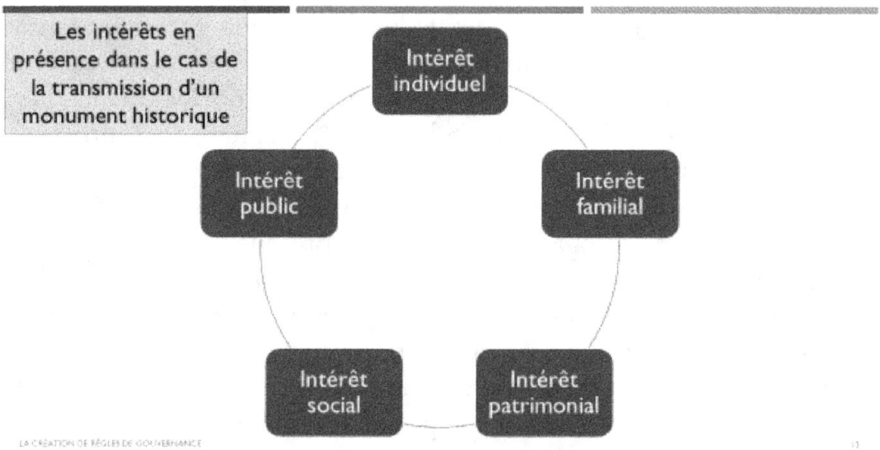

Source : création de l'auteur

Les questions de gouvernance ont longtemps exclusivement concerné les seules grandes sociétés cotées sur les marchés (CAC 40). Désormais, des recommandations de place existent, qui sont adaptées aux PME. Elles sont même consignées dans un code de gouvernance : le code de gouvernement d'entreprise Middlenext[1]. Celui-ci est remarquable par sa concision, sa pertinence et sa souplesse. S'il a initialement eu vocation à s'appliquer aux sociétés commerciales cotées de petite ou moyenne valeur, beaucoup de sociétés non cotées y recourent pour dessiner leur propre gouvernance. Loin des règles lourdes à énoncer et à mettre en œuvre, les recommandations du code Middlenext sont adaptées aux petites entreprises car elles permettent de faire du « sur-mesure » et de sécuriser une future transmission de patrimoine.

1 https://www.middlenext.com/IMG/pdf/c17_-_cahier_14_middlenext_code_de_gouvernance_2021-2.pdf [dernière consultation le 30 sept. 2024].

Le code Middlenext a été publié pour la première fois en décembre 2009 sur la base d'un référentiel pour une gouvernance raisonnable des entreprises françaises élaboré par Pierre-Yves Gomez, président de l'Institut français de gouvernement des entreprises (IFGE). Il a fait l'objet de deux autres éditions en septembre 2016 et en septembre 2021. Méthodologiquement construit en complément de la loi et des règlements à partir d'une base théorique élaborée, ce code a bénéficié de contributions multiples apportées par une centaine d'experts présentant des profils très diversifiés.

Selon ce code, les véritables questions de gouvernance portent sur une juste articulation entre, d'une part, la liberté d'action entrepreneuriale de l'entrepreneur et, d'autre part, la protection des personnes aux intérêts desquelles certaines décisions de gestion pourraient porter atteinte. Depuis la version de 2016, l'accent est mis sur la pérennité de l'entreprise, la « solitude » subie par le dirigeant, ou sa succession posant des questions cruciales au regard de la viabilité des organisations dans le temps.

Sur le plan méthodologique, ce code se présente en deux parties. Il souligne en premier lieu des « points de vigilance » et rappelle à ce titre les principales questions que l'on doit poser pour assurer le bon fonctionnement de la gouvernance d'une entreprise. L'objectif des points de vigilance est d'inviter les instances de l'entreprise à s'interroger sur leurs enjeux, sans avoir à donner des réponses explicites et détaillées sur ces points. Viennent ensuite les recommandations à proprement parler. Sans entrer dans le détail des situations, ces recommandations, très souples mais pertinentes, portent sur l'exigence d'un *leadership* de qualité, la nécessité d'assurer une relation de confiance et de respect avec et entre les membres « intéressés » (parties prenantes), de définir une répartition claire des rôles entre ces parties prenantes et une vision de gestion à long terme. Le code formule en outre des recommandations utiles pour anticiper la succession des dirigeants. Pour favoriser les innovations, il préconise enfin la mise en place d'un comité Responsabilité Sociale des Entreprises (RSE).

Ce code est donc remarquable par sa souplesse et sa plasticité. Ses auteurs ont été attentifs à réduire les lourdeurs administratives inadaptées aux valeurs moyennes et petites et sa méthodologie originale des « points de vigilance » permet d'inviter les entrepreneurs à s'interroger sur les enjeux d'une bonne gouvernance, sans donner des réponses détaillées sur les points soulevés. Adapter ces recommandations à la gestion des monuments historiques et aux activités qui y sont développées semble de nature à contribuer à en assurer la pérennité, sous réserve de s'interroger sur les points de vigilance les plus pertinents.

B. Les points de vigilance adaptés aux monuments historiques

Concernant l'adaptation d'une gouvernance propre aux monuments historiques, il convient de noter que la question est plus large que d'en assurer sa seule transmission. Elle concerne l'ensemble de sa gestion, sans négliger cependant les périodes de transmissions, cruciales pour assurer la pérennité du bien. Comme le fait le code de gouvernance Middlenext, une vision globale de la situation est envisagée, intégrant tous les intérêts en présence, à commencer par la situation de l'entrepreneur (le propriétaire-gestionnaire), pour s'intéresser ensuite aux instances de gouvernance et plus largement aux parties prenantes ayant un intérêt à faire valoir.

Aussi, le premier point de vigilance touche certainement à la qualité du *leadership*, et tout particulièrement à ce que le code Middlenext qualifie la « solitude » de l'entrepreneur. Transposée à la gestion des monuments historiques, sans nécessairement être un expert dans tous les domaines (il peut aussi être un « passionné »), un des rôles des instances de gouvernance consiste à s'assurer que l'ensemble des compétences utiles à l'élaboration et au suivi de la stratégie sont présentes, dans la perspective de la pérennité de l'entreprise. Les bonnes questions à se poser doivent trouver leur réponse : la compétence du propriétaire-gestionnaire est-elle adaptée ? Ou encore, le propriétaire-gestionnaire est-il trop souvent seul pour prendre des décisions stratégiques ? Ce point de vigilance consiste à observer s'il existe dans l'entité, des espaces de discussion *ad hoc*, qu'ils soient formels (par exemple l'instance de gouvernance composée d'un conseil de famille) ou informels (représentants des familles), pour permettre au propriétaire-gestionnaire de tester ses idées et de discuter régulièrement de ses décisions de manière objective et sérieuse. Lors d'une décision majeure, il est essentiel que toute opinion des parties prenantes les plus concernées puisse être exprimée. Un autre sujet qui doit également être traité est celui des conflits d'intérêts : l'intérêt personnel du propriétaire-gestionnaire ou de ses proches ne devrait pas primer sur celui des parties prenantes ni sur celui de l'activité (notamment, si celle-ci est constituée sous forme de société, l'intérêt social primera sur les intérêts personnels du propriétaire-gestionnaire et des parties prenantes).

Le deuxième point de vigilance largement développé par le code Middlenext concerne l'instance de gouvernance. Ainsi, le code invite à s'interroger sur l'utilité de désigner une instance de gouvernance aux côtés du propriétaire-gestionnaire, d'en délimiter sa composition et son rôle. C'est, pour le cas qui nous occupe, l'occasion de penser à la mise en place d'un conseil de famille. Une telle instance permet de donner une réelle place à la famille dans la gouvernance (certainement dans un schéma de copropriété et de démembrement de propriété). Quel est le rôle des copropriétaires, présents ou futurs, dans les prises de décision, eux qui, s'ils ne sont pas investis dans l'activité entrepreneuriale en tant que telle, conservent un intérêt patrimonial à ce que celle-ci perdure ? C'est donner l'occasion aux membres de la famille de comprendre les actions menées (souvent à titre gratuit) par propriétaire-gestionnaire, de se sentir impliqués et mieux encore, engagés, d'avoir conscience des enjeux liés à la conservation et à la valorisation du patrimoine familial. Inversement, cette instance veillerait à anticiper les conséquences que leurs propres décisions patrimoniales (achat, donation, démembrement de propriété, vente…) pourraient avoir sur l'avenir de l'entreprise, et ce de manière à ce que leur action soit toujours en cohérence avec le projet entrepreneurial autour du monument historique.

Une autre figure importante de la gouvernance qui peut être sollicitée est celle d'une personne considérée comme « indépendante » qui peut participer aux discussions de gouvernance, qu'il s'agisse par exemple de désigner un référent pour la défense de l'intérêt public, ou encore une personne en charge de veiller à mettre en place les moyens de gérer les conflits d'intérêts entre personnes. Une forme de supervision souple de la gestion du bien et de sa gouvernance peut ainsi être envisagée, selon les besoins, afin de s'assurer de manière régulière que le *leadership* est de qualité et que l'instance de gouvernance remplit sa mission.
Par ailleurs, il convient de prévoir que la compétence de chaque membre soit régulièrement évaluée. En particulier, dans un environnement économique complexe, le maintien ou la montée en compétences (l'expertise en digital, par exemple) deviennent une nécessité. La formation régulière des membres de gouvernance leur permet de mieux analyser les enjeux des décisions qui y sont prises, de mieux faire valoir leur point de vue et, le cas échéant, de mieux assumer leurs responsabilités.
Un troisième point de vigilance, auquel le code Middlenext fait une large part, est la mise en place de comités rattachés à l'instance de gouvernance. Faut-il des comités et si oui, lesquels ? Là encore, le pragmatisme conduit à proposer la plus grande latitude. Dans un souci d'efficacité, la création et la suppression de comités et leur mode de fonctionnement sont laissés à l'appréciation de l'instance de gouvernance en fonction des besoins. Il est d'ailleurs recommandé d'éviter la multiplication de comités de convenance sans portée pratique réelle. L'esprit de la gouvernance est la collégialité de la décision et non la juxtaposition de microgroupes experts. Néanmoins, la mise en place d'un comité RSE, ou d'un comité Éthique, peut tout à fait être envisagée. Ce type de comité permet d'instaurer un

dialogue avec des personnes représentant, par exemple, les sphères associatives, institutionnelles et académiques, ainsi que du public, des fournisseurs et des salariés. Aussi, un tel comité peut aider à mieux comprendre les attentes du public (visiteurs, clients, « consommateurs », etc.) de l'activité rattachée au monument historique. Il peut aussi permettre de mieux identifier les nouveaux enjeux sociétaux, numériques ou environnementaux, ainsi que les risques associés auxquels l'activité est exposée ou, à l'inverse, qu'elle peut potentiellement faire peser sur ses partenaires et son environnement proche. Ces comités sont le signe d'une gouvernance plus ouverte sur le monde et la société civile. Certaines activités des monuments historiques contiennent ainsi une dimension sociale et/ou environnementale importante. Constituer un comité faisant intervenir des experts sur le sujet, conseillers de l'instance de gouvernance et du propriétaire-gestionnaire, peut être utile pour mieux connaître la réglementation existante, les pièges à éviter, les avantages à attendre d'une démarche RSE, les besoins locaux, etc.
Concrètement, peut aussi se poser la question de doter l'activité d'une « raison d'être » statutaire, ce qui aura le mérite de clarifier l'intérêt mais aussi les engagements liés à cette prise de décision. De même, si l'activité est commerciale, peut être discutée la décision de déclarer la société commerciale qui abrite l'activité liée au monument historique comme « société à mission ». Ce dernier peut largement gagner en notoriété, sous réserve que son ou ses propriétaires-gestionnaires respectent les conditions et ne leur fasse pas perdre cette qualité. Des contrôles, interne et externe à l'entreprise, s'imposent d'ailleurs aux sociétés à mission, qui veillent au respect de ces conditions.
Plus particulièrement, pour revenir au sujet de la transmission d'un monument historique, les règles de gouvernance doivent également anticiper la question de la « continuité du *leadership* ». Une question cruciale doit être posée : en parallèle de la transmission du bien, la succession du propriétaire-gestionnaire ou du porteur de projet est-elle assurée ? Compte tenu de la mission essentielle qu'assume cette personne, il paraît raisonnable que les instances de gouvernance s'interrogent régulièrement et formellement sur la préparation de sa succession et sur les moyens à mettre en œuvre en cas d'impossibilité, totale ou partielle, de l'exercice de ses fonctions.

Sans prétendre à l'exhaustivité, la présente étude tend à montrer que les recommandations de gouvernance qu'adoptent aujourd'hui nombre de PME peuvent largement être adaptées à une gouvernance des monuments historiques dans l'objectif de préservation de ce patrimoine et de l'activité ou du projet entrepreneurial qu'il porte. Si certains le font déjà naturellement, la formalisation d'une telle gouvernance s'avère un élément essentiel pour asseoir un projet entrepreneurial comme gage de pérennité d'un monument historique. La gouvernance est à la croisée des chemins, entre histoire et innovation.

B

Les outils à transposer

La transmission du patrimoine historique en Belgique[1]

Dominique Allard
Directeur honoraire de la Fondation Roi Baudouin

La transmission idéale d'un patrimoine historique restera sans doute toujours du domaine du rêve, dans chacun de nos pays, en Belgique comme ailleurs. Je ne peux donc vous apporter la panacée à appliquer. Je n'ai aucune leçon à donner à ceux qui, en France et ailleurs, s'appliquent à rechercher et mettre en œuvre les modes de transmission les moins pervers, les moins coûteux ou les plus adéquats.
Nous savons tous que la transmission idéale dans une situation particulière donnée est celle qui permettra surtout à ceux à qui on transmet un patrimoine historique de le transmettre à leur tour de façon idéale.
La structure institutionnelle de mon pays est compliquée. Il s'est engagé depuis les années 1970 dans un processus de réorganisation qui est loin d'être terminé. Cette situation entraîne des effets collatéraux pour le patrimoine. Les institutions du pays sont découpées entre trois Régions territoriales et trois Communautés culturelles, qui se partagent nombre de compétences, l'État fédéral conservant des compétences résiduaires, régaliennes pour l'essentiel. Ceci entraîne une certaine complexité pour la sauvegarde du patrimoine : le patrimoine bâti et les sites naturels relèvent des Régions, le patrimoine mobilier et les musées des Communautés. Le patrimoine archéologique relève des Régions, mais pas les collections des musées d'archéologie qui sont de la compétence des Communautés, de même que le patrimoine immatériel. Il en va de même sur le plan de la fiscalité. La fiscalité sur les revenus est centralisée au niveau fédéral mais les Régions sont compétentes pour les droits de succession et de mutation et les droits d'enregistrement. Ce partage des compétences entraîne notamment des différences dans les tarifs fiscaux entre les entités.

De l'étranger, on pourrait croire que cette instabilité pousse les habitants à fuir le pays. Mais il n'en est rien, et je m'en voudrais de donner une image caricaturale ou risible de mon pays. Les Belges sont plutôt heureux de vivre dans ce pays et on me dit que le pays attire même des résidents d'autres pays voisins qui viennent s'y installer gaiement. Dans le *World Happiness Report*, la Belgique se situe au 17e rang, la France au 21e.

[1] Le style oral a été conservé.

Autrement dit, « ça marche » même si ce n'est pas facile pour le patrimoine.

Pour la transmission d'éléments de patrimoine historique, trois fondements légaux interviennent.

Le code des sociétés, d'abord, détermine les personnes morales pouvant être créées pour recevoir un actif patrimonial : les associations sans but lucratif (c'est le véhicule choisi, par exemple, par la famille Bonaert dans les années 1980 pour sortir le Domaine de Freÿr de la dispersion successorale) ; les fondations, privées ou d'utilité publique ; les sociétés patrimoniales. Cette diversité plutôt une bonne nouvelle : il existe des personnes morales aptes à détenir un patrimoine à protéger.

Le code des droits de succession, mutation et donation, ensuite. Même si les tarifs sont différents entre les Régions qui les fixent, ils sont généralement favorables aux personnes morales sans but lucratif. Mais ils sont prohibitifs pour les neveux et nièces et les tiers. Notons aussi que l'immeuble où le défunt a établi son domicile n'est pas soumis à l'impôt en ligne directe.

Le code civil, enfin, établit les modes de dévolution successorale. Dans sa base, il découle du Code Napoléon, il n'est donc pas favorable au patrimoine quand il œuvre à sa dispersion entre les héritiers. Je ne m'étendrai pas sur ce sujet. La loi successorale vient toutefois d'être modifiée pour présenter des aspects qui nous intéressent. La réserve successorale en faveur des descendants est réduite à la moitié du patrimoine du défunt, quel que soit le nombre d'enfants. La réserve ne s'applique plus en nature mais bien en valeur. En cas de donation préalable, un pacte successoral peut être conclu entre le donateur et tous ses descendants directs.

Les modifications aux textes légaux et réglementaires ci-dessus ne sont jamais motivées de façon déterminante par la cause du patrimoine.

Cette complexité entraîne la nécessité de faire du *sur-mesure* en matière de transmission d'un patrimoine historique pour tenir compte des particularités de chaque situation patrimoniale (immeubles : bâti, bois, sites protégés, etc.) et familiale (héritiers directs, indirects, époux survivant) en combinant le recours à des personnes morales appropriées, des formules de collecte du mécénat éventuellement familial et des accords de famille.

Heureusement, la « débrouille » des propriétaires et des usagers peut s'appuyer sur des instruments de soutien des organisations d'intérêt général qui s'engagent pour la protection du patrimoine. Je cite volontiers l'*Association royale des Demeures historiques et jardins* et la *Fondation Roi Baudouin*.

La *Fondation Roi Baudouin* que je connais bien encourage la philanthropie en faveur du patrimoine. Elle a mis au point des instruments appropriés comme les comptes de projet, les Fonds et Fonds des Amis, etc., qui recueillent des libéralités en faveur du patrimoine, mais aussi des biens immeubles ou des collections mobilières. Elle agit à ce propos sur le plan national mais s'est aussi engagée sur le plan international avec la constitution d'un réseau européen de fondations (le *Transnational Giving Network*), sa présence aux États-Unis (*King Baudouin Foundation US*) et au Canada (*KBF Foundation*), et au-delà avec la création de *Myriad*. La constitution récente d'une antenne en France démontre qu'elle sera là où sont les philanthropes, pour conseiller et faciliter l'expression de leur générosité, en tenant compte des paramètres civils et fiscaux et des opportunités internationales.
Vous m'avez demandé d'illustrer mon propos par l'exemple concret du Domaine de Freÿr. Ce domaine est constitué d'un château et de jardins classés, mais aussi de 400 hectares de terres et bois. Dans les années 1980, pour éviter le partage du domaine au fil des successions, la famille a apporté les immeubles à une association dont elle compose majoritairement l'instance de gestion. Des biens productifs situés en France ont été transmis à un *Fonds Laubespin-Lagarde* créé par un parent au sein de la *Fondation Roi Baudouin*. Ce fonds fournit bon an mal an plus d'un demi-million d'euros de revenus à la gestion du domaine. La combinaison des deux instruments garantit la pérennité du domaine, sa bonne gestion matérielle et même son développement. À situation particulière donnée, solution appropriée.

En conclusion, je dirais que la recherche du mode de transmission d'un patrimoine ne débouchera jamais sur la solution idéale, mais bien sur une solution optimale. Le plus souvent cette recherche devra compter sur l'aide d'un tiers extérieur au cercle restreint du propriétaire ou de sa famille. Ce tiers aidera ces derniers à analyser la situation dans sa complexité, à se documenter sur le cadre légal et fiscal précis et à mesurer le potentiel des solutions recherchées voire à solliciter les partenaires les plus adéquats pour la pérennisation d'un bien patrimonial dans le respect des intentions du propriétaire et de sa famille.

Transmettre les monuments historiques : l'exemple de l'Angleterre[1]

Charlotte Woodhead
Associate Professor
University of Warwick

Quelques outils juridiques de droit anglais peuvent aider pour la transmission d'immeubles historiques, et notamment le système de l'exemption conditionnelle, la remise des meubles ou des immeubles historiques à la place de l'impôt, le *National Trust*, les clauses de conservation qui sont récemment entrées en vigueur en Angleterre, ainsi que le système de *guardianship*.
L'analyse suivante portera principalement sur la situation en Angleterre (et au Pays de Galles). Dans certains cas, les systèmes s'appliquent à tous les pays du Royaume-Uni, auquel cas les lois concernant le Royaume-Uni dans son ensemble seront abordées.

I. Les différences dans le droit des successions

Il faut commencer par exposer certaines différences fondamentales entre le droit des successions anglais et français. Premièrement, en Angleterre, il n'y a aucune obligation générale de léguer des biens à ses enfants (sauf lorsqu'une demande est adressée au tribunal pour obtenir une provision financière raisonnable à partir de la succession)[2]. Les enfants du propriétaire d'un bâtiment historique peuvent – en théorie, mais pas toujours en pratique – être complètement déshérités. Il n'est donc pas nécessaire de vendre un bâtiment historique pour partager les bénéfices de la vente entre les enfants de la personne décédée. Néanmoins, il existe une obligation de payer des droits de mutation à titre gratuit à l'occasion du décès d'un individu si la valeur de la succession dépasse un seuil prescrit[3]. Pour assurer la préservation de bâtiments patrimoniaux ou de biens

---

[1] Je remercie le Dr Julie Mansuy pour son aide dans la mise au point du texte original de la présentation et j'ai bénéficié, parfois, de l'outils de traduction en ligne. Les erreurs éventuelles restent de mon fait.
[2] *Cf. Inheritance (Provision for Family and Dépendants) Act* 1975, art. 1.
[3] *Inheritance Tax Act* 1984, art. 1.

culturels importants sans avoir à les vendre, le gouvernement britannique a adopté un certain nombre de mesures.

II. Une politique gouvernementale

Des mesures ont été mises en place grâce à une politique établie par le gouvernement britannique il y a de nombreuses années. Cette politique affirme que le patrimoine national doit être conservé et protégé pour l'intérêt public[4]. Il est reconnu que, dans la mesure du possible, les bâtiments historiques doivent rester des propriétés privées[5]. Les propriétaires de ces lieux sont alors incités, d'une part, à en prendre soin et, d'autre part, à en assurer l'accès au public[6]. Dans le cadre de cette stratégie, le gouvernement a mis en place des politiques fiscales et d'autres lois pour préserver le patrimoine britannique.

En général, les mesures visent à faciliter l'entretien des bâtiments et des monuments historiques. Ces mesures comprennent des aides financières qui peuvent contribuer à la réparation de bâtiments historiques et au financement de monuments appartenant à l'État ou étant sous le contrôle d'organismes ou d'associations financés par l'État. Ces fonctions sont exercées par divers organismes, y compris *English Heritage*, *Historic Scotland*, *Cadw* (au Pays de Galles) ou *Department for Communities* (en Irlande du Nord).

En 1980, le *National Heritage Memorial Fund* a été mis en place pour financer le mémorial en l'honneur de tous ceux qui ont perdu la vie pour le Royaume-Uni[7]. Le fonds peut être utilisé pour fournir une assistance financière pour raisons d'intérêt historique, archéologique, esthétique, artistique, ainsi que pour assurer la préservation, la mise en valeur et l'accès au public[8].

---

4 HM Revenue & Customs, *Guidance on capital taxation and the national heritage*, 2022 § 1.1. V. notamment le premier alinéa : "*Buildings of historic or architectural interest, land of historic, scenic or scientific interest, and objects and collections of national, artistic, historic or scientific interest form an integral and major part of the cultural life of this country.*"

5 *Ibidem, al. 2.*

6 *Ibidem.*

7 *National Heritage Act* 1980, art. 3(1) et 3(2).

8 *National Heritage Act* 1980, art. 3(3).

III. Régime d'exemption conditionnelle

Tournons-nous maintenant vers le système fiscal d'exemption conditionnelle du Royaume-Uni. À travers ce système, la propriété privée est conservée, et le gouvernement atteint donc son double objectif : assurer la préservation du patrimoine et l'accès du public. Dans le cadre de ce régime fiscal, il est possible pour le propriétaire d'une demeure historique (ou de biens culturels) de bénéficier d'une exemption d'impôt[9]. L'obligation fiscale naît à la suite d'un transfert de biens, au décès. Le légataire peut alors faire une demande d'exemption d'impôts, dans les deux ans qui suivent. Ceci lui permet de rester dans la propriété et de ne pas avoir à la vendre pour faire face à l'obligation fiscale.

Toutefois, cette exonération dépend des obligations auxquelles le légataire se soumet. Elle peut donc s'appliquer en échange d'un droit d'accès au public et d'un engagement à préserver le monument historique[10]. Pendant ce temps, l'immeuble reste une propriété privée.

Cette disposition s'applique à tout bâtiment dont la préservation doit faire l'objet de mesures particulières, en raison de son intérêt historique ou architectural exceptionnel (*outstanding*)[11]. En outre, le ministère peut désigner « toute zone de terrain qui, de l'avis du Trésor, est essentielle à la protection du caractère et de l'agrément » d'un tel bâtiment.

Il existe également des dispositions relatives à la désignation d'un bien culturel qui est de premier plan (*pre-eminent*) en raison de son « intérêt national, scientifique, historique ou artistique » et aux collections de tels objets[12]. En ce qui concerne les biens culturels, en plus d'un droit d'accès au public et d'un engagement de préserver le bien, le propriétaire est également tenu de le conserver au Royaume-Uni et ne peut prêter un objet exonéré sous condition à l'étranger qu'avec l'autorisation du secrétaire d'État[13].

Dans le contexte des bâtiments historiques, il est important de noter que les biens que le Trésor considère comme étant « historiquement associés à tel bâtiment », en vertu de l'article 31(1)(c), peuvent également être exonérés sous conditions (sans satisfaire au critère *prééminent*)[14].

---

[9] *Inheritance Tax Act* 1984, art. 30.
[10] *Inheritance Tax Act* 1984, art. 31(2).
[11] *Inheritance Tax Act* 1984, art. 31(1)(c).
[12] *Inheritance Tax Act* 1984, art. 31(1)(a) et (aa).
[13] *Inheritance Tax Act* 1984, art. 31(2).
[14] *Inheritance Tax Act* 1984, art. 31(1)(e).

IV. Les transferts au domaine public

Les transferts de bâtiments ou de monuments historiques au domaine public se font principalement à travers des ventes ou des dons à l'État.
Historic England a le pouvoir d'acheter, ou d'accepter comme don, tout bâtiment ayant un « intérêt historique ou architectural remarquable » ou tout bâtiment situé dans une zone de conservation[15]. *Historic England* peut acheter « tout objet qu'il serait historiquement approprié de conserver dans un bâtiment qu'ils possèdent ou gèrent » ou dont ils ont la garde (au sens de *custody*) ou la tutelle (sous le système de *guardianship* au sens de l'*Ancient Monuments and Archaeological Areas Act* [16]), ou dans un bâtiment du *National Trust*[17].
Lorsque ces donations ou legs sont faits, dans quelques situations, il peut y avoir une réduction d'impôt selon le système de l'*acceptance in lieu.*

V. Acceptation à la place de l'impôt : *acceptance in lieu*

En cas d'impôt exigible sur les successions, il est possible pour le redevable de l'impôt de céder certains terrains[18]. Cela peut inclure des terrains ainsi que des objets conservés à l'intérieur du bâtiment. Dans ce cas, le ministre peut tenir compte des liens entre certains objets et bâtiments. Ainsi, le propriétaire d'un objet culturel pourrait donner celui-ci en guise de règlement d'impôt, l'objet restant dans le bâtiment, à condition qu'il y ait un accès au public suffisant pour voir cette œuvre d'art. C'est ce qu'on appelle des *arrangements « in situ »*[19].
Les objets culturels peuvent également être acceptés dans le cadre de ce régime. Par exemple, les images, les gravures, les livres, les manuscrits, les œuvres d'art, les objets scientifiques ou d'autres objets qui sont *prééminents* du fait de leur intérêt national, scientifique, historique ou artistique ainsi que les collections de tels objets[20].

---

15 Désigné par le *Planning (Listed Buildings and Conservation Areas) Act* 1990, art. 9 ; *Historic Buildings and Ancient Monuments Act* 1953, art. 5A(1).
16 Prescrit par l'article 12 de *Ancient Monuments and Archaeological Areas Act* 1979.
17 *Historic Buildings and Ancient Monuments Act* 1953, s. 5A(1) et (2).
18 *Inheritance Tax Act* 1984, art. 230.
19 Arts Council England, *Acceptance in lieu leaflet.*
20 *Inheritance Tax Act* 1984, art. 230(4).

VI. *Capital Gifts Scheme* ou système de dons de capital

Le *Finance Act* 2012 a instauré un système de dons à l'État plus vaste. Dans le cadre de ce régime, si une personne propose de donner des biens *prééminents* au profit de l'intérêt public, son impôt sur le revenu ou son impôt sur les plus-values sera réduit pour une période pouvant aller jusqu'à 5 ans[21]. Cette réduction peut atteindre 30 % de la valeur du bien[22].

VII. Le *National Trust*

Le *National Trust* a été établi en 1894. À l'origine, il a été constitué en association à but non lucratif en vertu du *Companies Act* 1862-1890, avec une responsabilité des membres limitée par la garantie[23]. En 1907, une loi du Parlement a été adoptée pour constituer le *National Trust for Places of Historic Interest or Natural Beauty*, dont la nature est celle d'une société anonyme, bénéficiant du principe de « succession perpétuelle » (*perpetual succession*)[24] et d'un sceau officiel (*common seal*).

Comme il a été mentionné précédemment, la loi facilite le don de bâtiments à l'État en échange d'une réduction ou d'une exemption d'impôts. Le *National Trust* est une des organisations qui peut accepter la charge de ces bâtiments[25]. Le *National Trust Act* de 1937 permet au propriétaire d'un immeuble de le transférer au *National Trust* tout en continuant à y vivre (en vertu d'un bail). Mais le propriétaire d'origine doit s'engager à autoriser le public à visiter la propriété aux heures convenues. Il s'engage également à ne conserver la demeure historique qu'à titre d'habitation privée[26].

Selon l'article 21 du *National Trust Act* de 1907, certains bâtiments et terrains appartenant au *National Trust* sont inaliénables. Dans ce cas, les terrains ou bâtiments inaliénables ne peuvent pas être utilisés à titre de sûreté pour un prêt[27]. En outre, ils bénéficient d'une protection renforcée : si l'État ou le gouvernement local veulent procéder à un achat obligatoire, la décision doit être confirmée par une procédure parlementaire spéciale[28].

---

21 *Finance Act* 2012, Schedule 14, § 3(3).

22 *Finance Act* 2012, Schedule 14, § 4(5).

23 C'est-à-dire une entreprise sans associés et sans capital minimum.

24 Note de l'éditeur : en droit britannique des sociétés, la succession perpétuelle est la continuation de la personnalité morale, et ce quel que soit le sort de ses membres.

25 *Inheritance Tax Act* 1984, Schedule 3.

26 *National Trust Act* 1939, art. 4(d).

27 *National Trust Act* 1907, art. 21(1).

28 *Acquisition of Land Act* 1981, art. 5(1).

VIII. Acquérir de nouvelles propriétés

Il est clair, cependant, que toute propriété acquise par le *National Trust* doit être financièrement viable. C'est pour cela qu'au cours des dernières années, le *National Trust* a mis en place une politique d'acquisition. À ce titre, les bâtiments doivent être d'importance nationale (cela inclut les lieux locaux dont l'importance est plus largement reconnue) ; la détention par le *National Trust* doit profiter à la Nation ; la propriété doit généralement être menacée ; le *National Trust* n'acquiert le bien que s'il est le propriétaire le plus adéquat.[29]

Par conséquent, depuis de nombreuses années maintenant, il est souvent prévu que lorsqu'une propriété est donnée au *National Trust*, les terres environnantes, par exemple des terres agricoles, sont également données pour financer l'entretien de la maison.

IX. Accords conclus avec le *National Trust*

Selon l'article 8 du *National Trust Act* de 1937, il est possible pour un propriétaire foncier de s'engager auprès du *National Trust* à ne pas construire sur son terrain et à conserver le terrain et son cadre historique. Ce régime permet aux propriétaires qui souhaitent protéger l'avenir de leur terre de le faire sans avoir à la vendre à une association caritative telle que le *National Trust*.

En droit anglais, en principe, pour contraindre le propriétaire foncier à respecter une clause comportant une obligation de ne pas faire quelque chose, la personne qui cherche à faire respecter la promesse doit être le propriétaire foncier d'un terrain voisin. Ces principes sont reconnus par le concept d'équité, tel qu'il est appliqué par les tribunaux[30]. Cependant, en vertu de la loi de 1937[31], même si le *National Trust* n'est pas propriétaire d'un terrain voisin, il peut faire valoir cet engagement auprès du propriétaire de ce terrain.

Mais le *National Trust* ne peut faire respecter ces promesses que pour s'assurer qu'il n'y a « pas de préjudice ou de dommage à l'agrément ou à la beauté du quartier ». Cela correspond à son rôle de gardien de l'environnement naturel et historique, qui comprend également les châteaux et autres bâtiments historiques[32].

---

29 National Trust, *Annual Report 2022-23*, p. 92.

30 *Tulk v Moxhay* (1848) 2 Ph 774.

31 Art. 8.

32 *Gee v The National Trust for Places of Historic Interest or Natural Beauty* [1966] 1 WLR 170 (CA), 172, 174-175 (Lord Denning).

X. *Conservation covenants* ou clauses de conservation

Plus récemment, la loi sur l'environnement de 2021[33] a introduit un système de clauses de conservation. Ce système, entré en vigueur le 30 septembre 2022, permet à des propriétaires fonciers de s'engager, auprès d'une institution de conservation agréée par le ministre de l'Environnement, de l'Alimentation et des Affaires rurales, à faire ou à ne pas faire quelque chose avec leur terre, pour des motifs de conservation. Les propriétaires ultérieurs seront également liés par ces obligations.

En droit anglais, pour qu'un propriétaire foncier puisse faire respecter un engagement pris par son prédécesseur en titre par le prédécesseur en titre d'un propriétaire foncier voisin, la promesse doit être de nature négative. En d'autres termes, premièrement, l'engagement doit restreindre d'une certaine manière l'usage que le propriétaire foncier fait de son terrain, plutôt que d'exiger de lui qu'il fasse quelque chose. Néanmoins, les clauses de conservation peuvent être positives en nature et peuvent créer des obligations de conserver activement les terres[34]. Deuxièmement, en principe, il faut qu'il y ait des terres voisines qui bénéficient de l'engagement, mais comme pour les engagements avec le *National Trust* évoqués plus haut, les institutions de conservation peuvent imposer ces engagements.

Au sens du *Environment Act* de 2021, la notion de conservation comprend ici la préservation de la nature et des lieux historiques. Les définitions qui nous intéressent sont celles qui incluent celle de « conserver les terres comme lieux d'intérêt archéologique, architectural, artistique, culturel ou historique » et de « conserver le cadre d'un terrain présentant un intérêt archéologique, architectural, artistique, culturel ou historique »[35].

Encore une fois, cela permet d'éviter aux propriétaires de lieux ou bâtiments patrimoniaux de les transférer à une organisation telle que le *National Trust.* Au lieu de cela, ils peuvent les léguer à leurs familles qui seront, à leur tour, obligées de respecter les diverses promesses.

Par les clauses de conservation, les institutions de conservation peuvent également promettre de faire quelque chose avec les terrains, par exemple, les conserver[36].

---

33 Art. 117.

34 *Environment Act* 2021, art. 117(2)(a).

35 *Environment Act* 2021, art. 117(3)(b) et (c).

36 *Environment Act* 2021, art. 117(2)(b).

XI. Système de tutelle (ou *Guardianship*)

Ce système permet à un monument historique (et non une habitation) de rester en propriété privée, mais d'être entretenu par l'État qui en sera le gardien. Pour cela, un droit d'accès au public est de nouveau nécessaire. Si le ministère ou *Historic England* a été nommé en tant que gardien d'un monument, il est alors tenu d'entretenir le monument[37]. Le ministère et *Historic England* ont également le plein contrôle et la gestion du monument[38]. La phase d'entretien (*maintenance*) comprend les réparations et l'accomplissement de « tout autre acte ou chose nécessaire à la réparation du monument ou à sa protection contre la dégradation ou l'endommagement »[39].

Ces différents outils juridiques permettent aux propriétaires privés de lieux patrimoniaux d'assumer des responsabilités supplémentaires en matière d'entretien du patrimoine culturel ou d'en confier la responsabilité de l'entretien à d'autres. Le système fiscal, la législation sur l'environnement et la législation sur les lieux historiques facilitent ces démarches. Les efforts du *National Trust* continuent de préserver et de sauvegarder les lieux historiques.

---

37 *Ancient Monuments & Archaeological Areas Act* 1979, art. 13(2).

38 *Ibidem.*

39 *Ancient Monuments & Archaeological Areas Act* 1979, art. 13(7).

Biens publics culturels et fondations : éléments de droit italien

Mario Renna
Chercheur de Droit privé
Université de Sienne

I. Généralités

Les fondations culturelles, sujets de droit privé ayant la personnalité morale[1], constituent des modèles et des outils qui permettent une gestion et une valorisation efficaces des biens culturels publics[2], biens immobiliers et mobiliers appartenant à l'État, aux régions et à d'autres collectivités publiques territoriales[3].

Les fondations qui, en général, sont en charge de la culture sont hétérogènes[4] : elles peuvent avoir des fins de conservation et d'exposition, de gestion et de valorisation des bibliothèques, des archives et des centres de documentation, de protection et de valorisation du territoire, des sites monumentaux et des biens paysagers ou de recherche et de formation dans le domaine artistique et culturel. D'autres s'occupent de promotion et de coordination de systèmes muséaux ou de circuits culturels, d'autres

---

1 Consiglio di Stato n° 3659/2024.

2 Pour une analyse de droit comparé, M. Cornu, J. Fromageau (dir.), *Fondation et trust dans la protection du patrimoine*, L'Harmattan, 1999. V. aussi R. Di Raimo, « La "proprietà" pubblica e degli enti privati senza scopo di lucro: intestazione e gestione dei beni culturali », *in* Id., *Terzo settore e profili dell'iniziativa con scopo ideale*, Edizioni Scientifiche Italiane, 2018, pp. 68-70 ; G. Bertezzolo, « Il ruolo delle fondazioni nella promozione dei beni culturali: opportunità, limiti e prospettive future » et S. Mirate, « Un esempio settoriale: le fondazioni culturali. Discussione sul tema », tous deux *in* B. Marchetti (dir.), *Pubblico e privato. Oltre i confini dell'amministrazione tradizionale*, Cedam, 2013, pp. 355 et s. et pp. 453 s. ; S. De Marco, *Le fondazioni culturali. Profili di un modello in evoluzione*, Giappichelli, 2012.

3 Art. 10 et s. code des biens culturels (décret n° 42/2004).

4 Pour une comparaison avec la Fondation du Patrimoine (art. L. 143-1 à L. 143-15 du code du patrimoine), v. J.-M. Jolivel, « La Fondation du Patrimoine » et P. Iogna-Prat, « La place du tiers-secteur dans les politiques du patrimoine », *in* P. Le Louarn (dir.), *Le patrimoine culturel et la décentralisation*, Presses Universitaires de Rennes, 2011, pp. 217 s. et pp. 332 s.

encore de l'organisation de festivals et de manifestations de nature artistique et culturelle[5].

On peut définir les fondations culturelles comme celles dont la finalité culturelle est la condition essentielle de leur utilité sociale, c'est-à-dire la raison d'être[6]. Les fondations culturelles, constituées par une entreprise privée ou par une personne publique[7], se distinguent non seulement en accordant des prix, des bourses ou des rentes, mais également en menant des initiatives et des activités culturelles[8].

Le rôle social des fondations culturelles renvoie à l'article 9, alinéa 2, de la Constitution italienne, qui prévoit que la République sauvegarde le patrimoine historique et artistique de la Nation, mais aussi à la liberté artistique, établie par l'article 33, alinéa 1, en lien avec le Titre V de la Constitution, tel que réformé en 2001, conformément au principe de subsidiarité horizontale[9] (art. 118, alinéa 4[10]). Les fondations culturelles

---

[5] A. Averardi, A. Gualdani, A. Magliari (dir.), *Amministrare le fondazioni, amministrare per fondazioni. Modello fondazionale e settore culturale*, Editoriale Scientifica, 2022.

[6] V. S. Amorosino « Le fondazioni culturali "di origine" o "a vocazione" politica », in *Aedon*, 2010, 2 ; A. Angiuli, « Le fondazioni culturali: prospettive e problemi », *in* G. Resta (dir.), *Le fondazioni. Prospettive italiane ed europee*, Editoriale Scientifica, 2014, pp. 175 s., qui rappelle le régime réglementaire concernant le financement public (art. 1 et 2 de la loi n° 534/1996) et la reconnaissance de la personnalité juridique des personnes morales œuvrant dans les domaines relevant de la compétence du ministère de la Culture (décret du 7 mai 2002). Sur le rôle des fondations et sur l'attitude plurielle de ces organismes, v. G. Biasutti, *Il servizio culturale. Contributo allo studio delle forme di gestione*, Giappichelli, 2022, pp. 193 s., pp. 216 s. ; et M. Cenini, *La funzione sociale del patrimonio culturale: tra proprietà e persona*, Edizioni Scientifiche Italiane, 2024, pp. 134 s.

[7] Sur le lien entre fondations d'entreprise et finalités culturelles, v. A. Zoppini, *Le fondazioni. Dalla tipicità alle tipologie*, *Jovene*, 1995, pp. 60-61 ; et B. Acconciaioco, « Le fondazioni d'impresa », *in* G. Resta (dir.), *Le fondazioni. Prospettive italiane ed europee*, *op. cit.*, pp. 157 s. V. aussi D. Vittoria, « Le fondazioni culturali e il consiglio di amministrazione. Evoluzione della prassi statutaria e prospettive della tecnica fondazionale », in *Rivista del diritto commerciale*, 1975, I, pp. 316 s., pp. 471 s.

[8] G. Morbidelli, « Le fondazioni per la gestione dei beni culturali », *in* S. Raimondi, R. Ursi (dir.), *Fondazioni e attività amministrativa*, Giappichelli, 2006, p. 91 s. ; A. Magliari, « Le fondazioni nell'amministrazione della cultura », *in* A. Averardi, A. Gualdani, Id. (dir.), *Amministrare le fondazioni, amministrare per fondazioni. Modello fondazionale e settore culturale*, *op. cit.*, p. 11 s.

[9] V., en général, A. Predieri, « Sull'ammodernamento della disciplina delle fondazioni e istituzioni culturali di diritto privato », in *Rivista trimestrale di diritto e procedura civile*, 1969, p. 1117 s. ; G. Ponzanelli, « La rilevanza costituzionale delle fondazioni culturali », in *Rivista di diritto civile*, 1979, I, p. 23 s. V., aussi, S. Cavaliere, *La gestione dei beni culturali tra livelli essenziali delle prestazioni e principio di sussidiarietà*, Cacucci, 2018.

[10] « Stato, Regioni, Città metropolitane, Province e Comuni favoriscono l'autonoma iniziativa dei cittadini, singoli e associati, per lo svolgimento di attività di interesse generale, sulla base del principio di sussidiarietà ». V. A. L. Tarasco, *Diritto e gestione del*

sont intégrées au processus de transformation de l'administration publique et concourent à souligner la centralité de l'engagement privé dans un contexte de recul progressif de l'intervention de l'État[11]. Cependant, au niveau disciplinaire, il existe plusieurs incohérences liées à une vision dirigiste qui, malgré la répartition constitutionnelle des compétences[12], affaiblit la valorisation des biens culturels[13].

C'est donc précisément dans le domaine de la valorisation que peut se situer l'intervention des fondations culturelles[14]. La valorisation, en effet, vise à promouvoir la connaissance culturelle et à optimiser l'utilisation et la jouissance du patrimoine culturel[15]. Développer la culture par le biais des fondations signifie soutenir le patrimoine culturel et, en même temps, le développement économique, social et territorial, sans neutraliser les rôles institutionnels des pouvoirs publics[16].

L'interrelation entre institutions privées et sujets publics dans le domaine de la valorisation du patrimoine culturel s'enrichit des nouvelles dispositions dédiées aux entreprises culturelles et créatives (art. 25 loi

---

patrimonio culturale, Laterza, 2021, pp. 196 s. ; F. Morollo, « Valorizzazione del patrimonio culturale: sussidiarietà orizzontale e prospettive di "democrazia diretta" per lo sviluppo dei territori », in *DPCE online*, 2019/2.

11 A. Zoppini, « Il diritto privato nella trasformazione dei processi allocativi delle risorse pubbliche », in *Europa e diritto privato*, 2003, p. 429.

12 L'État dispose d'une législation exclusive en matière de protection des biens culturels, art. 117, al. 2, s) ; en revanche, les régions exercent leur pouvoir législatif en matière de valorisation des biens culturels, dans le respect des principes fondamentaux déterminés par la réglementation de l'État (art. 117, al. 3).

13 A. Moliterni, « Pubblico e privato nella disciplina del patrimonio culturale l'assetto del sistema, i problemi, le sfide », *in* Id. (dir.), *Patrimonio culturale e soggetti privati. Criticità e prospettive del rapporto pubblico-privato*, Editoriale Scientifica, 2019, pp. 19 s.

14 N. Longobardi, « Amministrazioni pubbliche e fondazioni di diritto privato », in *Diritto e processo amministrativo*, 2016, pp. 59 s. ; L. Casini, « Pubblico e privato nella valorizzazione dei beni culturali », in *Giornale di diritto amministrativo*, 2004, pp. 785 s.

15 A. Catelani, « Valorizzazione economica e tutela giuridica dei beni culturali », in *Studi in onore di Gianni Ferrara*, I, Giappichelli, 2005, pp. 663 s.

16 Art. 6 code des biens culturels. V. G. Piperata, « La valorizzazione economica dei beni culturali: il caso dei musei e delle collezioni », *in* N. Bettio, P.-A. Collot, N. Perlo, K.-H. Voizard (dir.), *La valorisation économique des biens culturels locaux en France et en Italie*, L'Harmattan, 2016, pp. 225 s. ; M. Ramajoli, « Note critiche in tema di tutela, valorizzazione e fruizione dei beni culturali », *in* F.G. Scoca, A. Di Sciascio (dir.), *Le proprietà pubbliche. Tutela, valorizzazione e gestione*, Editoriale Scientifica, 2016, pp. 141-143. Parmi les études monographiques, v. A. Iacopino, *Modelli e strumenti per la valorizzazione dei beni culturali. Spunti di riflessione nella prospettiva del risultato amministrativo*, Editoriale Scientifica, 2017 ; F. Caporale, *La valorizzazione dei beni culturali. Analisi giuridica delle trasformazioni in corso*, Editoriale Scientifica, 2024.

nº 206/2023)[17]. Ces sujets sont représentés par toute entité, indépendamment de sa forme juridique, y compris les sociétés de capitaux et de personnes et les coopératives, c'est-à-dire les entrepreneurs individuels qui :

a) exercent une activité stable et continue en Italie, dans l'un des États membres de l'Union européenne ou dans l'un des États parties à l'accord sur l'Espace économique européen, pour autant qu'il soit assujetti en Italie ;

b) exercent, exclusivement ou majoritairement, une ou plusieurs des activités suivantes : conception, création, production, développement, diffusion, promotion, conservation, recherche, valorisation et gestion de biens, activités et produits culturels ;

c) exercent à titre exclusif ou prédominant des activités économiques de soutien, auxiliaires ou strictement fonctionnels à la conception, création, production, développement, diffusion, promotion, conservation, recherche, valorisation ou gestion de biens, activités et produits culturels.

II. Fondations et valorisation des biens culturels

L'article 111 du code des biens culturels délimite les activités de valorisation[18] : elles consistent en la constitution et l'établissement stable de ressources, de structures ou de réseaux, ou en la mise à disposition de compétences techniques ou de ressources financières ou instrumentales, afin de mettre en œuvre ce qui précède. Les activités de valorisation sont ouvertes au concours, à la coopération ou à la participation des acteurs privés, y compris, bien entendu, les fondations culturelles. Le législateur souligne également que la valorisation d'initiative privée constitue une activité socialement utile et, par conséquent, reconnaît sa finalité solidaire[19].

---

[17] La loi, comme il ressort des principes généraux (loi nº 206/2023, art. 1), vise à valoriser et à promouvoir, en Italie et à l'étranger, les productions d'excellence, le patrimoine culturel et les racines culturelles nationales : ces facteurs doivent être préservés et transmis non seulement à des fins identitaires, mais aussi pour la croissance de l'économie nationale en cohérence avec les règles du marché de l'Union européenne. V. G. Sciullo, « Cultura e patrimonio culturale nella legge sul made in Italy: una prima lettura », in *Aedon*, 2024, 1.

[18] A. Casini, *Ereditare il futuro. Dilemmi sul patrimonio culturale*, il Mulino, 2016, pp. 108 s.

[19] V. E. Battelli, « I soggetti privati e la valorizzazione del patrimonio culturale », *in* Id., B. Cortese, A. Gemma, A. Massaro (dir.), *Patrimonio culturale: profili giuridici e tecniche di tutela*, Roma TrE-Press, 2017, pp. 63 s. ; F. G. Albisinni, « Il coinvolgimento degli enti privati nella valorizzazione e nella gestione dei beni culturali pubblici », *in* Id. (dir.), *Il coinvolgimento degli enti privati nella valorizzazione e nella gestione dei beni culturali pubblici*, Editoriale Scientifica, 2019, pp. 9 s.

L'article 112 du code des biens culturels présente plusieurs points d'intérêt[20]. Tout d'abord, il précise que des accords de valorisation peuvent être signés entre l'État et les collectivités territoriales (alinéa 4). L'alinéa 5 explique que l'État, les régions et les autres collectivités territoriales peuvent constituer des entités juridiques *ad hoc* chargées de l'élaboration et de la mise en œuvre des plans de développement culturel[21] (c'est le cas notamment des fondations culturelles)[22]. Des propriétaires privés de biens culturels susceptibles d'être valorisés, ainsi que des personnes morales privées sans but lucratif, peuvent y participer, même lorsque ces dernières ne disposent pas de biens culturels faisant l'objet d'une valorisation, à condition que l'intervention dans ce domaine d'activité soit prévue par la loi ou les statuts (alinéa 8).

Selon le décret n° 491/2001[23], c'est-à-dire le règlement concernant la constitution et la participation à des fondations par le ministère de la Culture, le ministère pouvait constituer des fondations ayant la personnalité juridique de droit privé ou y participer afin d'exercer de la façon la plus efficace ses fonctions et, en particulier, la gestion et la

---

[20] S. Amorosino, *Diritto dei beni culturali e del paesaggio*, Wolters Kluwer, 2024, pp. 199-205.

[21] U. Minneci, « Nuove entità e strutture tradizionali nella valorizzazione dei beni culturali: attualità del tipo della fondazione per gli "appositi soggetti giuridici" di cui all'art. 112, comma quinto del Codice dei beni culturali », *in* P. Bilancia (dir.), *La valorizzazione dei beni culturali. Modelli giuridici di gestione integrata*, Franco Angeli, 2006, pp. 177 s. ; E. Mitzman, « Le fondazioni della pubblica amministrazione nel settore della cultura: una prospettiva di diritto comparato », *in* Marchetti (dir.), *Pubblico e privato. Oltre i confini dell'amministrazione tradizionale*, *op. cit.*, pp. 383 s.

[22] *Cf.* Fondazione MAXXI - Museo nazionale delle arti del XXI secolo, *in* www.maxxi.art/wp-content/uploads/2011/03/Atto-Costitutivo-e-Statuto.pdf ; Fondazione Museo Archivio Richard Ginori della manifattura di Doccia, *in* www.datocms-assets.com/65765/1674669386-atto-costitutivo-fondazione-ginori.pdf ; Fondazione Aquileia, *in* www.fondazioneaquileia.it/files/documenti/nuovo_statuto_da_11.07.18.pdf ; Fondazione Mont'e Prama, *in* https://delibere.regione.sardegna.it/protected/55749/0/def/ref/DBR55603. V. aussi Fondazione Real Sito di Carditello, *in* www.fondazionecarditello.org/new/amm-trasparente/atto-costitutivo-e-statuto.

[23] S. de Götzen, *Le "fondazioni legali" tra diritto amministrativo e diritto privato*, Giuffrè, 2011, pp. 240 s. V. Fondazione Museo delle antichità egizie di Torino, *in* api.museoegizio.it/wp-content/uploads/2018/01/Atto-Costitutivo_low.pdf ; S. Foà, « Lo statuto-tipo della fondazione museale: il caso del Museo egizio di Torino », in *Aedon*, 2003, 2. V., aussi, M. Basile, « Rapporti fra soggetti pubblici e privati a fini di valorizzazione di beni culturali », *in* G. Alpa, V. Roppo (dir.), *Il diritto privato nella società moderna. Seminario in onore di Stefano Rodotà*, Jovene, 2005, pp. 512 s.

valorisation des biens culturels et aussi la promotion des activités culturelles.

La mise à disposition de la part de l'autorité publique des biens culturels visait à atteindre au moins un des objectifs suivants :

a) l'acquisition de ressources financières suffisantes pour assurer une conservation adéquate des biens culturels ;

b) l'amélioration de l'utilisation publique des biens culturels confiés, tout en assurant leur conservation adéquate ;

c) l'intégration des activités de gestion et de valorisation des biens culturels apportés à celles concernant les biens apportés par les autres participants à la fondation, en augmentant sur le territoire de référence les services offerts au public, en améliorant leur qualité et en réalisant des économies de gestion.

Aujourd'hui, le ministère et les autres administrations publiques peuvent participer au patrimoine des fondations et des personnes visées à l'article 112, alinéa 5, avec l'apport des biens culturels qui leur appartiennent et qui font l'objet de valorisation : il s'agit d'une façon tout à fait provisoire de transférer des biens culturels à une fondation. L'octroi des droits d'utilisation implique la possibilité d'utiliser le bien, y compris également la gestion des activités inhérentes au bien[24].

III. Gestion directe et indirecte

L'article 115 du code des biens culturels réglemente les formes de gestion des biens et configure la gestion directe et indirecte des activités de valorisation du patrimoine culturel[25].

La première peut être réalisée par des structures internes aux administrations publiques, ou sous forme de consortium public : une

---

[24] Art. 115, al. 7, du code des biens culturels. V. G. Torelli, « Le fondazioni partecipate da pubbliche amministrazioni e l'affidamento dei servizi culturali », in *Aedon*, 2022, 3.

[25] G. Sciullo, « Valorizzazione, gestione e fondazioni nel settore dei beni culturali: una svolta dopo il d.lg. 156/2006 ? », in *Aedon*, 2006, 2 ; C. Pangallozzi, « Le modalità di affidamento ai privati nell'ambito della valorizzazione dei beni culturali », *in* F. G. Albisinni (dir.), *Il coinvolgimento degli enti privati nella valorizzazione e nella gestione dei beni culturali pubblici*, *op. cit.*, pp. 97 s. ; F. Pileggi, « L'esternalizzazione ai privati delle attività di valorizzazione e dei servizi per il pubblico negli istituti e luoghi di cultura », *in* A. Moliterni (dir.), *Patrimonio culturale e soggetti privati. Criticità e prospettive del rapporto pubblico-privato*, *op. cit.*, pp. 133 s. ; C. Napolitano, « Il partenariato pubblico-privato nel diritto dei beni culturali: vedute per una sua funzione sociale », in *Dirittifondamentali.it*, 2019, 2 . V., aussi, M. Basile, « Rapporti fra soggetti pubblici e privati a fini di valorizzazione di beni culturali », *op. cit.*, pp. 508 s.

interprétation souple permettrait de récupérer une intervention par le biais des fondations culturelles auxquelles participe l'administration publique, et d'inclure l'entité juridique constituée au sens de l'article 112, alinéa 5, du code des biens culturels[26].

Le recours à la gestion indirecte doit être soutenu par l'objectif du meilleur niveau de valorisation des biens culturels[27]. Le choix est effectué par une évaluation comparative en termes de durabilité économique et d'efficacité, sur la base d'objectifs préalablement définis. La gestion indirecte est mise en œuvre dans le respect des niveaux minimaux uniformes de qualité, sans préjudice de la possibilité pour les administrations de concevoir les services et leur contenu, même de détail, tout en maintenant le risque opérationnel à charge du concessionnaire et l'équilibre économique et financier de la gestion[28]. Parmi ces modèles, la fondation apparaît comme l'instrument le plus polyvalent et adéquat dans le domaine des biens culturels : il convient toutefois de signaler que la formulation actuelle de l'article 115, alinéa 3, du code des biens culturels a dépassé la prévision initiale de gestion indirecte des activités de valorisation par le recours à des fondations constituées par ou auxquelles participe, dans une mesure prédominante, l'administration publique à laquelle les biens appartiennent[29].

Cet article fait expressément référence à la « concession » à des tiers au sens européen de la définition de la concession de service, comme un contrat qui présente les mêmes caractéristiques qu'un service public[30], à part que la contrepartie de la prestation de services consiste uniquement dans le droit de gérer les services ou dans ce droit assorti d'un prix[31].

Les administrations auxquelles les biens appartiennent et, lorsqu'elles en sont les destinataires, les fondations spécialement constituées pour définir des stratégies et des objectifs communs de valorisation, ainsi que pour élaborer les plans et programmes stratégiques de développement culturel qui en découlent, règlent les relations avec les concessionnaires des

---

26 G. Sciullo, « Valorizzazione, gestione e fondazioni nel settore dei beni culturali: una svolta dopo il d.lg. 156/2006 ? », *op. cit.*, § 3 ; S. Amorosino, *Diritto dei beni culturali e del paesaggio*, *op. cit.*, p. 206.

27 L. Casini, *Pubblico e privato nella valorizzazione dei beni culturali*, *op. cit.*, p. 790. V., aussi, A. Mignozzi, *Lo statuto giuridico dei beni culturali*, Edizioni Scientifiche Italiane, 2018, pp. 188 s.

28 Art. 115, al. 4, du code des biens culturels.

29 G. Mocavini, *Ai confini dello Stato. Gli enti funzionali all'amministrazione*, Giuffrè, 2024, pp. 134-136.

30 Art. 115, al. 3, du code des biens culturels.

31 A. L. Tarasco, « Il problema giuridico ed economico delle concessioni d'uso dei beni culturali », in *Il diritto dell'economia*, 2017, pp. 731 s.

activités de valorisation grâce à un contrat de service[32]. Ce contrat prévoit le contenu du projet de gestion des activités de valorisation et son calendrier de mise en œuvre, les niveaux qualitatifs des activités à assurer et des services à fournir, ainsi que le professionnalisme du personnel. Le contrat de service indique les services essentiels qui doivent de toute façon être assurés pour l'utilisation publique du bien.

Dans le cas où la concession des activités de valorisation est mise en œuvre par les fondations, la surveillance du rapport de concession est également exercée par les administrations auxquelles les biens appartiennent, conjointement aux pouvoirs de surveillance et de contrôle convenus contractuellement et reconnus aux fondations bénéficiaires (en tant que parties contractantes)[33]. L'inexécution par le concessionnaire des obligations découlant de la concession et du contrat de service, en plus des conséquences conventionnelles établies, entraîne également, à la demande des administrations auxquelles les biens sont destinés, la résiliation de la relation de concession et la cessation, sans indemnisation, des effets de l'apport des biens.

IV. L'outil des fondations bancaires

Un autre modèle opérationnel à retenir est représenté par les accords avec les fondations d'origine bancaire. Au sens de l'article 121 du code des biens culturels, le ministère de la Culture, les régions et les établissements publics territoriaux, chacun dans leur domaine, peuvent conclure des protocoles avec les fondations bancaires, personnes morales privées sans but lucratif qui poursuivent des finalités d'utilité sociale dans le domaine de l'art et des biens culturels, en vue de coordonner les interventions de valorisation sur le patrimoine culturel[34].

Les fondations d'origine bancaire agissent principalement de trois manières : 1) elles favorisent les interventions de conservation ; 2) elles

---

[32] Art. 115, al. 5, du code des biens culturels.

[33] Art. 115, al. 6, du code des biens culturels.

[34] S. Amorosino, « I contratti delle fondazioni di origine bancaria per la gestione e valorizzazione dei beni culturali », *in* AA. VV., *Diritto amministrativo e società civile, II, Garanzie dei diritti e qualità dei servizi*, Bononia University Press, 2018, pp. 297 s. V. M. Cammelli, « Il protocollo d'intesa tra Mibac, regione Emilia-Romagna e Associazione delle fondazioni di origine bancaria dell'Emilia-Romagna per il coordinamento degli interventi di conservazione, restauro e valorizzazione del patrimonio cultura regionale. Presentazione », in *Aedon*, 2010, 2 ; V. Bontempi, « Fondazioni di origine bancaria e settore culturale: limiti e virtù del controllo pubblico sull'autonomia privata », *in* A. Averardi, A. Gualdani, A. Magliari (dir.), *Amministrare le fondazioni, amministrare per fondazioni. Modello fondazionale e settore culturale*, *op. cit.*, pp. 151 s.

participent ou soutiennent des programmes/projets de système ; 3) elles gèrent les biens culturels.

Selon les données fournies par le rapport 2023, préparé par l'association des fondations et caisses d'épargne italiennes, le soutien au monde de la culture se matérialise, principalement, en favorisant l'accès aux lieux et aux activités culturelles de toutes les catégories sociales, en portant une attention particulière aux personnes fragiles et aux communautés les plus marginalisées. Les fondations d'origine bancaire supportent l'innovation culturelle et la valorisation des biens culturels matériels et immatériels, en favorisant, dans le même temps, la croissance économique et le développement culturel. La stratégie opérationnelle des fondations bancaires est fondée sur l'efficacité de la gestion et la viabilité économique, afin de faire converger intérêts et ressources sur des projets articulés et de grande envergure[35].

Dans le secteur culturel, un modèle particulier de fondation, qui joue un rôle important dans l'expérience concrète, est constitué par la fondation de participation[36]. Il s'agit d'une entité qui ne retient que la structure formelle et les éléments essentiels de la fondation réglée par le code civil italien, auxquels s'ajoute le facteur personnel : la fondation est ouverte à la participation des personnes physiques et morales qui apportent de l'argent, des biens corporels ou incorporels, des compétences professionnelles et des services. Parmi ceux qui peuvent participer à cette fondation on trouve des organismes publics locaux ou des entités privées, y compris à but lucratif, qui jouent le rôle de financiers. Il s'agit d'une option qui permet d'accroître la combinaison entre public et privé dans la valorisation du patrimoine culturel.

V. Les organismes du troisième secteur

Le code du troisième secteur, issu du décret n° 117/2017, précise quels sont les organismes du troisième secteur. C'est le législateur qui identifie les entités. Le décret reconnaît la valeur et la fonction sociale des organismes du troisième secteur, de la philanthropie, et favorise les

---

35 V. https://www.acri.it/wp-content/uploads/2024/09/Bilancio-2023_web.pdf, p. 126.

36 G. Sicchiero (dir.), *Le fondazioni di partecipazione*, Giuffrè, 2024; E. Bellezza, F. Florian, *Fondazioni di partecipazione*, La Tribuna, 2006. Sur ce sujet, v. M. Pastorelli, « Le fondazioni di partecipazione al crocevia tra diritto pubblico e privato. Cenni alle principali problematiche », *in* A. Averardi, A. Gualdani, A. Magliari (dir.), *Amministrare le fondazioni, amministrare per fondazioni. Modello fondazionale e settore culturale*, *op. cit.*, pp. 59 s.

collaborations avec les administrations publiques, afin de poursuivre des finalités civiques, solidaires et d'utilité sociale.

Font partie du troisième secteur les associations actives dans le domaine du volontariat, les associations de promotion sociale, les organismes philanthropiques, les entreprises sociales, y compris les coopératives sociales, les réseaux associatifs, les sociétés d'entraide, les associations, les fondations et autres entités à caractère privé, autres que les sociétés, qui remplissent les conditions suivantes :

1) sont constitués pour la poursuite de finalités civiques, de solidarité et d'utilité sociale ;
2) ne poursuivent aucun but lucratif ;
3) exercent exclusivement ou principalement une ou plusieurs activités d'intérêt général ;
4) sont inscrits au registre national unique du troisième secteur.

La dimension de l'activité est essentielle[37].

Les entités du troisième secteur doivent exercer à titre exclusif ou principal une ou plusieurs activités d'intérêt général qui sont définies par le code du troisième secteur. Ici aussi, c'est directement la norme qui précise quelles sont les activités d'intérêt général. Parmi celles-ci, on peut spécialement citer l'action de protection et de valorisation du patrimoine culturel et du paysage, au sens du code des biens culturels[38].

Le code du troisième secteur prévoit la possibilité que les biens culturels immobiliers appartenant à l'État, aux régions et aux établissements publics territoriaux, pour l'utilisation desquels aucune redevance n'est actuellement payée et qui nécessitent des interventions de restauration, peuvent être concédés à des entités du troisième secteur (article 71, alinéa 3). Parmi ces dernières figurent les fondations actives non seulement dans le domaine de la protection et de la valorisation du patrimoine culturel et du paysage mais, aussi, dans le domaine de l'organisation et de la gestion des activités culturelles et dans le cadre de la requalification de biens publics inutilisés.

Pour la requalification et la reconversion des biens culturels immobiliers, sont prévues des interventions de récupération, de restauration ou de

[37] A. Fici, « L'attività degli enti del Terzo settore », *in* M. Gorgoni (dir.), *Il Codice del Terzo settore*, Pacini, 2021, pp. 65 s.

[38] Art. 5, al. 1, *f)*, décret n° 117/2017. Les entreprises sociales, éventuellement constituées sous forme de fondations, peuvent également agir dans le même secteur (art. 2, al. 1, *f)*, décret n° 112/2017). V. M. Cammelli, « L'ordinamento dei beni culturali tra continuità e innovazione », in *Aedon*, 2017, 3.

restructuration, aux frais du concessionnaire, avec même l'introduction de nouvelles destinations d'utilisation pour le déroulement des activités déjà indiquées[39].

La concession d'usage vise à la réalisation d'un projet de gestion du bien qui assure sa bonne conservation, ainsi que l'ouverture à l'usage public et une meilleure valorisation. Les dépenses engagées par le concessionnaire pour les interventions indiquées en première période sont déduites de la redevance de concession dans la limite maximale de la redevance elle-même. Les concessions sont attribuées pour une période proportionnée à la réalisation de l'équilibre économique et financier de l'initiative et en tout cas n'excédant pas 50 ans.

En outre, en application de l'article 115 du code des biens culturels, le ministère de la Culture, les régions, les collectivités locales et les autres organismes publics peuvent mettre en place des formes *spéciales* de partenariat[40] avec des entités du troisième secteur actives dans le domaine culturel afin de promouvoir la valorisation du patrimoine culturel immobilier public[41]. Les sujets du troisième secteur sont identifiés par des procédures simplifiées, conformément à l'article 134, alinéa 2, du code des marchés publics[42].

Cette disposition doit être coordonnée avec les dispositions de l'article 55 du code du troisième secteur[43] : dans l'exercice de leurs fonctions, en ce qui concerne la programmation et l'organisation au niveau territorial des interventions et des services dans les domaines des activités d'intérêt général, les administrations publiques assurent l'implication opérationnelle des entités du troisième secteur. L'importance des entités du troisième secteur est confirmée par un arrêt de la Cour constitutionnelle italienne n° 131/2020, qui souligne la concrétisation de l'administration partagée[44].

---

[39] M. Croce, S. de Nitto, « I partenariati per la valorizzazione del patrimonio dismesso, in disuso o scarsamente fruito », *in* A. Moliterni (dir.), *Patrimonio culturale e soggetti privati. Criticità e prospettive del rapporto pubblico-privato*, *op. cit.*, pp. 184 s.

[40] G. Sciullo, « Il partenariato pubblico-privato in tema di patrimonio culturale dopo il Codice dei contratti », in *Aedon*, 2021, 3, pp. 154 s.

[41] Art. 89, al. 17, du décret n° 117/2017. V. G. Cerrina Feroni, « Terzo settore, fondazioni di origine bancaria e patrimonio culturale », *in* Ead., S. Torricelli (dir.), *Il regime giuridico dei musei. Profili comparati*, il Mulino, 2021, p. 184.

[42] *Cf.* N. Vettori, « Le "forme speciali di partenariato" per la valorizzazione dei beni culturali: la causa di comunione di scopo quale elemento di specialità », in *Aedon*, 2024, 1, pp. 1 s. ; S. Antoniazzi, « Beni culturali e partenariato pubblico-privato atipico nel Codice dei contratti pubblici », in *federalismi.it*, 2024, 8, pp. 1 s. ; M. D'Isanto, « Il partenariato speciale pubblico-privato nel nuovo codice dei contratti pubblici », in *Aedon*, 2023, 2, pp. 111 s.

[43] G. Biasutti, *Il servizio culturale. Contributo allo studio delle forme di gestione*, *op. cit.*, pp. 110 s.

[44] Cour constitutionnelle de la République italienne, n° 131/2020.

On atteint ainsi une dimension performative du droit à travers le code du troisième secteur. Nous faisons face à une redéfinition des rapports de force et des relations entre les administrations publiques et les organismes du troisième secteur. Ceci, en effet, est prouvé par l'article 6 du nouveau code des marchés publics, où il est prévu que l'administration publique peut, dans le cadre d'activités à forte valeur sociale, élaborer des modèles d'organisation de l'administration partagée, y compris dans le domaine de la valorisation du patrimoine culturel[45].

[45] A. Fici, L. Gallo, F. Giglioni (dir.), *I rapporti tra pubbliche amministrazioni ed enti del Terzo settore. Dopo la sentenza della Corte Costituzionale n. 131 del 2020*, Editoriale Scientifica, 2020 ; G. Arena, M. Bombardelli (dir.), *L'amministrazione condivisa*, Editoriale Scientifica, 2022.

La transmission des demeures historiques en Suisse

Cosima Trabichet-Castan
Présidente de la section genevoise de Domus Antiqua Helvetica[1]

Il n'est pas rare que la transmission des demeures historiques soulève d'épineuses questions pour les familles ou individus qui en sont les gardiens, souvent de génération en génération.
La présente contribution vise à éclairer le lecteur sur les possibilités qu'offre le droit suisse en matière de transmission de ce type de biens. Elle s'articule principalement autour du Cahier thématique n° 4 publié en 2017 par l'association *Domus Antiqua Helvetica*, et qui contient au demeurant un certain nombre d'exemples concrets et illustrés de transmissions sur sol genevois. Certains passages ci-dessous sont en particulier tirés du résumé édité parallèlement au Cahier n° 4 et qui en esquissait très élégamment les contours[2].
Après ce survol des solutions à disposition, la suite de la contribution met en lumière, selon ce qui a été exposé lors du colloque, les récentes évolutions législatives en matière de droit successoral suisse, avant de mettre l'accent sur un outil en particulier, à savoir celui de la fondation (ordinaire ou de famille).

I. Les biens et les personnes

Le Cahier thématique n° 4 s'intéresse tout d'abord aux objets, aux biens, et donc à la demeure elle-même. Sous cet angle, il évoque deux moyens d'agir pour faciliter sa transmission : son fractionnement et sa valorisation. Fractionner, c'est simple, c'est efficace, et ce n'est pas pour rien qu'on le fait depuis des siècles – si bien d'ailleurs que les anciens domaines ont

---

[1] *Domus Antiqua Helvetica* a pour but d'aider les propriétaires de demeures historiques ou présentant un intérêt pour l'histoire de l'art à conserver et entretenir leur demeure, de les informer sur les charges et les devoirs liés à leur propriété, de sensibiliser les autorités et d'informer le public. À cette fin, *Domus Antiqua Helvetica Genève* a publié entre 2011 et 2022 une série de cahiers thématiques qui touchent divers thèmes d'intérêt pour les propriétaires de demeures historiques. Ces cahiers, disponibles à la commande sur le site www.domusgeneve.ch, s'adressent non seulement aux membres de l'association, mais aussi à un public d'amateurs qui veulent conserver et ultimement léguer leur propriété aux générations futures dans le respect des meilleures pratiques et des règles de l'art.

[2] Mes sincères remerciements vont ainsi à son auteur, Maître Costin van Berchem, notaire à Genève.

fondu comme neige au soleil. Pour fractionner, on découpe le terrain, comme on trancherait un gâteau : c'est ce qu'on appelle la division parcellaire. Mais le fractionnement peut aussi intervenir à l'intérieur d'un bâtiment, pour épouser les contours des appartements, un peu comme on détacherait les pièces d'un puzzle : c'est la propriété par étages, la « PPE » en droit suisse[3]. Le Cahier signale aussi des modes plus exotiques de fractionnement, comme la PPE « horizontale » (dont les unités ne sont plus des appartements, mais divers bâtiments sur un même terrain), ou encore le droit de superficie[4], rare en matière de logement, mais parfaitement envisageable et quelquefois même opportun.

Après le fractionnement, la valorisation. Si certaines parties de la propriété sont inexploitées ou sous-exploitées, on peut en effet songer à les améliorer pour faciliter la transmission du tout. Le Cahier évoque ainsi diverses manières de valoriser l'immeuble, par exemple en élevant une nouvelle construction ou en transformant un bâtiment existant – ce qui peut s'avérer parfois délicat selon la zone de construction dans laquelle est érigé l'immeuble. On peut aussi mettre des bâtiments en location, ou encore imaginer une exploitation hôtelière, voire touristique ou événementielle, des lieux quand cela s'y prête (et pour autant que le propriétaire soit prêt à l'envisager). Et puis bien sûr – même si le sujet est un peu tabou –, le Cahier ne pouvait pas passer sous silence la manière la plus simple, mais la plus radicale, de valoriser l'immeuble, qui est de le vendre, au moins en partie (comme une dépendance, un terrain constructible ou un tableau de maître) ; cela ne résout pas la transmission de la demeure elle-même, mais peut la faciliter, en injectant de l'argent dans l'équation générale.

Après avoir passé en revue les possibilités d'intervention au niveau de l'immeuble lui-même, le Cahier adopte un deuxième point de vue et examine la transmission dans son aspect humain : les personnes. Et il discute d'abord la question centrale, à savoir qui, parmi plusieurs proches, sera le bon repreneur. Les critères de choix abondent : liens affectifs à l'immeuble, situation financière, aptitude à gérer la demeure (et son éventuel domaine), inclination à « habiter » pleinement une maison de maître et disposition aux sacrifices qu'un tel train de vie implique. Sont évoquées également à ce stade les éventuelles contre-prestations dont le

---

[3] Laquelle est prévue aux art. 712a et s. du code civil suisse.

[4] Le droit de superficie est une servitude par laquelle le propriétaire d'un immeuble accorde à un tiers ou à soi-même le droit d'avoir ou de faire une construction ou un ouvrage sur son immeuble et d'en demeurer propriétaire. Il est régi par les art. 675, 682 al. 2 et 779 à 779 l du code civil suisse.

repreneur devra s'acquitter vis-à-vis du propriétaire actuel : parfois un peu d'argent, souvent un droit de jouissance, comme un usufruit (droit réel) ou un droit d'habitation (droit personnel) ; dans certains cas, la reprise d'une dette hypothécaire ; et, naturellement, la compensation des autres héritiers du propriétaire – ce point étant en général le plus délicat.
Souvent, il s'avère impossible de se contenter d'un seul repreneur pour le tout et il faut donc envisager la reprise par plusieurs successeurs, ce qui requiert qu'on détermine comment ceux-ci s'organiseront entre eux. Le Cahier passe en revue les différentes formes juridiques possibles de cette détention à plusieurs, qui sont en vrac : la propriété individuelle d'unités voisines (parcelles ou appartements en PPE), la copropriété[5], la société immobilière[6] (qui n'est pas régie par des dispositions propres et sera généralement constituée sous forme de société anonyme), la société dite « simple »[7] (qui n'est, malgré son nom, ni vraiment une société ni vraiment simple), l'indivision de famille, l'hoirie prolongée, ou encore la fondation[8]. Le Cahier évoque aussi le cas du bail[9], signale les particularités de la substitution fidéicommissaire[10] et consacre un encart spécial à l'hypothèse du *trust* étranger qui posséderait un immeuble en Suisse.

II. Le « collier » des possibles : à quels intérêts donner la priorité ?

La question de la transmission des demeures historiques soulève bien souvent un épineux dilemme entre l'intérêt de l'individu et celui du bien patrimonial lui-même. Il est ainsi fréquemment nécessaire de trouver un compromis entre ces deux aspects, en imaginant une solution tenant compte à la fois des intérêts des héritiers et de l'intérêt – plus large – de la préservation du patrimoine historique et culturel que représente le bien. Il n'y a pas de solution toute faite et chaque situation nécessitera une approche sur mesure, d'où l'importance de choisir les outils juridiques les plus appropriés, en fonction des objectifs poursuivis par le propriétaire, respectivement sa famille, et des contraintes spécifiques au contexte dans lequel la décision est prise.

5 Art. 646 et s. du code civil suisse.
6 Prévue aux art. 620 et s. du code suisse des obligations.
7 Prévue aux art. 530 et s. du code suisse des obligations.
8 Art. 80 et s. du code civil suisse.
9 Art. 253 et s. du code suisse des obligations.
10 Art. 488 et s. du code civil suisse.

Le « collier »
des possibles

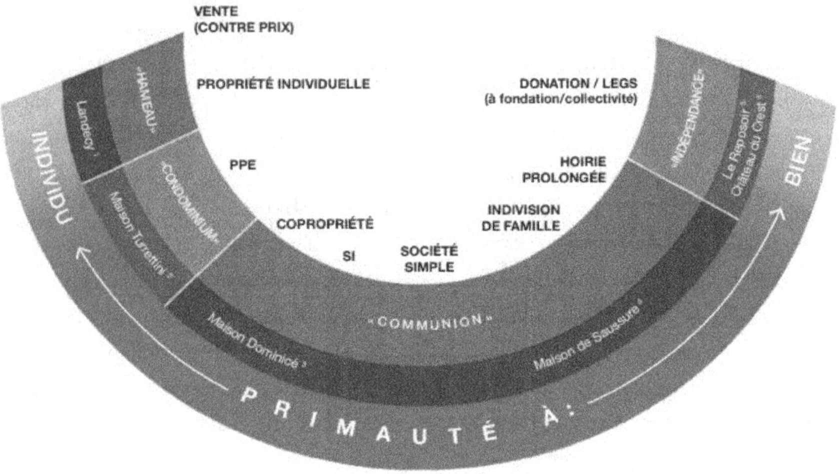

Source : Cahier n° 4, Demeures historiques : la transmission, p. 25

III. Choisir le bon moment et respecter les contraintes

Le Cahier se penche ensuite sur les moments de la transmission, en passant en revue les étapes successives et les modalités de son déroulement, avec les différents actes (souvent notariés) qui viendront sceller les accords familiaux. Cet aspect temporel ne doit pas être négligé, car, depuis les prémices de la réflexion sur le sujet jusqu'aux ultimes conséquences financières de la transmission, il arrive souvent que s'écoulent plusieurs décennies.
Dans un quatrième et ultime point de vue, le Cahier énumère les multiples contraintes auxquelles la transmission est soumise. Il s'agit tout d'abord de celles du droit successoral, en particulier des règles relatives aux différentes réserves héréditaires, avec pour corollaire la situation délicate du remariage et des familles recomposées. Le Cahier propose quelques moyens de s'en accommoder, voire de s'en affranchir, mais sans offrir de solution miracle. Il faut en effet rappeler que l'égalité de traitement entre les enfants n'est pas seulement présumée par la loi suisse : elle est ancrée dans nos traditions et forme une quasi-obligation morale, ce qui ne simplifie pas l'exercice.

En dehors du domaine successoral proprement dit, le Cahier rappelle de nombreuses autres législations qui peuvent influer plus ou moins lourdement sur la transmission, comme le droit foncier rural, le droit de la construction, celui des normes énergétiques ou de la protection du patrimoine, le droit du bail, la Lex Koller (ou LFAIE, qui restreint les facultés d'acquisition d'immeubles par des personnes à l'étranger), etc. Le rôle déterminant de la fiscalité est également souligné, sous forme d'un encart détaillé où sont évoqués les divers impôts qui frappent l'acquisition, la détention et la transmission des biens immobiliers.

IV. Le rôle du notaire

Pour certains actes juridiques de la vie courante, jugés importants ou techniquement délicats, le droit suisse impose la forme authentique, à savoir la passation d'un acte notarié. Il s'agit en bref d'éviter que les parties ne prennent de décision précipitée ou pratiquement inapplicable. Le domaine immobilier et le droit successoral sont particulièrement touchés par cette exigence, si bien que l'on consultera régulièrement un notaire pour mettre en œuvre la transmission d'une demeure historique.

Les opérations présupposent ainsi l'intervention d'un notaire, qui devra au demeurant souvent disposer d'un savoir-faire « local » dans le canton où se situe le bien : la division parcellaire et le partage immobilier ; la mise en propriété par étages ; la constitution de servitudes ou de gages immobiliers (hypothèques ou cédules hypothécaires) ; la création de droits de superficie ; la donation ou la vente de tout ou partie d'un bien immobilier ; la création d'une indivision de famille ; la constitution d'un usufruit (du vivant de l'usufruitier) ou de droits de préemption ; la création d'une société immobilière (société anonyme ou à responsabilité limitée), ainsi que celle d'une fondation ; la rédaction de testaments (à moins que ceux-ci soient « olographes », soit simplement manuscrits), ou encore la conclusion d'un pacte successoral.

Son implication dans toutes ces transactions fait du notaire, non seulement un partenaire nécessaire, mais surtout un spécialiste et un conseiller essentiel pour toutes les familles qui envisagent la transmission d'une demeure historique. Le notaire partage évidemment ce rôle avec d'autres mandataires naturels : avocats, fiscalistes, fiduciaires, spécialistes immobiliers, etc.

V. Évolution des règles en matière de droit successoral

Le droit successoral suisse est régi principalement par le code civil suisse. Une partie des règles en vigueur vise à protéger les intérêts des héritiers légaux, en particulier ceux en ligne directe. Une des caractéristiques essentielles du droit successoral suisse est la notion de réserves héréditaires.

Les réserves héréditaires sont les parts minimales du patrimoine du défunt réservées à certains héritiers. Ces réserves sont prévues par la loi afin d'assurer un niveau de protection minimal aux héritiers légaux. Traditionnellement, en Suisse, les réserves héréditaires sont assez élevées, garantissant souvent une part importante du patrimoine aux héritiers légaux.

Historiquement, les bénéficiaires de réserves successorales étaient d'une part le conjoint (ou partenaire enregistré) survivant et les descendants, mais aussi, en l'absence de descendants, les parents (père et/ou mère) du défunt. Une importante réforme du droit successoral suisse a cependant été adoptée fin 2020 et est entrée en vigueur le 1er janvier 2023, soit postérieurement à la publication du Cahier n° 4. L'objectif de cette réforme était de réduire les réserves héréditaires, avec pour but premier d'accroître la liberté testamentaire du défunt. Il s'agissait en effet de répondre à l'évolution des structures familiales et sociales, notamment l'augmentation des familles recomposées et des situations conjugales complexes.

Les changements issus de cette réforme sont illustrés dans le tableau ci-dessous. L'on constate ainsi que selon le nouveau droit, qu'il ait des descendants ou un conjoint survivant, voire les deux, le testateur peut désormais librement disposer de la moitié de la masse successorale au moins. En l'absence d'héritiers réservataires – les parents ne disposant plus d'un tel droit – la liberté testamentaire est complète.

Le défunt laisse :	Part légale	Réserve(s) et quotité disponible selon le droit en vigueur	Réserve(s) et quotité disponible selon le nouveau droit
des descendants	100 %		
un conjoint ou partenaire enregistré	100 %	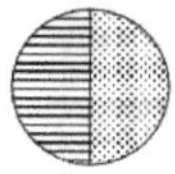	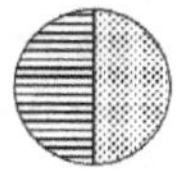
père et/ou mère	100 %		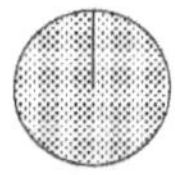
des descendants et un conjoint ou partenaire enregistré	50 % et 50 %	3/8  3/8	
père et/ou mère et un conjoint ou partenaire enregistré	25 % et 75 %	1/8 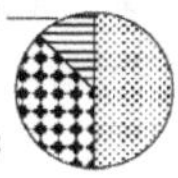 3/8	5/8 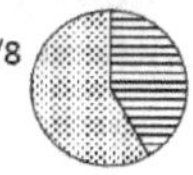 3/8

Quotité disponible

Réserve des descendants

Réserve du conjoint ou partenaire enregistré

Réserve des père et/ou mère

Source : https://www.mll-news.com/nouveau-droit-des-successions-suisse-entree-en-vigueur-prevue-pour-le-1er-janvier-2023/?lang=fr

Pour les propriétaires de demeures historiques, la réduction des réserves héréditaires offre une plus grande flexibilité dans leur planification successorale. Ils peuvent désormais envisager plus librement la transmission de leur patrimoine, en tenant compte à la fois des impératifs de préservation du bien concerné et des intérêts de leurs héritiers. Néanmoins, les écueils évoqués dans le Cahier demeurent les mêmes, et d'ardents questionnements pourront toujours survenir : même avec des réserves réduites, il faut s'attendre à ce que des querelles puissent naître au sein d'une famille si certains héritiers se sentent lésés par les intentions du testateur.

Ainsi, des discussions s'imposeront généralement passablement en amont du processus de transmission. Ces échanges seront bénéfiques dans bien plus d'un cas, car ils permettent de tout mettre à plat et d'identifier des solutions – parfois créatives – pour tenter de satisfaire tout le monde, et éviteront bien souvent des frustrations ultérieures.

VI. Les fondations en tant qu'outils de préservation du patrimoine

Certains propriétaires de demeures historiques seront tentés de recourir à l'institution de la fondation comme outil de préservation du patrimoine. Les fondations offrent en effet un cadre juridique stable et indépendant pour la gestion et la conservation des biens patrimoniaux, en garantissant leur pérennité sur plusieurs générations, et bénéficient souvent d'un régime fiscal plus avantageux. Dans un tel cas, il faut néanmoins accepter qu'il y ait une réelle dissociation entre le bien lui-même et la famille ou les individus auxquels il a pu appartenir historiquement.

En Suisse, le droit des fondations est réglé par les articles 80 et suivants du code civil suisse. Le principe de base posé par la loi se limite à énoncer que « la fondation a pour objet l'affectation de biens en faveur d'un but spécial ». Certaines peuvent être d'utilité publique, d'autres avoir un but essentiellement privé, pour autant qu'il ne s'avère pas illicite, immoral, impossible ou insuffisamment déterminé. L'on parle alors de fondations ordinaires.

Le but de la fondation de famille est quant à lui strictement délimité par la loi : elle ne peut viser que le paiement des frais d'éduction, d'établissement et d'assistance des membres de la famille, ou d'autres buts analogues[11]. L'article 335 al. 2 prohibe quant à lui la constitution de fidéicommis de famille. En raison d'une interprétation très stricte de ces buts admissibles par le Tribunal fédéral, juridiction suprême du pays, une fondation dite de « pur entretien » des membres de la famille s'avérera d'emblée nulle, car contraire aux règles fixées par l'ordre juridique. Son inscription au Registre du commerce devrait ainsi être refusée.

Cela peut s'avérer problématique lorsqu'une fondation de famille est constituée dans le but d'assurer la pérennité d'un bien immobilier, car, dans ces cas-là, il est probable que l'on se situe à la limite du cadre légal, à tout le moins dans son interprétation actuelle. Il faudra donc s'assurer avant toute chose que la fondation reste conforme aux critères établis, notamment en ce qui concerne l'assistance des membres de la famille, par exemple en prévoyant une dotation permettant de garantir l'atteinte de cet objectif[12].

L'avantage réservé à une fondation de famille par rapport à une fondation ordinaire réside dans le fait qu'elle est soustraite (à l'instar d'une fondation ecclésiastique) au contrôle de l'Autorité fédérale de surveillance des

---

[11] Art. 335, al. 1 du code civil suisse.

[12] Sur cette thématique : J. Merkt, *Quelle place pour la fondation de famille en Suisse ?*, Mémoire de maîtrise publié en 2021, Faculté de Droit de l'Université de Genève.

fondations (ASF), dont la tâche est d'assurer un niveau suffisant de transparence et un meilleur contrôle des fondations ordinaires qu'elle supervise, et à l'obligation de nommer un organe de révision. Ces privilèges en font un outil de choix pour assurer la discrétion des affaires de la fondation, qui auront souvent un caractère éminemment privé s'il s'agit d'affaires liant la famille et le patrimoine.

Il convient néanmoins de souligner que depuis le 1er janvier 2016, toutes les fondations de droit suisse, qu'elles soient ordinaires ou spéciales, doivent être inscrites au Registre du commerce. Les fondations de famille existantes disposaient d'un délai transitoire de cinq ans pour se mettre en conformité avec cette exigence. Sous cet angle-là, une discrétion complète n'est donc plus envisageable, ce qui pourrait également jouer un rôle dans la sélection ou non de cet outil à des fins de planification patrimoniale.

Deux exemples concrets tirés du Cahier n° 4 peuvent être évoqués, d'une part celui du Château du Crest à Jussy, classé au patrimoine national et dont la propriété a été transmise à une fondation il y a près de trente ans, et d'autre part, le cas du hameau de Landecy, à Bardonnex, propriété de la même famille depuis plus de deux cents ans, qui a fait l'objet dans les années 2000 d'une répartition par lots d'entente entre les héritiers, avec pour but notamment le maintien du domaine agricole qui s'y rapporte.

Dans le premier cas, le propriétaire du château a choisi de mettre la priorité sur la conservation du bien, compte tenu de son importance historique et afin d'en assurer la pérennité au long terme, en s'en dessaisissant au profit d'une fondation ordinaire ayant pour but premier d'assurer la subsistance du domaine et l'entretien de la propriété. Les intérêts individuels et familiaux se voient ainsi relégués à une place secondaire, même si plusieurs représentants de la famille siègent aujourd'hui toujours au conseil de fondation.

VII. Conclusion : priorité à la réflexion précoce et à l'implication des héritiers

En conclusion, la transmission des demeures historiques en Suisse, comme dans tous les autres pays, requiert une approche réfléchie et anticipée, impliquant une compréhension approfondie des outils juridiques disponibles et des opportunités et limites qui en découlent. Il est essentiel d'engager dès que possible une réflexion sur les choix stratégiques à opérer, en impliquant activement les successeurs afin de garantir leur engagement dans le processus de transmission. Seule une approche concertée et éclairée permettra de concilier le plus efficacement possible les impératifs de préservation patrimoniale et les intérêts des héritiers, assurant ainsi la pérennité du bien concerné avec une vision stratégique dépassant les changements de génération.

À l'instar de la conclusion contenue dans notre Cahier, nous relèverons encore les sages paroles de son auteur : « *plutôt que d'attendre la panacée d'une structure juridique quelconque, n'oublions jamais que l'essentiel est de transmettre aux successeurs le goût de la chose. S'ils l'acquièrent, ils seront disposés aux quelques sacrifices nécessaires* ». L'amour que porte un propriétaire à son bien doit donc être transmis, et ce sera bien souvent cela qui motivera son ou ses successeurs (ou repreneur(s) présomptif(s)) à prendre soin du patrimoine familial et, espérons-le, à le transmettre ensuite à leur tour à leurs héritiers.

Propos conclusifs[1]

Jérôme Fromageau
Doyen honoraire de la Faculté Jean-Monnet
Université Paris-Saclay
Président de l'ISCHAL

Je voudrais tout d'abord saluer et remercier le président Olivier de Lorgeril qui a soutenu, avec l'équipe de la Demeure Historique, dès le départ, il y a maintenant trois ans, le travail de réflexion sur le sujet de la transmission des monuments historiques en collaboration avec des universitaires et des praticiens. Plusieurs séminaires ont été organisés pour recenser les solutions existantes, les outils juridiques traditionnels, mieux identifier les enjeux et proposer de nouvelles pistes de réflexion. Je remercie aussi chaleureusement Armelle Verjat et Géraldine Goffaux qui, sur la base des échanges que nous avons eus lors de ces rencontres, ont magistralement organisé ces deux journées. Je me dois aussi de rendre hommage à tous ceux qui, fort savamment, ont contribué, par leurs très riches interventions, à la réussite de ces deux journées ; chacun d'entre eux est présent dans ces observations conclusives.

Ce colloque donne à entendre cette complexité qui place chaque héritier, chaque ayant droit en tension face aux nombreux problèmes auxquels il est susceptible d'être confronté, « quelquefois à son insu, et sans en avoir conscience », et ceci du fait même de la spécificité du statut du monument historique dont il est propriétaire. En effet, pour garantir la pérennité du monument historique, objectif même de sa protection, celui-ci est classé ou inscrit, et « les contraintes qu'impose l'État font qu'on sera obligé de transmettre puisqu'on ne peut pas détruire ». L'intérêt général perturbe la transmission de cet « immeuble hors du commun ». D'une certaine manière, le monument historique devient moins familial et plus patrimonial, moins privé et plus public. « Le patrimoine culturel prend progressivement l'avantage sur le patrimoine privé ». Ainsi, nous ne pouvons pas maîtriser nos transmissions autant qu'on le souhaiterait, qu'on le voudrait, et cela dans l'intérêt même du patrimoine. Détenir un monument historique « c'est être gardien d'un lieu qui préexistait avant nous et qui aura une histoire après nous ». Chacune des propriétés

[1] Le style oral a été conservé.

historiques transmises est un petit témoignage de notre civilisation millénaire, une parcelle d'histoire, de culture et de patrimoine qui ne nous appartient pas entièrement.
La protection s'attache au bien en quelques mains qu'ils passent, et l'intérêt général y fige la transmission. Certes, il ne fige pas forcément les opérations de restauration, mais la transmission est semée de nombreuses embûches. D'abord parce que très souvent, elle ne concerne pas uniquement l'immeuble protégé en tant que tel… Pour garantir cette pérennité, la transmission soulève de multiples problèmes qui ne relèvent pas uniquement de questions d'ordre juridique. L'approche pluridisciplinaire est fondamentale : les sociologues, les philosophes, les psychologues et les économistes ont été fort opportunément sollicités.

C'est pourquoi, avant de nous convier à la recherche des solutions juridiques, Armelle Verjat et Géraldine Goffaux nous ont invités à considérer les enjeux humains et les enjeux sociétaux de la transmission qui doivent être impérativement pris en considération, tant il est vrai que celle-ci ne se règle pas seulement par cet encadrement juridique. Les héritages, les processus de transition, mettent en jeu tout à la fois les dimensions culturelles, politiques, économiques, familiales et psychiques, voire la dimension symbolique – « patrimoine culturel immatériel », pourrait-on dire, dimension très présente aussi mais bien difficile à prendre en considération ! Il s'agit, comme cela fut bien exprimé ces deux derniers jours, de transmettre une histoire, sur une période parfois fort longue, quel que soit, d'ailleurs, le régime de propriété qu'il soit privé ou public. Une commune, une collectivité locale ou l'État trouve, chacun en ce qui les concerne, un intérêt à la conservation du monument historique par rapport à une histoire familiale, locale, nationale, voire universelle, au sens de la Convention sur le patrimoine mondial.

Comment transmettre un héritage de forte charge symbolique dans toutes ses composantes de sorte d'en assurer la pérennité ? « Dans le passage de générations, la mécanique de succession ouvre un droit au partage en cas de pluralité d'héritiers dispersant alors des ensembles complexes faits de plusieurs composantes qui, d'un point de vue historique et esthétique, participent de leur cohérence », tout autant le bâti que les objets qui les meublent : meubles ou immeubles par destination, les ensembles mixtes, les ensembles mobiliers (enfin reconnus comme tels par la loi Liberté de création, architecture et patrimoine de 2016), les collections, les fonds d'archives… et, par extension, les souvenirs de famille.

La transmission concerne aussi, bien souvent, les parcs et jardins, les dépendances, éventuellement le foncier rural (étroitement contrôlé par les SAFER), la forêt (très encadrée par le code forestier) et les autres types d'espaces naturels, autant d'éléments à prendre en considération (dans le cadre du code rural ou du code de l'environnement).
Cette complexité et la diversité des situations qui ont été présentées démontrent à l'envi qu'il n'existe pas un seul modèle juridique mais une palette d'outils généraux et d'outils spécifiques aux monuments historiques. Autant de systèmes qui, à l'avenir, pourraient être mieux adaptés aux nécessités de la transmission dans une démarche prospective.

In fine, soulignons ici ce qui a été fort bien exposé : « la recherche du mode de transmission des demeures historiques ne débouchera jamais sur la solution idéale, mais bien sur une solution optimale ». En réalité, nous avons bien compris que les propriétaires sont appelés dans de nombreuses situations à inventer leur propre modèle, adapté à la singularité de leur monument et au-delà même du monument de leur territoire véritable « écosystème patrimonial ». « C'est en partant de l'unicité de chaque lieu et de son contexte territorial que des modèles viables peuvent être construits ».

Il convient donc d'anticiper le mieux possible : « une approche réfléchie nécessite une compréhension approfondie des outils juridiques disponibles et des opportunités et limites qui en découlent », compte tenu de la viabilité économique du monument et de son ancrage territorial, données essentielles, dans un contexte d'une très forte évolution de la société au cours des prochaines décennies. En ce sens, il est important d'engager aussi tôt que possible une réflexion sur les choix stratégiques à opérer, en impliquant activement les successeurs afin de garantir leur engagement dans le processus de transmission. Au total, seule une démarche concertée et éclairée permet de concilier le plus efficacement possible les impératifs de préservation patrimoniale et les intérêts des héritiers. Il s'agit d'assurer la pérennité du bien concerné avec une vision stratégique qui transcende les générations successives… C'est, selon moi, ce qu'il ressort d'essentiel au terme de ce colloque auquel nous ont conviés la Demeure Historique et les laboratoires de recherche de Paris-Saclay et d'Orléans.

Propos conclusifs au nom de la Demeure Historique[1]

Arnaud Tourtoulou
Vice-Président de la Demeure Historique

Armelle Verjat et Olivier de Lorgeril ont eu la gentillesse de me confier la conclusion de ce colloque, exercice éminemment compliqué car il se doit d'être à la fois synthétique et exhaustif. Il est d'autant plus complexe pour moi qui ne suis pas juriste, que nous avons eu la chance d'écouter de brillants intervenants, dont les propos furent aussi éclairés qu'hétéroclites. Il y a 40 ans, au siècle dernier, lorsqu'étudiant nous lisions encore des livres et les journaux quotidiens, et que le mouvement perpétuel n'était pas encore une norme sociétale, pour reprendre les propos de Monsieur Bellamy[2], j'ai eu la chance de côtoyer en prépa HEC un professeur émérite qui s'appelait Monsieur Nongeon, et qui m'a appris à construire mes exposés en trois parties : pourquoi, comment, jusqu'où.

Pourquoi transmettre un monument protégé ? Comment le transmettre ? Et quelles perspectives pour la transmission ?

Il me semble que lors de ces deux journées bien remplies, les deux premières ont été largement traitées, j'aimerais donc m'attacher à évoquer la troisième. À l'instar d'un chef d'entreprise qui a une vision pour son entreprise et qui surtout s'engage quotidiennement auprès de ses clients et auprès de ses collaborateurs, je pense que nous, les propriétaires-gestionnaires de monuments protégés, nous devons nous engager auprès de la prochaine génération, à la fois à travers le devoir de transmettre nos monuments mais aussi – comme le disait très bien Renaud des Portes de La Fosse – lors de la première matinée, celui de créer l'envie de les pérenniser. Nous ne sommes que de passage, et nos maisons demeurent au sens étymologique du terme. C'est pour cela que quatre actions doivent nous guider dans cette démarche et Armelle Verjat m'a rappelé que ce sont les quatre actions qui étaient issues de notre dernier séminaire stratégique de la Demeure Historique.

---

[1] Le style oral a été conservé.

[2] V. F.-X. Bellamy, *Demeure - Pour échapper à l'ère du mouvement perpétuel*, 2018.

La première a été évoquée de nombreuses fois pendant ces deux jours, c'est *anticiper*. Comme cela a été rappelé, une transmission prend du temps, même beaucoup de temps, et c'est vrai qu'aujourd'hui, la proportion d'un quart d'adhérents de la Demeure Historique qui n'a pas encore réfléchi à ce projet de transmission n'est pas acceptable. La seconde, c'est *se former* régulièrement sur les nombreux dispositifs existants, sur leurs évolutions, de manière à organiser au mieux et surtout en fonction des spécificités du repreneur, cette transmission. La troisième action consiste à *informer* le plus tôt possible, le ou les potentiels repreneurs afin que cette reprise soit « porteuse de sens » pour eux – j'ai beaucoup aimé cette expression – et qu'elle soit générée par une profonde envie, et par la liberté, d'une certaine manière induite, de *pouvoir transformer* le monument reçu, que ce soit sa gouvernance ou son modèle économique. Je suis bien placé pour le savoir puisque j'ai acquis un monument il y a un peu plus de 20 ans, et avec ma femme nous avons vraiment totalement bouleversé son modèle économique, ce qui nous permet presque d'équilibrer les comptes, à peu près… et enfin dernière action, toujours à l'instar d'un chef d'entreprise, je pense qu'il faut *bien se faire accompagner* dans l'acte de transmettre.
Alors cette nuit, après notre journée particulièrement studieuse, j'ai fait un triple rêve : j'ai rêvé que grâce à ce colloque, les étudiants qui nous écoutent religieusement étaient désormais convaincus de poursuivre leurs études avec pour finalité l'engagement de reprendre un monument historique et bien sûr d'adhérer à la Demeure Historique. J'ai rêvé que grâce à ce colloque et au soutien du ministère de la Culture, et notamment de Jean-François Hébert qui est vraiment très à l'écoute de nos problématiques, l'amendement déposé par le député Daniel Labaronne et visant à plafonner à 22 ans l'engagement de conservation, et non pas à durée déterminée, prévu par l'article 795 A du code général des impôts, serait voté prochainement, peut-être pas aujourd'hui mais bientôt[3]. Et enfin j'ai rêvé que grâce à ce colloque et à l'accompagnement proposé aux propriétaires-gestionnaires, par l'équipe de la Demeure Historique, pour transmettre justement leur monument ou jardin historique, le nombre de nouveaux adhérents à l'association allait exploser.

Et enfin pour conclure, j'aimerais remercier tout particulièrement Armelle Verjat et Géraldine Goffaux Callebaut, ainsi que leurs équipes bien sûr, pour l'organisation exemplaire de ce colloque, et également le ministère de la Culture et tous les partenaires mécènes. Merci beaucoup.

[3] Note de l'éditeur : à la date d'impression de cet ouvrage, cette proposition n'a pas abouti.

Table des matières

B. Les outils généraux appliqués aux monuments historiques

B. Les outils à transposer

SUITE DE LA LISTE DES OUVRAGES DE LA COLLECTION

GUILLAUME LAMBERT, *Blanchiment et marché de l'art. Le droit et la pratique*, 2020.

SOLÈNE GRANDJEAN, *La forêt et le droit. La définition de la forêt en droit français*, 2020.

AGATHE LAGAUCHE, *Les musées de France à l'heure de la métropolisation*, 2019.

NATHALIE BETTIO, PIERRE-ALAIN COLLOT (sous la direction de), *Le financement privé du patrimoine culturel*, 2018.

INÈS LAMOURI, *Les ensembles décoratifs en droit. Enjeux juridiques de la protection patrimoniale des meubles et des immeubles formant une cohérence d'ensemble*, 2018.

GÉRALDINE GOFFAUT CALLEBAUT (sous la direction de), *Éthique et patrimoine culturel. Regards croisés*, 2016

Sophie MONNIER, Karen FIORENTINO (sous la direction de), *Les archives hospitalières. Regards croisés*, 2016.

MARIE-CHRISTINE PIATTI, ALEXANDRE QUIQUEREZ (sous la direction de), *L'accès aux biens culturels. Quel(s) défi(s) pour le droit ?*, 2016.

MARIE CORNU, JÉRÔME FROMAGEAU, YANN POTIN (sous la direction de), *Les archives et la genèse des lois*, 2016.

NATHALIE BETTIO, PIERRE-ALAIN COLLOT, NICOLETTA PERLO, KARL-HENRI VOIZARD (sous la direction de), *La valorisation économique des biens culturels locaux en France et en Italie*, 2016.

ABDOULAYE CAMARA, VINCENT NÉGRI (sous la direction de), *La protection du patrimoine archéologique. Fondements sociaux et enjeux juridiques*, 2016.

MYLÈNE LE ROUX (sous la direction de), *Crise et patrimoine monumental*, 2015.

PAULINA RESTREPO-NAVARRO, *Le droit du patrimoine culturel colombien à l'épreuve de la restitution internationale des biens archéologiques*, 2015.

MARIE CORNU, JÉRÔME FROMAGEAU (dir.), *Archives des dictatures. Enjeux juridiques, archivistiques et institutionnels*, 2015.

CÉLINE CASTETS-RENARD, GUYLÈNE NICOLAS (dir.), *Patrimoine naturel et culturel de la Nouvelle-Calédonie : aspects juridiques*, 2015.

MARIE CORNU, JÉRÔME FROMAGEAU, BERTRAND MÜLLER (dir.), *Archives de la recherche. Problèmes et enjeux de la construction du savoir scientifique*, 2014.

SOPHIE MONNIER, KAREN FIORENTINO (dir.), *Le droit des archives publiques, entre permanence et mutations*, 2014.

ANNE FORNEROD, *Le régime juridique du patrimoine religieux*, 2013.

MARIE CORNU, JÉRÔME FROMAGEAU, CHRISTIAN HOTTIN (dir.), *Droit et patrimoine culturel immatériel*, 2013.

LI WANG, *La convention pour la sauvegarde du patrimoine culturel immatériel. Son application en droits français et chinois*, 2013.

MARIE CORNU, JÉRÔME FROMAGEAU (dir.), *La préservation des archives privées et l'intérêt public. Mutations et ruptures*, 2013.

MARIE CORNU, JÉRÔME FROMAGEAU, JEAN-FRANÇOIS POLI, ANNE-CHRISTINE TAYLOR (dir.), *L'inaliénabilité des collections, performances et limites ?*, 2012.

ARMELLE VERJAT, *Préservation et mise en valeur des monuments historiques privés : la fiscalité de l'impôt sur le revenu*, 2011.

LINE TOUZEAU, *La protection du patrimoine architectural contemporain. Recherche sur l'intérêt public et la propriété en droit de la culture*, 2011.FRANÇOISE BENHAMOU, MARIE CORNU (dir.), *Le patrimoine culturel au risque de l'immatériel. Enjeux juridiques, culturels, économiques*, 2010.

MARIE CORNU, CATHERINE CUENCA, JÉRÔME FROMAGEAU (dir.), *Les collections scientifiques, de l'outil de connaissance à l'objet de patrimoine. Aspects juridiques et pratiques professionnelles et institutionnelles*, 2010

MARIE CORNU, JÉRÔME FROMAGEAU (dir.), *Quel avenir pour les archives ? Enjeux juridiques et institutionnels*, 2010.

JEAN-PIERRE ALLINNE, RENAUD CARRIER (dir.), *La culture au risque du marché. Le mécénat face à ses acteurs*, 2010.

CHRISTEL DE NOBLET, *Protection du patrimoine architectural aux États-Unis et au Royaume-Uni*, 2009.

ANTOINETTE MAGET, *Collectionnisme public et conscience patrimoniale. Les collections d'antiquités égyptiennes en Europe*, 2009.MARIE CORNU, JÉRÔME FROMAGEAU (dir.), *La revendication du patrimoine écrit. Questions juridiques et pratiques institutionnelles*, 2009.

CAROLINE RAINETTE, en collaboration et sous la direction scientifique de MARIE CORNU et CATHERINE WALLAERT, *Guide juridique sur le patrimoine scientifique et technique*, 2008.

LAURENCE MAYER-ROBITAILLE, *Le statut juridique des biens et des services culturels dans les accords commerciaux internationaux*, 2008.

MARIE BONNIN, *Les corridors écologiques. Vers un troisième temps du droit de la conservation de la nature*, 2008.

DIRECTION DES ARCHIVES DE FRANCE, CENTRE DE RECHERCHE SUR LE DROIT DU PATRIMOINE CULTUREL (dir.), *Archives et sciences sociales. Aspects juridiques et coopérations scientifiques*, 2006.

NÉBILA MEZGHANI, JEAN-FRANÇOIS POLI (dir.), *Droit et protection du patrimoine culturel dans les pays méditerranéens*, 2006.

BRIGITTE BASDEVANT, MARIE CORNU, JÉRÔME FROMAGEAU (dir.), *Le patrimoine culturel religieux. Enjeux juridiques et pratiques cultuelles*, 2006.

MARIE CORNU, NÉBILA MEZGHANI (dir.), *Intérêt culturel et mondialisation*, 2 tomes, 2004.

MARIE CORNU, JÉRÔME FROMAGEAU (dir.), *La forêt à l'aube du XXIe siècle. Aspects politiques et juridiques*, 2 tomes, 2004.

PIERRE-LAURENT FRIER (dir.), *Le nouveau droit de l'archéologie préventive*, 2004.

CRIDEAU-CNRS, Limoges (dir.), *Les monuments historiques : un nouvel enjeu ?*, 2 tomes, 2004.

MARIE CORNU, JÉRÔME FROMAGEAU (dir.), *Archives et Patrimoine*, 2 tomes, 2004.

MARIE CORNU, MARIE-AGNÈS FÉRAULT, JÉRÔME FROMAGEAU (dir.), *Patrimoine architectural, urbain et paysager : enjeux juridiques et dynamiques territoriales*, 2003.

MARIE CORNU, JÉRÔME FROMAGEAU (dir.), *Archives et Recherche*, 2003.

ANNIE HÉRITIER, *La genèse de la notion juridique de patrimoine artistique*, 2003.

MARIE CORNU, JÉRÔME FROMAGEAU (dir.), *Le patrimoine culturel et la mer*, 2 tomes, 2002.

MARIE CORNU, JÉRÔME FROMAGEAU (dir.), *Genèse du droit de l'environnement*, 2 tomes, 2001.

MARIE CORNU, JÉRÔME FROMAGEAU (dir.), *Fondation et trust dans la protection du patrimoine*, 1999

Structures éditoriales du groupe L'Harmattan

L'Harmattan Italie
Via degli Artisti, 15
10124 Torino
harmattan.italia@gmail.com

L'Harmattan Hongrie
Kossuth l. u. 14-16.
1053 Budapest
harmattan@harmattan.hu

L'Harmattan Sénégal
10 VDN en face Mermoz
BP 45034 Dakar-Fann
senharmattan@gmail.com

L'Harmattan Cameroun
TSINGA/FECAFOOT
BP 11486 Yaoundé
inkoukam@gmail.com

L'Harmattan Burkina Faso
Achille Somé – tengnule@hotmail.fr

L'Harmattan Guinée
Almamya, rue KA 028 OKB Agency
BP 3470 Conakry
harmattanguinee@yahoo.fr

L'Harmattan RDC
185, avenue Nyangwe
Commune de Lingwala – Kinshasa
matangilamusadila@yahoo.fr

L'Harmattan Congo
219, avenue Nelson Mandela
BP 2874 Brazzaville
harmattan.congo@yahoo.fr

L'Harmattan Mali
ACI 2000 - Immeuble Mgr Jean Marie Cisse
Bureau 10
BP 145 Bamako-Mali
mali@harmattan.fr

L'Harmattan Togo
Djidjole – Lomé
Maison Amela
face EPP BATOME
ddamela@aol.com

L'Harmattan Côte d'Ivoire
Résidence Karl – Cité des Arts
Abidjan-Cocody
03 BP 1588 Abidjan
espace_harmattan.ci@hotmail.fr

Nos librairies en France

Librairie internationale
16, rue des Écoles
75005 Paris
librairie.internationale@harmattan.fr
01 40 46 79 11
www.librairieharmattan.com

Librairie des savoirs
21, rue des Écoles
75005 Paris
librairie.sh@harmattan.fr
01 46 34 13 71
www.librairieharmattansh.com

Librairie Le Lucernaire
53, rue Notre-Dame-des-Champs
75006 Paris
librairie@lucernaire.fr
01 42 22 67 13

www.ingramcontent.com/pod-product-compliance
Lightning Source LLC
LaVergne TN
LVHW011136061026
849535LV00003B/503